백제 국가제사 연구

백제 국가제사 연구

강진원 지음

서경문화사

서문

"너, ○○○ 좋아했어?" 예전에 한 친구가 내게 했던 말이다. 이유는 ○○○란 이의 사망에 관하여 이야기할 때 내가 그를 '돌아갔다'고 표현한 까닭이다. 세간의 평이 그리 좋지 못하던 사람이었기에, 친구는 그를 '죽었다'고 하지 않은 데 놀랐던 모양이다. 나는 ○○○에 퍽 비판적이었다. 그러함에도 돌아갔다고 한 것은 머리가 굵어진 어느 순간부터 '죽었다'고 말하기 꺼려진 데 기인한다. 그건 사람에게나, 동물에게나 다르지 않았고, 지금도 그러하다. 제사를 공부한다는 녀석에게 어울리지 않는 괴벽이다.

2년 전 이른 벚꽃이 피던 어느 날, 그런 나의 엄마가 돌아갔다, 아니 떠났다. 엄마는 사연이 많았다. 한국 전쟁 당시 피아노를 가지고 피란길에 오를 만큼, 풍족함이 지나친 집안에서 태어나 음대에서 피아노를 전공하였다. 대학 졸업반 시절 가세가 기울어 마음고생이 심하였고, 아빠와 결혼한 뒤에도 외할머니와 외삼촌들, 그리고 외사촌 누나들까지 한집에 살며 챙겨야 하였던지라 심란할 날이 많았다. 아빠가 회사에서 성과를 인정받았고, 사업도 번창하여 경제적으로 한시름 던 시절도 있었지만, 20여 년 전 사업이 부도나며 큰 어려움을 겪었다.

단독 주택에서 다가구 월세로 쫓기듯 이사한 뒤에도 불운이 이어졌다. 경제적 어려움은 제쳐두고라도 외할머니와 외삼촌들의 떠남은 엄마에게 큰 충격이었다. 그 와중에 엄마는 암에 걸렸다. 행운이 없었던 것은 아니고, 기적이 일어나지 않았던 것도 아니다. 집안이 풍비박산한 뒤에도 가족끼리 뭉쳤고, 소소히 웃을 일이 있었음이야말로 무엇보다 행운이고 기적이다. 만났던 집주인들이 양반이셨던 것 또한 빼놓을 수 없다.

세월이 약인가 하였다. 강산이 여러 번 바뀌는 동안 엄마의 암도 완치 판정을 받았고, 나도 가정을 꾸렸으며 학교에 자리를 잡는 운도 따랐다. 더욱이 손녀가 태어나 엄마의 너무 기쁜 얼굴을 보았다. 집안 사정은 딱히 나아진 게 없었지만, 그런대로 하루하루 감사하며 살게 되었다. 바로 그때 엄마에게 다시 암이 찾아왔다. 재발도 아닌 새로 생긴 희소 암이었다. 별다른 손도 써보지 못한 채 반년 정도 지나 엄마는 차마 보기 힘든 끔찍한 통증 속에 우리 곁을 떠났다.

　이후 마음을 다잡기 힘들었다. 밖에서는 웃고 떠들었으나, 아이를 재우고 혼자 방에 있을 때면 그럴 때가 부지기수였다. 학술지에 글을 싣지 않은 건 아니지만, 깊이 있게 무언가를 남겼다는 생각이 들지 않았다. 고민이 거듭되던 찰나, 엄마가 『고구려 국가제사 연구』를 받고 기뻐하던 기억이 났다. 하여 이번에는 백제 국가제사에 관한 글을 정리하여 책으로 내고자 하였다. 그 결과물이 이 책이다.

　처음에는 뒤숭숭한 마음을 달랠 겸 기존 성과를 거의 고치지 않고 책으로 묶으려 하였다. 하지만 원고를 들여다볼수록 이상하게 고칠 부분이 많았다. 큰 틀에서의 결론은 바뀌지 않았으나 세부적인 자구 수정은 물론이요, 매끄러운 논지 전개를 위한 새로운 서술의 추가나 대폭적인 개정이 이루어지기도 하였다. 아울러 이전에 학술지에 실었던 글이 동명묘(東明廟) 제사, 천지합제(天地合祭), 구태묘(仇台廟) 제사, 천·오제(五帝) 제사를 각기 거론하였다면, 이 책에서는 이들 의례를 아울러 백제 국가제사를 바라보는 나름의 시각을 드러내고자 노력하였다. 한국 학계에서 백제 국가제사만을 통시적으로 다룬 학술 서적은 처음이라 생각된다는 데 일정한 의의를 두고자 한다.

　작년 초 원고에 처음 손을 댔으나, 작업이 늘어져 지금에 이르렀다. 사실 그동안 학술지 투고보다 더 신경 쓴 일이 이것인데, 엄마가 떠난 지 만 2년이 넘어서야 수정을 마무리해야 할 것만 같았다. 이유는 뚜렷하지 않다. 삼년상 기간에 대하여 후한 말의 정현(鄭玄, 127~200)은 27개월, 조위(曹魏)의 왕숙(王肅, 195~256)은 25개월을 주장하였는데, 그사이 새로운 일을 시작하는 것이 꺼려진 불효자의 대책 없는 풍수지탄이자 자기변명인지도 모르겠다.

어찌 되었든 책이 세상에 나왔다. 그러니 이제 정말 엄마의 기억을 그늘 속에만 옭아매지 않으려 한다. 엄마가 병으로 한창 고통받던 때, 현재 직장 한국어문학부의 박재민 선생님께서 남자에게 엄마는 '슬픔'을 떠오르게 하는 단어 중 하나라 하셨다. 겪어 보니 정말 그렇다. 그리고 앞으로도 그렇겠지만, 오늘부터는 엄마의 떠남을 떠남 그대로 아끼려고 애쓸 생각이다.

다만 엄마의 유산은 간직하고자 한다. 엄마는 형편이 어려운 가운데서도 소소한 기부는 잊지 않았고, 정 안 되면 적십자 회비라도 냈다. 의무가 아니란 걸 알면서도 그렇게 '답답하게' 살다 갔다. 덧붙여 사람을 사람 자체로 바라보려고 하였고, 물질적 성공보다 의미 있는 삶을 중시한 자존감 강한 할머니였다. 그래서 오늘을 지남에도, 내일을 생각함에도 받은 바가 크고 넓다. 내가 소액이나마 이곳저곳 후원을 이어 가고, 빈한함 속에서도 덜 각박하게 지낼 수 있던 건 전적으로 그 때문이다. 엄마가 살아 있다면 분명 좋아하였을 김장하 어르신이나 문형배 재판관 같은 분에 미치지야 못하겠으나, 눈 덮인 들판을 함부로 걷지는 않겠다 다짐해 본다.

지난번 『고구려 국가제사 연구』 서문에서 고마운 이들의 존함을 한 아름 올렸는데, 그 마음은 지금도 변함없다. 오히려 더 이야기할 거리가 생겨 짧게나마⑺ 언급하지 않을 수 없다. 몇 해 전 무심천 가에서 용산 아래 푸른 언덕(靑坡)으로 자리를 옮겼다. 기대에 부응하지 못한 채 청주를 떠났음에도 환한 미소로 배웅하시던 최상훈·김지형·조준배 선생님을 잊을 수 없고, 갑자기 나타난 객식구를 동료로 선뜻 맞아 주신 한희숙·문지영·오원경·강혜경 선생님께도 감사하다. 언제나 나의 앞길을 응원하는 재학이 형에게도 사의를 표한다. 원고 수정에 동참하는 게 쉽지 않았을 터인데 늘 웃으며 함께한 학부생 권현령·김초은·안서진·임은수·정하진, 또 그때나 지금이나 과 사무실에 은거 중인 대학원생 정지원에게도 고마움을 전한다. 이번에도 짧지 않은 서문을 허락하신 김선경 사장님께는 거듭 송구할 따름이다.

  시방 정말 그만할 순간이다. 홀로된 아빠와 씩씩한 동생 효진 부부, 온유한 처 소연과 봄소식 같은 딸 선유의 건강을 기원한다. 장인·장모님께도 마찬가지 바람이다. 나의 엄마가 아파 보니, 소연의 부모님이 아픈 것도 못 참는다. 나아가 내가 소중히 담은 모든 분의 평안을 희망한다. 엄마는 떠나기 석 달 전부터 통증이 극심하여 일상적인 소통이 힘들었다. 얼굴을 마주하고 대화가 가능하던 마지막 날, 면회가 끝날 즈음 엄마는 돌아보지 말고 가라고 하였다. 그때는 이별의 두려움에 하지 못한 말, 이제야 읊조린다. 영혼으로든, 원자로든 어디선가 함께하는 사랑하는 엄마에게.

  엄마! 잘 자... 또 봐.

을사년 초여름 새벽
삼각산 아래서 별빛을 안으며
강진원(姜辰垣)

목차

서론 ··· 11
    1. 문제 제기와 연구 목적 ― 11
    2. 기존 연구 성과 검토 ― 12
        1) 동명묘 제사 / 12
        2) 국모묘 제사 / 18
        3) 구태묘 제사 / 20
        4) 천지합제 / 25
        5) 천·오제 제사 / 31
    3. 연구 주안점 및 저서 구성 ― 35

Ⅰ. 동명묘(東明廟) 제사 ·· 39
    1. 동명묘의 실체와 소재지 ― 39
    2. 국가제사 이행과 즉위의례적 성격 ― 55
    3. 무덤 중시 풍조와 제사의 위상 ― 72

Ⅱ. 천지합제(天地合祭) ··· 86
    1. 교사(郊祀) 양식 수용과 천지합제 성립 ― 86

2. 한성도읍기 의례의 성격 변화와 배경 ― 105

   3. 웅진도읍기 의례의 면모와 위상 동요 ― 123

   4. 재래적 사고와 운영 양상 ― 134

Ⅲ. 구태묘(仇台廟) 제사 ·· 142

   1. 시조 구태의 실체와 동명 ― 142

   2. 구태묘의 종묘적 성격과 운영 양상 ― 161

   3. 묘제(墓祭) 침제와 구태묘 제사 부상 ― 178

Ⅳ. 천·오제(五帝) 제사 ·· 195

   1. 오제의 성격과 천·오제 제사 성립 ― 195

   2. 기존 관념의 토대와 제사의 위상 ― 212

   3. 의례 운영의 특수성과 당면 현실 ― 222

결론 ··· 240

보론. 『삼국사기』 제사지 백제조의 전거 자료와 기술 ·················· 246

    1. 머리말 ― 246

    2. 중국 문헌의 선정 기준과 기술 태도 ― 247

    3. 독자 전승 기록의 실체와 기술 방식 ― 249

    4. 맺음말 ― 253

참고 문헌 ··· 255
찾아보기 ··· 266

서론

1. 문제 제기와 연구 목적

국가제사는 '국가 권력의 주도 아래 국가적인 관심 속에 치러지며, 해당 공동체의 제례 가운데 손꼽힐 수 있는 위상과 비중을 가진 제사', 다시 말해 왕권의 의지가 투영되어 그 격이 높아진 제사를 의미한다.[1] 기왕의 한국 고대 국가제사 연구는 신라를 중심으로 이루어져 왔다. 『삼국사기』 등에 관련 기록이 상대적으로 많이 남은 탓이다. 반면 백제의 경우 『삼국사기』 제사지 찬자가 제사 의례(祀禮)를 불명하다고 하였듯이,[2] 단편적인 사례를 전할 따름이다. 이는 백제 국가제사의 실상에 다가가기 힘들게 하는 요인이다. 물론 그간의 논의 과정을 거쳐 일정 정도의 성과가 축적되었을 뿐 아니라, 백제 국가제사를 총체적으로 다룬 연구[3]도 이루어졌으나, 해명해야 할 부분도 적지 않다.

---

1) 강진원, 2021, 『고구려 국가제사 연구』, 서경문화사, 15쪽.
2) 『三國史記』 권 제32, 雜志 제1, 祭祀, 高句麗, "高句麗百濟 祀禮不明 但考古記及中國史書所載者 以記云爾"
3) 朴承範, 2002, 『三國의 國家祭儀 硏究』, 단국대 박사 학위 논문, 84~119쪽; 최광

따라서 이 글에서는 백제 국가제사의 구체적인 면모 및 그것이 지닌 역할과 의미를 밝힘과 아울러, 시간의 흐름에 따른 변화상도 검토하여, 큰 틀에서의 전반적인 추이를 살펴보고자 한다. 당시 백제에서 이들 의례가 지닌 무게감은 상당하였을 것이다. 그러므로 백제 국가제사에 관한 면밀한 접근은 백제사 연구의 시야를 넓히는 데도 이바지하리라 생각한다.

2. 기존 연구 성과 검토

『삼국사기』 제사지나 중국 문헌에 전하는 백제의 국가제사는 동명묘(東明廟)[4]·국모묘(國母廟) 및 구태묘(仇台廟) 제사, 그리고 천지합제(天地合祭)[5]와 천·오제(五帝) 제사 등이다. 이 가운데 전자는 왕실의 시조인 동명·구태와 국모를 모신 공간으로서 조상 제사의 성격을 지니고, 후자는 하늘이나 땅 같은 지고한 존재를 대상으로 하였기에 천지 제사라 칭할 만하다. 이들 의례에 관한 그간의 주된 논의를 정리하면 다음과 같다.

1) 동명묘 제사

『삼국사기』 백제본기 및 제사지에는 여러 차례에 걸친 동명묘 관련 기록을 전하는데, 이는 해당 의례가 지닌 역사적 비중을 잘 보여 준다.

동명묘 제사를 처음 본격적으로 다룬 이는 이노우에 히데오(井上秀雄)다. 그

식, 2006, 『백제의 신화와 제의』, 주류성, 59~128쪽; 노중국, 2010, 『백제사회사상사』, 지식산업사, 461~540쪽; 金敬華, 2016, 『백제의 국가제사 연구 -천지제사와 조상제사를 중심으로-』, 인하대 박사 학위 논문.

[4] I부에 나오듯 제장을 동명왕묘라 한 사례(A-1)도 존재한다. 그러나 동명묘와 별 차이가 없는 표현일뿐더러, 동명묘라 한 경우(A-2~9)가 많으므로, 이 글에서는 동명묘라 통칭하겠다.

[5] 연구자에 따라 '제천사지(祭天祀地)', '제천지(祭天地)', '천지제사' 등으로도 명명한다.

는 동명묘의 주신(主神) 동명이 농경신으로서의 성격을 띠었고, 재위 초반의 제사는 즉위의례로 기능하였는데, 정월 제사는 예축제(豫祝祭), 즉 기풍제(祈豐祭), 4월 제사는 파종제이며, 5세기 이래 중국의 유교적 제사 의례와 사원 의식이 행해짐에 따라 동명묘 제사가 폐지되었다고 추정하였다.[6] 동명묘 제사의 농경의례적 측면을 지나치게 부각한 감이 있으나, 기본적인 이해의 틀을 제시하였기에 의의가 적지 않다.

이후 동명묘 제사를 국가제사 차원에서 바라보려는 노력이 한국학계에서 이루어졌다. 성주탁·차용걸은 동명묘의 주신이 온조의 부친인 고구려 시조(동명)로, 그 제사는 왕족 및 동명계 지배층의 단결을 강화하였다고 보았고,[7] 노명호는 백제 고유의 동명 신화가 존재하였다는 전제 아래 동명묘는 해당 전승에서 성소(聖所)로 설정된 곳, 즉 한수(漢水) 유역에 세워졌으며, 재위 초의 제사는 왕의 권위를 확인하는 의미를 지녔는데, 훗날 한수 유역을 상실함으로써 의례가 불가한 상황이 되었다고 여겼다.[8]

유기준은 동명묘 제사의 기능을 즉위의식·기우제·관리 임명 세 가지로 나누었고,[9] 차용걸은 왕이 동명묘 배알을 통하여 혈연적인 계승 관계를 드러냈는데, 맏아들이 아닌 인물이 즉위하는 등 불안정한 계승이 이루어질 때 치러졌다고 추정하였으며,[10] 최광식은 동명묘 제사가 기본적으로 즉위의례이며 정월 제사는 기풍제의 성격을 지녔다고 보았다.[11]

---

6) 井上秀雄, 1978, 『古代朝鮮史序說 -王者と宗教-』, 寧樂社, 128~131쪽, 135쪽; 井上秀雄, 1993, 『古代東アジアの文化交流』, 溪水社, 191~200쪽.

7) 成周鐸·車勇杰, 1981, 「百濟儀式考 -祭儀·田獵·巡撫·閱兵·習射儀式에 關한 檢討-」 『百濟研究』 12, 71쪽, 75쪽.

8) 盧明鎬, 1981, 「百濟의 東明神話와 東明廟 -東明神話의 再生成 現象과 관련하여-」 『歷史學研究』 10, 43~46쪽, 54~61쪽, 63~64쪽, 76쪽.

9) 兪起濬, 1989, 「百濟社會의 固有信仰考」 『忠南史學』 4, 29~36쪽.

10) 車勇杰, 1994, 「百濟의 崇天思想」 『百濟의 宗教와 思想』, 忠淸南道, 14~15쪽.

11) 최광식, 1994, 『고대한국의 국가와 제사』, 한길사, 183쪽, 186~191쪽; 최광식, 2006,

김두진은 애초 동명(왕)묘에는 천신족(天神族) 신앙과 연결되어 동명 개인을 모셨으나, 다루왕 때 국모를 함께 제사하였다고 하면서 실제 건립 시기는 이 즈음이라 주장하였고,[12] 김영하는 동명은 부여계 공동의 조상신으로 재위 초의 동명묘 제사는 즉위의례라 하였으며,[13] 서영대는 부여계 지배 세력의 결속을 꾀하고자 범(凡) 부여계의 공통 조상인 동명을 제사하였다고 추정하였다.[14]

또 박승범은 동명이 (범)부여계의 공동 시조 동명으로 동명묘가 종묘의 역할을 하였고, 그 제사는 지배 집단의 결속을 도모하고자 치러졌으며 기본적으로 신년의례였는데, 친사(親祀)가 아니었을 가능성도 있고 모든 왕에 의해 행해지지도 않았으며, 고구려의 압력 및 정국 동요와 왕권 약화로 의례가 중단되기에 이르렀다고 보았다.[15] 김창석은 온조왕이 동명(왕)묘를 세웠다는 전승은 후대의 부회이고 실제로는 3세기 중·후반 건립되었는데, 풍납토성(風納土城) 경당지구 44호 유구가 동명묘의 흔적이며, 5세기 중·후반에 조성된 9호 유구가 이를 파괴하고 들어선 것은 한성도읍기 말 동명묘 제사가 중단되었음을 보여 준다고 하였고,[16] 박현숙은 동명묘가 부여계 세력의 통합과 왕권의 신성성을 위해 건립되었으며, 제사는 즉위의례로 치러졌으나 남천(南遷,

---

앞의 책, 76쪽, 79~81쪽.
12) 金杜珍, 1999,『韓國古代의 建國神話와 祭儀』, 一潮閣, 182쪽, 187~189쪽; 김두진, 2005,「백제의 건국신화를 통해 본 조상숭배신앙」『鄕土서울』 65, 14~15쪽.
13) 金瑛河, 2002,『韓國古代社會의 軍事와 政治』, 高麗大學校 民族文化硏究院, 45~46쪽, 172쪽.
14) 徐永大, 2000,「百濟의 五帝信仰과 그 意味」『韓國古代史硏究』 20, 125쪽.
15) 朴承範, 2002, 앞의 학위 논문, 84쪽, 86~87쪽, 89~90쪽, 108쪽; 朴承範, 2000,「百濟의 始祖傳承과 始祖廟儀禮」『東洋古典硏究』 13, 217~223쪽, 225~231쪽, 233쪽; 朴承範, 2003,「漢城時代 百濟의 國家祭祀」『先史와 古代』 19, 111~112쪽.
16) 金昌錫, 2004,「한성기 백제의 국가제사 체계와 변화 양상 -풍납토성 경당지구 44호, 9호 유구의 성격 검토를 중심으로-」『서울학연구』 22, 14~25쪽; 金昌錫, 2007,「신라 始祖廟의 성립과 그 祭祀의 성격」『역사문화연구』 26, 206~208쪽.

475) 이후 불가능해졌다고 이해하였다.[17]

　노중국은 동명묘가 부여족 통합을 위하여 전 부여족의 족조(族祖) 동명을 모신 것으로, 본디 왕실 시조묘(始祖廟)였으나 근초고왕에 의해 국가적 시조묘로 격상됨과 아울러 제사 시기가 정례화하여 즉위의례로 행해졌는데, 남천 이후 동명(왕)의 정통성을 내세우기 힘들어졌을 뿐 아니라 지배층이 정치적으로 동요하여 제사의 의미가 약해졌다고 파악하였다.[18] 이도학은 동명묘가 검단산(黔丹山)에 소재하였고, 주신은 부여 건국 시조 동명으로, 4세기 중반 이후 근초고왕 시기(346~375)에 건립되었는데, 제의는 즉위의례로 치러지는 등 최고 위격(位格)을 자랑하였으나, 훗날 한수 유역 상실로 인하여 단절되었다고 짐작하였다.[19]

　여호규는 동명묘가 범 부여족의 시조 동명을 섬긴 구조물로 왕성(慰禮城) 내부 왕궁 주변에 건립되었는데, 시조묘이자 종묘의 기능을 수행하였고, 재위 초의 제사는 즉위의례의 성격이 짙었지만, 정기적인 제사도 이루어졌으리라 유추하였으며,[20] 정재윤은 동명묘 제사가 대개 즉위의례로 행해졌는데, 고구려와의 상쟁 속에서 범 부여계 시조로 인식된 동명을 벗어나 부여를 직접 계승하였다는 의식이 조성된 결과 의례가 퇴조하였다고 여겼다.[21]

　장혜경은 동명묘 제사의 기본 성격이 즉위의례이자 기풍제였으며, 제의 행

---

17) 朴賢淑, 1999,「三國時代 祖上神 觀念의 形成과 그 特徵」『史學研究』58·59, 115쪽; 朴賢淑, 2005,「백제 建國神話의 형성과정과 그 의미」『韓國古代史研究』39, 40~41쪽, 48쪽.

18) 노중국, 2010, 앞의 책, 466~467쪽, 481~482쪽, 504~506쪽.

19) 이도학, 2010,『백제 한성·웅진성 시대 연구』, 일지사, 21쪽, 23~25쪽, 75쪽, 236쪽, 278쪽, 281쪽, 306~307쪽, 353~354쪽; 李道學, 2005,「高句麗와 百濟의 出系 認識 檢討」『高句麗研究』20, 188~189쪽.

20) 여호규, 2005,「國家祭祀를 통해본 百濟 都城制의 전개과정」『古代 都市와 王權』, 서경, 270~272쪽, 278~281쪽, 284~285쪽.

21) 정재윤, 2008a,「백제의 부여 계승의식과 그 의미」『부여사와 그 주변』, 동북아역사재단, 191~194쪽.

위가 '알(謁)'로 표현된 것은 국가의 계통적 의미를 확인하려는 목적에서 의례가 치러졌음을 나타내니, 동명묘 제사는 부여씨 왕실만이 동명의 계승자로서 왕위 계승의 정통성을 확보하였음을 공포하는 행위로 대개 천지합제와 일련의 조합을 이루었으나, 비정상적으로 즉위한 경우 정통성을 인정받는 데 한계가 있어 천지합제만 치러졌고, 전지왕 시기(405~420) 이후 왕권이 전제화하면서 제사의 필요성이 줄어들었다고 추정하였다.[22]

채미하는 동명묘의 주신이 부여의 공동 시조 동명으로, 그의 탄생이나 죽음과 무관한 구조물이며, 즉위의례로 치를 때는 지배 집단 내의 왕위 계승을 확인한 것인데, 남천 이후 동성왕이 동명으로는 신진 세력을 결집하기 힘들다고 판단한 결과, 동명 제사가 중단되고 천지합제 시 동명을 배사(配祀)하였다고 생각하였고,[23] 김화경은 동명이 부여 시조로 왕실의 먼 조상이며, 재위 초의 동명묘 제사는 즉위의례인데, 정월·4월 제사는 각기 예축제와 파종제의 성격을 띤다고 바라보았다.[24] 박초롱은 동명묘 제사가 즉위의례의 성격을 지녔고, 국가제사의 중심이었기에 천지합제와 함께 치러질 때면 먼저 기록되었다고 여겼으며,[25] 이장웅은 동명묘 제사가 즉위의례라는 데 동의하면서, 웅진도읍기(475~538) 한수 유역 상실로 제사할 수 없었던 결과 천지신(天地神) 제사가 부상하였다고 보았다.[26]

---

22) 장혜경, 2008, 「漢城時期 百濟王의 卽位儀禮」, 성균관대 석사 학위 논문, 4~18쪽, 35~40쪽.
23) 채미하, 2015, 『신라의 오례와 왕권』, 혜안, 252~253쪽; 채미하, 2018, 『한국 고대 국가제의와 정치』, 혜안, 138~140쪽, 142~143쪽; 채미하, 2019, 「백제 웅진시기 조상제사와 壇」 『韓國古代史探究』 33, 191~194쪽, 200~201쪽.
24) 김화경, 2019, 『한국 왕권신화의 전개』, 지식산업사, 173~176쪽, 180쪽; 김화경, 2012, 「백제 건국신화의 연구 -일본의 도모신화를 중심으로 한 고찰-」 『韓民族語文學』 60, 25~26쪽.
25) 박초롱, 2014, 「백제 사비시기(泗沘時期) 오제(五帝) 제사 시행과 그 의미」 『韓國思想史學』 47, 11~13쪽.
26) 李壯雄, 2016, 『百濟 泗沘期 國家祭祀와 佛敎寺院』, 고려대 박사 학위 논문, 13~

한편 김경화는 동명묘의 주신이 부여 시조 동명으로 제장은 종묘처럼 도성 내 궁성 외부에 위치하였는데, 재위 초반의 정월 제사는 즉위의례이자 기풍제였고, 정기적인 제사는 사시(四時)에 이루어졌으며, 동명묘가 부여계 세력의 정신적 구심점이었기에 이들을 통합·결집하여 외부 세력을 견제하고, 피지배층(韓族)을 통제하거나 왕위 계승을 공인받고자 의례가 행해졌으나, 남천 이후 새로운 세력과 연대할 필요가 커짐에 따라 위상이 약해졌다고 주장하였다.[27] 동명묘 제사의 정치적 역할에 주목한 연구로 의의가 적지 않지만, 다른 방면으로의 관심이 제한적이고, 왕실의 기원이나 지배 세력의 실체 등 초기 백제사와 관련된 부분에서 특정 견해에 기대어 논의를 전개하였다.

김수미는 동명묘에 부여의 동명이 모셔졌고, 4월 제사는 정국 운영의 주도권을 장악한 이후 실시된 것이라 짐작하였고,[28] 문동석은 동명묘 제사가 묘제(墓祭), 즉 무덤 제사로 즉위의례의 성격도 지녔으나 전지왕 시기에 중단되고, 온조를 모신 종묘가 풍납토성 경당지구에 건립되었으며, 유물의 출토 정황을 통하여 그즈음 왕실과 중앙 및 지방 세력이 참여하여 국가 공동체의 안녕을 비는 의식이 행해졌으리라 추정하였다.[29] 또 장수남은 동명은 범 부여계의 공동 시조로 정국이 동요할 때 세력을 규합하고 왕의 권위를 인정받고자 의례가 치러졌으며, 남천 뒤에도 이전처럼 시행되었으리라 짐작하였다.[30]

이상과 같이 기존 연구에서는 동명묘의 위치나 의례의 기본 성격 및 위상 변화의 원인 등이 중점적으로 논의되었다. 그 중심에는 정치적인 측면에의 관

14쪽; 이장웅, 2017, 「백제 웅진기 '建邦之神' 제사와 聖王代 유교식 天 관념」 『韓國古代史探究』 26, 74~75쪽, 89쪽.

27) 金敬華, 2016, 앞의 학위 논문, 61~62쪽, 91~96쪽, 109~112쪽; 김경화, 2015b, 「백제 한성도읍기의 동명묘 배알」 『鄕土서울』 91.

28) 김수미, 2017, 「백제 시조 전승의 양상과 변화 원인」 『歷史學研究』 66, 5~7쪽.

29) 문동석, 2007, 『백제 지배세력 연구』, 혜안, 91~92쪽, 101쪽, 124~128쪽; 문동석, 2021, 「백제 전지왕의 연호 제정과 종묘」 『白山學報』 121.

30) 장수남, 2022, 「백제 웅진시기 한강유역 의미」 『韓國古代史探究』 42, 132~133쪽.

심이 함께하였다. 다만 제사의 특징을 알 수 있는 동명묘의 외양에 관한 접근이 활발히 이루어지지 않은 편이고, 연장선에서 그러한 공간을 무대로 의례가 이루어진 토대를 고민하려는 노력이 부족하였다.

2) 국모묘 제사

『삼국사기』 백제본기에는 온조왕 17년에 국모(國母), 즉 왕모(王母)의 사당을 세우고 제사하였다고 전한다.[31] 그에 따라 관련 성과도 어느 정도 축적되었다.

이노우에 히데오는 국모묘 건립 기사를 고구려의 주몽·유화와 같은 모자신(母子神) 신앙의 흔적으로 파악하였고,[32] 성주탁·차용걸은 국모묘의 주신을 온조의 모친이라 하였으며,[33] 유기준은 국모가 시조에 버금가는 존재로서 지모신의 역할을 하였다고 보았다.[34] 최광식은 국모묘가 낙랑의 침입[35] 이후 세워졌기에 대내적 결집력을 강화하려는 조치였으며, 이를 통하여 지모신 신앙의 존재를 확인할 수 있다고 여겼다.[36]

이종태와 이도학은 국모묘가 비류(沸流) 전승에 언급된 소서노(召西奴)를 모신 곳이라 보았고,[37] 김창석은 국모묘의 주신이 온조의 모친으로 제장은 한강 변이라 짐작하였으며,[38] 노중국은 왕모를 모시는 국모묘 건립이 부여족의

---

31) 『三國史記』 권 제23, 百濟本紀 제1, 溫祚王 17년 4월, "立廟以祀國母"
32) 井上秀雄, 1978, 앞의 책, 132쪽.
33) 成周鐸·車勇杰, 1981, 앞의 논문, 71쪽.
34) 兪起濬, 1989, 앞의 논문, 44쪽.
35) 『三國史記』 권 제23, 百濟本紀 제1, 溫祚王 17년, "春 樂浪來侵 焚慰禮城"
36) 최광식, 1994, 앞의 책, 186~187쪽; 최광식, 2006, 앞의 책, 86쪽.
37) 李鍾泰, 1996, 『三國時代의 「始祖」認識과 그 變遷』, 국민대 박사 학위 논문, 160쪽; 이도학, 2010, 앞의 책, 24쪽.
38) 金昌錫, 2004, 앞의 논문, 20~21쪽.

전통에서 기인하였다고 추정하였고,39) 김병곤은 국모묘의 주신을 동명의 모친 유화라 하였다.40) 배재영은 국모묘 제사가 부여 출계 인식과 관련된다고 주장하였고,41) 이장웅은 왕모를 대상으로 한 제장이라 하였으며,42) 박순발 및 장수남은 국모묘를 종묘로 이해하였다.43)

국모묘 제사를 상세히 다룬 이는 김두진이다. 그는 국모묘를 지신족(地神族) 신앙과 연계하여 바라보아, 제사 대상 국모는 백제 성립 전부터 믿어진 재래의 지모신적 존재이며, 온조-초고왕계의 확립으로 국모묘가 성립되어 독립적으로 자리매김하였으나, 지신족 신앙의 의미는 후대로 갈수록 줄어들었다고 보았다.44) 연구사적 의의가 없지 않으나, 천·지신족 신앙이란 측면에 몰두한 감이 없지 않다.

국모묘는 동명묘와 함께 온조왕이 건립하였다고 하여 중요한 제장으로 여겨졌음을 알 수 있으나, 이후의 양상을 전하지 않아 구체적인 면모를 파악하기 어렵다. 따라서 기본적인 성격을 살펴보는 데 중점을 두어야 한다. 먼저 제사 대상인 국모이다. 이를 특정할 수도 있겠지만, 동명묘 건립(A-1)과 함께 온조왕 시기의 일로 나타나므로, 시조의 모친으로 여겨진 대상이며 지모신적 속성도 지녔다고 이해하는 편이 자연스럽다.

다음으로 건립 배경이다. 고구려의 경우 제천대회(祭天大會) 동맹(東盟)에서 수신(隧神), 즉 시조의 모친이 비중 있게 다루어졌고,45) 그를 모신 부여신묘

---

39) 노중국, 2010, 앞의 책, 467쪽.
40) 김병곤, 2009, 「古代 三國의 始祖觀 成立과 變遷」 『역사민속학』 29, 20~21쪽.
41) 배재영, 2009, 「백제의 부여 인식」 『百濟文化』 41, 136쪽.
42) 李壯雄, 2016, 앞의 학위 논문, 13쪽.
43) 박순발, 2010, 『백제의 도성』, 충남대학교출판부, 130~132쪽; 장수남, 2022, 앞의 논문, 132쪽.
44) 金杜珍, 1999, 앞의 책, 182~185쪽, 194쪽, 204~205쪽, 222쪽; 김두진, 2005, 앞의 논문, 17~18쪽.
45) 강진원, 2021, 앞의 책, 54~63쪽.

(夫餘神廟)는 주몽을 제사한 등고신묘(登高神廟)와 함께 국가적 관리 대상이었다.[46] 그러한 점을 고려하면, 백제의 국모묘 건립이 딱히 이상한 일은 아니다. 생산력 증진을 도모하고자 지모적 존재로서의 모신(母神)과 함께 자신(子神)을 숭배한 사례는 전통 시대에 꽤 보편적인 현상인데,[47] 백제 국모묘 또한 그러한 관념의 산물로 이해할 수 있지 않을까 한다.

끝으로 소재지다. I부에 나오듯 동명묘는 시조의 장지로 전하는 곳에 조성되었고, 고구려의 유화신묘 및 태후묘 또한 다르지 않다.[48] 국모묘도 마찬가지로 시조의 모친이 묻혔다고 알려진 데 세워졌다고 유추된다.

3) 구태묘 제사

『주서』나 『수서』·『북사』 등 백제의 남천 이후 상황을 전하는 중국 문헌에 따르면 시조 구태의 사당, 즉 구태묘에서 정기적인 제사가 이루어졌다. 이를 통하여 당시 해당 의례의 무게감을 엿볼 수 있다. 다만 기록이 매우 단편적이라 구태의 실체나 구태묘의 성격 및 동명묘와의 관계 등, 관련 의례를 살핌에 중요한 문제를 중점적으로 다룬 사례가 주를 이룬다.

예컨대 노명호는 구태가 고이왕이고, 구태묘에 토속적인 색채가 있다 한들 종묘로 이해해야 한다고 여겼고,[49] 유기준은 구태가 고이왕이며, 구태묘 제사는 농경의례적인 계절제라 이해하였으며,[50] 양기석은 구태가 백제 왕실

---

46) 『周書』 권49, 列傳 제41, 異域上, 高麗, "尤好淫祀 又有神廟二所 一曰夫餘神 刻木作婦人之象 一曰登高神 云是其始祖 夫餘神之子 竝置官司 遣人守護 蓋河伯女與朱蒙云"; 『北史』 권94, 列傳 제82, 高句麗, "多淫祠 有神廟二所 一曰夫餘神 刻木作婦人象 一曰高登神 云是其始祖 夫餘神之子 竝置官司 遣人守護 蓋河伯女與朱蒙云" 부여신묘와 등고신묘의 실체를 각기 유화신묘와 시조묘로 보기도 한다(강진원, 2021, 위의 책, 173쪽).

47) 松前健, 1998, 『日本神話と海外』, おとふう, 292~296쪽.

48) 강진원, 2021, 앞의 책, 113~114쪽.

49) 盧明鎬, 1981, 앞의 논문, 70~82쪽.

50) 兪起濬, 1989, 앞의 논문, 27~29쪽.

의 태조에 해당하는 존재이고, 구태묘는 종묘로 사비 천도(538) 이후 예법과 격식이 정비되었다고 보았다.[51]

차용걸은 시조묘 제사가 동성왕 시기(479~501) 이후 연 4회 실시되었음을 보여 주는 것이 구태묘 기록이라 추정하였고,[52] 유원재는 동명묘 이건이 불가능하여 제사가 중단되었으며, 사비도읍기(538~660)에 종묘의 성격을 지닌 구태묘에서 구태인 고이왕을 모셨다고 추정하였다.[53] 이노우에 히데오는 구태묘 제사가 중국풍의 종묘 제사라고 하였고,[54] 가미사키 마사루(神崎勝)는 구태묘의 주신이 부여왕 위구태(尉仇台)로 4세기 말 이후 건립되었으리라 짐작하였으며,[55] 서영대는 성왕 집권 전반기나 사비 천도 전후 새롭게 지배 세력으로 편입된 이들까지 염두에 두고 왕권 강화를 도모하고자, 동명을 대신하여 왕실의 직계 조상 구태(온조)를 제사하였다고 보았다.[56]

박승범은 동명묘 제사가 곤란해진 상황에서 부여 계승 의식을 표방하는 대안으로 555년 이후 온조를 모신 구태묘 제사가 치러졌으며, 구태는 온조로 볼 수 있다고 주장하였고,[57] 이병호는 구태묘가 종묘의 성격을 지녔으며 부소산성(扶蘇山城)에 자리하였는데, 남천 이후 동명묘 제사가 불가능하자 구태묘 제사가 대두하였다고 바라보았고,[58] 김창석은 웅진 천도(475) 이후 혹은

---

51) 양기석, 2013, 『백제 정치사의 전개과정』, 서경문화사, 350쪽.
52) 車勇杰, 1994, 앞의 논문, 17~18쪽.
53) 兪元載, 1993, 『中國正史 百濟傳 硏究』, 學硏文化社, 67~68쪽, 99~100쪽, 274~275쪽.
54) 井上秀雄, 1993, 앞의 책, 187쪽.
55) 神崎勝, 1995, 「夫餘・高句麗の建国伝承と百済王家の始祖伝承」『日本古代の伝承と東アジア』, 吉川弘文館, 297~298쪽, 314쪽.
56) 徐永大, 2000, 앞의 논문, 123~126쪽.
57) 朴承範, 2002, 앞의 학위 논문, 93~94쪽; 朴承範, 2000, 앞의 논문, 229~233쪽.
58) 이병호, 2003, 「百濟 泗沘都城의 構造와 運營」『한국의 도성 -都城 造營의 傳統-』, 서울시립대학교 부설 서울학연구소, 44~45쪽; 이병호, 2018, 「웅진・사비기 백제 왕실의 조상 제사 변천」『先史와 古代』 55, 30쪽.

사비도읍기에 동명묘 제사가 구태묘 제사로 전환되었다고 여겼다.[59] 최광식은 『삼국사기』에서 전지왕 시기 이후 동명묘 기록을 찾기 힘든 원인으로 고이왕을 모신 시조묘, 즉 구태묘 제사의 강조를 거론하였고,[60] 박현숙은 동명묘를 대신하여 부상한 구태묘는 종묘로서 구태는 온조라 하였다.[61]

노중국은 전지왕 시기 이후에도 동명묘 제사가 치러졌으나, 성왕이 국가체제 정비와 관련하여 고이왕을 중시한 결과, 그를 모신 구태묘가 건립되고 동명묘는 폐지되었으리라 추정하였고,[62] 여호규는 동성왕 시기 이후 언젠가 동명묘 대신 공식적인 왕실 계보 상의 시조 구태를 제사하는 구태묘가 부상하였는데, 사비도읍기의 경우 이는 부소산성 내부에 존재하였다고 보았다.[63]

또 길기태는 사비 천도 이후 성왕 시기(523~554) 동명묘 제사 대신 왕족(부여씨)의 조상 제사인 구태묘 제사가 강화되었다고 하였으며,[64] 정구복은 구태묘가 시조묘로 웅진도읍기에 대두하였는데, 우태(優台)를 제사하였으리라 짐작하였고,[65] 정재윤은 구태가 부여왕의 시조에 해당하는 인물이며 구태묘는 종묘로, 성왕 시기에 건립되었다 하였으며,[66] 채미하는 구태묘가 종묘의 성격을 지녔고 사비도읍기에 성립되었다고 여겼다.[67]

---

59) 金昌錫, 2004, 앞의 논문, 24쪽.
60) 최광식, 1994, 앞의 책, 183쪽; 최광식, 2006, 앞의 책, 81쪽.
61) 朴賢淑, 1999, 앞의 논문, 115~116쪽; 朴賢淑, 2005, 앞의 논문, 48~49쪽.
62) 노중국, 2010, 앞의 책, 482~485쪽, 519~531쪽.
63) 여호규, 2005, 앞의 논문, 275~277쪽, 287~288쪽; 여호규, 2022, 「『括地志』에 나타난 백제 泗沘 都城의 공간구조와 扶蘇山城의 성격」『百濟文化』 67, 115쪽, 119~120쪽.
64) 길기태, 2006, 『백제 사비시대의 불교신앙 연구』, 서경, 112쪽.
65) 정구복, 2007, 「백제의 문화와 유교문화와의 친연성」『百濟의 祭儀와 宗敎』, 충청남도역사문화연구원, 237쪽, 240~241쪽.
66) 정재윤, 2008b, 「구태 시조설의 성립 배경과 그 의미」『韓國古代史研究』 51, 63~64쪽, 72쪽.
67) 채미하, 2015, 앞의 책, 254~255쪽.

그 밖에 이장웅은 구태묘를 종묘로 보면서 사맹월(四孟月)에 제사하였고, 천·오제 제사와 함께 남조 양의 영향을 받은 유교식 제사라고 주장하였으며,[68] 조영광은 구태는 부여계 인물로서 구태묘가 근초고왕 시기에 성립되었다고 보았고,[69] 박순발은 구태묘 제사가 양의 교사(郊祀) 체계 수용과 함께 성립되었는데, 천·오제 제사와의 조화를 이루고자 사중월(四仲月)에 의례를 치렀다고 이해하였다.[70]

물론 구태묘 제사를 면밀하게 살펴본 성과도 존재한다. 이종태는 구태가 고이왕이며, 개로왕 시기(455~475) 고구려와의 갈등이 누적된 상황에서 왕실의 부여 계승 의식과 자존감을 고양하고자 동명묘 제사보다 구태묘 제사가 강조되었는데, 웅진도읍기 해당 의례가 한동안 중단되었으나, 사비도읍기에 다시금 행해졌다고 파악하였다.[71]

김길식은 구태가 고이왕이고 구태묘는 시조묘로 개로왕 시기에 건립되었으며, 한동안 제사가 침체하였다가 성왕이 새롭게 구태묘를 건립하였으니, 능산리사지(陵山里寺址) 1차 건축군이 그 흔적인데, 550년대 이후 재차 구태묘 제사가 쇠락하고 560년대에 동명묘 제사가 부상하였다고 추정하였다.[72] 능산리사지가 애초 구태묘였다는 전제에서 나온 논의로, 관련 유적의 조성 시기나 고구려계 문화 요소에 대하여 달리 생각할 바가 있기에,[73] 따르기 주저된다.

---

68) 이장웅, 2017, 앞의 논문, 102~103쪽, 107쪽.
69) 조영광, 2023, 『고구려 초기 사회 연구』, 전남대학교출판문화원, 204~205쪽.
70) 朴淳發, 2023a, 「백제 도성 제의(祭儀)의 전개와 그 배경」 『百濟學報』 45, 25쪽.
71) 李鍾泰, 1998, 「百濟 始祖仇台廟의 成立과 繼承」 『韓國古代史研究』 13, 111~144쪽.
72) 金吉植, 2008, 「百濟 始祖 仇台廟와 陵山里寺址 -仇台廟에서 廟寺로-」 『韓國考古學報』 69, 72~86쪽.
73) 이병호, 2014, 『백제 불교 사원의 성립과 전개』, 사회평론아카데미, 230쪽; 李炳鎬, 2008, 「扶餘 陵山里寺址 伽藍中心部의 變遷 過程」 『韓國史研究』 143, 58~59쪽 주 56); 이병호, 2018, 앞의 논문, 31쪽.

김병곤은 구태묘가 유교적 예제(禮制)에 입각한 종묘로서 성왕 시기에 세워졌으며, 구태는 부여왕 위구태로서 오묘(五廟)의 태조에 상응하는 시봉지군(始封之君)의 위상을 지녔는데, 천자만이 시조를 제사할 수 있었기에 동명묘 제사가 중단되고 제후의 예에 맞춰 구태를 제사하게 된 것이나, 위구태가 백제사와 직결된 존재가 아니었기에 지배층으로부터 폭넓은 동의를 얻지 못한 결과, 오래지 않아 종묘에서 훼철되었다고 보았다.[74)]

김경화는 구태묘가 온조를 모신 시조묘로 사비도성 내 관북리(官北里) 일대에 있었고, 천·오제 제사와 마찬가지로 사중월에 치러졌는데, 이는 북방 종족이 중월(仲月)을 중시하던 풍습과 관련된 것이니, 성왕은 동명으로 남천 이후 새로운 지역의 다양한 세력을 효과적으로 포섭할 수 없다고 여겨, 전 백제인을 아우를 수 있는 온조에 주목하여 구태묘를 세우고 제사함과 아울러 동명묘 제사를 중단하였다고 주장하였다.[75)] 동명과 온조가 끌어안을 수 있는 대상에 차이가 난다고 본 셈인데, 온조가 금강 유역의 지배층과 큰 관련이 없을뿐더러, 당시 '남부여(南扶餘)'로 국호를 개칭하였고,[76)] III부에 나오듯 백제 멸망 후에도 왕실의 뿌리는 동명으로 여겨졌기에 재고의 여지가 있다.

이상과 같이 기존 연구에서는 구태묘에 관한 기본적인 사안조차 입장이 정리되지 못한 상황이다. 원인은 여러 가지겠으나, 무엇보다 구태의 정체가 뚜렷이 밝혀지지 않은 점을 거론하지 않을 수 없다. 관련 기록을 총체적으로 검토하여 실마리를 잡을 필요가 있다. 덧붙여 구태묘 제사 부상의 배경으로

---

74) 김병곤, 2007, 「中國 史書에 나타난 百濟 始祖觀과 始國者 仇台」 『韓國古代史研究』 46, 172~189쪽; 金炳坤, 2008, 「記錄에 나타난 百濟 始祖 및 建國者의 史的 位相과 實態」 『百濟研究』 47, 106~107쪽.

75) 金敬華, 2016, 앞의 학위 논문, 154~156쪽, 173쪽, 175~176쪽, 178~179쪽, 190~191쪽, 195~200쪽; 김경화, 2015b, 앞의 논문, 32쪽; 김경화, 2017a, 「백제 구태묘 제사의 내용과 의미」 『韓國古代史研究』 85.

76) 『三國史記』 권 제26, 百濟本紀 제4, 聖王 16년, "春 移都於泗沘[一名 所夫里] 國號 南扶餘"

정치적 측면에 몰두한 점도 아쉬움이 남는다.

4) 천지합제

『삼국사기』 백제본기 및 제사지에는 여러 차례에 걸친 천지합제 기록을 전하는데, 이는 해당 의례가 지닌 역사적 비중을 잘 보여 준다.

천지합제에 주목하기 시작한 것은 일본 연구자다. 하야시 로쿠로(林陸朗)는 천지합제가 중국의 유교적 천지 제사인 교사와 유사한 점을 지적하며, 근초고왕 이전의 제사 기사는 후대의 조작이고 동성왕의 사례를 가장 신뢰할 수 있는데, 이때 지배층을 대상으로 왕후(王侯) 책봉 등이 이루어졌으리라 가정하였다.[77]

이노우에 히데오는 천지합제가 중국의 제례 방식을 모방한 것은 중국 문화를 활발히 도입한 결과로, 정월에 제단을 쌓아 제사하는 형식이 통상적이고, 정월·2월 의례는 예축제, 10월 의례는 수확제이며 근초고왕 시기 이후의 사례는 사실로 보아도 좋다고 주장하였다.[78] 또 요시오카 간스케(吉岡完祐)는 천지합제가 처음 시행된 것은 근초고왕 시기고, 아신왕·전지왕의 사례를 통하여 중국 남조의 교사처럼 방계가 왕위에 올랐을 때 의례가 행해졌으며, 동성왕 시기에 이르러 즉위의례의 성격을 잃고 농경의례로 변화하였다고 파악하였다.[79]

이러한 논의는 천지합제와 중국 교사의 유사성에 주목하고, 재위 초반 제사를 즉위의례로 바라보는 등 후속 연구에 미친 바가 적지 않다. 하지만 기본적으로 백제본기 초기 기사를 불신하는 태도에 근거하였기에, 국가제사의 추이를 연속적으로 살피지 못하였다.

---

77) 林陸朗, 1974, 「朝鮮の郊祀円丘」 『古代文化』 26-1, 46~50쪽.
78) 井上秀雄, 1978, 앞의 책, 132~135쪽; 井上秀雄, 1993, 앞의 책, 188~191쪽.
79) 吉岡完祐, 1983, 「中國郊祀の周辺諸国への伝播 -郊祀の發生から香春新羅神の渡來まで-」 『朝鮮学報』 108, 40~44쪽.

그 면에서 한국학계의 연구가 주목된다. 차용걸은 제천사지, 즉 천지합제가 부여계 사회의 문화적 토대에 기인하였고, 관리 임명이나 대사(大赦)의 수반은 해당 의례가 부여의 제천과 같은 범주에 속하는 것을 보여 주는데, 고이왕 시기(234~286)의 기록부터 사실로 판단되고, 대개 방계로 즉위한 군주에 의해 치러졌으며, 이를 통하여 마한 천군(天君)의 계승자임을 자처하였다고 주장함과 아울러, 불교 성행이 천지합제에 영향을 끼쳤을 가능성도 고려하였다.[80] 성주탁·차용걸은 천지합제의 제천이 부여계 세력의 결속을 강화한 것이고, 제지(祀地)는 피지배층을 결속하고자 하였다고 보았다.[81] 천관우는 천지합제 시 우태 제사가 포함된다고 여겼고,[82] 노명호는 제사 대상을 천신(태양신)과 수신(지모신)이라 하였다.[83]

유기준은 정월·2월 제사가 풍요롭고 재앙이 없기를 기원한 것이고, 10월 제사는 풍작에 대한 감사제(感謝祭)이며, 관리 임명은 왕의 정치 행위에 관하여 하늘의 동의를 구한 것으로 이해하였다.[84] 양기석은 동성왕의 천지합제가 지배 질서의 혼미함을 극복하고자 치러졌다고 하였고,[85] 정경희는 천지합제가 중국 천자의 의례 제도인 교사 방식에 부합된다고 여겼으며,[86] 유원재는 천지합제를 왕이 주관하였고 한 해의 안녕을 기원하고자 정월에 행해졌다고 보았다.[87]

---

80) 車勇杰, 1978, 「百濟의 祭天祀地와 政治體制의 變化」『韓國學報』 11, 61~65쪽, 73~74쪽; 車勇杰, 1994, 앞의 논문, 12~17쪽.
81) 成周鐸·車勇杰, 1981, 앞의 논문, 73~76쪽.
82) 千寬宇, 1989, 『古朝鮮史·三韓史硏究』, 一潮閣, 364~366쪽.
83) 盧明鎬, 1981, 앞의 논문, 61쪽.
84) 兪起濬, 1989, 앞의 논문, 37~39쪽.
85) 양기석, 2013, 앞의 책, 349쪽.
86) 鄭璟喜, 1990, 『韓國古代社會文化硏究 -靑銅器社會에서 三國時代까지-』, 一志社, 402~407쪽, 409~410쪽.
87) 兪元載, 1993, 앞의 책, 97쪽; 兪元載, 1994, 「泗沘時代의 三山崇拜」『百濟의 宗敎

최광식은 천지합제를 즉위의례인 경우(다루왕·근초고왕·아신왕·전지왕)와 그렇지 않은 경우(온조왕·고이왕·동성왕)로 나눈 뒤, 시행 시기에 따라 기풍제(정월·2월)와 수확의례(10월)로 양분하였으며, 지신(地祇) 제사는 대단(大壇), 천신 제사는 남단(南壇), 중국 교사는 남교(南郊)에서 이루어졌고, 제장은 왕성 남쪽에 존재하였는데, 제사 시 새롭게 제단을 마련할 때가 많았으며, 근초고왕 시기 이후 동명묘 제사보다 중요해졌다고 여겼다.[88]

　구중희는 천지합제를 즉위의례로 단정하기 어렵다면서 정월 제사는 기풍제, 10월 제사는 감사제라 하였고,[89] 이종태는 천지합제가 고이왕 14년(247) 이후 왕의 정치적 위상을 강조하는 단계로 이행하였으며, 아신왕 시기(392~405) 이후 동명묘 제사가 함께 치러진 것은 왕권 중심의 국가적 제의 성립을 의미한다고 주장하였다.[90] 또 이기동은 천지합제가 중국의 교사 제도를 수용·모방한 것으로, 재위 초의 제사는 즉위의례의 성격이 강하다 생각하였고,[91] 김두진은 천지합제가 토착 의례와 연결되는데, 제사 대상으로 하늘 외에 땅까지 언급된 것은 지신 신앙이 뚜렷하게 형성되지 않은 결과이며, 왕이 천신 뿐 아니라 지신 제사도 함께 행한다는 뜻을 나타내기도 한다고 보았다.[92]

　박승범은 국가 권력이 전통적인 농경의례로서의 제천을 부여계 제천의 전통과 융합하여 장악한 것이 천지합제로, 이는 왕실의 신성성과 지배 정당성을 담보하는 국가 통합의 도구였는데 교제(郊祭), 즉 교사와 같은 형식으로 동명묘 제사보다 중요시되었으며, 현재 전하는 사례는 대개 특별한 정치적 목

　　와 思想』, 忠淸南道, 77~78쪽.
88) 최광식, 1994, 앞의 책, 185~192쪽; 최광식, 2006, 앞의 책, 89~97쪽; 최광식, 2007, 『한국 고대의 토착신앙과 불교』, 고려대학교출판부, 147쪽.
89) 구중희, 1998, 「백제인의 토착 신앙 연구」 『百濟文化』 27, 30~31쪽.
90) 李鍾泰, 1996, 앞의 학위 논문, 161~163쪽.
91) 李基東, 1996, 『百濟史硏究』, 一潮閣, 166~167쪽.
92) 金杜珍, 1999, 앞의 책, 180~186쪽.

적 아래 행해졌다고 추정하였다.93)

　김창석은 천지합제가 기존 토착 의례의 전통에 중국에서 도입된 교사가 결합한 것으로 제사 때마다 시설을 갖추었는데, 초기부터 남교의 남단과 북교(北郊)의 북단(北壇) 제사가 분리되어 각기 하늘과 땅에 제사하였고, 북단 제사의 경우 지모신 제사와 결합한 형태였으며, 고이왕 시기 이후 북교 제사가 폐지되고 제단도 남단으로 통합되어 천지를 함께 제사하다, 동성왕 시기에는 북교에서 그리하였다고 주장하였다.94) 서영대는 천지합제가 전통적인 의례에 기인하였고 동명묘 제사보다 중시되었는데, 즉위의례이자 신년의례로 볼 수 있고, 국가적 위기나 왕위 계승에 문제가 있을 시에도 치렀으며, 의례를 행할 때마다 제단을 설치하였으니, 천지를 함께 제사한 데서 당시 중국의 경향과 차이가 난다고 파악하였다.95)

　노중국은 고이왕 시기까지의 천지합제 기록이 전통적인 제사를 유교적인 교사로 윤색한 것이고, 실제로는 비류왕 시기(304~344)에 시작된 이래 근초고왕 집권기에 정비되어 제사 시기가 정해지고 즉위의례로 행해졌으며, 남천 이후 재래의 전통적인 수확제 절기(10월)에 맞추어 제사하였다고 보았다.96) 여호규는 천지합제가 전통적인 제의 체계에서 유래한 의례로 제사 대상도 고유의 신격인데, 정기적으로 거행되지는 않았으며, 제장은 왕성 남쪽 외곽에 소재하였으니, 제사가 치러질 때마다 제단이 마련되었고, 웅진도읍기의 사례는 도성 일대의 재정비 사업 완공과 관련된 일이라 유추하였으며,97) 정

---

93) 朴承範, 2002, 앞의 학위 논문, 95~102쪽, 104~106쪽; 朴承範, 2000, 앞의 논문, 223~226쪽, 231쪽, 233쪽; 朴承範, 2003, 앞의 논문, 113~114쪽, 122쪽.

94) 金昌錫, 2004, 앞의 논문, 21쪽; 金昌錫, 2005, 「한성기 백제의 유교문화와 그 성립 과정」 『鄕土서울』 65, 44~47쪽, 58쪽.

95) 徐永大, 2000, 앞의 논문, 114~116쪽; 서영대, 2007, 「백제의 천신숭배」 『百濟의 祭儀와 宗敎』, 충청남도역사문화연구원, 146~154쪽.

96) 노중국, 2010, 앞의 책, 486~491쪽, 503~504쪽.

97) 여호규, 2005, 앞의 논문, 272~274쪽, 281~283쪽; 여호규, 2017, 「백제 熊津 都城

구복은 천지합제가 본래의 풍속에 연유하였고, 재위 초의 제사는 즉위의례라 받아들였다.[98)]

장혜경은 천지합제가 기본적으로 즉위의례이자 기풍제의 성격을 지녔다는 데 동의하면서, 해당 제사는 특정 세력의 제천의례에 기인한 것이 아니라 보편적 천 관념에 토대하여 형성되었고, 이를 통하여 건국 시조의 초월적 권위를 보완하였는데, 즉위의례로 기능할 때는 동명묘 제사와 조합을 이루었으니, 동명묘 제사 기록만 전하는 책계왕·분서왕·계왕의 경우 천지합제 기사가 빠졌을 것이며, 남천 이후 지배 세력의 범주와 영역 범위가 확대된 결과 천지합제만 치러졌다고 추정하였다.[99)]

채미하는 천지합제의 기본 성격이 제천이자 기곡제로서 즉위의례적 측면도 있었고, 제사를 통하여 복속민 지배의 당위성을 보장받았는데, 웅진도읍기 동성왕의 경우 재위 중반에 즉위의 정당성을 내세우고자 재래의 수확제 절기에 맞추어 10월에 의례를 행하였으니, 이때 단의 규모는 한성도읍기보다 작아지고 동명이 배사되었으며, 공산성(公山城) 서남쪽 교촌봉(校村峰) 정상부의 석축단(石築壇)이 그 흔적이라 여겼다.[100)]

박초롱은 4세기 무렵 중국식 예제를 수용하여 천지합제가 국가제사로 성립되었으니, 비류왕 시기 제장을 '남교'라 한 것은 그즈음 백제가 교사 체계를 받아들였거나 이를 알았음을 보여 주고, 근초고왕 시기의 '천신지기(天神地祇)'는 중국식 제사 체계 도입과 관련된 표현으로 이해된다고 주장하였다.[101)]

한편 이장웅은 천지합제가 중국 남교에서 정월 상신(上辛)에 천지를 합제(合祭)하는 방식과 상통하며, 이는 고이왕 시기부터 고유의 기존 의례가 중국의

의 왕궁 위치와 조영과정」『梨花史學硏究』 55, 21~22쪽.
98) 정구복, 2007, 앞의 논문, 237쪽, 241~242쪽.
99) 장혜경, 2008, 앞의 학위 논문, 19~35쪽, 38~40쪽.
100) 채미하, 2018, 앞의 책, 133~156쪽; 채미하, 2019, 앞의 논문, 187~194쪽, 208쪽.
101) 박초롱, 2014, 앞의 논문, 5~6쪽, 12~13쪽.

영향 아래 체계화한 결과로, 제사 때마다 임시 제단을 마련하였는데, 근초고왕 시기 이후 즉위의례로 치러졌으니, 혈연을 강조한 동명묘 제사보다 지연을 강조한 천지합제가 중시되었고, 동성왕 시기 제사의 경우 대상은 웅진 지역의 토착 천지신으로 단군 신화와도 관련된 조상신이며, 제장의 자취는 공주 정지산(艇止山) 유적이라 생각하였다.[102]

김경화는 천지합제가 본격적으로 시행된 것은 고이왕 시기인데, 이는 당시 중국에서 성행하던 교사 방식인 즉위고천(卽位告天)의 영향을 받은 것으로, 공손씨 정권 몰락(238) 이후 그 권위를 이어받고자 한 데서 비롯되었으니, 처음에는 필요에 따라 선택적으로 행해지다 근초고왕 시기 다양한 세력을 아우르고자 사전(祀典) 체제 안에 편입하여 정기의례화하였으며, 제도적으로 정비된 뒤에도 아신왕·전지왕의 사례에서 드러나듯 왕권 강화 수단으로 활용되었다고 여겼다.[103] 이 논의는 천지합제를 면밀하게 다루었을 뿐 아니라 시행의 정치적 배경에도 주목하여 의의가 상당하다. 그러나 제사의 전반적인 변화상에 다가가기보다는 각 제사 시점의 정황에 관심이 치우쳤으며, 천지합제가 교사와 유사한 데서 보자면, 서진 이후 중국 교사의 전개 양상을 다루지 않아 아쉬움이 남는다.

김수태는 웅진도읍기 동성왕의 10월 제사는 온조왕의 전례를 따라 백제의 새로운 출발을 알리고자 한 결과로, 시조 동명이 배사되는 일은 없었으며, 정지산 유적을 제장의 흔적이라 추정하였고,[104] 박순발은 천지합제가 실제로

---

102) 李壯雄, 2016, 앞의 학위 논문, 15~16쪽, 18쪽; 이장웅, 2010, 「百濟 泗沘期 五帝 祭祀와 陵山里寺址」『百濟文化』42, 34~35쪽; 이장웅, 2017, 앞의 논문, 77쪽, 80~95쪽, 107쪽.

103) 金敬華, 2016, 앞의 학위 논문, 13~15쪽, 18~22쪽, 24~31쪽, 36~43쪽, 48~51쪽, 54~59쪽, 101쪽; 김경화, 2015a, 「한성기 백제의 천지제사」『사학연구』119; 김경화, 2015b, 앞의 논문, 22~24쪽, 32쪽, 38쪽.

104) 김수태, 2022, 「웅진시대 백제의 국가제사」『역사와 역사교육』44, 29~41쪽, 52~59쪽.

출현한 것은 고이왕 시기이니, 왕 5년(238)의 제사는 즉위의례적 교사에 해당하며, 이때 사용된 고취(鼓吹)는 조위(曹魏)에서 받은 것인데, 백제 수장이 중국 왕조에 군왕급(君王級) 위상을 공인받았음을 의미하고, 왕 10년(243)의 제사는 일정한 영토를 대외적으로 알리고자 치러졌으며, 근초고왕 시기 이후 즉위의례로 행해졌다고 파악하였다.[105]

이상과 같이 천지합제는 제장의 구조나 위치·방식 등에 관한 기록이 조금이나마 남은 까닭인지, 상대적으로 활발한 논의가 이루어졌다. 그 결과 천지합제와 교사의 유사성을 비롯한 제사의 실상이 어느 정도 밝혀졌다. 하지만 전체적인 흐름 속에서 구체적인 변화상을 언급하지 못한 측면도 존재한다. 특히 중국의 교사 방식을 수용하였다 한들 그와 완전히 같지는 않았을 터인데, 그러한 부분이 충분히 검토되지 못하였다.

5) 천·오제 제사

『주서』와 『수서』·『북사』 등 백제의 남천 이후 상황을 전하는 중국 문헌에 따르면, 왕은 매해 사중월, 즉 2·5·8·11월에 천과 오제를 제사하였다. 이는 당시 해당 의례의 무게감을 드러낸다. 다만 매우 단편적인 기록이기에, 천지합제와의 관계나 제사 대상의 실체, 그리고 제사의 의미 등 관련 의례를 살핌에 중요한 사안을 중심으로 논의가 이루어졌다.

예컨대 이노우에 히데오는 천·오제 제사가 중국풍의 제사로서 천과 오제는 각기 호천상제(昊天上帝)와 오방상제(五方上帝)를 가리킨다 하였으며,[106] 최광식은 오제의 성격을 토착 지신인 오방(五方)의 방위신으로 이해하였고,[107] 차용걸은 천지합제가 더욱 발전되고 정례화한 형태가 천·오제 제사로서, 오제는 천상에서 방위를 주재하는 오신(五神)이며, 천신과 오제의 관계를 왕과

---

105) 朴淳發, 2023a, 앞의 논문, 8~10쪽, 12~17쪽.
106) 井上秀雄, 1993, 앞의 책, 187쪽.
107) 최광식, 1994, 앞의 책, 184쪽; 최광식, 2006, 앞의 책, 86~88쪽.

오방의 책임자인 방령(方領)에 상응한다고 보았다.[108]

유기준은 오제가 오방신(五方神)으로, 천·오제를 사중월에 제사한 것은 지나가는 계절을 보내고 새로운 계절을 맞이함에 경건함을 도모하려는 조치라 하였고,[109] 양기석은 천·오제 제사가 사비 천도 초기부터 시행되었는데, 오제는 천상의 신격으로, 왕은 제의를 통해 황제로 자리매김하여 천하를 통할·군림하는 구심적 존재로 부각하고자 하였다고 추정하였다.[110] 정경희는 오제가 천제로 천·오제 제사는 천지합제와 다르지 않으며, 남당(南堂)에서 의례가 이루어졌을 가능성을 제기하였다.[111] 유원재는 오제 제사가 오악(五岳)에서 이루어지던 여러 신에 대한 제사를 의미한다고 여겼고,[112] 이기동은 오제가 천상의 오방신으로, 천·오제 제사는 양의 영향을 받아 성립되었다고 이해하였으며,[113] 김두진은 오제가 막연한 방위 혹은 지역 관념을 지닌 토착 집단의 지신계 신격이니, 의례의 실체는 사비도읍기 여러 산악에서 행하던 신에 대한 제사라 주장하였다.[114]

또 박승범은 천·오제 제사가 기존 천지합제와 마한의 전통적 제천의례를 통합하여 사비도읍기에 구성되었는데, 오제는 방위신인 지신이며, 복속 지역의 정치적 통합을 종교적으로 재확인하는 의례라 유추하였다.[115] 와타나베 신이치로(渡辺信一郎)는 농경의례인 기존 제천의례를 기초로 중국의 제천의례를 받아들여 천·오제 제사가 성립하였다고 파악하였고,[116] 이병호는 오제가

---

108) 車勇杰, 1978, 앞의 논문, 63쪽; 車勇杰, 1994, 앞의 논문, 17~19쪽.
109) 俞起濬, 1989, 앞의 논문, 37쪽.
110) 양기석, 2013, 앞의 책, 349~350쪽.
111) 鄭璟喜, 1990, 앞의 책, 394~395쪽, 402~403쪽, 416~417쪽.
112) 俞元載, 1994, 앞의 논문, 79~80쪽, 83~85쪽.
113) 李基東, 1996, 앞의 책, 40쪽, 168쪽, 177~179쪽.
114) 金杜珍, 1999, 앞의 책, 183쪽, 185쪽 주33); 김두진, 2005, 앞의 논문, 20쪽.
115) 朴承範, 2002, 앞의 학위 논문, 96쪽, 109쪽; 朴承範, 2000, 앞의 논문, 223쪽.
116) 渡辺信一郎, 2003, 『中国古代の王権と天下秩序 -日中比較史の視点から-』, 校倉

천신이며 의례는 백마강 가에서 이루어졌으리라 짐작하였고,[117] 김창석은 5세기 말 이후 천지합제가 천·오제 제사로 전환되었다 하였다.[118] 김기흥은 사비 천도 전후 천·오제 제사가 한 해 네 차례 치러지며 정례화하였으니, 이는 왕의 권위를 확고히 하려는 움직임이었는데, 천신인 오제를 제사함으로써 국토 전역을 통치할 정신적 기반을 강화하였다고 보았다.[119]

노중국은 오제가 천신이고 양으로부터 오제 관념이 수용되었으며, 천과 오제를 함께 제사하였는데, 사중월이라는 제사 시기는 『예기』의 제도를 받아들인 것으로 생각하였고,[120] 여호규는 6세기 전반 사비 천도 전후 중국 예제를 수용하여 천·오제 제사가 확립되었으며, 사비도성을 둘러싼 나성과 백마강 외곽 일대에서 오제를 절기에 따라 나누어 제사(分祭)하였는데, 여름·겨울에 의례가 성대하게 행해진 것은 중국 교사에서 하지와 동지에 각기 북교·남교에 제사하던 방식과 관련된다고 짐작하였다.[121]

그 밖에 채미하는 천·오제 제사가 늦어도 웅진도읍기 말 시행되었고, 왕실과 귀족이 각기 천과 오제에 대응되며, 제지의례는 산천 제사로 치러졌다고 추정하였다.[122] 박순발은 천지합제를 대체한 것이 사비도읍기의 천·오제 제사로, 남천 이후 남조 양의 교사 체계를 수용한 뒤 적절히 변용한 결과, 의례가 사중월에 치러지거나 여름·겨울에 더욱 성대히 행해졌다고 주장하였다.[123]

書房, 205쪽.
117) 이병호, 2003, 앞의 논문, 43~44쪽.
118) 金昌錫, 2004, 앞의 논문, 22쪽, 24쪽.
119) 김기흥, 2004, 「백제의 정체성(正體性)에 관한 일 연구」 『역사와 현실』 54, 207쪽.
120) 노중국, 2010, 앞의 책, 507~513쪽.
121) 여호규, 2005, 앞의 논문, 276~278쪽, 288~299쪽.
122) 채미하, 2018, 앞의 책, 148~156쪽, 284~290쪽.
123) 朴淳發, 2023a, 앞의 논문, 9쪽, 22쪽, 24~25쪽.

한편 천·오제 제사를 구체적으로 검토한 성과도 축적되었다. 서영대는 오제가 천신(天帝)이며, 이는 성왕 집권 전반기 혹은 사비 천도 전후 남조 양으로부터 후한의 유자(儒者) 정현(鄭玄, 127~200)의 논의(六天說)를 수용한 것인데, 왕과 귀족 세력이 공존을 모색하고 타협한 결과로, 호천상제를 왕, 오제를 귀족에 대응하여 왕권 강화를 도모하였다고 여겼다.[124] 이 논의는 천·오제 제사를 총체적으로 살펴보았을 뿐 아니라, 중국의 교사 및 오제 관념의 추이를 염두에 두면서 백제의 오제 신앙이 갖는 의미까지 고려하여, 해당 의례를 바라보는 기본 시각을 제시하였다.

이장웅은 백제가 천신·지신·방위신의 성격을 복합적으로 지닌 오제 관념을 양에서 받아들인 뒤, 도성 외곽 여러 군데에 제장을 마련하고 오제를 제사하는 오교영기제(五郊迎氣祭) 또한 수용·실시하였으니, 동교(東郊) 제장은 능산리사지, 북교 제장은 왕흥사지(王興寺址), 남교 제장은 군수리사지(軍守里寺址), 서교(西郊) 제장은 외리사지(外里寺址) 일대이고, 제천의례 공간은 정림사지(定林寺址) 지역인데, 사중월이라는 제사 시기는 오교영기제가 백제식으로 변용된 결과이며, 여름·겨울의 성대한 의례는 중국 교사에서 동지·하지 의례를 중시한 것과 연관된다고 보았다.[125] 흥미로운 주장이지만, 오제의 기본 성격이나 오교영기제의 시행 여부를 비롯하여 재고할 사안도 적지 않다.

박초롱은 제왕의 순수(巡狩)가 사중월에 행해졌다는 경전과 사서의 기록에 착안하여, 천·오제를 사중월에 제사한 것은 백제 국왕이 전 국토를 통제·관장한다는 사실을 재확인하고자 한 결과이고, 여름·겨울에 더욱 성대히 의례를 치른 것은 중국 제천의례의 영향이며, 오제는 방위신으로서의 색채가 짙은데, 왕권은 사비 천도를 기점으로 오제 제사를 도입함으로써 지방 지배

---

124) 徐永大, 2000, 앞의 논문, 89~114쪽, 116~123쪽, 126~132쪽; 서영대, 2007, 앞의 논문, 169~170쪽.

125) 李壯雄, 2016, 앞의 학위 논문, 40쪽, 50~55쪽, 79쪽, 87쪽, 90~91쪽, 96쪽, 98~99쪽, 101쪽; 이장웅, 2010, 앞의 논문, 31~41쪽, 45~55쪽.

를 정당화하였고, 유교식 천 관념이 수용됨에 따라 해당 의례가 시조 제사보다 중시되었다고 보았다.[126] 오제 제사와 지역 지배 및 유교식 천 관념 사이의 연관성에 주목한 논의인데, 오제 관념이 지방 지배 체제와 관련된 선례를 찾기 어려울 뿐 아니라, 백제 왕실은 당시에도 지고적 존재를 조상신으로 여기는 재래의 관념을 유지한 것으로 여겨지는 점[127]을 고려할 필요가 있다.

김경화는 오제를 천신으로 봄과 아울러, 중국의 오제가 명당(明堂)에서 모셔진 적도 있다는 점을 눈여겨보아, 천과 오제 제사가 각기 남교와 명당(남당)에서 이루어졌고, 제장은 모두 사비하(泗沘河) 부근이며, 사중월이라는 제사 시기는 북위를 비롯한 북방 종족 고유의 풍속과 관련되거나 명당 내 태묘(太廟·室) 의례를 중시한 결과로, 성왕은 강력한 왕권을 확립하고 신진 세력을 완벽히 편제하고자 양의 문물을 수용하여 천·오제 제사를 시행하였다고 추정하였다.[128] 일리 있는 견해지만, 북위 습속의 영향이나 명당 제사의 실재에 대해서는 면밀한 검토가 요청된다.

이상과 같이 기존 연구로 천·오제 제사의 면모가 어느 정도 밝혀졌다. 하지만 관련 기록이 워낙 적은 탓인지, 오제의 성격이나 제사 시기 및 의미 등 의례의 기본 틀을 이해하는 데 중요한 사안에 관한 입장이 정리되지 못한 채 논의가 이어져 실상 규명에 어려움을 준다.

3. 연구 주안점 및 저서 구성

앞서 언급하였듯이, 이 글의 목적은 백제 국가제사의 구체적인 면모와 역

---

126) 박초롱, 2014, 앞의 논문, 14~33쪽.

127) Ⅳ부 참조.

128) 金敬華, 2016, 앞의 학위 논문, 115쪽, 117~120쪽, 126~128쪽, 132~133쪽, 136~137쪽, 140쪽, 143쪽, 150쪽; 김경화, 2017b, 「백제의 天 및 五帝 제사의 내용과 의미」『百濟學報』 21.

할 및 의미를 규명함과 아울러, 전반적인 추이를 알아보는 데 있다. 이를 위하여 유념하고픈 점은 다음과 같다.

첫째, 기록에 기초한 접근이다. 기왕의 백제 국가제사 논의는 각양각색으로 진전되었는데, 이를 입증할 만한 뚜렷한 근거가 부족할 때도 없지 않다. 따라서 필요한 부분이 아니라면 선험적 논의는 되도록 자제하고, 기록된 바를 토대로 실상에 다가감으로써 소모적인 논쟁을 지양하여, 상호 공감할 수 있는 인식의 틀을 갖추는 데 이바지하고자 한다. 특히 『삼국사기』 백제본기 초기 기사와 중국 문헌의 경우, 후대의 인식이 투영되거나 타자의 시선이 녹아든 부분도 존재한다. 그 점을 염두에 두고 기록을 정합적으로 검토하겠다.

둘째, 왕권과 당면 현실의 연계적 검토다. 국가제사는 왕권의 주도로 이루어진 만큼, 그것의 성립 및 변천 과정에도 왕권의 의도가 함께하였을 것이다. 눈여겨볼 점은 그 방향이 당면 현실과 동떨어지지 않았으리라는 사실이다. 다시 말해 어떠한 의례의 변곡점이나 특징적 면모는 당시의 정황과 관련된 왕권의 안배에서 비롯되었을 확률을 배제할 수 없다. 따라서 시대적 배경과 왕권의 향배를 고려하여 백제 국가제사를 유기적으로 이해하고자 한다.

셋째, 사회·문화적 토대를 향한 관심이다. 정치적인 측면이 어떠한 의례 방식이나 기조에 영향을 끼칠 수 있음은 부인하기 힘들다. 그러나 사회·문화적 배경을 도외시할 수 없는 것도 사실이다. 국가제사가 한 공동체를 대표하는 제사였다는 데서 보자면 더욱 그러하다. 따라서 특정 제사가 시행될 무렵의 사고관 혹은 사회적 분위기를 헤아려, 국가제사를 더욱 입체적으로 바라볼 수 있도록 노력하겠다.

넷째, 주변의 관련 사례 및 발굴 성과 참조다. 전자의 경우 고구려나 신라뿐 아니라 중국이나 고대 일본의 경향도 염두에 두어, 백제 국가제사를 넓은 시야에서 가늠할 것이다. 후자의 경우 신중한 태도를 견지하며, 적절히 활용하고자 한다. 백제 국가제사에 관한 기록의 소략함은 널리 알려진 바이다. 이러한 시도를 통하여 그러한 부분을 보완하고자 한다.

이미 다룬 것처럼 문헌으로 확인된 백제의 대표적인 국가제사는 조상 제사로 분류할 수 있는 동명묘·국모묘·구태묘 제사와 천지 제사라 할 천지합제와 천·오제 제사다. 이 글에서는 국모묘 제사를 제외한 나머지 4개 의례를 중점적으로 살피고, 국모묘 제사는 필요한 경우 제한적으로 언급하겠다. 관련 기사가 한 차례에 그칠 뿐 아니라 과정을 유추하기도 어려워, 본 연구가 지향하는 바인 변화상 파악에 한계가 따르기 때문이다.

덧붙여 동명묘 제사와 천지합제를 먼저 검토한 뒤, 구태묘 제사와 천·오제 제사를 살펴보고자 한다. 관련 기록이 가리키는 시기적 범주를 보면 대체로 전자가 후자에 앞서므로, 동명묘 제사에서 구태묘 제사로, 천지합제에서 천·오제 제사로 무게 중심이 옮겨갔다고 이해되는 까닭이다. 그러한 면을 고려한 글의 구성은 다음과 같다.

Ⅰ부에서는 동명묘 제사를 살펴보겠다. 우선 제사 대상인 동명의 정체와 동명묘 건립 기사의 의미를 되짚고, 동명묘가 어떠한 구조물인지 검토함과 함께, 소재지를 대략적으로나마 유추할 예정이다. 다음으로 동명묘 제사가 국가제사로 자리매김한 시기를 가늠함과 아울러, 재위 초 제사의 기본적 성격도 밝히고자 한다. 즉위의례 여부를 두고 입장이 갈린 상황이니, 제사 전후 기록에 주목하여 실상에 다가갈 것이다. 또 한성도읍기에 동명묘 제사가 중요히 언급된 원인도 눈여겨보겠는데, 고구려 등 주변 국가의 사례나 발굴 성과도 적절히 활용하여 사회·문화적 토대에 접근하고자 한다.

Ⅱ부에서는 천지합제를 다루겠다. 먼저 제장에 관한 다양한 표현을 파악하고, 『삼국사기』 고이왕 시기 이전 제사 기사의 이해 방향을 생각해 볼 것이다. 다음으로 중국 교사를 염두에 두고, 천지합제의 실제 성립 시기와 그것이 가능하였던 배경을 고려함에 더하여, 제장의 위치도 유추하겠다. 이어 천지합제의 기본 성격도 밝힐 것이다. 한성도읍기 제사부터 언급하고자 하는데, 의례의 기조가 중간에 변화할 수도 있다는 점을 토대로 대외적인 동향에 주목하여 다가갈 것이며, 동명묘 제사와의 비중 문제도 언급할 예정이다. 웅진도읍기 제사의 경우, 이전과 면모가 다른 원인을 헤아리면서 실상을 검토하겠다. 끝으로 천지합제 운영 양상에서 재래의 사고가 반영된 부분도 면밀하

게 알아보고자 한다.

Ⅲ부에서는 구태묘 제사를 살펴보겠다. 우선 구태묘에 모신 구태의 정체를 밝히고자 한다. 중국 문헌에서 구태를 시조로 언급하였다는 점과 관련 기록에 타자의 시선이 함께하였다는 점에 주의를 기울일 것이다. 다음으로 구태묘가 어떠한 구조물인지 검토한 뒤, 그렇게 불린 연유와 더불어 소재지나 제사 시기 등 운영 양상도 유추하겠다. 『니혼쇼키(日本書紀)』에 언급된 '건방지신(建邦之神)'의 실체에 주목하여, 관련 전승에서 드러나는 제사의 양상도 밝혀보고자 한다. 마지막으로 남천 이후 동명묘 제사를 대신하여 구태묘 제사가 대두한 배경도 알아보겠는데, 발굴 성과와 주변 국가의 사례를 참조하여 다양한 방면을 고려하고자 한다.

Ⅳ부에서는 천·오제 제사를 다루겠다. 먼저 오제의 성격을 이해할 터인데, 중국의 경향을 참조하여 견해를 정리하겠다. 다음으로 천·오제 제사의 성립 시기를 가늠할 것이다. 기존에는 성왕 시기를 눈여겨보았으나, 시기가 올라갈 가능성도 상정하고자 한다. 이어 천·오제 제사가 시행된 배경도 생각하겠다. 종래 지방 제도나 정치적 구도와의 관련성이 제기되었는데, 지고적 존재에 관한 관념도 고려하여 실상에 다가갈 것이다. 또 구태묘 제사와의 역학 관계도 살펴본 뒤, 끝으로 천·오제 제사의 운영 양상을 유추하겠다. 의례를 바라보는 관점이나 시대적 상황에 주목하여, 제장이나 제사 시기·빈도 및 방식 등이 갖는 의미를 되짚고자 한다.

I
동명묘(東明廟) 제사

1. 동명묘의 실체와 소재지

『삼국사기』 백제본기 및 제사지(祭祀志)에 전하는 동명(왕)묘 관련 기록은 다음과 같다.[1]

    A-1. (온조왕) 원년 5월, 동명왕묘를 세웠다.[2]
    A-2. (다루왕) 2년 정월, 시조 동명묘에 배알하였다.[3]
    A-3. (구수왕) 14년 4월, 크게 가물어 왕이 동명묘에 빌었더니 곧 비가 왔다.[4]
    A-4. (책계왕) 2년(287) 정월, 동명묘에 배알하였다.[5]

---

1) 『삼국사기』 백제본기 초기 기사에 해당하는 고이왕 시기(234~286) 이전의 일은 서력기원을 따로 표기하지 않는다.
2) 『三國史記』 권 제23, 百濟本紀 제1, 溫祚王, "元年 春五月 立東明王廟"
3) 『三國史記』 권 제23, 百濟本紀 제1, 多婁王, "二年 春正月 謁始祖東明廟"
4) 『三國史記』 권 제24, 百濟本紀 제2, 仇首王, "(十四年)夏四月 大旱 王祈東明廟 乃雨"
5) 『三國史記』 권 제24, 百濟本紀 제2, 責稽王, "二年 春正月 謁東明廟"

A-5. (분서왕) 2년(299) 정월, 동명묘에 배알하였다.[6]

A-6. (비류왕) 9년(312) 4월, 동명묘에 배알하고, 해구(解仇)를 병관좌평(兵官佐平)으로 삼았다.[7]

A-7. (아신왕) 2년(393) 정월, 동명묘에 배알하고, 또 남단(南壇)에서 천지에 제사하였으며, 진무(眞武)를 좌장(左將)으로 삼아 군사에 관한 일(兵馬事)을 맡겼다.[8]

A-8. (전지왕) 2년(406) 정월, 왕이 동명묘에 배알하고, 남단에서 천지에 제사하였으며, 크게 사면하였다.[9]

A-9. 『고기』에 이른다. "(중략) 다루왕 2년 정월에 시조 동명묘에 배알하였다. 책계왕 2년 정월, 분서왕 2년 정월, 계왕 2년(345) 4월, 아신왕 2년 정월, 전지왕 2년 정월에 모두 위와 같이 행하였다."[10]

　동명묘, 즉 동명의 사당에서 치러진 의례는 "배알한다(謁)"(A-2·4~9)거나 "빈다(祈)"(A-3)고 표현된다. 이 중 전자, 즉 '알(謁)'의 경우 고구려나 신라의 시조묘(始祖廟)·신궁(神宮) 의례가 주로 '(친)사(親祀)'로 언급되었기에 다소 이례적으로 다가오는데, 국가의 계통적 의미를 확인하려는 목적에서라거나,[11] 동명에게 고한다는 성격이 강하여 해당 자(字)를 썼다고도 본다.[12] 그러나 중국에

---

[6] 『三國史記』권 제24, 百濟本紀 제2, 汾西王, "二年 春正月 謁東明廟"

[7] 『三國史記』권 제24, 百濟本紀 제2, 比流王, "(九年)夏四月 謁東明廟 拜解仇爲兵官佐平"

[8] 『三國史記』권 제25, 百濟本紀 제3, 阿莘王, "二年 春正月 謁東明廟 又祭天地於南壇 拜眞武爲左將 委以兵馬事"

[9] 『三國史記』권 제25, 百濟本紀 제3, 腆支王, "二年 春正月 王謁東明廟 祭天地於南壇 大赦"

[10] 『三國史記』권 제32, 雜志 제1, 祭祀, "古記云 … 多婁王二年春正月 謁始祖東明廟 責稽王二年春正月 汾西王二年春正月 契王二年夏四月 阿莘王二年春正月 腆支王二年春正月 並如上行"

[11] 장혜경, 2008, 「漢城時期 百濟王의 卽位儀禮」, 성균관대 석사 학위 논문, 5쪽.

[12] 김경화, 2015b, 「백제 한성도읍기의 동명묘 배알」, 『鄕土서울』 91, 21쪽.

서 종묘와 같은 사당을 무대로 의례가 치러질 때 '알○묘(謁○廟)'라 한 사실[13]을 고려하면, 이 또한 비슷한 범주로 이해할 수 있지 않을까 한다. 다만 실상이 어떻든 배알하고 비는 일이 동명의 사당에서 이루어졌으므로, 제사 행위로 파악하는 편이 타당하다.[14]

동명묘 제사 기사는 8건인데(A-2~9), 여기에 동명묘 건립 기사(A-1)를 합하면

---

13) 중국 한대의 대표적인 사례를 살펴보면 다음과 같다.
『史記』 권9, 呂太后本紀 제9, "七年秋八月戊寅 孝惠帝崩 … 九月辛丑 葬 太子即位 爲帝 謁高廟"; 같은 책, 권10, 孝文本紀 제10, "孝文皇帝元年十月庚戌 徙立故琅邪王澤爲燕王 辛亥 皇帝即阼 謁高廟"; 『漢書』 권7, 本紀 제7, 昭帝 즉위, "明日 武帝崩 戊辰 太子即皇帝位 謁高廟"; 같은 책, 권8, 本紀 제8, 宣帝 즉위, "元平元年四月 昭帝崩 毋嗣 … (秋七月)庚申 入未央宮 見皇太后 封爲陽武侯 已而羣臣奉上璽綬 即皇帝位 謁高廟"; 같은 책, 권9, 本紀 제9, 元帝 즉위, "黃龍元年十二月 宣帝崩 癸巳 太子即皇帝位 謁高廟"; 같은 책, 권10, 本紀 제10, 成帝 즉위, "竟寧元年五月 元帝崩 六月己未 太子即皇帝位 謁高廟"; 같은 책, 권11, 本紀 제11, 哀帝 즉위, "綏和二年三月 成帝崩 四月丙午 太子即皇帝位 謁高廟"; 같은 책, 권12, 本紀 제12, 平帝 즉위, "元壽二年六月 哀帝崩 … 九月辛酉 中山王即皇帝位 謁高廟"; 『後漢書』 권1下, 本紀 제1下, 光武帝 建武 6년 4월 丙子, "幸長安 始謁高廟 遂有事十一陵"; 같은 책, 권4, 本紀 제4, 孝和帝 즉위, "章和二年二月壬辰 即皇帝位 年十歲 … 夏四月丙子 謁高廟 丁丑 謁世祖廟"; 같은 책, 권5, 本紀 제5, 孝安帝, "(延平元年)八月 殤帝崩 … 九月庚子 謁高廟 辛丑 謁光武廟 … (永初)七年春正月庚戌 皇太后率大臣命婦 謁宗廟"; 같은 책, 권6, 本紀 제6, 孝順帝, "明年三月 安帝崩 … (十一月丁巳)即皇帝位 年十一 … 壬申 謁高廟 癸酉 謁光武廟 … (陽嘉元年二月丁巳)皇后謁高廟光武廟 詔稟甘陵貧人 大小口各有差"; 같은 책, 같은 권, 孝質帝 즉위, "及沖帝崩 … 丁巳 封爲建平侯 其日即皇帝位 年八歲 … 甲申 謁高廟 乙酉 謁光武廟"; 같은 책, 권7, 本紀 제7, 孝桓帝 즉위, "(本初元年)會質帝崩 … 閏月庚寅 使冀持節 以王青蓋車迎帝入南宮 其日即皇帝位 時年十五 … (秋七月)辛巳 謁高廟光武廟"; 같은 책, 권8, 本紀 제8, 孝靈帝 乾寧 원년 2월, "庚午 謁高廟 辛未 謁世祖廟 大赦天下 賜民爵及帛各有差"; 같은 책, 권9, 本紀 제9, 孝獻帝 建安 원년 7월 己卯, "謁太廟"; 같은 책, 志 제30, 輿服下, 鶡冠, "安帝立皇太子 太子謁高祖廟"

14) 중국에서 종묘(태묘)에 알현하는 알묘(謁廟) 행위를 제사로 이해한 것(金子修一, 2001, 『古代中國と皇帝祭祀』, 汲古書院, 13쪽)이나 황제가 선대 제릉(帝陵)에 가서 공봉(供奉), 즉 제사하는 행위를 알릉(謁陵) 의례라 한 것(來村多加史, 2001, 『唐代皇帝陵の研究』, 学生社, 439쪽)이 참조된다.

관련 기록은 총 9건이다. 모두 한성도읍기의 일이라 주로 해당 시기에 위상이 높았던 의례로 볼 수 있다. 물론 이를 실재한 사례 전부라 보기는 힘들다. 사료의 전승 과정에서 적지 않은 예가 산일(散逸)된 결과로 여기는 편이 타당하며, 실제로는 보다 많은 제사가 행해졌을 것이다.[15]

언뜻 보면 동명묘 관련 기사 건수는 적게 남은 것 같기도 하다. 그러나 『삼국사기』에 실린 8건의 고구려 시조묘 제사 기사가 고구려본기의 독자 전승 기사 안에서 꽤 높은 비율을 점하므로,[16] 이 또한 전향하여 생각할 필요가 있다. 특히 기년을 어느 정도 신뢰할 수 있는 고이왕 시기 이후, 즉 3세기 말 책계왕의 사례(A-4)부터 마지막 전지왕의 사례(A-8)까지를 시기적 범위로 설정하면, 10명의 군주가 집권한 약 120년 사이에 6건의 제사 기사가 존재한다. 사료가 부족한 한국 고대사에서는 결코 낮은 빈도라고 평할 수 없는 수준이다. 따라서 동명묘 관련 기록을 통하여 일정한 역사상에 다가가는 것이 가능하다.[17]

동명묘의 주신(主神)은 동명(東明)인데, "시조 동명묘"(A-2·9)라 표현되었으므로 시조로 여겨졌다. 이 동명을 부여 시조[18]나 부여계 집단의 공동 시

---

15) 盧明鎬, 1981, 「百濟의 東明神話와 東明廟 -東明神話의 再生成 現象과 관련하여-」『歷史學硏究』 10, 64쪽 주21).

16) 井上秀雄, 1978, 「古代朝鮮史序說 -王者と宗敎-」, 寧楽社, 108쪽; 임기환, 2006, 「고구려본기 전거 자료의 계통과 성격」『韓國古代史硏究』 42, 44~47쪽.

17) 현재 전하는 기사는 전례와 다르게 시행되었다거나 조금 더 강조해서 설명할 필요가 있는 경우가 기록된 결과로 여기기도 한다(김경화, 2015b, 앞의 논문, 8쪽). 그러나 이는 『삼국사기』 백제본기 및 제사지에 백제 당대의 기록이 빠짐없이 그대로 실렸다는 전제가 성립할 때 가능한 추론이기에 따르기 어렵다.

18) 鄭璟喜, 1990, 『韓國古代社會文化硏究 -靑銅器社會에서 三國時代까지-』, 一志社, 126쪽; 서대석, 2002, 『한국신화의 연구』, 집문당, 188쪽; 문동석, 2007, 『백제 지배세력 연구』, 혜안, 125쪽; 이도학, 2010, 『백제 한성·웅진성 시대 연구』, 일지사, 21쪽, 23쪽, 75쪽, 118쪽, 306~307쪽; 朴賢淑, 2005, 「백제 建國神話의 형성과정과 그 의미」『韓國古代史硏究』 39, 40~41쪽, 46쪽; 金炳坤, 2008, 「記錄에 나타난 百濟 始祖 및 建國者의 史的 位相과 實態」『百濟硏究』 47, 105쪽; 김화경, 2012, 「백제 건국신화의 연구 -일본의 도모신화를 중심으로 한 고찰-」『韓民族語文學』 60, 25~26쪽; 김경화, 2015b, 위의 논문, 11~12쪽; 김수미, 2017, 「백제 시조 전승

조,19) 혹은 고구려 시조로 보기도 한다.20) 다만 달리 바라볼 여지도 없지 않은데, 그 면에서 다음 기록이 주목된다.

> B-1. 황태후의 선조는 백제 무령왕의 아들인 순타태자(純陁太子)에서 나왔다. (중략) 그 백제 원조(遠祖) 도모왕(都慕王)이란 이는 하백(河伯)의 딸이 일정(日精)에 감응하여 태어났는데, 황태후는 곧 그 후손이다. 이로 말미암아 시호를 받들었다.21)
>
> B-2. 좌중변(左中弁) 정5위상 겸 목공두(木工頭) 구다라노코키시 진테이(百濟王仁貞), 치부소보(治部少輔) 종5위하 구다라노코키시 겐신(百濟王元信), 중위소장(中衛少將) 종5위하 구다라노코키시 츄신(百濟王忠信), 도서두(圖書頭) 종5위상 겸 동궁학사(東宮學士) 좌병위좌(左兵衛佐) 이예수(伊豫守) 츠노무라지 마미치(津連眞道) 등이 표를 올렸다. "마미치(眞道) 등은 본계(本系)가 백제국 귀수왕

의 양상과 변화 원인」『歷史學硏究』 66, 6~7쪽; 문동석, 2021, 「백제 전지왕의 연호 제정과 종묘」『白山學報』 121, 184쪽.

19) 李鍾泰, 1996, 『三國時代의 「始祖」認識과 그 變遷』, 국민대 박사 학위 논문, 31~32쪽; 金瑛河, 2002, 『韓國古代社會의 軍事와 政治』, 高麗大學校 民族文化硏究院, 45쪽; 노중국, 2010, 『백제사회사상사』, 지식산업사, 466쪽; 채미하, 2015, 『신라의 오례와 왕권』, 혜안, 252~253쪽; 朴承範, 2000, 「百濟의 始祖傳承과 始祖廟儀禮」『東洋古典硏究』 13, 223쪽; 徐永大, 2000, 「百濟의 五帝信仰과 그 意味」『韓國古代史硏究』 20, 125쪽; 이병호, 2003, 「百濟 泗沘都城의 構造와 運營」『한국의 도성 -都城 造營의 傳統-』, 서울시립대학교 부설 서울학연구소, 44쪽; 여호규, 2005, 「國家祭祀를 통해본 百濟 都城制의 전개과정」『古代 都市와 王權』, 서경, 271쪽; 배재영, 2009, 「백제의 부여 인식」『百濟文化』 41, 135~136쪽; 장수남, 2022, 「백제 웅진시기 한강유역 의미」『韓國古代史探究』 42, 132~133쪽.

20) 李丙燾, 1976, 『韓國古代史硏究』, 博英社, 470쪽; 千寬宇, 1989, 『古朝鮮史·三韓史硏究』, 一潮閣, 335쪽, 365쪽; 成周鐸·車勇杰, 1981, 「百濟儀式考 -祭儀·田獵·巡撫·閱兵·習射儀式에 關한 檢討-」『百濟硏究』 12, 71쪽; 정구복, 2007, 「백제의 문화와 유교문화와의 친연성」『百濟의 祭儀와 宗敎』, 충청남도역사문화연구원, 240쪽.

21) 『續日本紀』 권 제40, 今皇帝 桓武天皇 延曆 8년 12월 任子, "后先出自百濟武寧王之子純陁太子 … 其百濟遠祖都慕王者 河伯之女感日精而所生 皇太后卽其後也 因以奉謚焉"

(貴須王)에서 나왔으니, 귀수왕이란 이는 백제가 처음 일어난 때로부터 16세(世) 왕입니다. 대저 백제 태조 도모대왕(都慕大王)이란 이는 일신(日神)이 몸에 내려와, 부여(扶餘)에 머물러 나라를 열었으며, 천제가 녹(籙)을 내리시어 모든 한(韓)을 통솔하고 왕을 칭하였습니다."**22)**

　이는 8세기 말 일본 내 백제계 인물과 관련된 도모(都慕) 전승(B-1·2)으로 백제 멸망 이후의 산물이나, 백제 당대의 인식을 살펴보는 데 참조된다. 도모 전승에는 도모(대)왕의 기이한 탄생(B-1·2)과 개국 및 업적(B-2)을 전한다. 그에 따르면 도모왕은 시조나 태조로 일컬어진 백제 왕가의 뿌리로, 기이하게 탄생한 뒤 나라를 세워 위업을 이루었다. 이 도모를 고구려 시조 주몽(동명왕)으로 추정하기도 하는데,**23)** 연장선에서 백제 왕실이 주몽을 시조로 여겼다는 설**24)**도 제기되었다. 하지만 도모 전승이 실린 『조쿠니혼키(續日本紀)』와 비슷한 시기에 만들어진 『신센세이시로쿠(新撰姓氏錄)』에 고구려왕 주몽이 '추모(鄒牟)'로 표기된 데 비해, 도모는 백제왕으로 나온다.**25)** 도모가 주몽과 구별되는 존재

---

22) 『續日本紀』 권 제40, 今皇帝 桓武天皇 延曆 9년 7월 辛巳, "左中弁正五位上兼木工頭百濟王仁貞 治部少輔從五位下百濟王元信 中衛少將從五位下百濟王忠信 圖書頭從五位上兼東宮學士左兵衛佐伊豫守津連眞道等 上表言 眞道等本系 出自百濟國貴須王 貴須王者 百濟始興第十六世王也 夫百濟太祖都慕大王者 日神降靈 奄扶餘而開國 天帝授籙 摠諸韓而稱王"

23) 李丙燾, 1976, 앞의 책, 471쪽; 金杜珍, 1999, 『韓國古代의 建國神話와 祭儀』, 一潮閣, 172쪽, 176쪽, 187쪽, 203~204쪽; 서대석, 2002, 앞의 책, 156쪽; 神崎勝, 1995, 「夫餘・高句麗の建国伝承と百濟王家の始祖伝承」『日本古代の伝承と東アジア』, 吉川弘文館, 302쪽; 이근우, 2002, 「桓武天皇 母系는 武寧王의 후손인가」『韓國古代史研究』 26, 213쪽, 217쪽; 전덕재, 2023, 「신라는 삼국을 통일하려고 하였을까」『신라는 정말 삼국을 통일했을까 -'삼국통일'을 둘러싼 해석과 논쟁-』, 역사비평사, 52쪽.

24) 金杜珍, 1999, 위의 책, 172쪽, 187쪽; 神崎勝, 1995, 위의 논문, 302쪽, 312쪽, 315쪽.

25) 李鍾泰, 1996, 앞의 학위 논문, 33~34쪽.

라면, 동명으로 이해하는 편[26])이 자연스럽다. 이는 동명을 백제 시조로 전하는 자체적인 건국 신화의 존재를 짐작하게 한다.[27])

물론 백제 멸망 이후 일본의 백제계 혹은 도래계(渡來系) 가문에서 고구려 시조 전승을 토대로 도모 전승을 새롭게 지어냈으며, 도모 또한 주몽에서 착안한 가상의 시조라는 입장[28])도 존재한다. 백제 당대의 동명 신화로 보기 어렵다는 관점이다. 해당 논의는 백제에서 동명이 시조로 인식되지 않았다는 전제에 기초하였으니, 구체적으로 건방지신(建邦之神)을 동명이 아니라 하고, 사비도읍기(538~660)를 다룬 문헌에 구태묘(仇台廟)가 등장하나(F-1-③, F-2-④, F-3-④, F-4-③, F-5-③, F-7-③, F-8-①) 동명묘 제사 기사가 보이지 않는 점에 주목한 것이다.[29]) 하지만 Ⅲ부에서 거론할 바와 같이 건방지신은 동명일 뿐 아니라, 구태는 동명과 다르지 않아 동명에 대한 제사는 계속 이어졌으므로 수긍하기 힘들다.

---

26) 李鍾泰, 1996, 위의 학위 논문, 33~34쪽; 이도학, 2010, 앞의 책, 75쪽; 노중국, 2018, 『백제 정치사』, 일조각, 63~64쪽; 盧明鎬, 1981, 앞의 논문, 44쪽; 林起煥, 1998a, 「百濟 始祖傳承의 형성과 변천에 관한 고찰」 『百濟硏究』 28, 19~20쪽; 朴承範, 2000, 앞의 논문, 217쪽; 朴賢淑, 2005, 앞의 논문, 46쪽; 여호규, 2005, 앞의 논문, 271쪽; 정재윤, 2008a, 「백제의 부여 계승의식과 그 의미」 『부여사와 그 주변』, 동북아역사재단, 188쪽; 이승호, 2011, 「「광개토왕비문」에 보이는 천제지자(天帝之子) 관념 형성의 사적(史的) 배경」 『역사와 현실』 81, 111쪽; 김경화, 2017a, 「백제 구태묘 제사의 내용과 의의」 『韓國古代史硏究』 85, 357쪽; 김수미, 2017, 앞의 논문, 9쪽; 이장웅, 2017, 「백제 웅진기 '建邦之神' 제사와 聖王代 유교식 天 관념」 『韓國古代史探究』 26, 88쪽; 정지은, 2023, 「4세기 백제의 건국신화 정립과 부여씨」 『東國史學』 77, 13쪽.

27) 최광식, 2007, 『한국 고대의 토착신앙과 불교』, 고려대학교출판부, 60쪽; 김화경, 2019, 『한국 왕권신화의 전개』, 지식산업사, 140쪽, 153~159쪽; 盧明鎬, 1981, 위의 논문, 43~44쪽; 林起煥, 1998a, 위의 논문, 19~20쪽; 朴賢淑, 1999, 「三國時代 祖上神 觀念의 形成과 그 特徵」 『史學硏究』 58·59, 115쪽; 여호규, 2005, 위의 논문, 271쪽; 이승호, 2011, 위의 논문, 110~112쪽; 김수미, 2017, 위의 논문, 9~10쪽.

28) 연민수, 2021, 『일본고대국가와 도래계 씨족』, 학연문화사, 155~157쪽, 160~161쪽, 164쪽, 166쪽.

29) 연민수, 2021, 위의 책, 146~147쪽, 165~166쪽.

앞서 언급하였듯이 도모는 추모(주몽)와 구별되는 명칭이고, 백제 왕실의 시원(始原)으로 전할 뿐 아니라, 한(韓) 지역을 다스렸다는 것은 백제의 역사적 궤적과도 부합된다. 개국한 곳을 부여라 한 데 의문을 품을 수도 있겠으나, 백제가 남부여(南扶餘)를 칭했다는 사실[30]을 고려하면, 자신들의 영역을 가리키는 수사적 표현으로 보인다. 그러므로 도모가 지고적 존재와 맞닿아 있으며 나라를 세웠다는 전승의 기본적인 뼈대가 백제 당대부터 이어져 왔다는 점은 인정하여도 좋지 않을까 한다. 가계(家系)에 관한 관념이 작위적으로 나타났다고 여기기 쉽지 않다는 것을 고려하면 더욱 그러하다. 즉 도모 전승은 백제의 자체적인 동명 신화에 근거하였다고 이해된다.[31]

이상을 보건대 백제 당대에 고유의 동명 신화가 존재하였다고 파악된다.[32] 따라서 동명묘에 모신 동명은 해당 전승의 주인공이다. 그렇게 볼 경우,

---

30) 서론 주76).

31) 현재 전하는 두 도모 전승의 차이를 통하여 백제 동명 신화가 여러 계통으로 이어졌다고 이해하기도 한다(林起煥, 1998a, 앞의 논문, 20쪽). 다만 백제 동명 신화의 온전한 형태를 알기 힘들기에 단정하기 쉽지 않다. 일신(日神)이 동명(도모)에게 강령하였다는 것(B-2)은 일정(日精)과 하백의 딸 사이에서 동명이 태어났다는 것(B-1)을 축약하여 기술한 결과일 수도 있다.
한편 전자(B-2)가 후자(B-1)보다 앞선 시기의 전승이라 추정하기도 하나(김화경, 2019, 앞의 책, 172~173쪽; 김수미, 2017, 앞의 논문, 10쪽), 전자가 후대의 산물일 가능성도 상존한다. 일신이 강령하였다고 하며 지고적 존재와의 관련성을 더욱 강조하거나, 천제에게 녹(籙), 즉 통치권의 보증 수단을 받았다는 모티프는 집권력이 강화되고, 유교적 문물에 대한 이해도가 어느 정도 축적된 뒤 나타났다고 볼 여지가 있기 때문이다.

32) 이와 관련하여 의자왕의 아들 부여융(扶餘隆, 617~682)의 묘지명(墓誌銘)에 백제 왕실을 '하손(河孫)', 곧 하백의 자손이라 함과 아울러, 왕업을 이야기함에 '사수(溮水)'가 언급된 사실(「扶餘隆 墓誌銘」, "海隅開族 河孫效祥 崇基峻峙 遠派靈長 家聲克嗣 代業逾昌 澤流溮水 威稜帶方")에 주목할 수도 있겠다. 주몽이 하백의 외손이고, 사수는 주몽이 건넜다는 엄사수(『三國史記』 권 제13, 高句麗本紀 제1, 始祖東明聖王 즉위, "朱蒙乃與烏伊摩離陝父等三人爲友 行至淹溮水 [一名 蓋斯水 在今鴨綠東北] 欲渡無梁 … 朱蒙得渡")를 가리킨다는 데서 고구려 건국 신화와의

관련성을 상정하기도 하나(宋基豪, 1992,「扶餘隆 墓誌銘」『譯註 韓國古代金石文 I -고구려·백제·낙랑 편-』, 駕洛國史蹟開發研究院, 545~546쪽, 549쪽; 梁起錫, 1995,「百濟 扶餘隆 墓誌銘에 대한 檢討」『國史館論叢』62, 156쪽; 김수미, 2015, 「백제 멸망 이후 馬韓 인식의 변화 양상」『韓國古代史研究』77, 266쪽), 백제 동명 신화의 흔적으로도 보는 까닭이다(林起煥, 1998a, 위의 논문, 20쪽; 김수미, 2017, 위의 논문, 10~11쪽).

하백은 본디 중국에서 유래한 신격으로, 도모 전승에서 동명의 선대로도 언급되므로(B-1), 수신(水神)에 대한 일반 명사로 여기는 것이 타당하다. 사수도 다르지 않으니, 부여 시조 동명이 넘은 하천에 대하여 『후한서』·『태평환우기』는 '엄사수(掩㴲水)', 『논형』은 '엄표수(掩淲水)', 『양서』·『북사』는 '엄체수(淹滯水)', 『삼국지』는 '시엄수(施掩水)', 『위서』·『태평어람』은 '엄수(淹水)'라 한다. 주몽이 건넌 강과 이름이 유사한데, 이는 해당 지명이 부여계 건국 신화의 구성 요소였던 데 기인한다(姜辰垣, 2007,「高句麗 始祖廟 祭祀 研究 -親祀制의 成立과 變遷을 중심으로-」, 서울대 석사 학위 논문, 23쪽 주63) 참조). 즉 하백이나 사수는 특정 인물 및 지역에 관한 고유 명사가 아니다. 따라서 백제 동명 신화에 근거하였을 가능성이 전혀 없지 않다. 묘지명에서 '대방(帶方)'에 위세를 떨쳤다고 한 점을 생각하면 더욱 그러하다. 백제왕이 중국 왕조로부터 대방군공(帶方郡公)이나 대방군왕(帶方郡王)에 봉해졌고(『北齊書』권8, 帝紀 제8, 後主 武平 원년 2월 癸亥, "以百濟王餘昌爲使持節侍中驃騎大將軍帶方郡公 王如故"; 『隋書』권1, 帝紀 제1, 高祖上 開皇 원년 10월 乙酉, "百濟王扶餘昌遣使來賀 授昌上開府儀同三司帶方郡公"; 『舊唐書』권1, 本紀 제1, 高祖 武德 7년 정월 己酉, "百濟王扶餘璋爲帶方郡王"; 같은 책, 권3, 本紀 제3, 太宗下 貞觀 15년 5월 丙子, "百濟王扶餘璋卒 詔立其世子扶餘義慈嗣其父位 仍封爲帶方郡王"; 같은 책, 권5, 本紀 제5, 高宗下 儀鳳 2년 2월 丁巳, "司農卿扶餘隆熊津州都督 封帶方郡王 令往安輯百濟餘衆"), 중국 문헌에 백제가 대방 지역에 세워졌다고 한 것(F-1-②, F-2-③, F-3-③, F-8-③)을 볼 때, 이때의 대방은 백제 강역을 뜻하기 때문이다. 하지만 해당 묘지명이 당의 문인에 의해 작성된 사실을 고려하면, 중국 당대에 고구려와 백제를 비슷한 계통의 국가로 파악하여 백제가 고구려 건국 신화를 공유하였다고 여긴 결과로 이해하는 편(梁起錫, 1995, 위의 논문, 154쪽, 156~157쪽)이 자연스럽지 않을까 한다. 이는 고구려와 관련된 표현이 적지 않게 나타난다는 점(김수미, 2015, 위의 논문, 265쪽; 채민석, 2017,「「扶餘隆 墓誌銘」관련 연구 성과 검토」『韓國古代史探究』25, 63쪽)에서도 뒷받침된다.

그렇다면 도모 전승으로 백제 동명 신화의 존재가 확인된 이상, 타자의 시선이 녹아든「부여융 묘지명」은 일단 검토 대상에서 제쳐두는 편이 어떨까 한다. 참고로 백제 유민 묘지명에서 백제와 고구려를 지칭하는 표현이 혼재되어 사용된 계기를 당 고종 의봉(儀鳳) 원년(676) 웅진도독부가 요동 건안고성(建安故城)으로 옮

『삼국사기』 백제본기에 도모 전승과 같은 기록이 전하지 않는 점을 문제 삼을 수도 있겠다. 하지만 이는 전통 시대 역사 인식의 한계로 빚어진 결과로 헤아려진다. 즉 본디 백제 시조 동명은 고구려 시조 주몽과 구별되는 존재였으나, 후대에 백제의 동명을 고구려 동명왕(주몽)으로 인식한 결과 관련 언급이 배제된 것이 아닐까 한다.33)

시조 동명은 백제의 창업주이자 왕실의 뿌리로서 국가적인 제사 대상이다. 현재 전하는 동명묘 제사 기사는 그 점을 뒷받침한다. 물론 서두에 거론한 바와 같이 동명을 다른 공동체의 시조로 볼 수도 있겠으나, 그렇다 하여도 매한가지로 생각된다. 동명이 시조의 위상을 지닌 사실은 변함없기 때문이다. 도모 전승을 비롯하여 뒤에 다룰 일본 내 백제계 집단의 가계 인식(G-1~7) 및 『삼국사기』 제사지 찬자의 언급(J)에서 드러나듯, 동명은 백제 멸망 이후에도 왕실 혈통의 구심점으로 자리매김하였다. 따라서 동명의 실체를 어떻게 보든, 존재감이 유서 깊다 하겠다.

동명묘는 온조왕 때 건립되었다고 한다(A-1). 이를 사실이라 믿을 수도 있으나,34) 백제본기 초기 기사라는 데서 보자면 어떠한 인식을 반영한 전승으로 생각된다. 신라 시조묘는 시조 혁거세의 아들인 남해차차웅이 건립하였다고 전한다.35) 이는 시조 다음 군주가 시조묘를 세워 통치의 정당성을 계승하

겨진 일(『資治通鑑』 권202, 唐紀18, 高宗天皇大聖大弘孝皇帝 儀鳳 원년 2월 甲戌, "徙熊津都督府於建安故城 其百濟戶口先徙於徐兗等州者 皆置於建安")에서 찾는 설(김수미, 2015, 위의 논문, 267~270쪽)도 제기되었다.

33) 이도학, 2010, 앞의 책, 22쪽, 119~120쪽; 연민수, 2021, 앞의 책, 151~153쪽; 盧明鎬, 1981, 앞의 논문, 53쪽; 林起煥, 1998a, 위의 논문, 24~26쪽; 朴賢淑, 2005, 앞의 논문, 50~51쪽; 김화경, 2012, 앞의 논문, 27쪽; 정지은, 2023, 앞의 논문, 13~14쪽 참조.

34) 서대석, 2002, 앞의 책, 181쪽; 노중국, 2010, 앞의 책, 466쪽; 朴賢淑, 2005, 위의 논문, 40쪽; 김경화, 2015b, 앞의 논문, 19쪽 주32), 24쪽, 31쪽.

35) 『三國史記』 권 제1, 新羅本紀 제1, 南解次次雄 3년 정월, "立始祖廟"

였다는 취지로 훗날 문자화가 이루어진 결과이다.[36] 백제 역시 마찬가지라 여겨진다. 시조 동명의 후계자인 온조왕에 의해 동명묘가 건립되었고, 그로 인하여 동명의 신성한 권위에 기초한 지배 권력이 확보되었음을 강조하고자 그러한 기사가 나타나지 않았을까 한다.

물론 초기에 동명묘가 부재하였다는 것은 아니다. 국가 체제가 3세기 중·후반에 수립되었다고 보아 그 무렵에 건립되었다고 추정하기도 하는데,[37] 동명묘 등을 통하여 시조 동명을 모시는 행위는 꽤 이른 시기부터 존재하였을 가능성이 있다. 다만 온조왕 때라는 특정 시기의 일로 기록된 것은 후대 문자화 과정의 산물로 이해하는 편이 좋겠다.[38] 다루왕 때의 제사 기사(A-2) 또한 연장선에서 파악할 수 있다. 사실로 볼 수도 있겠으나,[39] 초기 기사인 만큼 동명묘 건립 이후 동명 숭배가 순조롭게 이루어지고 있음을 보이려는 목적으로, 그곳에서 의례를 행하였다는 기록이 후대에 온조왕 후계 군주(다루왕) 때의 일로 자리하였으리라 추정된다.[40]

동명묘는 '동명을 모시는 사당'이란 의미다. 그렇다면 어떠한 형태로 볼 수 있을까. 이에 왕실 종묘로 여기기도 하였으니,[41] 구체적으로 제사 행위가 "알

---

36) 강진원, 2021, 『고구려 국가제사 연구』, 서경문화사, 126쪽.
37) 金昌錫, 2007, 「신라 始祖廟의 성립과 그 祭祀의 성격」 『역사문화연구』 26, 207~208쪽.
38) 비슷한 견해(金昌錫, 2004, 「한성기 백제의 국가제사 체계와 변화 양상 -풍납토성 경당지구 44호, 9호 유구의 성격 검토를 중심으로-」 『서울학연구』 22, 20쪽; 정재윤, 2008a, 앞의 논문, 193쪽)가 존재하나, 구체적으로 다루지 않은 데 차이가 있다.
39) 金杜珍, 1999, 앞의 책, 189쪽; 朴承範, 2002, 『三國의 國家祭儀 硏究』, 단국대 박사 학위 논문, 86쪽; 김경화, 2015b, 앞의 논문, 24쪽, 31쪽.
40) "시조 동명묘"(A-2)라는 표현을 온조가 동명으로 인식된 자취라고도 추정하나(林起煥, 1998a, 앞의 논문, 20쪽 주59)), 온조와 동명이 동일시되었다고 볼 근거가 뚜렷하지 않으므로 따르기 어렵다.
41) 박순발, 2010, 『백제의 도성』, 충남대학교출판부, 130~132쪽; 장수남, 2022, 앞의 논문, 132쪽.

(謁)"로 표현된 데 주목하거나,[42] 왕성(도성) 내 왕궁(궁성) 근방에 자리하였다고도 짐작한다.[43] 하지만 동명묘를 종묘로 이해할 뚜렷한 근거는 찾기 힘들다. 동명 신화의 성소(聖所), 즉 동명이 도래하여 건국하였다는 곳에 세워졌다고 보기도 하는데,[44] 타당성이 있으나 면밀한 검토가 이루어지지 않아 한계가 따른다.

동명묘는 묘(廟), 즉 사당으로 여겨진 공간이다. 그런데 한국 고대에는 종묘와 같은 일반적인 사당과 구별되는 구조물이 장지에 마련되어 '묘(사당)'라 여겨지기도 하였다. 고구려 시조의 모친(유화)이 죽자 장사한 뒤 사당을 세웠다거나,[45] 유리명왕의 태자 해명(解明)의 사당이 그가 묻힌 곳(東原·槍原)에 마련되었다는 전승[46]을 통하여 그러한 면을 확인할 수 있다. 태조왕이 부여로 가 태후묘(太后廟)에 제사하였다는 기록[47]도 다르지 않다. 왕이 상당한 거리를 이동한 뒤 제사한 것은 태후묘가 장지나 무덤과 관련된 사실을 드러낸다.[48] 가야 수로왕릉 인근, 능원(陵園)이라 할 공간에서 일어난 기이한 사건을 전함에 '당(堂)'과 '들보(梁)'를 갖춘 사당(廟)이 언급된 점[49] 역시 장지에 입묘 행위가 이

---

42) 朴承範, 2000, 앞의 논문, 219쪽.
43) 金敬華, 2016, 『백제의 국가제사 연구 -천지제사와 조상제사를 중심으로-』, 인하대 박사 학위 논문, 94쪽; 여호규, 2005, 앞의 논문, 279~280쪽; 김경화, 2015b, 앞의 논문, 15~18쪽.
44) 盧明鎬, 1981, 앞의 논문, 45쪽, 76쪽.
45) 『三國史記』 권 제13, 高句麗本紀 제1, 東明聖王 14년 8월, "王母柳花薨於東扶餘 其王金蛙以太后禮 葬之 遂立神廟"
46) 『三國史記』 권 제13, 高句麗本紀 제1, 瑠璃明王 28년 3월, "乃往礪津東原 以槍挿地 走馬觸之而死 時年 二十一歲 以太子禮 葬於東原 立廟 號其地爲槍原"
47) 『三國史記』 권 제15, 高句麗本紀 제3, 太祖大王 69년 10월, "王幸扶餘 祀太后廟 存問百姓窮困者 賜物有差 肅愼使來 獻紫狐裘及白鷹白馬 王宴勞以遣之"
48) 강진원, 2021, 앞의 책, 113~114쪽.
49) 『三國遺事』 권2, 紀異 제2, 駕洛國記, "新羅季末 有忠至匝干者 攻取金官高城而爲城主將軍 爰有英規阿干 假威於將軍 奪廟享而淫祀 當端午而致告祀 堂梁無故折墜

루어졌음을 나타낸다.

한편 장지에 조성된 구조물을 비롯한 무덤 일대를 사당(廟)이라고도 일컬었다. 예컨대 고구려 미천왕묘(美川王廟)의 경우, 전연 모용황(慕容皝)이 그곳을 파헤쳐 왕의 시신을 탈취하였다 하므로,[50] 미천왕의 무덤 자체를 그의 사당으로 여겼음을 엿볼 수 있다. 또 신라 미추왕릉은 8세기 말 혜공왕 시기(765~780) '대묘(大廟)'라 칭해졌는데,[51] 왕의 혼령이 머무는 왕릉이 사당(廟)으로 인지되었음을 알려 준다. 가야 수로왕묘(首露王廟)도 매한가지이니, 앞서 언급한 것처럼 수로왕릉 부근의 사당을 가리킬 때도 있으나, 왕릉을 말하기도 하였다.[52] 모두 왕릉(王陵)을 왕묘(王廟)로 본 셈이다.[53] 이는 사당이 본디 조상의 두개골이나 상징물 등을 모시는 장소를 의미하기에,[54] 더러 무덤(墓)이 사당(廟)으로 인식되었을 뿐 아니라, 묘지나 장지에 마련된 사당에서 제사한 대상이 무덤 속 혼령이므로, 거기서 제사하는 행위가 무덤에서 그리하는 것과 다

因覆壓而死焉 … 又有賊徒 謂廟中多有金玉 將來盜焉 初之來也 有躬擐甲冑張弓挾矢猛士一人 從廟中出 四面雨射 中殺七八人 賊徒奔走 數日再來 有大蟒長三十餘尺 眼光如電 自廟旁出 咬殺八九人 粗得完免者 皆僵仆而散 故知陵園表裏 必有神物護之"

50) 『三國史記』 권 제18, 高句麗本紀 제6, 故國原王 12년 11월, "皝從之 發美川王廟 載其尸 收其府庫累世之寶 虜男女五萬餘口 燒其宮室 毀丸都城而還"

51) 『三國遺事』 권1, 紀異 제1, 味鄒王 竹葉軍, "非未鄒之靈 無以遏金公之怒 王之護國不爲不大矣 是以 邦人懷德 與三山同祀而不墜 躋秩于五陵之上 稱大廟云"

52) 『三國遺事』 권2, 紀異 제2, 駕洛國記, "元君乃每歌鰥枕 悲嘆良多 隔二五歲 以獻帝立安四年己卯三月二十三日而殂落 壽一百五十八歲矣 國中之人若亡天只 悲慟甚於后崩之日 遂於闕之艮方平地 造立殯宮 高一丈 周三百步而葬之 號首陵王廟也 自嗣子居登王 泊九代孫仇衡之享是廟 須以每歲孟春三之日 七之日 仲夏重五之日 仲秋初五之日 十五之日 豐潔之奠 相繼不絶"

53) 나희라, 2003, 『신라의 국가제사』, 지식산업사, 77~78쪽.
중국 전국 시대에도 묘(墓)를 묘(廟)로 인식하였던 흔적을 찾을 수 있다(楊寬(장인성·임대희 옮김), 2005, 『중국 역대 陵寢 제도』, 서경, 50~51쪽 주39) 참조).

54) 池田末利, 1981, 『中國古代宗教史研究 -制度と思想-』, 東海大学出版会, 331~333쪽.

르지 않게 이해된 결과이다.

요컨대 한국 고대에는 무덤이나 장지와 관련된 사당 관념이 존재하였다. 그렇다면 고구려·신라의 시조묘 또한 같은 범주에서 바라보는 편이 자연스럽다. 즉 종묘와 같은 건축물이 아니라, 시조의 장지와 연관성이 짙다고 할 수 있다. 다시 말해 고구려 시조묘는 시조의 장지로 전하는 곳에 세워진 구조물로, 넓은 의미에서는 시조왕릉 전체를 아우르는 개념이고,[55] 신라 시조묘 또한 뜰(庭)과 나무(樹)를 포함한 시조왕릉 일대의 일정한 구역을 가리킨다고 파악된다.[56]

백제 동명묘도 마찬가지라 생각된다. "시조 동명묘"(A-2·9)라는 표현에서 알 수 있듯이, 동명묘는 백제의 시조묘인 까닭이다. 이는 동명묘가 고구려·신라의 시조묘처럼 건립 시기를 전할 뿐 아니라(A-1), 대부분의 제사가 왕의 재위 초반에 행해진 데서도(A-2·4·5·7~9) 뒷받침된다. 따라서 동명묘란 좁게는 백제 동명 신화에서 그가 묻혔다는 장소에 마련된 구조물이나, 넓게 보자면 이를 포괄한 무덤 일대를 아우르는 개념으로 받아들이는 것이 어떨까 한다.

이에 대하여 동명의 장지가 부여에 소재하였다는 전제 아래 백제 동명묘는 무덤과 구별되는 건조물이라 여기기도 한다.[57] 해당 논의는 동명묘의 주신을 부여 시조 동명으로 본 데 기인한다. 그런데 이미 살펴보았듯이 백제 자체의 동명 신화가 존재하였으므로 따르기 어렵다.

백제 동명 신화의 무대는 초기 중심지인 서울 송파구(松坡區) 일대를 크게 벗어나지 않을 것이다. 따라서 이 근방 시조 동명이 묻혔다는 장소에 동명묘가 마련되었으리라 여겨진다. 외관을 상세히 유추하기는 무리지만 처음에는 동명의 무덤 정도만 조성되었다가, 훗날 여러 면에서 격식이 갖추어짐에 따라

---

55) 강진원, 2021, 앞의 책, 115쪽.

56) 『三國史記』 권 제2, 新羅本紀 제2, 奈解尼師今 10년 8월, "狐鳴金城及始祖廟庭"; 같은 책, 권 제3, 新羅本紀 제3, 奈勿尼師今, "三年 春二月 親祀始祖廟 紫雲盤旋廟上 神雀集於廟庭 … 七年 夏四月 始祖廟庭樹連理"

57) 김경화, 2015b, 앞의 논문, 17쪽.

모습을 달리하지 않았을까 한다. 중국의 사례를 보면 시조나 태조, 혹은 첫 군주가 된 인물의 무덤 자체를 다시 거대하게 수축하는 일은 흔치 않다. 동명묘 또한 무덤은 그대로 유지하면서 주변을 정비하고, 별도의 제의 공간을 확보하는 방향으로 나아갔을 가능성이 크다.

동명묘의 소재지는 어디로 가늠할 수 있을까. 이와 관련하여 풍납토성(風納土城)58)이나 그 안의 경당지구 44호 유구,59) 몽촌토성(夢村土城)에 주목하기도 하는데,60) 왕성 내부에 존재하였다고 상정한 데 공통점이 있다. 그러나 풍납토성이나 몽촌토성 등 한성도읍기 왕성 안에서 최고 지배층의 묘역(墓域)이라 할 만한 흔적을 찾기 힘들어, 동명의 전승 장지가 이러한 데 자리하였을 것 같지는 않다.

또 Ⅱ부에서 다루겠으나 천지합제(天地合祭)가 왕성 남쪽(남단)에서 행해졌으므로, 동명묘는 왕성 북쪽에 소재하였다고 추정하기도 한다.61) 하지만 그 일대는 북교(北郊)에 해당하므로, 굳이 제장이 마련된다면 동명묘보다 제지의례 공간으로 보는 편이 타당하다. 왕성 남쪽에서의 천지합제에 상응하여 왕성 북쪽에 동명묘가 존재하였다고 생각하기 힘들다. 검단산(黔丹山)에 위치하였다고도 짐작하나,62) 풍납토성 및 몽촌토성과 직선거리만 10km 이상 떨어진 곳이라 선뜻 동의하기 어렵다.

고구려 시조묘는 중국 환런(桓仁) 고력묘자촌(高力墓子村) 인근에 자리하였는데,63) 그곳은 해당 지역에서 가장 규모가 큰 묘지(墓地)다.64) 중심 묘역과 시

---

58) 최광식, 2006, 『백제의 신화와 제의』, 주류성, 109쪽.
59) 박순발, 2010, 앞의 책, 130~132쪽; 金敬華, 2016, 앞의 학위 논문, 96쪽; 金昌錫, 2004, 앞의 논문, 16~17쪽, 20쪽; 金昌錫, 2007, 앞의 논문, 206~207쪽.
60) 鄭治泳, 2010, 「百濟 漢城의 瓦當과 瓦葺景觀」 『湖西考古學』 23, 32쪽.
61) 車勇杰, 1994, 「百濟의 崇天思想」 『百濟의 宗敎와 思想』, 忠淸南道, 15쪽.
62) 이도학, 2010, 앞의 책, 236쪽.
63) 강진원, 2021, 앞의 책, 122~123쪽.
64) 朴淳發, 2012, 「高句麗의 都城과 墓域」 『韓國古代史探究』 12, 50~51쪽; 양시은,

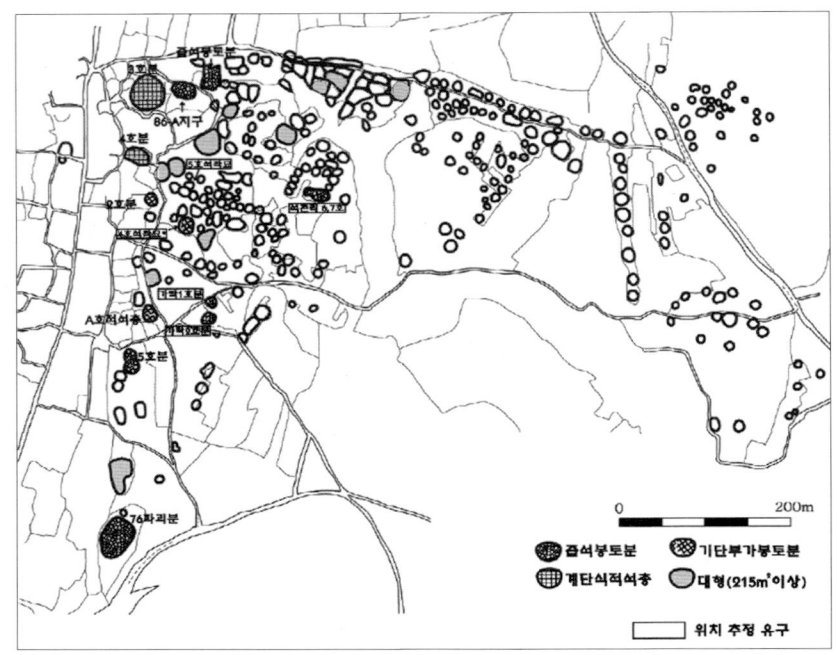

<그림 1> 석촌동 고분군 분포도(출처 : 조가영, 2012, 「석촌동 고분군의 축조 양상 검토 -고분 분포를 중심으로-」 『韓國上古史學報』 75, 269쪽)

조묘가 동떨어지지 않았음을 알 수 있는데, 이는 동명묘의 위치를 고려함에 참조되는 바가 적지 않다. 동명묘 또한 시조묘로 무덤이나 장지와 연관성이 짙기 때문이다.

 그 면에서 눈길을 끄는 것은 한성도읍기 왕성 근방의 집단 묘역인 석촌동(石村洞) 고분군이다. 이 가운데 어느 정도의 규모와 입지를 확보한 초기 고분이라면 동명묘로 볼 여지가 있는데, 현재 석촌동 고분군의 훼손 상태가 심각하여 어떠한 지점을 특정하기 곤란하다. 다만 굳이 꼽자면 76-파괴분을 염두에 두고 싶다(<그림 1> 참조). 이 고분은 즙석봉토분(葺石封土墳)으로 고분군 서남

2013, 「桓仁 및 集安 都邑期 高句麗 城과 防禦體系 硏究」 『嶺南學』 24, 51쪽.

단에 자리하며, 석촌동 3호분과 함께 규모가 가장 큰데,[65] 평지에 약간 높은 점토 대지를 조성한 뒤, 그 위에 여러 개의 매장 주체부를 만들고 작은 봉토로 덮은 다음, 다시 하나의 봉토로 포장하였으며,[66] 이른 개체의 경우 3세기 초반의 산물로 보기도 하고,[67] 늦어도 4세기 초 조성이 시작되었으리라고도 여겨지니, 초창기 왕릉으로 상정된다.[68] 시기적 상한이 이를 뿐 아니라, 크기 면에서 다른 개체보다 독보적이므로, 동명묘와 연계될 여지가 있지 않을까 한다.

이상과 같이 동명묘는 좁게는 백제 시조 동명의 장지로 전하는 곳에 마련된 구조물을 가리키고, 넓은 의미에서는 이를 포괄한 동명의 무덤 일대를 아우르는 개념으로, 온조왕 때 동명묘가 건립되었다는 『삼국사기』 기사는 후대 문자화 과정의 산물이나, 꽤 이른 시기부터 존재하였다. 동명묘의 소재지를 가늠하기는 쉽지 않지만, 한성도읍기 왕성 근방에 조성된 석촌동 고분군 76-파괴분이 주목된다. 그렇다면 동명묘 제사가 국가제사로 자리매김한 때는 언제이고, 의례의 기본 성격은 어떻게 바라볼 수 있을까. 그 문제는 다음 장에서 살펴보겠다.

2. 국가제사 이행과 즉위의례적 성격

동명묘 제사는 원칙적으로 왕이 행하였다고 여겨진다. 이를 부정적으로 바라보기도 하나,[69] 왕이 몸소 치른 사례(A-3·8)를 전할뿐더러, 전통 시대 본

---

65) 조가영, 2012, 「석촌동 고분군의 축조 양상 검토 -고분 분포를 중심으로-」『韓國上古史學報』 75, 268~269쪽.

66) 이선복·양시은·조가영·김준규, 2013, 『석촌동고분군Ⅰ』, 서울대학교박물관, 104쪽.

67) 林永珍, 2007, 「百濟式積石塚의 發生 背景과 意味」『韓國上古史學報』 57, 91쪽.

68) 林英宰, 2022, 『百濟王陵의 變遷과 東亞細亞 陵園과의 比較 研究』, 경북대 박사학위 논문, 23쪽, 49쪽, 115~117쪽.

69) 朴承範, 2002, 앞의 학위 논문, 86쪽; 朴承範, 2000, 앞의 논문, 219쪽.

기와 같은 관찬 기록이 가리키는 주역은 군주인 만큼, 그렇게 바라보는 것이 자연스러운 까닭이다. 앞서 언급한 것처럼 동명묘는 백제의 시조묘인데, 현재 전하는 고구려·신라의 시조묘 제사 대개가 왕이 행한 사례라는 사실을 고려하면 더욱 그러하다.

다만 왕이 늘 친히 제사하였다고 상정하기는 어렵다. 신라 시조묘의 경우 일상적인 제사는 왕실 여성에 의해 이루어졌고,[70] 일본 고대에도 중요 제장인 이세신궁(伊勢神宮)의 의례를 주재한 인물은 왕실 여성인 재왕(齋王)이었으며,[71] 고구려 또한 통상적인 시조묘 제사는 왕의 친족이 주관하였다고 추정된다.[72] 이를 참작하면, 동명묘 제사 또한 평상시에는 다른 이가 대행하는 방식으로 운영되었다고 헤아려진다.[73]

동명묘 제사는 백제의 대표적인 국가제사다. 하지만 처음부터 국가제사의 위상을 지녔던 것 같지는 않다. 국가제사는 국가 권력의 주도 아래 행해지기에 일정한 수준의 집권력을 전제로 하는데, 백제 초기의 중앙 권력이 그 정도의 구심력을 발휘하였다고 보기 힘든 데 큰 이견이 없는 까닭이다. 고구려 시조묘의 경우 신대왕 시기(165~179) 이전의 제사 기록 부재는 당시 의례의 성격이 왕실 족조(族祖)에 대한 것이라 국가제사로서의 의미가 약하였던 데 기인한다.[74] 백제도 큰 틀에서는 비슷하리라 생각된다. 즉 이때의 동명묘 제사는 기본적으로 왕실 족조 의례의 성격을 지녔고, 국가제사의 색채는 옅었다고 이

---

70) 『三國史記』 권 제32, 雜志 제1, 祭祀, 新羅, "第二代南解王三年春 始立始祖赫居世 廟 四時祭之 以親妹阿老主祭"

71) 徐永大, 1997, 「韓國古代의 宗敎職能者」 『韓國古代史硏究』 12, 219쪽.

72) 강진원, 2021, 앞의 책, 136쪽.

73) 정기적인 동명묘 제사가 구태묘 제사처럼 사시(四時)에 행해졌다고도 주장하나(金敬華, 2016, 앞의 학위 논문, 91~92쪽), Ⅲ부에서 다루듯 구태묘는 동명묘와 성격이 다른 의례 공간이라 섣불리 판단하기 어렵다. 매년 정월에 정기적으로 이루어졌을 가능성(여호규, 2005, 앞의 논문, 271~272쪽)도 제기되는데, 백제 자체적으로 존중하는 절기에 맞춰 제사하였을 가능성은 인정하여도 좋지 않을까 한다.

74) 강진원, 2021, 앞의 책, 127쪽.

해된다.

그런데 이러한 기조가 계속되지는 않았을 것이다. 신라의 경우 실제 시조묘가 건립된 때는 혁거세 집단에서 군주를 연속적으로 배출하며 권력이 안정된 파사이사금~아달라이사금 시기라 보기도 하고,[75] 아달라이사금의 시조묘 중수(重修)[76]는 각 소국의 독자적 의례를 통합한 결과라고도 여긴다.[77] 또 고구려에서 시조묘 제사가 국가제사로 행해지게 된 것은 신대왕 시기 이후로, 당시는 이전보다 집권력이 강화된 상태였다.[78] 시일이 지남에 따라 왕권이 확립되고, 시조묘 제사의 위상이 제고되었음을 알 수 있다. 그러한 흐름은 백제도 다르지 않았으리라 헤아려진다. 다시 말해 동명묘 제사 역시 어느 순간부터 족조 의례 차원을 넘어 국가제사로 자리매김하였을 것이다.

이에 근초고왕 시기(346~375) 동명묘가 실제 건립되었다거나,[79] 왕실 시조묘에서 국가의 시조묘로 격상되었다는 설[80]에 주목하여, 그즈음 국가제사로 치러졌다고 가정할 수도 있겠다. 하지만 고구려와 신라의 관련 사례를 보면, 지나치게 늦춰 본 감이 든다. 그보다 빠를 가능성이 상당한데, 고이왕 시기 이후를 염두에 두면 어떨까 한다. 고이왕 치세를 거쳐 집권력이 일정한 궤도에 올랐다고 보는 데 큰 이견이 없을 뿐 아니라,[81] Ⅱ부에서 다루겠으나 천지합제가 국가제사로 성립한 시기도 이때이며, 무엇보다 고이왕 다음 군주인 책계왕의 동명묘 제사(A-4)는 기년을 일정하게 신뢰할 수 있는 기사 가운데 처음

---

75) 金昌錫, 2007, 앞의 논문, 209~211쪽.
76) 『三國史記』 권 제2, 新羅本紀 제2, 阿達羅尼師今 17년 2월, "重修始祖廟"
77) 채미하, 2008, 『신라 국가제사와 왕권』, 혜안, 70~72쪽.
78) 강진원, 2021, 앞의 책, 129~136쪽.
79) 李道學, 2005, 「高句麗와 百濟의 出系 認識 檢討」 『高句麗研究』 20, 188~189쪽.
80) 노중국, 2010, 앞의 책, 481쪽.
81) 李丙燾, 1976, 앞의 책, 473~476쪽; 李基東, 1996, 『百濟史研究』, 一潮閣, 89쪽, 95~96쪽, 112~114쪽, 173쪽, 202~203쪽; 李基白, 1996, 『韓國古代政治社會史研究』, 一潮閣, 46쪽; 노중국, 2018, 앞의 책, 127~134쪽, 162~163쪽, 165~168쪽, 178쪽; 노중국, 2022, 『백제의 정치제도와 운영』, 일조각, 29~37쪽 참조.

등장한 재위 초 시행 사례이기 때문이다.[82] 고이왕 시기에 동명묘 제사의 위상이 변화하였을 여지는 충분하며, 적어도 책계왕 즉위 즈음에는 초기와 다른 차원에서 국가적 시조에 대한 의례로 행해졌으리라 여겨진다. 요컨대 고이왕~책계왕 시기에는 동명묘 제사가 국가제사로 이행하였다 하겠다.

그렇다면 현재 전하는 동명묘 제사의 기본 성격을 어떻게 보아야 할까. 즉위 후 오래지 않아 이루어진 동명묘 제사를 즉위의례로 이해하기도 하는데,[83] 큰 가뭄(大旱)으로 치러진 구수왕의 경우(A-3)를 배제하면, 동명묘 제사는 대개 왕이 즉위한 다음 해에 거행되었으며(A-2·4·5·7~9), 늦어도 재위 전반기를 넘지 않았다(A-6). 『삼국사기』는 즉위년칭원법(卽位年稱元法)에 따라 기재되었으므로, 유년칭원법(踰年稱元法)에 근거할 시 즉위 이듬해의 제사는 원년에

---

[82] 고이왕 시기의 동명묘 제사 기록이 없다는 데 주목하여 고이왕이 기존 왕실과 다른 계통이라 정치적 갈등이 생겨 의례가 행해지지 않았다는 설(김경화, 2015a, 「한성기 백제의 천지제사」 『사학연구』 119, 102쪽)에 근거하면, 달리 생각할 수도 있겠다. 그러나 시행 사례 모두가 기록으로 남은 것도 아니거니와, 그 점을 차치하여도 유사한 경우, 즉 전왕의 직계 비속이 아닌 상태로 즉위한 비류왕과 계왕은 동명묘에 제사하였으므로(A-6·9), 그렇게 단정하기 힘들다. 고이왕과 근초고왕이 비정상적으로 왕위를 계승하여 동명묘 제사를 행할 수 없었다고도 보지만(장혜경, 2008, 앞의 학위 논문, 39~40쪽), 마찬가지로 이유로 따르기 주저된다.

[83] 井上秀雄, 1978, 앞의 책, 130~131쪽; 최광식, 1994, 『고대한국의 국가와 제사』, 186쪽; 金瑛河, 2002, 앞의 책, 45~46쪽, 172쪽; 서대석, 2002, 앞의 책, 154~155쪽; 문동석, 2007, 앞의 책, 101쪽; 노중국, 2010, 앞의 책, 482쪽; 이도학, 2010, 앞의 책, 23~24쪽; 李壯雄, 2016, 『百濟 泗沘期 國家祭祀와 佛敎寺院』, 고려대 박사학위 논문, 14쪽; 채미하, 2018, 『한국 고대 국가제의와 정치』, 혜안, 139쪽; 김화경, 2019, 앞의 책, 174쪽; 盧明鎬, 1981, 앞의 논문, 64쪽; 兪起潛, 1989, 「百濟社會의 固有信仰考」 『忠南史學』 4, 29쪽; 구중희, 1998, 「백제인의 토착 신앙 연구」 『百濟文化』 27, 29쪽; 朴賢淑, 1999, 앞의 논문, 115쪽; 여호규, 2005, 앞의 논문, 271~272쪽; 장혜경, 2008, 앞의 학위 논문, 6쪽; 정재윤, 2008a, 앞의 논문, 191~192쪽; 박미라, 2010, 「삼국·고려시대의 제천의례와 문제」 『仙道文化』 8, 14쪽; 박초롱, 2014, 「백제 사비시기(泗沘時期) 오제(五帝) 제사 시행과 그 의미」 『韓國思想史學』 47, 11~12쪽; 김경화, 2015b, 앞의 논문, 12~13쪽; 朴淳發, 2023a, 「백제 도성 제의(祭儀)의 전개와 그 배경」 『百濟學報』 45, 14쪽.

이루어진 것이 된다. 이러한 측면에서 생각하면 즉위의례라는 논의는 일견 타당성이 있다. 단 동명묘 제사가 즉위의례가 아니라고 여기는 입장, 즉 맏아들이 아닌 인물이 즉위하는 등의 불안정한 계승이 이루어질 때 행했다거나,[84] 신년의례지만 모든 왕이 제사하지 않았으며, 주로 정치적 지형 변화에 대한 대응으로 치러졌다는 설[85]도 제기되어 검토가 필요하다.

먼저 맏아들이 아닌 인물이 즉위했을 때 제사하였다는 주장이다. 강우를 희망하였기에 즉위와 무관하게 다가오는 구수왕의 사례(A-3)를 제외하면, 현재 전하는 기록에서 동명묘에 제사한 군주는 다루왕·책계왕·분서왕·비류왕·계왕·아신왕·전지왕 7인이다. 이 가운데 다루왕의 사례는 초기 기사라 배제한다 하여도, 나머지 6인 가운데 맏이(長子·元子)가 아닌 경우는 비류왕뿐이며, 고이왕의 아들이라고만 언급된 책계왕을 포함하여도 2인에 불과하다.[86] 그러므로 맏아들이 아닌 이가 군주가 된 경우 동명묘에 제사하였다고

---

84) 車勇杰, 1994, 앞의 논문, 14~15쪽.
85) 朴承範, 2002, 앞의 학위 논문, 86~87쪽, 89~90쪽; 朴承範, 2000, 앞의 논문, 218~222쪽, 225쪽; 朴承範, 2003, 「漢城時代 百濟의 國家祭祀」『先史와 古代』19, 112쪽.
86) 『三國史記』권 제23, 百濟本紀 제1, 多婁王 즉위, "多婁王 溫祚王之元子 器宇寬厚 有威望 溫祚王在位第二十八年立爲太子 至四十六年王薨 繼位"; 같은 책, 권 제24, 百濟本紀 제2, 責稽王 즉위, "責稽王[或云 靑稽] 古尒王子 身長大 志氣雄傑 古尒薨 卽位"; 같은 책, 같은 권, 汾西王 즉위, "汾西王 責稽王長子 幼而聰惠 儀表英挺 王愛之不離左右 及王薨 繼而卽位"; 같은 책, 같은 권, 比流王 즉위, "比流王 仇首王第二子 性寬慈愛人 又强力善射 久在民間 令譽流聞 及汾西之終 雖有子 皆幼不得立 是以爲臣民推戴卽位"; 같은 책, 같은 권, 契王 즉위, "契王 汾西王之長子也 天資剛勇 善騎射 初汾西之薨也 契王幼不得立 比流王在位四十一年薨 卽位"; 같은 책, 권 제25, 百濟本紀 제3, 阿莘王 즉위, "阿莘王[或云 阿芳] 枕流王之元子 初生於漢城別宮 神光炤夜 及壯 志氣豪邁 好鷹馬 王薨時年少 故叔父辰斯繼位 八年薨 卽位"; 같은 책, 같은 권, 腆支王 즉위, "腆支王[或云 直支] 梁書名 映 阿莘之元子 阿莘在位第三年立爲太子 六年出質於倭國"
구수왕도 장자로 왕위를 이었다고 한다(『三國史記』권 제24, 百濟本紀 제2, 仇首王 즉위, "仇首王[或云 貴須] 肖古王之長子 身長七尺 威儀秀異 肖古在位四十九年

볼 근거는 없다.

다음으로 대개의 제사가 특별한 정치적 요인으로 행해졌다는 주장이다. 그런데 만일 그러하다면 제사 전후로 어떠한 변화의 조짐을 읽을 수 있을 때가 많아야 할 것이다. 이에 『삼국사기』에 실린 동명묘 제사와 그 전후 기사를 정리하면 〈표 1〉과 같다.

<표 1> 동명묘 제사 및 전후 기사

왕	직전 기사	제사 기사	직후 기사
다루왕	온조왕 46년 (2월), 왕이 죽자 즉위	2년 정월, 동명묘 배알	2월, 남단에서 천지에 제사
구수왕	14년 3월, 우박	14년 4월, 큰 가뭄으로 동명묘에 빌자 강우	16년 10월, 한천(寒泉)에서 사냥
책계왕	원년(286), 대방을 구원하고, 아차성(阿且城)·사성(蛇城)을 수리하여 고구려 침공 대비	2년(287) 정월, 동명묘 배알	13년(298) 9월, 한(漢)·맥인과의 전투에서 전사
분서왕	원년(298) 10월, 대사(大赦)	2년(299) 정월, 동명묘 배알	5년(302) 4월, 혜성이 낮에 나타남
비류왕	9년(312) 2월, 사신을 보내 백성 위문	9년 4월, 동명묘에 배알하고, 해구 병관좌평 임명	10년(313) 정월, 남교(南郊)에서 천지에 제사하고, 왕이 몸소 할생(割牲)
계왕[87]	비류왕 41년(344) (10월), 왕이 죽자 즉위	2년(345) 4월, 동명묘 배알	3년(346) 9월, 죽음
아신왕	진사왕 8년(392) (11월), 왕이 죽자 즉위	2년(393) 정월, 동명묘에 배알하고 남단에서 천지에 제사하였으며, 진무 좌장 임명	2년 8월, 진무의 관미성(關彌城) 공격·실패
전지왕	아신왕 14년(405) (9월), 숙부 설례(碟禮)의 모반 진압 이후 즉위	2년(406) 정월, 동명묘에 배알하고 남단에서 천지에 제사하였으며, 대사	2년 2월, 동진에 조공

薨 卽位).

87) 백제본기에 즉위 기사와 사망 기사밖에 없고, 제사지에 동명묘 제사 사실(A-9)을 전한다.

다루왕의 경우 제사 직전 일이 즉위라 특별히 읽어낼 것은 없다. 직후의 사건은 동명묘 제사 이듬해 남단에서의 천지 제사, 곧 천지합제인데 이 의례는 비류왕·아신왕·전지왕의 사례(A-6~8)에서 보이는 바와 같이 동명묘 제사에 뒤이어, 혹은 동시에 행해지기도 하였다. 다루왕의 사례가 초기 기사라는 점을 고려하면, 동명묘 제사에 잇달아 천지합제가 치러진 후대의 양상이 반영되었다고 여겨진다. 따라서 이때의 동명묘 제사가 어떠한 정세 변동과 연관되어 행해졌다고 하기는 어렵다.

구수왕의 동명묘 제사는 기우 목적으로 이루어졌음이 명백히 언급되었는데,[88] 정치적 측면과의 관련성을 상정하기 힘들뿐더러, 재위 초의 사례도 아니기에 제사의 성격을 가늠하기 적절치 않다.

책계왕의 경우 대외적 위기가 치세를 관통하였는데, 새로운 왕계 성립을 알리고 고구려 침입에 대응하고자 의례가 실시되었다고 보기도 한다.[89] 하지만 뒤에서 다루듯 기존 왕통과 흐름을 달리하는 가계가 성립된 것은 선왕(고이왕) 때이거니와, 동명묘 제사 전후로 정책 기조가 바뀌었다고 여길 근거가 뚜렷하지 않다.

분서왕도 다르지 않다. 동명묘 제사 전년(298)의 대사는 즉위에 즈음하여 이루어진 일이라 특별한 사정이 있었다고 생각하기 어렵다. 또 혜성 출현은 동명묘 제사 3년 뒤의 일일 뿐더러, 천문 현상이라 제사의 결과라 할 수 없다.

비류왕의 경우 상대적으로 늦은 시기에 제사가 행해져 달리 생각할 여지도 존재한다. 비류왕의 선대는 '고이왕-분서왕-책계왕'으로 이어지는 이전의 왕통과 흐름을 달리한다. 그 면에서 새로운 왕통의 확립을 알리는 것과 같은 정치적 목적을 위하여 동명묘에 제사하였으리라는 추정이 불가능하지 않다. 하지만 이 한 사례를 토대로 전체를 일반화하여 받아들이기는 곤란하다. 비

---

88) 이를 통하여 당시 모든 기원이 조상신을 통하여 이루어졌으리라 추정하기도 한다 (車勇杰, 1978, 「百濟의 祭天祀地와 政治體制의 變化」 『韓國學報』 11, 64쪽).
89) 朴承範, 2002, 앞의 학위 논문, 86~87쪽.

류왕은 재위 초반 권력 행사에 제약이 있었고, 일정한 시간이 흐른 뒤 왕권이 확보됨에 따라 동명묘 제사가 가능하였다고 여겨진다.[90] 이는 동명묘 제사가 일반적으로 안정적인 상황에서 이루어졌음을, 즉 특별한 사정과 직결되지 않았음을 보여 주는 근거가 아닐까 한다. 따라서 비류왕의 제사 또한 즉위의례의 범주에서 이해하는 편[91]이 자연스럽다.

계왕은 현재 동명묘 제사 이외에 다른 치적을 전하지 않아 구체적인 사정을 살피기 어렵다. 정치적 결집력을 모으려는 조치라고도 하는데,[92] 어찌 되었든 이를 계기로 큰 변화가 일어났다고 여기기 쉽지 않다. 그렇다면 어떠한 흔적이라도 기록으로 남는 것이 합리적이기 때문이다.

아신왕의 경우 동명묘 제사 전년(398) 즉위하였는데, 선왕인 진사왕이 행궁에서 죽었을 뿐 아니라[93] 피살되었다는 전승이 존재하는 점[94]을 고려하면, 왕위에 오르는 과정이 일반적이지 않았다고 파악되며, 제사 이후 고구려 공격이 감행되었다. 따라서 진사왕을 제거한 아신왕이 실지 회복을 드러내고자 동명묘에 제사하였다고 볼 수도 있겠다.[95] 그러나 진사왕 시기(385~392)에도 고구려와의 전투가 이어졌기에,[96] 큰 틀에서 대외 기조가 변화하였다고 하기

---

90) 朴承範, 2000, 앞의 논문, 220~221쪽; 장혜경, 2008, 앞의 학위 논문, 8쪽; 김경화, 2015b, 앞의 논문, 13~14쪽.

91) 장혜경, 2008, 위의 학위 논문, 8쪽.

92) 朴承範, 2000, 앞의 논문, 225쪽.

93) 『三國史記』권 제25, 百濟本紀 제3, 辰斯王 8년 11월, "薨於狗原行宮"

94) 『日本書紀』권 제10, 譽田天皇 應神天皇 3년, "是歲 百濟辰斯王立之 失禮於貴國天皇 故遣紀角宿禰羽田矢代宿禰石川宿禰木菟宿禰 嘖讓其無禮狀 由是 百濟國殺辰斯王以謝之 紀角宿禰等 便立阿花爲王而歸"

95) 朴承範, 2000, 앞의 논문, 221쪽.

96) 『三國史記』권 제25, 百濟本紀 제3, 辰斯王, "(二年)八月 高句麗來侵 … 五年 秋九月 王遣兵 侵掠高句麗南鄙 … (六年)九月 王命達率真嘉謨 伐高句麗拔都坤城 虜得二百人 … (八年)秋七月 高句麗王談德帥兵四萬 來攻北鄙陷石峴等十餘城 王聞談德能用兵 不得出拒 漢水北諸部落多沒焉 冬十月 高句麗攻拔關彌城"

는 어렵다. 동명묘 제사 시 고구려에 대한 강경한 대응을 천명하는 것은 가능하지만, 의례의 주된 목적이 거기에 있었는지 확신할 길은 없다.

전지왕도 비슷하다. 아신왕의 죽음(405) 이후 숙부 설례의 모반이라는 위기를 극복하고 즉위한[97] 이듬해 동명묘 제사가 이루어졌다는 데서 보자면, 지배층의 단결을 도모한 조치로 이해할 수도 있겠다.[98] 하지만 고구려에 맞서는 대외 노선이 이전과 별 차이 없이 유지되었고,[99] 동진·왜와의 우호 관계도 계속되었기에,[100] 즉위의례와 결이 다른 제사로 파악하기는 무리가 따르지 않을까 한다. 왕 3년(407)의 인사에서 해씨 세력의 대두가 확인되므로,[101] 이를 유념할 수도 있겠으나, 동명묘 제사와 다소 시차를 두고 벌어진 일이라 양자의 직접적인 관련성을 상정하기 주저된다.

이상의 사례를 살펴보면 어떤 특별한 정치적 목적에 의하여 동명묘 제사가 실시되었다고 볼 근거는 약하다. 그러므로 왕의 즉위로부터 오래지 않은 시기에 행해진 동명묘 제사는 새로운 왕권의 수립에 즈음하여 치러진 즉위의례로 이해하는 편이 타당하다. 전통 시대 동아시아의 즉위의례는 크게 보아 두 차례에 걸쳐 이루어졌는데,[102] 백제의 경우 선왕의 유고 이후 행해진 1차 즉

---

97) 『三國史記』 권 제25, 百濟本紀 제3, 腆支王 즉위, "(阿莘王)十四年王薨 王仲弟訓解攝政 以待太子還國 季弟碟禮殺訓解 自立爲王 腆支在倭聞訃 哭泣請歸 倭王以兵士百人衛送 旣至國界 漢城人解忠來告曰 大王弃世 王弟碟禮 殺兄自王 願太子無輕入 腆支留倭人自衛 依海島以待之 國人殺碟禮 迎腆支卽位"

98) 朴承範, 2000, 앞의 논문, 221~222쪽; 문동석, 2021, 앞의 논문, 182~183쪽.

99) 노태돈, 2014, 『한국고대사』, 경세원, 124쪽.

100) 『三國史記』 권 제25, 百濟本紀 제3, 腆支王, "(二年)二月 遣使入晉朝貢 … 五年 倭國遣使 送夜明珠 王優禮待之 … 十四年 夏 遣使倭國 送白綿十匹"; 『宋書』 권 97, 列傳 제57, 夷蠻, 東夷, 百濟國, "義熙十二年 以百濟王餘映爲使持節都督百濟諸軍事鎭東將軍百濟王"

101) 『三國史記』 권 제25, 百濟本紀 제3, 腆支王 3년 2월, "拜庶弟餘信爲內臣佐平 解湏爲內法佐平 解丘爲兵官佐平 皆王戚也"

102) 강진원, 2021, 앞의 책, 139~141쪽 참조.

위의례에 이은 2차 즉위의례가 동명묘 제사로 여겨진다.

　이에 대하여 재위 초의 동명묘 제사를 즉위의례로 보면서도, 비류왕과 계왕의 경우 정월이 아닌 4월에 의례가 행해진 점(A-6·9)을 들어 변칙적인 승계에 따른 이례라 상정하거나,[103] 4월 제사 자체를 정국 운영의 주도권 장악과 관련짓기도 한다.[104] 통상적이지 않은 정황과 4월이라는 제사 시기를 연계하여 이해한 점이 공통된다. 그러나 구수왕의 4월 동명묘 제사가 큰 가뭄으로 초래된 사실(A-3)을 고려하면, 비류왕과 계왕도 상례(常例)에 따라 제사하려던 찰나 모종의 사정이 생긴 탓에 4월로 시기가 조정되었다고 헤아려진다. 국모묘(國母廟) 제사가 4월에 이루어졌다는 전승[105]에서 드러나듯 이달은 꽤 선호된 의례 시기였으니, 그즈음 농작물이 생장하였던 데 기인한 현상일 것이다. 4월의 동명묘 제사도 그러한 흐름과 연관되어 바라보는 편이 어떨까 한다.[106]

　재위 초의 동명묘 제사는 즉위의례이므로 관례에 따라 시행되었다 하겠다. 다만 널리 알려진 바와 같이 의례가 당시의 여건을 어느 정도 반영할 때도 있다는 점을 고려하면, 동명묘 제사에도 그러한 부분이 함께하였을 가능성이 존재한다. 그 면에서 주목되는 것이 왕위 계승 양상이다. 『삼국사기』 백제본기에 따르면 왕통의 흐름은 '초고왕-구수왕-사반왕·비류왕-근초고왕'과 '고이왕-책계왕-분서왕-계왕'으로 양분할 수 있는데, 「초고왕→구수왕→사반왕

---

103) 김경화, 2015b, 앞의 논문, 13~14쪽.

104) 김수미, 2017, 앞의 논문, 7쪽.

105) 서론 주31).

106) 4월 동명묘 제사가 파종제의 성격을 띠었다고 가정하기도 하나(井上秀雄, 1993, 『古代東アジアの文化交流』, 溪水社, 193쪽; 김화경, 2019, 앞의 책, 173~174쪽), 한(韓) 사회에서 파종제가 이루어진 것은 5월이다(『三國志』 권30, 魏書30, 烏丸鮮卑東夷, 韓, "常以五月 下種訖 祭鬼神 羣聚歌舞 飮酒晝夜無休 其舞 數十人俱起相隨 踏地低昂 手足相應 節奏有似鐸舞 十月農功畢 亦復如之"). 시기가 맞지 않아 따르기 힘들다.

→고이왕→책계왕→분서왕→비류왕→계왕→근초고왕」 순으로 즉위하였다. 근초고왕 집권 전까지 한 집단이 안정적으로 권좌를 독차지하지 못하였음을 알 수 있다. 기록에는 다른 가계로 왕위가 넘어갈 때 별다른 충돌이 없던 것처럼 나오나, 이는 후대의 문자화 과정에서 조정된 결과이고, 실제로는 상당한 긴장과 갈등이 야기되었으리라 짐작된다.[107]

덧붙여 왕위의 부자 승계가 고정되었다고 보기도 힘든 상황이었다. 구수왕의 아들 사반(沙伴)은 부왕의 자리를 이었음에도 어리다는 이유로 결국 왕좌에서 물러났으며,[108] 계왕을 비롯한 분서왕의 여러 아들은 같은 이유로 왕위에 오르지 못하고 비류왕이 즉위하였다.[109] 이러한 양상은 이후에도 이어진다. 국가 체제가 어느 정도 궤도에 올랐다고 여겨지는 4세기 말에도 침류왕 사망(385) 뒤 왕위는 아들(아신왕)이 아니라 동생(진사왕)에게 돌아갔다.[110] 이처럼 왕위의 부자 승계 관념이 확고하지 않았던 결과, 근친의 모반도 일어났다. 대표적인 사례가 비류왕 24년(327) 일어난 왕의 이복아우 우복(優福)의 반란[111]과 앞서 언급한 아신왕 사후(405) 왕제(王弟) 설례의 움직임으로, 후자는 결국 실패하였으나 스스로 왕위에 오르기까지 하였다.[112] 이는 왕에게 근친이 위협 세력으로 여겨졌고, 왕위를 이은 군주의 위상이 견고하지 못하

---

107) 千寬宇, 1989, 앞의 책, 327쪽; 노중국, 2018, 앞의 책, 125~127쪽, 181~183쪽, 194~196쪽 참조.
108) 『三國史記』 권 제24, 百濟本紀 제2, 古尔王 즉위, "古尔王 蓋婁王之第二子也 仇首王在位二十一年薨 長子沙伴嗣位 而幼少不能爲政 肖古王母弟古尔卽位"
109) 주86)의 『三國史記』 比流王 · 契王 즉위조.
110) 『三國史記』 권 제25, 百濟本紀 제3, 辰斯王 즉위, "辰斯王 近仇首王之仲子 枕流之弟 爲人强勇 聰惠多智略 枕流之薨也 太子少 故叔父辰斯卽位"; 주86)의 『三國史記』 阿莘王 즉위조; 『日本書紀』 권 제9, 氣長足姬尊 神功皇后 65년, "百濟枕流王薨 王子阿花年少 叔父辰斯奪立爲王"
111) 『三國史記』 권 제24, 百濟本紀 第2, 比流王, "十八年 春正月 以王庶弟優福爲內臣佐平 … (二十四年)九月 內臣佐平優福 據北漢城叛 王發兵討之"
112) 주97).

였음을 드러낸다.

추방 사회(酋邦社會, chiefdom society) 및 초기 국가(early state)에서는 가장 적당한 인물이 지배권을 승계하는 경향이 있었는데, 상당 기간 형제 계승이 이루어진 이유도 성숙도와 실력 면에서 왕제를 선호하는 분위기가 존재하였기 때문이다.113) 그러한 관념은 신화나 전승에서도 나타난다. 일본 개국 신화에서 진무 덴노(神武天皇)는 동정(東征)을 성공리에 끝마친 뒤 왕좌에 올랐으나 그의 형들은 중도에 탈락하고 마는데,114) 이는 애초 군주가 되려면 비슷한 여건을 가진 자와의 경쟁에서 참고 이겨내야 한다고 여겨졌음을 보여 준다.115) 고구려도 마찬가지로 유리명왕의 여러 아들이 죽음을 맞이하고 다양한 능력을 두루 갖춘 무휼(無恤)이 왕위에 올랐다거나,116) 대무신왕의 아들 호동(好童)이

---

113) Ted C. Lewellen(한경구·임봉길 옮김), 1998, 『정치인류학』, 一潮閣, 121~125쪽.
114) 『日本書紀』권 제3, 神日本磐余彦天皇 神武天皇 卽位前紀 戊午年, "五月丙寅朔癸酉 軍至茅渟山城水門[亦名 山井水門 茅渟 此云 智怒] 時五瀬命矢瘡痛甚 乃撫劍而雄誥之曰[撫劍 此云 都盧耆能多伽彌屠利辭魔屢] 慨哉 大丈夫[慨哉 此云 宇黎多棄伽夜] 被傷於虜手 將不報而死耶 時人因號其處 曰雄水門 進到于紀國竈山 而五瀬命薨于軍 因葬竈山 六月乙未朔丁巳 軍至名草邑 則誅名草戶畔者[戶畔 此云 姤聲] 遂越狹野 而到熊野神邑 且登天磐盾 仍引軍漸進 海中卒遇暴風 皇舟漂蕩 時稻飯命乃嘆曰 嗟乎 吾祖則天神 母則海神 如何厄我於陸 復厄我於海乎 言訖 乃拔劍入海 化爲鋤持神 三毛入野命亦恨之曰 我母及姨並是海神 何爲起波瀾 以灌溺乎 則蹈浪秀 而往乎常世鄕矣 天皇獨與皇子手硏耳命 帥軍而進 至熊野荒坂津[亦名 丹敷浦]"
115) 井上秀雄, 1978, 앞의 책, 28~29쪽.
116) 『三國史記』권 제13, 高句麗本紀 제1, 瑠璃明王, "十四年 春正月 扶餘王帶素遣使來聘 請交質子 王憚扶餘强大 欲以太子都切爲質 都切恐不行 帶素恚之 … 二十年 春正月 大子都切卒 … 二十三年 春二月 立王子解明爲大子 大赦國內 … 二十七年 春正月 王大子解明在古都 有力而好勇 黃龍國王聞之 遣使以强弓爲贈 解明對其使者 挽而折之曰 非予有力 弓自不勁耳 黃龍王慙 王聞之怒 告黃龍曰 解明爲子不孝 請爲寡人誅之 … 二十八年 春三月 王遣人謂解明曰 吾遷都 欲安民以固邦業 汝不我隨 而恃剛力 結怨於鄰國 爲子之道 其若是乎 乃賜劍使自裁 太子卽欲自殺 … 秋八月 扶餘王帶素來侵 … 時王子無恤 年尙幼少 聞王欲報扶餘言 自見其使曰 我先祖神靈之孫 賢而多才 大王妬害 讒之父王 辱之以牧馬 故不安而出 今大王不

차비(次妃) 소생임에도 왕위를 계승할 만한 인물로 여겨져 모함을 받았다는 전승117)은 왕위가 유능한 이에게 돌아가야 한다는 인식이 존재하였음을 전한다.

이러한 흐름은 꽤 오랫동안 이어진 것 같다. 어느 정도 중앙 권력이 수립된 뒤에도 왕위 계승자의 입지가 고정불변하지 않던 사례를 확인할 수 있기 때문이다, 예컨대 6~7세기 일본의 대형(大兄)은 태자의 전신임에도 불구하고 권력 투쟁으로 권좌에 오르지 못하기도 하였고,118) 고구려 국내도읍기 중천왕·서천왕·봉상왕은 태자로 왕위를 이어받았음에도 왕제를 비롯한 근친의 모반 및 무고가 벌어질 정도로119) 지위가 확고하지 않았다.120)

백제의 경우 이미 언급하였듯이, 4세기 전반 근초고왕 즉위 이후에야 특정

念前愆 但恃兵多 輕蔑我邦邑 請使者歸報大王 今有累卵於此 若大王不毁其卵 則臣將事之 不然則否 … 三十二年 冬十一月 扶餘人來侵 王使子無恤 率師禦之 無恤以兵小 恐不能敵 設奇計 親率軍伏于山谷以待之 扶餘兵直至鶴盤嶺下 伏兵發擊其不意 扶餘軍大敗 棄馬登山 無恤縱兵盡殺之 … 三十三年 春正月 立王子無恤 爲太子 委以軍國之事 … 三十七年 夏四月 王子如津溺水死"; 주46).

117) 『三國史記』 권 제14, 高句麗本紀 제2, 大武神王 15년 11월, "王子好童自殺 好童 王之次妃曷思王孫女所生也 顔容美麗 王甚愛之 故名好童 元妃恐奪嫡爲大子 乃讒於王曰 … 乃伏劍而死".

118) 八木充, 1982, 「日本の即位儀禮」 『東アジア世界における日本古代史講座9 -東アジアにおける儀禮と国家-』, 学生社, 54~55쪽.

119) 『三國史記』 권 제17, 高句麗本紀 제5, 中川王, "中川王[或云 中壤] 諱然弗 東川王之子 儀表俊爽 有智略 東川十七年立爲王太子 二十二年秋九月王薨 太子即位 … 十一月 王弟預物奢句等謀叛 伏誅"; 같은 책, 같은 권, 西川王, "西川王[或云 西壤] 諱藥盧[一云 若友] 中川王第二子 性聰悟而仁 國人愛敬之 中川王八年立爲太子 二十三年冬十月王薨 太子即位 … 十七年 春二月 王弟逸友素勃等二人謀叛 詐稱病徃溫湯 與黨類戲樂無節 出言悖逆 王召之僞許拜相 及其至 令力士執而誅之"; 같은 책, 같은 권, 烽上王, "烽上王[一云 雉葛] 諱相夫[或云 歃矢婁] 西川王之太子也 幼驕逸多疑忌 西川王二十三年薨 太子即位 … 元年 春三月 殺安國君達賈 王以賈在諸父之行 有大功業 爲百姓所瞻望 故疑之謀殺 … (二年)九月 王謂其弟咄固有異心 賜死 國人以咄固無罪 哀慟之 咄固子乙弗 出遯於野"

120) 강진원, 2021, 앞의 책, 141~145쪽.

집단이 왕위 계승권을 독점하게 되었고, 4세기 말~5세기 초까지도 왕제의 즉위 및 역모가 나타나는 등 왕위의 부자 승계가 확립되기까지 상당한 시간이 걸렸다. 당시까지만 하여도 왕위 계승이 예정되었거나 새롭게 권좌에 오른 이의 입지가 여타 지배 집단이나 근친에게 위협받을 수 있던 셈이다. 이는 그러한 인물이 왕위에 오르는 것이 불가능하지 않다는 관념이 사회 일각에 남아 있었음을 의미한다.

그러한 상황 속에서 즉위한 왕은 동명묘 제사를 통하여 자신의 혈통과 권위가 시조 동명과 맞닿아 있음을 천명함으로써, 더욱 원활한 집권을 기원하였다고 보인다. 즉 동명묘 제사는 왕위의 안정적 승계를 지향하던 왕에게 지배의 정당성을 부여하였다. 군주나 수장이 초월적 존재로부터 통치권을 받았다고 강조하며, 그 힘의 권위를 확보하는 것은 보편적인 현상이다.[121] 중국 고대에 정치권력이 성장한 요인 중 하나는 제사의 독점이다.[122] 백제왕 또한 동명묘 제사의 주도권을 장악하여 권력 강화를 도모하였을 터인데, 새로운 군주의 권위가 확고하지 않던 국면에서 그것은 단순한 의례에 그치지 않고, 실제적 권력을 담보하였으리라 헤아려진다.[123]

한편 동명묘 제사에 수반하여 관직 임명이 이루어지기도 하였다(A-6·7). 그런데 이처럼 의례 시 모종의 정치적 결정이 행해지는 것이 그다지 특별한 일은 아니다. 예컨대 신라에서는 정월이나 2월 시조묘 제사 때 관리 임명 및 하

---

121) 黃善明, 1982, 『宗敎學槪論』, 종로서적, 63쪽.
122) 張光直(李澈 옮김), 1990, 『신화·미술·제사』, 東文選, 26쪽.
123) 동명묘의 건립 및 제사가 부여계 지배 세력의 통합과 결속(노중국, 2010, 앞의 책, 466~467쪽; 成周鐸·車勇杰, 1981, 앞의 논문, 75쪽; 徐永大, 2000, 앞의 논문, 125쪽; 朴賢淑, 2005, 앞의 논문, 40쪽; 김경화, 2015b, 앞의 논문, 22쪽, 24쪽, 26쪽, 31~32쪽, 37쪽; 채미하, 2019, 「백제 웅진시기 조상제사와 壇」『韓國古代史探究』 33, 193쪽) 및 왕권 공인을 염두에 둔 조치였다는 견해(김경화, 2015b, 같은 논문, 29쪽, 38쪽)도 제기되었다. 당시 백제에 부여와 계통적으로 연결되는 지배 집단이 실재하였는지는 논외로 하더라도, 동명묘 제사가 국가제사인 만큼 관련 범위는 지배층 전반에 미친다고 보는 편이 좋지 않을까 한다.

령(下令)·하교(下敎) 같은 정치 행위가 함께 이루어졌고,[124] 고구려 또한 제천대회 동맹(東盟)에서 여러 중대 사안이 처리되었으며, 동천왕 2년(228) 시조묘 친사(親祀) 이후 왕태후가 책봉된 데[125]서 보이듯, 정치적 결정이 해당 의례에 수반하기도 하였다.[126] 흉노나 유연 같은 북방 종족도 다르지 않아, 제천의례에서 중요한 정치적 사안이 결정되었다.[127]

이러한 현상은 제의 과정에서 이루어진 결정이 신과 인간 사이의 약속이기에, 지배자 측이 상대방의 동의를 효율적으로 얻어낼 수 있는 방법이라 여겼던 데 기인한다.[128] 부여에서 제천의례 영고(迎鼓) 때 행해진 재판은 신에 의한 것으로 인식되었고,[129] 조상 제사가 발달하였던 탈렌시(Tallensi) 사회에서 최종적인 판단을 내리는 이가 항상 조상신이었던 사실[130]은 그 연장선에서 생각해 볼 수 있다.

그 점은 백제도 마찬가지로 파악된다. 동명묘 제사는 시조의 신성성이 왕의 권력과 연결된다. 따라서 그때 이루어지는 정치적 결정은 초월적인 정당성을 확보하고, 왕은 이를 통하여 입지를 강화해 나갔을 것이다.[131] 덧붙여 왕

---

124) 나희라, 2003, 앞의 책, 95~96쪽.
125) 『三國史記』권 제17, 高句麗本紀 제5, 東川王 2년, "春二月 王如卒本 祀始祖廟 大赦 三月 封于氏爲王太后"
126) 강진원, 2021, 앞의 책, 69~71쪽, 154~155쪽.
127) 『史記』권110, 列傳 제50, 匈奴, "歲正月 諸長小會單于庭祠 五月 大會蘢城 祭其先天地鬼神 秋馬肥 大會蹛林 課校人畜計"; 『後漢書』권89, 列傳 제79, 南匈奴, "匈奴俗 歲有三龍祠 常以正月五月九月戊日祭天神 南單于既內附 兼祠漢帝 因會諸部議國事 走馬及駱駝爲樂"; 『魏書』권103, 列傳 제91, 蠕蠕, "初豆崙之死也 … 後歲仲秋 在大澤中施帳屋 齋潔七日 祈請天上 經一宿 祖惠忽在帳中 自云 恒在天上 醜奴母子抱之悲喜 大會國人 號地萬爲聖女 納爲可賀敦 授夫副升牟爵位 賜牛馬羊三千頭"
128) 나희라, 2003, 앞의 책, 96쪽.
129) 李基白, 1997, 「韓國 古代의 祝祭와 裁判」『歷史學報』154, 22쪽.
130) Meyer Fortes(田中真砂子 옮김), 1980, 『祖先崇拜의 論理』, ぺりかん社, 51~52쪽.
131) 동명묘 제사 시의 관리 임명이 시조나 하늘의 동의를 구하여 왕의 정치 행위를

이 직접 참여하지 않는 통상적인 동명묘 제사에서도 그러한 일이 일어났으리라 추정된다. 『삼국사기』 백제본기에 전하는 왕의 명령 및 관직·관등 수여 시기 때문이다. 이를 정리한 것이 <표 2>인데, 시행 월이 기록된 43건 중 동명묘 제사가 행해진 1월과 4월에 이루어진 조치는 각기 14건과 4건, 총 18건으로 전체의 4할이 넘는다. 한성도읍기의 32건으로 한정하여도 1·4월을 합하면 12건으로 비슷한 점유율이다. 동명묘 제사 시기와 맞물리는 점을 고려하면, 이들 가운데 일부는 해당 의례에 수반한 정치 행위로 이해하는 것이 가능하지 않을까 한다.

<표 2> 왕의 명령 및 관직·관등 수여 시기

왕	연	월	내용	비고
온조왕	2	3	족부 을음(乙音) 우보(右輔) 임명	
	28	2	다루(多婁) 태자 책봉	
	41	1	북부 해루 우보(右輔) 임명	우보 을음 사망
다루왕	6	1	기루(己婁) 태자 책봉, 대사(大赦)	
		2	국남 주군에 도전(稻田) 조성 하령	
	7	2	동부 흘우(屹于) 우보 임명	우보 해루 사망
	10	10	우보 흘우 좌보 임명, 북부 진회(眞會) 우보 임명	
기루왕	40	7	담당 관리(有司)에게 농토 복구 명령	
구수왕	9	2	담당 관리에게 제방 수리 명령	
		3	권농 하령	
고이왕	7	4	진충(眞忠) 좌장 임명	
	9	2	국인에 도전(稻田) 개간 명령	
		4	숙부 질(質) 우보 임명	
	14	2	진충 우보 임명, 진물(眞勿) 좌장 임명	

확인시키고 정당화한 것이라는 입장(兪起濬, 1989, 앞의 논문, 35~36쪽) 또한 비슷한 맥락이다.
일방 근초고왕 2년(347) 천지합제 시에도 관직 임명이 이루어졌는데(D-8), 동명묘 제사와 마찬가지로 지고적 존재에 기대어 정치 행위를 정당화하려는 조치로 이해된다.

왕	연	월	내용	비고
	27	1	6좌평 16관등 설치	
		2	관복 제정 하령	
		3	왕제 우수(優壽) 내신좌평(內臣佐平) 임명	
	28	2	진가(眞可) 내두좌평(內頭佐平) 임명, 우두(優豆) 내법좌평(內法佐平) 임명, 고수(高壽) 위사좌평(衛士佐平) 임명, 곤노(昆奴) 조정좌평(朝廷佐平) 임명, 유기(惟己) 병관좌평 임명	
	29	1	관리 처벌 규정 하령	
비류왕	9	4	해구 병관좌평 임명	동명묘 제사 수반
	18	1	서제 우복(優福) 내신좌평 임명	
	30	7	진의(眞義) 내신좌평 임명	
근초고왕	2	1	진정(眞淨) 조정좌평 임명	천지합제 수반
근구수왕	2		장인 진고도(眞高道) 내신좌평 임명	
진사왕	3	1	진가모(眞嘉謨) 달솔 임명, 두지(豆知) 은솔 제수	
	6	9	진가모 병관좌평 임명	진가모 도곤성 공격
아신왕	2	1	진무(眞武) 좌장 임명	동명묘 제사 · 천지합제 수반
	3	2	원자 전지(腆支) 태자 책봉, 서제 홍(洪) 내신좌평 임명	
	7	2	진무 병관좌평 임명, 사두(沙豆) 좌장 임명	
전지왕	2	9	해충(解忠) 달솔 임명 · 곡물 하사	
	3	2	서제 여신(餘信) 내신좌평 임명, 해수(解須) 내법좌평 임명, 해구(解丘) 병관좌평 임명	모두 친척
	4	1	여신 상좌평(上佐平) 임명	
비유왕	3	10	해수 상좌평 임명	상좌평 여신 사망
문주왕	2	8	해구(解仇) 병관좌평 임명	
	3	4	왕제 곤지(昆支) 내신좌평 임명, 장자 삼근(三斤) 태자 책봉	
동성왕	4	1	진로(眞老) 병관좌평 임명	
	8	2	백가(苩加) 위사좌평 임명	
	12	9	연돌(燕突) 달솔 제수	
	19	5	달솔 연돌 병관좌평 임명	병관좌평 진로 사망
무령왕	10	1	제방 보수 · 유식자(游食者) 귀농 하령	
법왕	1	12	살생 금지 하령	
무왕	33	1	원자 의자(義慈) 태자 책봉	
의자왕	4	1	왕자 융(隆) 태자 책봉, 대사	
	17	1	서자 41인 좌평 임명 · 식읍 하사	

이상과 같이 동명묘 제사는 애초 왕실 족조 의례였으며, 고이왕~책계왕 시기에 이르러 국가제사로 자리매김하였는데, 왕의 즉위 후 오래지 않아 치러진 동명묘 제사는 즉위의례의 성격이 강하였다. 백제는 한성도읍기 상당 기간 특정 집단이 왕위 계승권을 오로지하지 못하였고, 왕위의 부자 승계가 확립되었다고 보기도 힘든 상황이었다. 그러므로 새롭게 즉위한 군주는 동명묘 제사를 통하여 자신의 혈통과 권위가 시조 동명과 맞닿아 있음을 밝히며 원활한 집권을 도모하였다. 이때 제사에 수반하여 관리 임명 등의 정치적 결정이 이루어지기도 하였는데, 시조의 신성성에 힘입어 쉬이 정당성을 확보할 수 있었기 때문이다. 그런데 동명묘 제사는 한성도읍기의 사례만 남아 있다. 이는 해당 시기에 의례의 위상이 강고하였음을 말하는데, 배경은 무엇일까. 그 문제는 다음 장에서 알아보겠다.

3. 무덤 중시 풍조와 제사의 위상

　백제에 시조를 비롯한 조상 제사 공간이 동명묘밖에 없었던 것은 아니다. 대표적인 사례가 종묘인데, 이미 한성도읍기부터 존재하였다고 헤아려진다. 개로왕 21년(475) 한성 함락 시 왕이 문주(文周)에게 피란을 권고하며 자신은 사직에서 죽겠다 하고,[132] 동성왕이 남제(南齊)에 보낸 글에도 사직이란 표현이 나오는 등,[133] 사직에 대한 이해가 있었다고 보이기에 사직과 짝을 이루는 종묘도 그러하였으리라 추정되는 까닭이다.[134] 다만 사직이 왕조나 국가를

---

132) 『三國史記』 권 제25, 百濟本紀 제3, 蓋鹵王 21년 9월, "近蓋婁聞之 謂子文周曰 予愚而不明 信用姦人之言 以至於此 民殘而兵弱 雖有危事 誰肯爲我力戰 吾當死於社稷 汝在此俱死 無益也 盍避難以續國系焉"
133) 『南齊書』 권58, 列傳 제39, 東夷, 高麗國, "(百濟) … 假行寧朔將軍臣姐瑾等四人 振竭忠効 攘除國難 志勇果毅 等威名將 可謂扞城 固蕃社稷 論功料勤 宜在甄顯"
134) 노중국, 2010, 앞의 책, 496쪽.

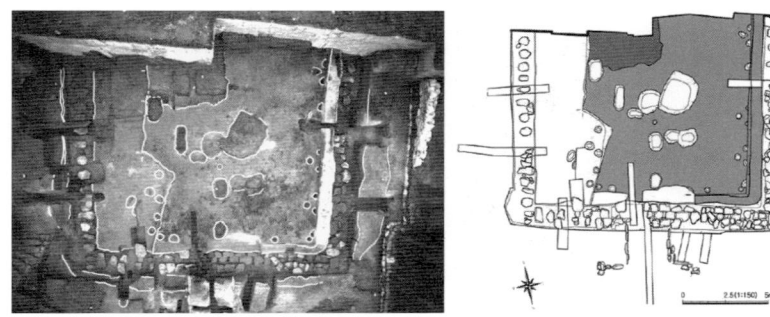

<그림 2> 풍납토성 44호 유구 전경 및 평면도
(출처 : 문동석, 2021, 「백제 전지왕의 연호 제정과 종묘」 『白山學報』 121, 191쪽)

상징적으로 가리키는 용어일 수도 있다는 점[135]을 고려하면, 종묘의 존재를 단정하기는 섣부르다. 실례를 확인할 필요가 있는데, 그 면에서 주목되는 것이 왕성인 풍납토성 안에 자리한 경당지구 44호 유구다〈〈그림 2〉 참조〉.

44호 유구는 '呂'자형(字形) 건물지로 전실(前室)은 폭 5m, 길이 6m이고 후실(後室)은 파악 가능한 부분의 길이와 폭 모두 18m이며, 건물 주위에 폭 1.5m, 길이 1m 정도의 도랑을 둘렀다.[136] 해당 유구는 축조 방식 면에서 평양 낙랑토성 동북 지구의 암거(暗渠)가 발견된 건물지와 유사한데, 이는 전한 시기 지방에 두어진 종묘,[137] 즉 군국묘(郡國廟)의 하나인 효문묘(孝文廟)로 추정된다.[138] 44호 유구가 효문묘의 건축 양식에 영향을 받았음을 알 수 있는데, 그렇다면 용도 또한 유사하였다고 여겨진다. 따라서 44호 유구를 중국 문물의 영향을 받아 조성된 한성도읍기의 종묘로 파악할 수 있다.[139]

---

135) 金昌錫, 2004, 앞의 논문, 14~15쪽.
136) 박순발, 2010, 앞의 책, 130쪽.
137) 金容天, 2007, 『전한후기 예제담론』, 선인, 207쪽.
138) 權五榮, 2004, 「物資·技術·思想의 흐름을 통해 본 百濟와 樂浪의 교섭」 『漢城期 百濟의 물류시스템과 對外交涉』, 학연문화사, 236~239쪽.
139) 노중국, 2010, 앞의 책, 485쪽, 496~498쪽.

<그림 3> 몽골 아우라가 칭기즈칸유적 사당 유구
(출처 : "칭기즈칸 사당 유적 발견", <중앙일보>, 2004. 10. 6.)

    낙랑토성 암거 건물지를 효문묘로 보지 않는다 하여도 마찬가지다. 다른 지역의 사례 때문이다. 예컨대 일본 고훈 시대(古墳時代) 전기 돗토리현(鳥取縣) 나가세타카하마(長瀬高濱) 유적의 제전(사당) 건물지나140) 몽골 동부 아우라가 유적에서 발견된 사당(靈廟) 유구의 모양새는 44호 유구와 같은 '呂'자형이다(〈그림 3〉 참조). 또 44호 유구는 외곽에 물길이 마련되었고, 남쪽 가까이에 말머리 뼈와 각종 특수 용기 등이 출토된 수혈(9호 유구)도 자리하는데,141) 이는 중국 선진(先秦) 시대 종묘 부근에 다량의 제사 구덩이(祭祀坑)가 존재하고,142) 한대 이래 예제(禮制) 건축 주변에 환형(環形)의 도랑(溝)이 조성되었으며,143) 몽골

---

140) 金昌錫, 2007, 앞의 논문, 198쪽.
141) 문동석, 2021, 앞의 논문, 192쪽.
142) 黃曉芬(김용성 옮김), 2006, 『한대의 무덤과 그 제사의 기원』, 학연문화사, 391~393쪽.
    44호 유구 앞쪽(前庭)에 수혈이 존재하는 양상이 중국 산시성(陝西省) 치산현(岐山縣) 펑츄(鳳雛)의 서주 시기 종묘 유적과 유사하다고 파악한 견해(朴淳發, 2023b, 「백제 한성기 제의 건축 시론」, 『百濟研究』 78, 116~117쪽)도 참조된다.
143) 鄭治泳, 2010, 앞의 논문, 30쪽.

아우라가 사당 유구 일대에서 흙구덩이 100여 곳이 발견된 것144)과도 통한다. 44호 유구의 외양은 중국·일본 고대 및 북방 종족의 종묘나 사당 건축과 큰 차이가 없다. 그렇기에 성격 또한 같은 맥락에서 이해하는 편이 타당한데, 왕성 내부에 위치한다는 점을 고려하면 역시나 종묘일 가능성이 크다.145)

이처럼 한성도읍기에 종묘가 존재하였다. 그러므로 이곳에서 즉위의례가 치러질 수도 있었다. 하지만 당시 그 장이 된 것은 동명묘였다. 이미 언급하였듯이 동명묘는 시조 동명의 장지와 연관되기에, 동명묘 제사는 묘제(墓祭), 즉 분묘제사(墳墓祭祀)의 범주에 속한다.146) 따라서 동명묘에서 즉위의례가 행해진 사실은 묘제가 중시되었음을 말한다. 묘제의 비중이 크지 않았다면, 동명묘 제사가 이루어졌다 한들 즉위의례같이 중대한 의례는 종묘에서 치러졌으리라 생각되기 때문이다.

묘제의 위상이 상대적으로 높았다는 것은 제장으로서 무덤이 가지는 존재감이 묵직하였음을 의미한다. 이는 주변의 사례를 통해서도 확인된다. 중국에서 묘제가 최성기에 달하였던 후한의 경우, 『후한서』에 따르면 광무제가 57번의 조상 제사 가운데 51번을 무덤에서 치르는 등147) 초기부터 묘제가 활발히 전개되었고, 뒤를 이은 명제 시기(57~75)에는 본래 조정에서 행하던 원회의(元會儀)와 종묘에서 지내던 25사(祠) 가운데 가장 중요한 주제례(酎祭禮)마저 제릉에서 이루어졌다.148) 고구려 또한 무덤, 즉 왕릉이 종묘보다 중시되던 때는

---

144) "칭기즈칸 사당 유적 발견", <중앙일보>, 2004. 10. 6.
145) 44호 유구 남쪽에 인접한 수혈(9호 유구)이나 남쪽 60m 지점에 존재하는 우물(206호 유구)을 종묘와 관련된 시설로 보아, 경당지구 자체를 종묘 구역이라 파악하기도 한다(문동석, 2021, 앞의 논문, 192~194쪽, 198쪽, 200쪽).
146) 묘제는 능묘(陵墓)에서 항구적으로 지내는 제사를 의미한다(來村多加史, 2001, 앞의 책, 440쪽).
147) Wu Hung(김병준 옮김), 2001, 『순간과 영원 -중국고대의 미술과 건축-』, 아카넷, 298쪽.
148) 來村多加史, 2001, 앞의 책, 440~441쪽; 楊寬(장인성·임대희 옮김), 2005, 앞의

재위 초의 시조묘 친사가 즉위의례로 기능하였다.[149] 묘제가 성행한 시기에는 국가제사의 핵심 제장 또한 무덤이라 하겠는데, 동명묘 제사가 중시된 백제 한성도읍기의 상황도 그와 크게 다르지 않았을 것이다.

이즈음 무덤이 중시되었음을 알 수 있는 대표적인 예는 대형 적석총의 조영이다. 당시 석촌동 일대에는 많은 고분이 조성되었으며, 거대한 경우 왕릉이나 그에 버금가는 무덤으로 보는 데 큰 이견은 없다. 예컨대 석촌동 3호분은 4세기 후반 이후 조영되었는데,[150] 밑변의 길이가 동서 50.8m, 남북 48.4m에 달한다.[151] 규모 면에서 고구려 국내도읍기 초대형 왕릉에 비견될 만하다. 2·4·5호분과 같은 왕릉급 고분 또한 밑변의 길이가 20m 내외에 이르며, 3·4호분은 단독분으로 조성되었을 뿐 아니라 주변에 공지(空地, buffer zone)가 두어졌고,[152] 뒤에 자세히 다루겠으나 능원도 마련되었다. 당시는 아직 여러 면에서 물리적 제약이 있던 시절이다. 그러함에도 시각적으로 위압적인 규모의 고분을 축조하고 묘역까지 신경을 쓴 기저에는 무덤을 중히 여기는 이른바 무덤 중시 풍조가 자리하였던 것이 아닐까 한다.

후장(厚葬) 습속 또한 빼놓을 수 없다. 이는 위에서 거론한 사안과도 연관되는데, 주목되는 기록은 다음과 같다.

C. ①도림(道琳)이 말하였다. "대왕의 나라는 사방이 모두 산·언덕·강·바다이니, 이는 하늘이 베푼 험지요, 사람이 만든 형국이 아닙니다. 그러므로 사방의 이웃나라들이 감히 엿볼 마음을 갖지 못하고, 다만 받들어 섬기기를 원할 뿐(다

책, 71~75쪽.
149) 강진원, 2021, 앞의 책, 221~222쪽.
150) 林英宰, 2022, 앞의 학위 논문, 26~28쪽, 119쪽, 151쪽, 155쪽.
151) 이선복·양시은·조가영·김준규, 2013, 앞의 책, 76쪽, 122쪽.
152) 李南奭, 2014, 『漢城時代 百濟의 古墳文化』, 서경문화사, 136~137쪽; 林英宰, 2022, 앞의 학위 논문, 19쪽, 21쪽, 26쪽, 119쪽, 131쪽, 151쪽, 155쪽; 林永珍, 2007, 「百濟式積石塚의 發生 背景과 義味」『韓國上古史學報』 57, 81~83쪽 참조.

른) 겨를이 없습니다. 그런즉 왕께서는 마땅히 숭고한 위세와 많은 업적으로 남의 이목을 두렵게 해야 할 것이나, 성곽은 수즙되지 않았고 궁실(宮室)은 수리되지 않았으며, 선왕(비유왕)의 해골은 맨땅에 임시로 묻혀 있고, 백성의 가옥은 자주 하류에 무너지니, 신은 대왕께서 취할 바가 아니라 생각합니다." (개로)왕이 말하였다. "맞다. 내가 장차 그리 하겠다." ②이에 나라 사람을 모두 징발하여 흙을 쪄 성을 쌓고 그 안에는 궁과 누각·누대(臺榭)를 지었는데, 웅장하고 화려하지 않음이 없었다. 또 욱리하(郁里河)에서 큰 돌을 가져다 덧널(槨)을 만들어 부친의 뼈를 장사하고, 강을 따라 둑을 쌓으니 사성(蛇城) 동쪽에서부터 숭산(崇山) 북쪽에 이르렀다. ③이 때문에 창고가 텅 비고 인민이 곤궁해져 나라의 위태로움이 알을 쌓아 놓은 것보다 심하였다.**153)**

이는 개로왕 시기(455~475) 한성 함락에 얽힌 전승으로, 고구려에서 온 승려 도림은 개로왕에게 부친(비유왕)의 시신이 허술하게 관리되고 있음을 지적하였고(C-①), 왕은 큰 돌로 덧널을 만들어 부왕을 장사하였다(C-②).**154)** 애초 비유왕의 장지가 간소하였던 것을 비유왕 말년,**155)** 혹은 개로왕 재위 초 정변의 여파로 가정하기도 한다.**156)** 그러나 개로왕 즉위로부터 한참이 지난 시점임

---

153) 『三國史記』 권 제25, 百濟本紀 제3, 蓋鹵王 21년 9월, "道琳曰 大王之國 四方皆山丘河海 是天設之險 非人爲之形也 是以四鄰之國 莫敢有覬心 但願奉事之不暇 則王當以崇高之勢 富有之業 竦人之視聽 而城郭不葺 宮室不修 先王之骸骨 權攢於露地 百姓之屋廬 屢壞於河流 臣竊爲大王不取也 王曰 諾 吾將爲之 於是 盡發國人 烝土築城 即於其內作宮樓閣臺榭 無不壯麗 又取大石於郁里河 作槨以葬父骨 緣河樹堰 自蛇城之東 至崇山之北 是以倉庾虛竭 人民窮困 邦之陧杌 甚於累卵"

154) 이때의 묘제(墓制)를 횡혈식 석실묘로 바라보기도 한다(姜元杓, 2016, 『百濟 喪葬儀禮 硏究 -古墳 埋葬프로세스를 中心으로-』, 고려대 박사 학위 논문, 104~105쪽).

155) 이도학, 2010, 앞의 책, 286~287쪽; 李鍾泰, 1998, 「百濟 始祖仇台廟의 成立과 繼承」『韓國古代史硏究』 13, 127쪽.

156) 千寬宇, 1989, 『古朝鮮史·三韓史硏究』, 一潮閣, 329~330쪽.

에도 상태가 그러하였기에, 정치적인 문제와 연관 짓기는 어렵다. 그 면에서 복차장(複次葬), 즉 사후 시신을 일단 묻는 등의 처리 과정을 거쳐 정식으로 매장하는 방식의 범주에서 이해하려는 논의157)에 주목할 수도 있으니, 비유왕이 소박하게 묻혔다가 훗날 개장(改葬)이 이루어진 까닭이다. 하지만 그렇다기에는 두 사건 사이의 시기적 격차가 지나치게 크다. 비유왕릉이 오랫동안 조촐히 유지된 원인은 다른 데서 찾아야 하는데, 매장에 관한 사안이기에 사고관념의 변화를 염두에 두자면, 당시 박장(薄葬) 풍토가 상당히 퍼진 결과로 보는 편이 자연스럽지 않을까 한다.

눈여겨볼 점은 그러함에도 개로왕이 비유왕을 다시금 후하게 모신 일(C-②)에서 드러나듯, 5세기 후반에도 장례를 성대히 치렀다는 사실이다. 후장은 부장품의 많고 적음 뿐 아니라, 상장례의 길고 성대한 과정, 대규모 잔치, 장대한 무덤을 포함하는 개념이다.158) 따라서 비유왕의 매장을 둘러싼 일화는 한성도읍기 말 박장 분위기가 존재하였음에도 불구하고, 후장에 관한 재래의 인식이 사회 일각에 면면히 이어졌음을 보여 준다. 이전에는 후장의 세가 더욱 강고하였을 터인데, 이러한 습속은 무덤을 중시하던 흐름과 관련된다. 후장의 주된 무대가 다름 아닌 무덤 안팎이기 때문이다.

요컨대 한성도읍기 동명묘 제사가 즉위의례로 치러진 것은 무덤 중시 풍조 속에서 묘제의 위상이 높았던 결과로, 당시는 종묘보다 무덤(왕릉)이 조상제사의 중추로 자리매김하였다 하겠다.

이러한 양상이 초래된 배경은 무엇일까. 중국 진한 시대에 능원제(陵園制)가 정비됨과 아울러 묘제가 활발히 이루어졌으므로,159) 그 영향을 받았다고 여

---

157) 權五榮, 2000, 「고대 한국의 喪葬儀禮」『韓國古代史硏究』 20, 12쪽; 이장웅, 2019, 「백제 武寧王과 王妃의 喪葬禮 -殯과 假埋葬을 중심으로-」『韓國古代史探究』 33, 236쪽.

158) 나희라, 2008, 『고대 한국인의 생사관』, 지식산업사, 144쪽; 권오영, 2011, 「喪葬制와 墓制」『동아시아의 고분문화』, 서경문화사, 55~56쪽.

159) 來村多加史, 2001, 앞의 책, 442쪽; Wu Hung(김병준 옮김), 2001, 앞의 책,

길 수도 있겠다. 백제는 중국 왕조 및 군현과 교류의 끈이 이어졌으므로 일리가 없지 않다. 다만 중국의 경우 3세기 이후, 즉 위진 남북조 시대에는 대체로 고분의 규모가 줄어들고 분구(墳丘) 조성이 퇴조하며, 능침(陵寢)을 비롯한 능원이 제도화하여 체계적으로 운영되었다고 보기 힘들 뿐 아니라, 묘제도 상대적으로 위축되었다.160) 무덤의 무게감이 줄어들었다 하겠는데, 만일 그러하다면 백제 또한 비슷한 현상이 나타나야 한다. 그러나 실상은 그렇지 않다. 3세기 이후에도 동명묘 제사가 즉위의례로 행해졌고, 석촌동 일대에 거대 고분이 조영되었기 때문이다. 무덤에 대한 인식이 중국의 경향에 맞추어 변화하였다고 상정하기 힘들다. 다른 방면에의 접근이 요구된다.

중국에서 무덤 인근에 제사 건축이 조성된 이유는 죽은 이의 영혼이 널방(墓室) 안에 머문다고 여겼기 때문이며, 묘제의 성행 또한 그곳에 조상이 있다는 믿음이 강고한 결과였다.161) 한대에는 무덤방을 '택(宅)'으로 칭하였으

285~299쪽; 楊寬(장인성·임대희 옮김), 2005, 앞의 책, 71~78쪽; 黃曉芬(김용성 옮김), 2006, 앞의 책, 401쪽, 407~416쪽; 허명화, 2007, 「漢代의 祖先祭祀」 『CHINA 연구』 2, 40~41쪽; 朴漢濟, 2008, 「魏晉南北朝時代 墓葬習俗의 變化와 墓誌銘의 流行」 『東洋史學研究』 104, 53~54쪽; 李梅田(金柚姃 옮김), 2010, 「厚葬에서 薄葬까지 -漢~唐시대 喪葬유형의 전환-」 『東亞文化』 8, 183~184쪽; 조윤재, 2011, 「中國 魏晉南北朝의 墓葬과 喪葬儀禮」 『동아시아의 고분문화』, 서경문화사, 288쪽, 292쪽 참조.

160) 尹張燮, 1999, 『中國의 建築』, 서울大學校出版部, 103~104쪽; 罗宗真, 2001, 『魏晋南北朝考古』, 文物出版社, 76~90쪽, 98~100쪽; 來村多加史, 2001, 위의 책, 444~451쪽; Wu Hung(김병준 옮김), 2001, 위의 책, 300쪽; 楊寬(장인성·임대희 옮김), 2005, 위의 책, 85~97쪽; 金容天, 2007, 앞의 책, 325~326쪽; 盧仁淑, 2001, 「中國에서의 喪禮文化의 展開」 『儒教思想研究』 15, 80쪽, 83쪽; 洪廷姸, 2003, 「魏晉南北朝時代 '凶門柏歷'에 대하여」 『魏晉隋唐史研究』 10, 100~101쪽; 朴漢濟, 2008, 위의 논문, 41~52쪽, 54~56쪽; 李梅田(金柚姃 옮김), 2010, 위의 논문, 185~188쪽; 조윤재, 2011, 위의 논문, 242~251쪽, 272~275쪽, 293쪽, 296~297쪽; 梁銀景, 2013, 「陵寢制度를 통해 본 高句麗, 百濟 陵寺의 性格과 特徵」 『高句麗渤海研究』 47, 77~79쪽, 88~89쪽 참조.

161) 楊寬(장인성·임대희 옮김), 2005, 위의 책, 39쪽, 45~46쪽, 76쪽; 나희라, 2004,

며,¹⁶²⁾ 혼령의 안락한 생활을 위하여 무덤을 현실의 주택처럼 축조하고 많은 물품을 부장하였다.¹⁶³⁾ 황실도 마찬가지로 제릉이 선제(先帝)의 거처라는 믿음 아래 능묘(陵廟)나 능침을 마련하고, 조세의 ⅓을 산릉(山陵) 조영 비용으로 쓸 만큼 막대한 후장을 행하였다.¹⁶⁴⁾ 무덤을 죽은 이의 거소(居所)로 보는 관념이 확고하였던 결과 후장 습속이 나타난 것이다.

이러한 인식은 계세사상(繼世思想)과 연관된다. 계세사상은 사람이 죽으면 생전의 공과(功過)와 무관하게 현세와 같은 물질적 생활을 계속한다는 믿음으로, 그렇기에 생활용품을 비롯하여 장식품이나 사치품 · 화폐 등을 가득 부장하였다.¹⁶⁵⁾ 계세사상의 영향 아래 무덤을 죽은 이의 거처로 생각하였고, 그것이 묘제 성행의 바탕이 된 것이다.¹⁶⁶⁾

무덤을 죽은 이의 생활 공간으로 여기던 사고는 한국 고대에도 어렵지 않게 찾아볼 수 있다. 동옥저의 대목곽장(大木槨葬)에서 와력(瓦礫)에 쌀을 담아

「7~8세기 唐, 新羅, 日本의 國家祭祀體系 비교」『韓國古代史研究』33, 309쪽; 신용민, 2008, 「中國 古代 帝陵과 三國時代 大形古墳 비교 검토」『石堂論叢』40, 4쪽.

162) 黃曉芬(김용성 옮김), 2006, 앞의 책, 415쪽.
163) Michael Loewe(이성규 옮김), 1987, 『古代 中國人의 生死觀』, 지식산업사, 139~143쪽; Wu Hung(김병준 옮김), 2001, 앞의 책, 294쪽, 307쪽; 具聖姬, 2001, 「漢代 喪葬禮俗에 표현된 靈魂觀과 鬼神觀」『東國史學』35·36, 79~81쪽; 盧仁淑, 2001, 앞의 논문, 78~80쪽; 具聖姬, 2004, 「漢代의 靈魂不滅觀」『中國史研究』28, 53~54쪽.
164) 劉慶柱·李毓芳(來村多加史 옮김), 1991, 『前漢皇帝陵の研究』, 学生社, 251쪽, 322쪽; 김택민, 2013, 「중국 고대 守陵 제도와 율령 -고구려 守墓人 제도의 이해를 위한 참고자료-」『史叢』78, 120쪽.
165) 邊太燮, 1958, 「韓國古代의 繼世思想과 祖上崇拜信仰」『歷史敎育』3, 58~59쪽, 63~64쪽.
166) 일본 야요이 시대(彌生時代) 규슈 북부에서 지배층의 영혼이 무덤에 머문다고 믿으며 제사가 행해진 점(寺沢薫, 2003, 「首長靈觀念の創出と前方後円墳祭祀の本質 -日本的王権の原像-」『古代王権の誕生Ⅰ -東アジア編-』, 角川書店, 68~69쪽 주96))도 참조된다.

덧널 문(戶) 옆에 매달아둔 것이나,167) 신라 고분인 금관총·금령총·천마총 등에 솥(鐵釜)이 부장된 것,168) 그리고 고구려 왕릉급 적석총 매장부가 가형(家形)으로 만들어지거나 청동제 부뚜막이 부장되고, 능원이 정연하게 조성된 것이 그 사례이다. 고구려 고국천왕의 혼령이 태후 우씨(于氏)가 산상왕릉 곁에 묻힌 데 분노하며 자신의 거처인 무덤에 소나무를 심으라 하고,169) 서천왕의 넋이 무덤에서 이적을 일으켰으며,170) 신라 김후직(金后稷)이 사후 무덤에 머물며 진평왕에게 충간(忠諫)했다거나,171) 김유신(金庾信)의 혼령이 무덤 속에서 슬퍼하다 미추왕릉에 가서 왕의 혼령과 대화하였다는 전승172) 역시 그러한 관념 아래 나타났다고 이해된다.173)

---

167) 『三國志』 권30, 魏書30, 烏丸鮮卑東夷, 東沃沮, "其葬作大木槨 長十餘丈 開一頭 作戶 新死者皆假埋之 才使覆形 皮肉盡 乃取骨置槨中 擧家皆共一槨 刻木如生形 隨死者爲數 又有瓦鑼 置米其中 編縣之於槨戶邊"

168) 金基雄, 1991, 「古墳에서 엿볼 수 있는 新羅의 葬送儀禮」 『新羅文化祭學術發表論文集』 5, 272~273쪽.

169) 『三國史記』 권 제17, 高句麗本紀 제5, 東川王 8년 9월, "大后于氏薨 大后臨終遺言曰 妾失行 將何面目 見國壤於地下 若羣臣不忍擠於溝壑 則請葬我於山上王陵之側 遂葬之 如其言 巫者曰 國壤降於予曰 昨見于氏歸于川上 不勝慙恚 遂與之戰 退而思之 顔厚不忍見國人 爾告於朝 遮我以物 是用植松七重於陵前"

170) 『三國史記』 권 제17, 高句麗本紀 제5, 烽上王 5년 8월, "慕容廆來侵 至故國原 見西川王墓 使人發之 役者有暴死者 亦聞壙內有樂聲 恐有神乃引退"

171) 『三國史記』 권 제45, 列傳 제5, 金后稷, "他日 王出行 半路有遠聲 若曰 莫去 王顧問 聲何從來 從者告云 彼后稷伊湌之墓也 遂陳后稷臨死之言 大王潸然流涕曰 夫子忠諫 死而不忘 其愛我也深矣 若終不改 其何顔於幽明之間耶 遂終身不復獵"

172) 『三國遺事』 권1, 紀異 제1, 味鄒王 竹葉軍, "越三十七世惠恭王代 大曆十四年 己未四月 忽有旋風從庾信公塚起 中有一人乘駿馬 如將軍儀狀 亦有衣甲器仗者 四十許人 隨從而來 入於竹現陵 俄而陵中似有振動哭泣聲 或如告訴之音 其言曰 臣平生有輔時救難匡合之功 今爲魂魄 鎭護邦國 攘災救患之心 暫無渝改 徃者庚戌年 臣之子孫 無罪被誅 君臣不念我之功烈 臣欲遠移他所 不復勞勤 願王允之 王荅曰 惟我與公 不護此邦 其如民庶何 公復努力如前 三請三不許 旋風乃還"

173) 강진원, 2021, 앞의 책, 223~228쪽.

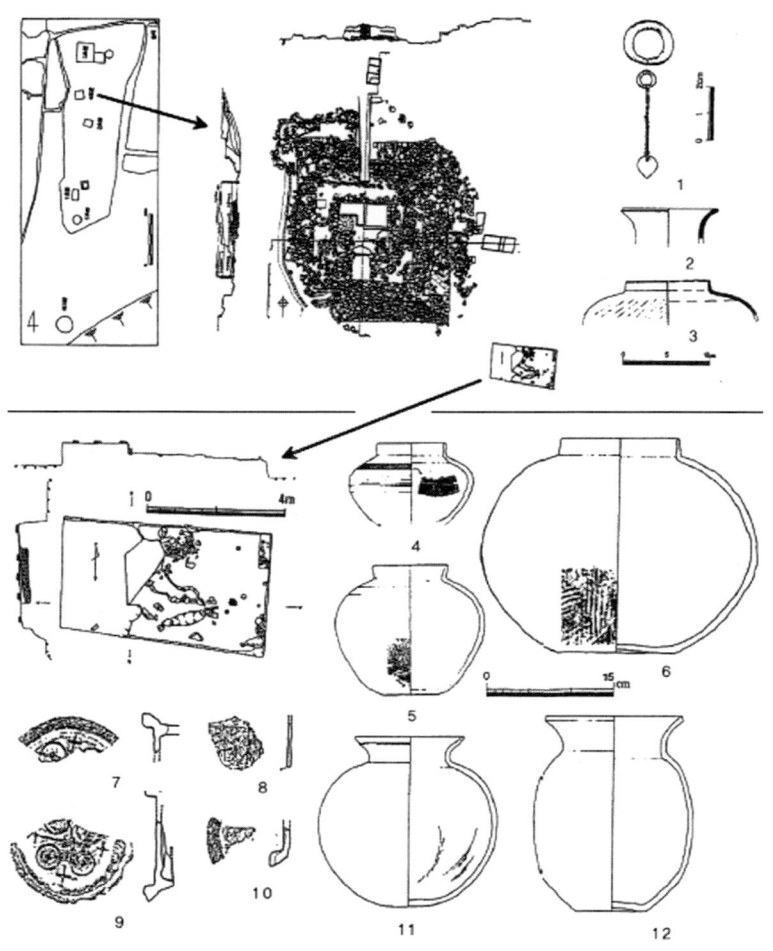

<그림 4> 석촌동 4호분 및 인근 주거지 출토 유물
(출처 : 鄭治泳, 2010, 「百濟 漢城의 瓦當과 瓦葺景觀」 『湖西考古學』 23, 15쪽)

한성도읍기도 별반 다르지 않다. 우선 거론할 것은 앞서 언급한 대형 고분 축조로, 이는 무덤을 죽은 이의 거처로 여긴 계세사상의 영향이다.[174] 덧붙여

---

174) 邊太燮, 1958, 앞의 논문, 60쪽.

능원의 흔적도 이목을 끈다. 예컨대 석촌동 4호분의 경우 사방 24m 범위에 잔자갈이 깔려 묘역이 표시되었고, 고분 동남쪽 21m 지점에는 말각방형(抹角方形) 수혈 주거지가 존재한다(〈그림 4〉참조).175) 이 주거지의 성격에 대해서는 수직소(守直所)나 빈소(殯所) 혹은 임시 거처,176) 빈전(殯殿),177) 사당 등으로 견해가 나뉘나,178) 고분과 관련되었다고 본 데는 공통된다. 또 대형 고분 인근에 중·소형 고분이 산재하기도 하는데(〈그림 1〉참조), 배총(陪塚)일 확률을 배제할 수 없다. 석촌동 고분군 일대의 파괴 정도가 심각하여 자세한 사정을 알기는 곤란하나, 이러한 사례를 고려하면 백제 또한 능원이라 이를 만한 경관이 만들어졌다고 보아도 큰 무리는 없지 않을까 한다. 고구려 국내도읍기 능원에서도 이러한 부대시설이 확인되므로179) 더욱 그러하다.

그 밖에 석촌동 4호분 및 위에서 거론한 인근 수혈 거주지에서 와당이 발견된 사실(〈그림 4〉참조)180)을 들어, 제사 관련 묘상건축(墓上建築)이 있었다는 설181)을 긍정할 수도 있겠다. 고구려 국내도읍기 왕릉급 고분에서 출토된 와

---

175) 鄭治泳, 2010, 앞의 논문, 16쪽.
176) 서울大學校博物館·서울大學校考古學科, 1975, 『石村洞 積石塚 發掘調査報告』, 서울大學校博物館, 21쪽.
177) 權五榮, 2000, 앞의 논문, 16~17쪽.
178) 鄭治泳, 2010, 앞의 논문, 35쪽.
179) 강진원, 2013, 「고구려 陵園制의 정비와 그 배경」, 『東北亞歷史論叢』 39, 19~22쪽.
고구려 국내도읍기 능원의 묘역 포석은 애초 일부 면을 대상으로 하였다가 시간이 흐름에 따라 전면(全面)에 이루어진다(강진원, 2013, 위의 논문, 20쪽). 이를 참조할 때 석촌동 4호분처럼 사방을 포석한 방식은 상대적으로 후대의 산물이며, 이전 단계 고분에는 부분적인 조치가 취해졌는지도 모르겠다.
180) 이선복·양시은·조가영·김준규, 2013, 앞의 책, 91쪽, 122쪽; 鄭治泳, 2010, 앞의 논문, 16쪽.
181) 李亨求, 1982, 「高句麗의 享堂制度研究」, 『東方學志』 32, 31~33쪽.

당은 묘상건축의 조영을 말해 주는데,[182] 중국 선진 시대[183]나 고구려의 묘상건축은 제의 공간으로 기능하였기 때문이다.[184] 그러나 이 일대의 최대 고분인 석촌동 3호분에서 묘상건축의 흔적을 찾기 어렵고, 봉토에 기와를 깐(葺瓦) 화성 화산 고분군의 사례도 있기에,[185] 이 경우도 그러할 가능성이 없지 않다.[186] 묘상건축의 존재를 확신하기 이르다. 다만 그와 별개로 묘역에 포석이 이루어지고, 고분 가까이에 연관 구조물과 배총이 자리하였으므로, 부대시설을 갖춘 능원이 조성되었다는 점은 인정하여도 좋을 것이다.

  능원의 정비는 죽은 이가 무덤에 머문다고 여기는 인식의 성행 속에 이루어졌다. 중국 전한 시기에는 죽은 이의 영혼이 무덤에 머문다고 여긴 결과, 제릉 가까이에 (능)침을 두는 능측기침제(陵側起寢制)와 제릉 근방에 (능)묘를 세우는 능방입묘제(陵旁立廟制)가 시행되었다. 혼령이 제사를 받고 기거함에 편의를 도모하고자 능묘 부근에 제사 건축을 마련한 것이다.[187] 아울러 황제와 황후의 능원은 각기 생시 자신들의 거처였던 미앙궁(未央宮)과 장락궁(長樂宮)을 모방·축소하여 건설되었는데, 문궐(門闕)에도 이 점이 드러나며, 배장묘의 배치조차 생전 주재하였던 조의(朝儀)에서의 서열과 비슷하였다.[188] 제릉을 선

---

182) 정호섭, 2011, 『고구려 고분의 조영과 제의』, 서경문화사, 251쪽; 강현숙, 2009, 「고구려 왕릉 복원 시도 -천추총, 태왕릉, 장군총을 중심으로-」『고구려 왕릉 연구』, 동북아역사재단, 192쪽.

183) 劉慶柱·李毓芳(來村多加史 옮김), 1991, 앞의 책, 235쪽, 268~272쪽, 275~277쪽; Wu Hung(김병준 옮김), 2001, 앞의 책, 277~285쪽; 楊寬(장인성·임대희 옮김), 2005, 앞의 책, 46~47쪽, 51~56쪽, 60~61쪽; 신용민, 2008, 앞의 논문, 4~5쪽.

184) 강진원, 2021, 앞의 책, 195~197쪽.

185) 권오영, 2001, 「백제 전기 기와에 대한 신지견 -화성 화산고분군 채집 기와를 중심으로-」『百濟研究』33, 106쪽.

186) 鄭治泳, 2010, 앞의 논문, 34쪽.

187) 楊寬(장인성·임대희 옮김), 2005, 앞의 책, 39쪽, 45쪽.

188) 劉慶柱·李毓芳(來村多加史 옮김), 1991, 앞의 책, 259~261쪽, 265~266쪽, 300

제의 거처로 여겼기에 궁궐의 모습으로 능원을 만들었다 하겠다.

고구려 국내도읍기의 경우 4세기 이후 능원이 완비 단계에 이르러 능장(陵墻)이 세워지고 침(寢)의 역할을 하는 묘상건축이 두어지는데, 이 또한 기본적으로는 그러한 인식의 산물로 왕릉은 선왕의 또 다른 거소(居所)였다.[189] 백제의 능원 역시 마찬가지로 세상을 떠난 왕의 새로운 궁실로 바라볼 수 있다.

이러한 일련의 사고는 육체혼(肉體魂, body-soul) 관념과 연관된다. 육체혼 관념에서의 영혼은 일종의 물질인 까닭에 생활용품이 필요하였고, 사후 세계도 물질적인 것으로 파악되었다. 그리고 사후 운명에 대한 생각이 사체와 그가 묻힌 곳, 나아가 현세의 범위를 크게 벗어나지 못하였다. 그에 따라 무덤이 중시되고 후장 습속이 나타났다. 물론 육체와 물질에 대한 긴박성에서 풀려난 자유혼(自由魂, free soul) 관념도 존재하였으나, 일반적으로 육체혼 관념이 먼저 우위를 점하였다.[190] 백제 역시 본디 육체혼 관념이 우세하였다고 여겨진다. 대형 적석총이 조영되고, 비유왕을 후장하는 등(C-②) 무덤이 지닌 무게감이 상당하였기 때문이다.

이상과 같이 한성도읍기에 종묘가 존재하였음에도, 즉위의례는 동명묘에서 치러졌는데, 동명묘 제사가 묘제의 범주에 속한다는 데서 보자면, 무덤에서 지내는 제사의 무게감이 종묘에서의 그것보다 컸음을 보여 준다. 대형 고분 및 능원 조성을 비롯한 후장 습속에서 드러나듯, 당시는 계세사상과 관련되어 무덤을 죽은 이의 거처로 여기는 인식이 성행하고, 영혼이 물질과 육체에 긴박된 육체혼 관념이 우세하던 결과 무덤 중시 풍조가 있었다. 이즈음 동명묘 제사의 위상이 강고하였던 것 또한 그러한 토대 위에 나타난 현상이다.

쪽; Wu Hung(김병준 옮김), 2001, 앞의 책, 296쪽; 黃曉芬(김용성 옮김), 2006, 앞의 책, 411쪽; 金容天, 2007, 앞의 책, 209~210쪽; 신용민, 2008, 앞의 논문, 12~13쪽.
189) 강진원, 2021, 앞의 책, 227~228쪽.
190) 나희라, 2008, 앞의 책, 56~57쪽, 93~94쪽.

Ⅱ

천지합제(天地合祭)

1. 교사(郊祀) 양식 수용과 천지합제 성립

천지합제 기록은 『삼국사기』 백제본기와 제사지(祭祀志)에 전하는데, Ⅰ부에서 동명묘(東明廟) 제사를 다룰 때 언급한 사례(A-7·8)를 제외하면 다음과 같다.[1]

> D-1. (온조왕) 20년 2월, 왕이 대단(大壇)을 마련하고 친히 천지에 제사하니, 기이한 새(異鳥) 5마리가 날아들었다.[2]
> D-2. (온조왕) 38년 10월, 왕이 대단을 쌓고 천지에 제사하였다.[3]
> D-3. (다루왕) 2년 2월, 남단(南壇)에서 천지에 제사하였다.[4]

---

1) 『삼국사기』 백제본기 초기 기사에 해당하는 고이왕 시기(234~286) 이전의 일은 서력기원을 따로 표기하지 않는다.
2) 『三國史記』 권 제23, 百濟本紀 제1, 溫祚王, "二十年 春二月 王設大壇 親祠天地 異鳥五來翔"
3) 『三國史記』 권 제23, 百濟本紀 제1, 溫祚王, "(三十八年)冬十月 王築大壇 祠天地"
4) 『三國史記』 권 제23, 百濟本紀 제1, 多婁王, "(二年)春二月 王祀天地於南壇"

D-4. (고이왕) 5년(238) 정월, 천지에 제사함에 고취(鼓吹)를 썼다.**5)**

D-5. (고이왕) 10년(243) 정월, 대단을 마련하고 천지산천에 제사하였다.**6)**

D-6. (고이왕) 14년(247) 정월, 남단에서 천지에 제사하였다.**7)**

D-7. (비류왕) 10년(313) 정월, 남교(南郊)에서 천지에 제사하였는데, 왕이 친히 희생을 베었다.**8)**

D-8. (근초고왕) 2년(347) 정월, 천신지기(天神地祇)에 제사하고, 진정(眞淨)을 조정좌평(朝廷佐平)으로 삼았다. 진정은 왕후의 친척으로 성품이 사납고 고약하였으며, 일에 임하면 까다롭게 세세히 따지고 권세를 믿어 제멋대로 하니, 나라 사람들이 그를 미워하였다.**9)**

D-9. (동성왕) 11년(489) 10월, 왕이 단을 마련하여 천지에 제사하였다.**10)**

D-10. 『고기』에 이른다. "온조왕 20년 2월에 단을 마련하여 천지에 제사하였다. 38년 10월, 다루왕 2년 2월, 고이왕 5년 정월·10년 정월·14년 정월, 근초고왕 2년 정월, 아신왕 2년 정월, 전지왕 2년 정월, 모대왕(동성왕) 11년 10월에 모두 위와 같이 행하였다."**11)**

이들 가운데 백제본기의 천지합제 기사(D-1~9)는 Ⅰ부에서 언급한 관련 기사(A-7·8)와 더불어 의례 방식과 수반 행위를 알 수 있거니와, 연대기 안에 위치하여 전후 상황을 살피기에도 좋다. 반면 제사지의 경우(D-10) 시행 시기만

---

5) 『三國史記』 권 제24, 百濟本紀 제2, 古尔王, "五年 春正月 祭天地 用鼓吹"
6) 『三國史記』 권 제24, 百濟本紀 제2, 古尔王, "十年 春正月 設大壇 祀天地山川"
7) 『三國史記』 권 제24, 百濟本紀 제2, 古尔王, "十四年 春正月 祭天地於南壇"
8) 『三國史記』 권 제24, 百濟本紀 제2, 比流王, "十年 春正月 祀天地於南郊 王親割牲"
9) 『三國史記』 권 제24, 百濟本紀 제2, 近肖古王, "二年 春正月 祭天地神祇 拜真淨爲朝廷佐平 淨王后親戚 性狠戾不仁 臨事苛細 恃勢自用 國人疾之"
10) 『三國史記』 권 제26, 百濟本紀 제4, 東城王, "(十一年)冬十月 王設壇 祭天地"
11) 『三國史記』 권 제32, 雜志 제1, 祭祀, "古記云 溫祖王二十年春二月 設壇祠天地 三十八年冬十月 多婁王二年春二月 古尔王五年春正月 十年春正月 十四年春正月 近肖古王二年春正月 阿莘王二年春正月 腆支王二年春正月 牟大王十一年冬十月 並如上行"

언급되었고, 그마저도 비류왕의 사례(D-7)는 빠져 있다. 따라서 전자에 주목하여 천지합제를 검토하고자 한다.

현재 전하는 천지합제 사례는 총 11건인데, 한 차례(D-9)를 제외하면 모두 한성도읍기의 일이다. 그러므로 주로 한성도읍기에 행해진 의례라 하겠다. 물론 이것이 실재한 사례 전부라고 보기는 힘들다. 사료의 전승 과정에서 적지 않은 경우가 탈락하였을 뿐, 실제로는 더욱 많은 제사가 치러졌을 것이다.[12] 이에 대하여 현재 전하는 기사 건수를 적다고 여길 수도 있겠다. 하지만 기년을 어느 정도 신뢰할 만한 고이왕 시기 이후 기사로 한정할 경우, 고이왕의 첫 천지합제(D-4)부터 동성왕의 마지막 사례(D-9)까지 약 250년 동안 8건의 제사 기사가 존재하기에, Ⅰ부에서 살펴본 동명묘 제사 기사와 마찬가지로, 한국 고대사에서 낮은 빈도가 아니다. 그러므로 이를 통하여 일정한 역사상에 다가서는 것이 가능하다.[13]

천지합제는 "남단"(A-7·8, D-3·6), "대단"(D-1·2·5), "남교"(D-7), "단"(D-9·10)에서 치러졌다. 이에 대하여 남교와 남단을 구분하여 남교라고 칭할 때만 교사, 즉 중국의 유교적 천지 제사가 이루어졌다고 짐작하기도 하나,[14] 남교는 의례 공간을, 남단은 거기에 세워진 구조물인 제단을 말한다고 이해하는 편이 타당하다.

---

12) 책계왕·분서왕·계왕의 경우 동명묘 제사(A-4·5·9)와 함께 천지합제도 치렀으나 관련 기사가 누락되었으리라 짐작하기도 하니, 천지합제의 기본 성격을 즉위의례로 본 데 기인한다(장혜경, 2008, 「漢城時期 百濟王의 卽位儀禮」, 성균관대 석사 학위 논문, 36~38쪽). 그러나 뒤에서 살피듯, 당시 천지합제가 즉위의례로 자리매김하였다고 보이지 않으므로 수긍하기 힘들다.

13) 현재 전하는 기사는 전례와 다르게 시행되었다거나 조금 더 강조해서 설명할 필요가 있는 경우가 특기된 결과로 여기기도 한다(김경화, 2015a, 「한성기 백제의 천지제사」, 『사학연구』 119, 73쪽). 그러나 이는 『삼국사기』 백제본기에 백제 당대의 기록이 빠짐없이 그대로 실렸다는 전제가 성립할 때 가능한 추론이므로 따르기 어렵다.

14) 최광식, 1994, 『고대한국의 국가와 제사』, 한길사, 190쪽; 박초롱, 2014, 「백제 사비 시기(泗沘時期) 오제(五帝) 제사 시행과 그 의미」, 『韓國思想史學』 47, 12쪽 주13).

문제는 대단과 남단의 관계이다. 양자를 동일시하여 대단은 크기, 남단은 위치에 주목한 표현이라고도 여기지만,[15] 다르게도 본다. 대단에서는 제지(祭地)가, 남단에서는 제천이 중심이라거나,[16] 남단에서 제천이 이루어졌으며 대단같이 남단이라 명기하지 않은 사례는 제지가 행해진 북교(北郊)의 북단(北壇)과 남단을 아우른 표현이라 주장한 설[17]이 대표적이다. 대단과 남단의 제사 대상에 차이가 있다고 가정한 것이다. 그러나 대단이든 남단이든 거기서 천지를 함께 모셨던지라(A-7·8, D-1~3·5·6) 수긍하기 힘들다.

익히 알려졌듯이 '대(大)'는 '태(太)'와 통용되었으므로, 대단은 태단이라고도 하였을 터이다. 그런데 태단(太壇·泰壇)은 중국에서 제천이 거행된 도성 남쪽 교외의 제단을 가리킨다.[18] 하늘이 양(陽)과 연관되기에 그에 상응하는 방위인 남쪽, 다시 말해 남교에서 제천한 것이다.[19] '대단(태단)=남교 제단=남단'인 셈으로, 대단과 남단의 실체는 같다. 그 점은 천지합제가 기본적으로 도읍 남쪽 교외(남교)에 제단을 쌓고 치러졌음을 보여 준다.

---

15) 서영대, 2007,「백제의 천신숭배」『百濟의 祭儀와 宗敎』, 충청남도역사문화연구원, 152쪽; 김경화, 2015a, 앞의 논문, 83~84쪽.

16) 최광식, 1994, 앞의 책, 189쪽.

17) 金昌錫, 2005,「한성기 백제의 유교문화와 그 성립 과정」『鄕土서울』65, 46~47쪽.

18) 『禮記』, 祭法, "燔柴於泰壇 祭天也 瘞埋於泰折 祭地也"; 『漢書』권25下, 志 제5下, 郊祀, "成帝初卽位 … 右將軍王商博士師丹議郞翟方進等五十人以爲禮記曰 燔柴於太壇 祭天也 瘞薶於大折 祭地也"; 『孔子家語』, 郊問, "旣至泰壇 王脫裘矣"; 『廣雅』, 釋天, "圓丘大壇 祭天也 方澤大折 祭地也"; 『南齊書』권9, 志 제1, 禮上, "永明元年當南郊 而立春在郊後 世祖欲遷郊 尙書令王儉啟 … 祭法稱燔柴太壇 則圜丘也"; 『陳書』卷2, 本紀 第2, 高祖下, "(永定元年冬十月)己卯 分遣大使宣勞四方 下璽書勅州郡曰 … 今月乙亥 升禮太壇 言念遷桐 但有慙德 … (二年春正月)詔曰 朕受命君臨 初移星琯 孟陬嘉月 備禮泰壇 景候昭華 人祇允慶 思令億兆 咸與惟新"; 『續通典』, 禮1, "燔柴太壇 國之大事"

19) 『禮記』, 郊特牲, "兆於南郊 就陽位也"; 『漢書』권25下, 志 제5下, 郊祀, "成帝初卽位 丞相衡御史大夫譚奏言 … 帝王之事 莫大乎承天之序 承天之序 莫重於郊祀 故聖王盡心極慮以建其制 祭天於南郊 就陽之義也 瘞地於北郊 卽陰之象也 天之於天子也 因其所都而各饗焉"

이러한 천지합제의 양상은 교사와 비슷하다. 종래 백제의 천지합제가 교사의 영향을 받았다고 본 견해[20]는 여기에 기인한다. 기록에 따르면 천지합제는 온조왕·다루왕 때부터 행해졌다(D-1~3). 따라서 초창기부터 교사와 유사한 방식의 제사가 성립하였다고 할 수도 있겠다. 다만 그렇게 볼 수 있을지 의문이다. 『삼국사기』 백제본기 초기 기사의 신뢰성 문제는 차치하더라도, 교사의 전개 양상이 유의되는 까닭이다.

전한 무제 시기(B.C. 141~87)까지만 하여도 교사는 산악신앙이나 신선 신앙과 관련된 주술적·신비적 성격이 짙은 의례로 유교적 색채가 약하였으며, 제장도 도성에서 떨어진 곳에 마련되었다.[21] 성제 건시(建始) 2년(B.C. 31) 장안 교외에 제장이 마련되어 유교적인 예제(禮制)에 한층 다가가기도 하였으나,[22] 그 뒤 치폐를 거듭하는 등 제도적으로 정착되지 못하였다. 유교적 원칙이 공고해진 것은 평제 원시(元始) 5년(A.D. 5) 이후다. 실권자 왕망(王莽, B.C. 45~A.D. 23)은 정월 상신일(上辛日) 또는 상정일(上丁日)에 남교에서 황제가 천지를 친히 합제(合祭)하고, 고조와 고후(高后)를 배사(配祀)하며, 동지와 하지에는 유사섭사(有事攝事), 즉 다른 이가 대신하여 남교와 북교에서 각기 제천·제지하고, 고조와 고후를 배사하도록 하였다. 후한에서는 정월에 남교에서 제천하였음에도 동지 교사를 치르지 않고, 북교의 제지의례도 하지가 아니라 10월에 유사섭사로 행하는 등 변화가 없지 않았으나, 기본적으로 왕망의 제도

---

20) 井上秀雄, 1978, 『古代朝鮮史序說 -王者と宗教-』, 寧楽社, 134쪽; 鄭璟喜, 1990, 『韓國古代社會文化硏究 -靑銅器社會에서 三國時代까지-』, 一志社, 402~407쪽, 409~410쪽; 李基東, 1996, 『百濟史硏究』, 一潮閣, 167쪽; 金昌錫, 2005, 앞의 논문, 46쪽, 58쪽; 박미라, 2009, 「한국 地神제사의 역사와 구조 -중국에 가려진 地神의 정체성-」『溫知論叢』 23, 272쪽; 이장웅, 2017, 「백제 웅진기 '建邦之神' 제사와 聖王代 유교식 天 관념」 『韓國古代史探究』 26, 77쪽.

21) 金子修一, 2001, 『古代中國と皇帝祭祀』, 汲古書院, 87~93쪽; 佐川英治, 2012, 「漢代の郊祀と都城の空間」 『東アジアの王權と宗教』, 勉誠出版, 41~42쪽.

22) 『漢書』 권10, 本紀 제10, 成帝 建始 2년, "春正月 罷雍五畤 辛巳 上始郊祀長安南郊 … (三月)辛丑 上始祠后土于北郊"

를 채용하였다.[23)]

　이처럼 중국에서 유교적인 교사가 어느 정도 정착한 것은 왕망 집권기~후한 시기다. 그런데 국초의 천지합제(D-1~3) 기년을 그대로 믿는다면, 각각 서기 2·20·29년이다. 왕망이 교사 제도를 개혁하기 전이거나(D-1), 그 직후에 해당한다(D-2·3). 전자는 말할 것도 없고, 후자도 마찬가지로 백제가 중원 왕조와 활발히 교섭하였다 한들, 그렇게까지 실시간으로 새로운 체계를 받아들였다고 보기는 어렵다. 따라서 온조왕·다루왕의 제사 기사(D-1~3)가 당시의 사실을 그대로 반영한다고 여기기는 힘들다.

　이에 대하여 관련 기록의 신빙성을 문제시하거나,[24)] 당시 왕권의 상황을 고려하여 실제 시행 여부에 의문을 제기하기도 하고,[25)] 후대의 부회 혹은 조작으로도 추정한다.[26)] 그러나 초기 기사 또한 일정 정도의 사실을 반영할 것이므로, 그렇게 단정하기는 곤란하다. 어떠한 의례가 존재하였는데, 후일 남교에 제단을 마련하여 제사하였다는 식으로 윤색되었을 확률이 높다.

　그 면에서 주목되는 것이 제사 시기로 정월 7회(A-7·8, D-4~8), 2월 2회(D-1·3), 10월 2회(D-2·9)다. 초창기 사례는 2·10월의 일로 전하는데(D-1~3), 중국에서 후한 이래 교사에서 전반적으로 존중된 때는 정월과 동지·하지 등으로, 2월(仲春)과 10월(孟冬)은 상대적으로 중시되지 않았다. 2월에 의례가 치러

---

23) 金子修一, 2001, 앞의 책, 12쪽, 42쪽, 94~97쪽, 99~101쪽, 144~145쪽; 김일권, 2007, 『동양 천문사상, 인간의 역사』, 예문서원, 52~53쪽, 86~106쪽, 115쪽, 118쪽 <표 14>, 198쪽, 335~337쪽; 佐川英治, 2012, 앞의 논문, 43~44쪽, 46~47쪽. 후한 광무제는 북교 제지의례를 정월에 행하기도 하였다(『後漢書』 권1하, 本紀 제1下, 光武帝 中元 2년 정월 辛未, "初立北郊 祀后土").

24) 車勇杰, 1994, 「百濟의 崇天思想」 『百濟의 宗敎와 思想』, 忠淸南道, 13쪽.

25) 李鍾泰, 1996, 『三國時代의 「始祖」認識과 그 變遷』, 국민대 박사 학위 논문, 161쪽.

26) 林陸朗, 1974, 「朝鮮の郊祀円丘」 『古代文化』 26-1, 46쪽; 吉岡完祐, 1983, 「中國郊祀の周邊諸国への伝播 -郊祀の發生から香春新羅神の渡來まで-」 『朝鮮学報』 108, 42쪽; 朴淳發, 2023a, 「백제 도성 제의(祭儀)의 전개와 그 배경」 『百濟學報』 45, 8~9쪽, 10쪽 주9).

진 적은 드물고, 10월의 경우 후한에서 북교를 제장으로 제사가 행해졌지만, 대상이 땅이었을 뿐 아니라 사실상 폐절된 상태였으며, 백제 말기에 해당하는 수당 시대에 이르러 다시금 이때 제사가 이루어지나 신주(神州) 등 지신 계열의 신격에 대한 것으로 천지합제처럼 제천을 포괄하지 않았다.[27] 따라서 2·10월이라는 시기는 중국의 교사가 아닌 다른 의례와 관련된 흔적일 가능성이 상당하다. 이에 천지합제의 유래를 토착 의례에서 찾기도 하는데,[28] 초기 기사가 대상으로 한 시기에 중국적 의례 수용이 여의치 않았을 것이란 점을 고려하면 타당하다.

이 가운데 10월 제사의 경우 수확제나 감사제로 이해하기도 하는데,[29] 한

---

[27] 金子修一, 2001, 앞의 책, 12쪽, 14쪽, 17~18쪽, 42쪽, 47~51쪽, 53~55쪽, 77쪽, 145~165쪽, 175~182쪽; Howard J. Wechsler(임대희 옮김), 2005, 『비단같고 주옥같은 정치 -의례와 상징으로 본 唐代 정치사-』, 고즈윈, 247~249쪽, 253~258쪽, 262쪽, 358쪽; 김일권, 2007, 앞의 책, 118쪽〈표 14〉, 120~121쪽, 201쪽, 204쪽, 214~217쪽, 219~220쪽, 223쪽〈표 38〉, 225~227쪽, 243~245쪽, 247쪽〈표 46〉, 251~252쪽, 255쪽〈표 48〉, 262쪽, 264~267쪽, 272쪽〈표 52〉, 274~275쪽, 277~280쪽, 283쪽, 285~289쪽, 292~293쪽, 299~308쪽, 311쪽〈표 68〉, 315쪽, 319~323쪽, 325쪽, 337~339쪽, 376~377쪽; 소현숙, 2020, 「中國 南北朝時代 國家祭禮와 祭儀空間」『百濟文化』62, 8~12쪽 참조.

[28] 金杜珍, 1999, 『韓國古代의 建國神話와 祭儀』, 一潮閣, 181쪽; 문동석, 2007, 『백제 지배세력 연구』, 혜안, 91쪽; 金敬華, 2016, 『백제의 국가제사 연구 -천지제사와 조상제사를 중심으로-』, 인하대 박사 학위 논문, 24~25쪽, 38~39쪽; 李壯雄, 2016, 『百濟 泗沘期 國家祭祀와 佛敎寺院』, 고려대 박사 학위 논문, 15~16쪽; 車勇杰, 1978, 「百濟의 祭天祀地와 政治體制의 變化」『韓國學報』11, 61~62쪽; 金炳坤, 2002, 「三國時代 中央集權的 王權의 登場에 따른 支配理念의 採擇」『韓國史研究』117, 18쪽, 20쪽; 朴承範, 2003, 「漢城時代 百濟의 國家祭祀」『先史와 古代』19, 113~114쪽; 金昌錫, 2005, 앞의 논문, 45~46쪽; 여호규, 2005, 「國家祭祀를 통해본 百濟 都城制의 전개과정」『古代 都市와 王權』, 서경, 273쪽; 서영대, 2007, 앞의 논문, 149쪽; 정구복, 2007, 「백제의 문화와 유교문화와의 친연성」『百濟의 祭儀와 宗敎』, 충청남도역사문화연구원, 237쪽, 242쪽; 배재영, 2009, 「백제의 부여 인식」『百濟文化』41, 139쪽.

[29] 井上秀雄, 1978, 앞의 책, 134쪽; 최광식, 1994, 앞의 책, 185~186쪽; 俞起潛,

(韓) 사회에서 10월에 제의가 이루어진 점이나,30) 고구려 제천대회(祭天大會)가 10월에 열렸다는 점31)이 눈에 띈다. 기록에 따르면 전자는 농사가 끝났을 때 ("農功畢") 행해졌으므로 수확제임을 알 수 있고, 후자 또한 매한가지로 생각된다.32) 시기 면에서 10월 제사는 이들과 연관하여 생각해 볼 수 있다. 고구려와 한 중 어느 쪽인지를 단정하기는 힘들다. 하지만 백제가 마한의 일원으로 출발하였고 고구려와의 의례적 친연성을 확신하기 어렵기에, 한의 10월 수확제와 연결하여 바라보는 것이 좋지 않을까 한다.33)

2월 제사의 경우 비교 대상을 찾기 힘들다며 『삼국사기』 백제본기 초기 기사의 불확실성에 따른 오기(誤記)로 짐작하기도 하나,34) 신라와 고구려에서 2월에 시조묘(始祖廟)에 제사한 적이 드물지 않거니와, 설령 잘못된 기록이라 하여도 그러한 일이 두 차례(D-1·3)나 일어났다고 보기는 석연치 않아 따르기 어렵다. 파종제를 계승했다고도 하지만,35) 씨를 뿌리기 너무 이른 달이라 역시 의문이 남는다. 그렇다면 한 해의 풍요를 기원하는 예축제(豫祝祭)나 기풍제(祈豐祭)로 파악할 수 있다.36) 물론 기층 사회에서 그러한 의례가 시행된 흔

1989, 「百濟社會의 固有信仰考」 『忠南史學』 4, 39쪽; 구중희, 1998, 「백제인의 토착 신앙 연구」 『百濟文化』 27, 30~31쪽; 金昌錫, 2005, 앞의 논문, 46쪽.
30) Ⅰ부 주106)의 『三國志』 魏書 韓條.
31) 『三國志』 권30, 魏書30, 烏丸鮮卑東夷, 高句麗, "以十月祭天 國中大會 名曰東盟 其公會衣服 皆錦繡金銀以自飾 大加主簿頭著幘 如幘而無餘 其小加著折風 形如弁 其國東有大穴 名隧穴 十月國中大會 迎隧神 還于國東上祭之 置木隧于神坐"
32) 강진원, 2021, 『고구려 국가제사 연구』, 서경문화사, 61~62쪽.
33) 부여의 제천의례에 주목하기도 하나(배재영, 2009, 앞의 논문, 139쪽), 제사 시기에 차이가 나므로(『三國志』 권30, 魏書30, 烏丸鮮卑東夷, 夫餘, "以殷正月祭天 國中大會, 連日飮食歌舞, 名曰迎鼓") 그렇게 볼 수 있을지 의문이다.
34) 金敬華, 2016, 앞의 학위 논문, 25쪽.
35) 金昌錫, 2005, 앞의 논문, 46쪽.
36) 井上秀雄, 1978, 앞의 책, 134쪽; 최광식, 1994, 앞의 책, 185쪽; 兪起濬, 1989, 앞의 논문, 39쪽; 장수남, 2022, 「백제 웅진시기 한강유역 의미」 『韓國古代史探究』

적을 살피기 어려운 점이 문제시된다. 하지만 신라 및 고구려의 2월 시조묘 제사에 기풍제적 성격이 존재하기에,[37] 이 무렵 백제가 자리한 지역에서도 유사한 제의가 있었다고 상정하는 것이 불가능하지 않다. 2월 제사는 그와 맞물려 이해하는 편이 어떨까 한다.

　이상을 보건대 온조왕·다루왕의 천지합제 기사(D-1~3)는 애초 수확제·기풍제 같은 재래의 토착 의례를 행하였다는 전승이 후대의 문자화 과정에서 교사 방식으로 이루어진 것처럼 윤색된 결과다. 그런데 (마)한 소국에서는 중심지인 국읍(國邑)에서 제천의례가 치러진 것과 별개로, 별읍(別邑)에서도 제의가 거행되었다.[38] 거국적인 의례가 성립하였다고 상정하기 모호한 상황이다. 이즈음 백제의 현실도 다르지 않았다고 여겨진다. 당시 왕권이 일정한 궤도에 오르지 못했다고 보는 데 큰 이견이 없는 까닭이다. 초기 천지합제 사례(D-1~3)가 이러한 국읍에서의 제사를 가리킨다고 주장하기도 하는데,[39] 어떻게 보든 왕이 주재한 토착 의례의 파급력 또한 기본적으로 왕실과 중앙 권력 집단을 벗어나기 쉽지 않았으리라 짐작된다.

　또 이때는 기록 문화가 그다지 발달하지 않아 시행 사례가 구두로 전해질 때가 많았을 것이다. 문자화 작업이 미비하다 하겠는데, 지금 살펴보았듯이 국가적인 차원에서 의례가 이루어지지 않았다는 점을 함께 고려하면, 제사를 치렀다 한들 산일(散逸)되는 경우가 상당하였으리라 이해된다. 온조왕·다루왕의 사례(D-1~3) 이후 고이왕 시기까지 한동안 관련 기사를 찾아볼 수 없는 원인은 거기에 있다. 그렇게 볼 때 오히려 온조왕·다루왕의 제사 기사가 남은 것이 이례적이다. 주재한 이가 현재 전하는 왕계의 첫머리에 자리한

　　42, 138~139쪽.
37) 井上秀雄, 1978, 위의 책, 109~110쪽; 강진원, 2021, 앞의 책, 153쪽.
38) 『三國志』 권30, 魏書30, 烏丸鮮卑東夷, 韓, "信鬼神 國邑各立一人主祭天神 名之天君 又諸國各有別邑 名之爲蘇塗 立大木 縣鈴鼓 事鬼神"
39) 김경화, 2015a, 앞의 논문, 74쪽.

군주라는 사실을 유념하면, 초창기의 제사 전승이 안정적으로 국가의 기틀을 잡아갔다는 의미로 받아들여져 오래도록 전해지다, 훗날 문자화 과정에서 온조왕과 후계 군주(다루왕) 치세의 일로 기년을 갖추어 정리된 것이 아닐까 한다. 이는 특별한 의미로 다가오지 못한 대개의 시행 사례는 오래지 않아 잊혔음을 말한다.

그렇다면 중국 교사와 비슷한 양상의 천지합제가 실제로 성립한 시기는 언제쯤일까. 이에 대해서는 고이왕 시기,[40] 비류왕 시기(304~344),[41] 비류왕과 근초고왕이 집권한 4세기,[42] 비류왕~근초고왕 시기,[43] 근초고왕 시기(346~375) 이후로 견해가 나뉜다.[44] 이 가운데 근초고왕 시기 이후로 보는 설은 이전 기록을 믿기 힘들다고 본 데 기인하여 수긍하기 어렵다. 비류왕 시기, 혹은 이를 비롯한 4세기로 보는 경우 "남교"라는 용어(D-7)가 나타난 점에 주목한다. 그러나 앞서 언급하였듯이 대단이나 남단이 위치한 곳이 남교이고, 대단 및 남단이라는 표현은 이전 기사(D-1~3·5·6)에 보이므로, 남교가 이때 등장한 것은 아니다. 따르기 주저된다. 또 비류왕~근초고왕 시기란 입장은 비류왕 때 유교 정치사상을 수용하였다는 전제 위에 있으나, 관련 근거가 뚜렷하지 않다.

천지합제는 한성도읍기를 대표하는 의례였고, 왕이 친히 희생을 베거나(D-7) 관직 임명이 이루어지는 등(A-7, D-8), 왕권과의 관련도 깊었으므로 국가제사다. 그런데 I부에서 살펴본 것처럼 어떠한 의례가 국가적 차원으로 치러지기 위해서는 일정한 수준의 집권력이 수립되어야 한다. 따라서 초기부터

---

40) 車勇杰, 1994, 앞의 논문, 13쪽; 李鍾泰, 1996, 앞의 학위 논문, 162쪽; 金昌錫, 2005, 앞의 논문, 58쪽; 김경화, 2015a, 앞의 논문, 74쪽, 81쪽, 93~103쪽; 이장웅, 2017, 앞의 논문, 77쪽; 朴淳發, 2023a, 앞의 논문, 9~10쪽.
41) 최광식, 1994, 앞의 책, 189~190쪽.
42) 박초롱, 2014, 앞의 논문, 12쪽, 32쪽.
43) 노중국, 2010, 『백제사회사상사』, 지식산업사, 487쪽.
44) 井上秀雄, 1993, 『古代東アジアの文化交流』, 溪水社, 188쪽; 吉岡完祐, 1983, 앞의 논문, 42쪽.

국가제사가 이루어지기는 어렵다. 고구려에서 애초 왕실이 아닌 여타 지배집단도 각기 수확제를 지냈으며,[45] 왕권의 주관 아래 거국적인 규모로 이루어지는 제천대회가 신대왕 시기(165~179) 이후에야 성립된 사실[46]은 이를 잘 드러낸다.

천지합제 또한 마찬가지로 국가제사의 위상을 확보하려면 어느 정도 국가권력이 확보된 뒤라야 가능할 터이다. 그 면에서 거론할 만한 것이 고이왕 시기다. Ⅰ부에서 검토한 바와 같이 이때는 집권력이 일정한 궤도에 올랐다고 여겨질 뿐 아니라, 동명묘 제사가 국가제사로 자리매김하였기 때문이다. 실제 고이왕 시기 천지합제가 여러 차례 행해지기도 하였다(D-4~6). 물론 토착 의례가 후대에 윤색된 결과로 바라볼 수도 있겠다. 하지만 이 무렵부터 몇 가지 변화상이 엿보여 그렇게 단정하기만은 곤란하다.

첫째, 정월 제사의 대두다. 고이왕 5년(238) 정월 제사가 등장한(D-4) 이후 한성도읍기 내내 같은 달에 의례가 치러졌다(A-7·8, D-5~8). 고이왕 시기 이후 정월 제사 방침이 확립되었다 하겠는데, 그전에는 이러한 사례가 보이지 않으므로, 원인은 외부적인 데서 찾는 것이 자연스럽다.

이에 중국 삼국 시대 창업주가 황제 등극을 하늘에 고하는 고천례(告天禮·告代祭天)에 주목할 수도 있겠다. 고이왕의 천지합제는 고천례의 영향을 받았는데, 즉위의 정당성을 확보하고자 새로운 시작을 알리는 정월이 선호되기에 이르렀다는 논의[47]가 그것이다. 하지만 고이왕은 왕위에 오른 지 꽤 시간이 흐른 뒤 천지합제를 거행하여 즉위와의 직접적인 관련성을 찾기 모호하고, 뒤에서 살펴보듯 천지합제가 즉위의례의 성격을 지니게 된 것은 한참 뒤의 일이라 동의하기 힘들다. 무엇보다 조위(曹魏) 문제 조비(曹丕)와 촉한(蜀漢) 소열

---

45) 노태돈, 1999, 『고구려사 연구』, 사계절, 160쪽; 徐永大, 2003, 「高句麗의 國家祭祀 -東盟을 중심으로-」 『韓國史硏究』 120, 26쪽.

46) 강진원, 2021, 앞의 책, 73~77쪽.

47) 김경화, 2015a, 앞의 논문, 77~83쪽.

제 유비(劉備)·오 대제 손권(孫權)의 고천례 시기는 4월이나 10월로, 정월이 아닌 사실[48]도 간과할 수 없다.

그렇다면 시선을 조금 더 올려볼 필요가 있다. 앞서 살펴본 것처럼 정월은 유교적 교사 체계에서 중시된 시기였으니, 전한 말 왕망이 천지를 함께 제사하고 후한에서 남교 제천이 이루어진 때가 이달이다. 널리 알려진 바와 같이 백제는 군현으로부터 여러 문물을 접하였는데, 여기에는 의례에 관한 부분도 함께하였을 것이다. 그뿐 아니라 고이왕의 첫 천지합제는 후한 멸망(220)으로부터 멀지 않은 시점의 일이다. 이러한 면을 고려하면, 정월 제사를 준수하려는 움직임은 전한 말~후한 교사에서 정월을 존중하던 흐름과 연관되었을 가능성이 크다.

둘째, 고취의 사용이다. 이는 정월 제사가 처음 이루어진 때의 일(D-4)로, 고취는 장대한 행렬이나 성대한 의식에 쓰였으며, 후한 시기 교사에 활용되기도 하였는데,[49] 천지합제에도 고취가 동원된 것이다. 당시 중국 주변의 세력 집단은 후한 및 조위와의 접촉 과정에서 고취를 접할 일이 있었다. 예컨대 후

---

48) 『三國志』 권2, 魏書2, 紀 제2, 文帝 즉위, "(延康元年)冬十月 … 漢帝以衆望在魏 乃召羣公卿士 告祠高廟 使兼御史大夫張音持節奉璽綬禪位 … 乃爲壇於繁陽 庚午 王升壇卽阼 百官陪位 事訖 降壇 視燎成禮而反 改延康爲黃初 大赦[獻帝傳曰 辛未 魏王登壇受禪 公卿列侯諸將匈奴單于四夷朝者 數萬人陪位 燎祭天地五嶽四瀆]"; 같은 책, 권32, 蜀書2, 先主 즉위, "(建安)二十五年 魏文帝稱尊號 改年曰皇初 或傳聞漢帝見害 先主乃發喪制服 追諡曰孝愍皇帝 … 卽皇帝位於成都武擔之南 爲文曰 惟建安二十六年四月丙午 皇帝備敢用玄牡 昭告皇天上帝后土神祇 … 備畏天明命 又懼漢祚將湮于地 謹擇元日 與百寮登壇 受皇帝璽綬 脩燔瘞 告類于天神 惟神饗祚于漢家 永綏四海"; 같은 책, 권47, 吳書2, 吳主 黃龍 원년, "春 公卿百司皆勸權正尊號 夏四月 夏口武昌並言黃龍鳳凰見 丙申 南郊卽皇帝位[吳錄載權告天文曰 皇帝臣權敢用玄牡昭告于皇皇后帝 … 權畏天命 不敢不從 謹擇元日 登壇燎祭 卽皇帝位 惟爾有神饗之 左右有吳 永綏天祿] 是日大赦 改年"

49) 『後漢書』 권1下, 本紀 제1下, 光武帝 中元 원년, "是歲 初起明堂靈臺辟雍及北郊兆域[… 漢官儀 北郊壇在城西北角 去城一里所 爲方壇四陛 但有壇045舍而已 其鼓吹樂及舞人御帳 皆徙南郊之具 地祇位南面西上 高皇后配 西面 皆在壇上 地理羣神從食壇下 南郊焚犢 北郊埋犢]"

한 영화(永和) 원년(136) 순제는 경사(京師)에 입조한 부여왕에게 천자가 군신(群臣)에게 베푸는 황문고취(黃門鼓吹)를 선보였고,⁵⁰⁾ 조위 청룡(靑龍) 원년(233) 명제(曹叡)는 선비 지도자 설귀니(泄歸泥)에게 고취를 내렸으며,⁵¹⁾ 한 조정 역시 고구려에 그리하였다.⁵²⁾ 이러한 과정을 통하여 고취의 쓰임새를 어느 정도 알게 되었을 터인데, 백제의 상황도 다르지 않았으리라 헤아려진다.

중국의 사례를 참조하면, 고이왕 때 사용된 고취는 왕권의 위엄을 드러내는 역할을 하였으리라 추정된다.⁵³⁾ 이를 조위 경초(景初) 원년(237) 명제가 대방군을 통하여 사여한 것으로 보기도 하나,⁵⁴⁾ 백제의 여건에 맞춰 자체적인 고취를 마련하였을지도 모른다. 다만 어떻게 보든 천지합제에서의 고취 활용은 해당 의례가 교사와 비슷한 방식으로 꾸려졌음을 나타낸다.

셋째, 제단의 정비. 고이왕 10년(243) 제사에서 대단이 마련되었는데(D-5), 한성도읍기에 국한하면 그 뒤 새롭게 단을 쌓았다는 기사가 보이지 않는다. 따라서 천지합제를 지낼 때마다 제단을 다시 만들었다기보다는,⁵⁵⁾ 고이왕

---

50) 『後漢書』 권85, 列傳 제75, 東夷, 夫餘, "順帝永和元年 其王來朝京師 帝作黃門鼓吹角抵戲以遣之"

51) 『三國志』 권30, 魏書30, 烏丸鮮卑東夷, 鮮卑, "至靑龍元年 比能誘步度根深結和親 於是步度根將泄歸泥及部 衆悉保比能 寇鈔幷州 殺略吏民 帝遣驍騎將軍秦朗征之 歸泥叛比能 將其部衆降 拜歸義王 賜幢麾曲蓋鼓吹 居幷州如故"

52) 『三國志』 권30, 魏書30, 烏丸鮮卑東夷, 高句麗, "漢時賜鼓吹技人 常從玄菟郡受朝服衣幘 高句麗令主其名籍 後稍驕恣 不復詣郡 于東界築小城 置朝服衣幘其中 歲時來取之 今胡猶名此城爲幘溝漊 溝漊者 句麗名城也"

53) 김경화, 2015a, 앞의 논문, 89~90쪽.
고취 사용을 한(韓) 지역의 소도(蘇塗)에서 북과 방울을 매달던 풍습(주38))과 연관 짓기도 하나(최광식, 2006, 『백제의 신화와 제의』, 주류성, 91쪽; 장혜경, 2008, 앞의 학위 논문, 25쪽), 고취는 그와 결이 다르므로 지나친 추론이 아닐까 한다.

54) 朴淳發, 2023a, 앞의 논문, 14쪽, 17쪽.

55) 최광식, 2006, 앞의 책, 96~97쪽; 朴仲煥, 2007, 『百濟 金石文 硏究』, 전남대 박사학위 논문, 155쪽; 金昌錫, 2004, 「한성기 백제의 국가제사 체계와 변화 양상 -풍납토성 경당지구 44호, 9호 유구의 성격 검토를 중심으로-」 『서울학연구』 22, 21

시기 이후 제단을 상설화하였다고 볼 여지가 있다.[56] 중국의 경우 처음에는 지대가 높고 둥근 언덕 등에서 지고적 존재에 대한 의례가 이루어졌으나, 시일이 흐름에 따라 제단이 축조되었고, 전한 말 왕망의 교사 개혁과 후한 시기를 거쳐 정연한 형태를 갖춘 제단이 등장하였다.[57] 이를 보면 백제에서도 어느 순간 상설 제단이 갖추어졌다고 이해하는 편이 자연스럽다. 현재 전하는 기록에 따르면 그 기점은 고이왕 10년으로, 중국 교사에서 드러나는 바와 상통한다.

요컨대 3세기 전반 고이왕 시기에는 정월에 천지합제를 치르는 방식이 대두하고, 고취가 사용되기도 하였으며(D-4), 남교에 상설 제단이 조성되었다(D-5). 이러한 모습은 중국 교사 양상과 동떨어지지 않는다. 그러므로 당시 교사의 여러 면모를 수용하여 천지합제가 성립되었음을 알 수 있다. 물론 이때 모든 체계가 완비되었다고 보기는 어렵다. 하지만 기본적인 틀이 마련되었음은 인정하여도 좋지 않을까 한다. 덧붙여 당시 왕권이 어느 정도 확립된 점을 참작하면, 해당 의례는 국가제사로 행해졌으리라 파악된다.

그즈음 한(韓) 사회에서는 의책(衣幘) 입기를 좋아하고 인수(印綬)를 지닌 자가 많았으며, 특히 군현과 인접한 지역의 예속(禮俗)에 대한 이해는 일정 수준에 도달하였다고 여겨졌다.[58] 자의든 타의든 중국 문물을 받아들이고 있던 셈이다. 대방군에서 멀지 않은 곳에 자리한 백제의 상황 역시 비슷하였을 것

쪽; 여호규, 2005, 앞의 논문, 281쪽; 서영대, 2007, 앞의 논문, 152~153쪽; 이장웅, 2010, 「百濟 泗沘期 五帝 祭祀와 陵山里寺址」『百濟文化』 42, 34쪽.

56) 김경화, 2015a, 앞의 논문, 74쪽, 85쪽.

57) 박미라, 2000, 「중국 제천의례(祭天儀禮)에 있어서 時間-空間의 象徵的 構造 연구」『道教文化研究』 14, 169쪽; 박미라, 2006a, 「儒教 祭地儀禮의 역사와 구조 -祭天儀禮와의 관계를 중심으로-」『溫知論叢』 14, 359~360쪽.

58) 『三國志』 권30, 魏書30, 烏丸鮮卑東夷, 韓, "景初中 明帝密遣帶方太守劉昕樂浪太守鮮于嗣 越海定二郡 諸韓國臣智加賜邑君印綬 其次與邑長 其僮好衣幘 下戶詣郡朝謁 皆假衣幘 自服印綬衣幘千有餘人 … 其北方近郡諸國差曉禮俗 其遠處直如囚徒奴婢相聚"

인데, 그 일례가 Ⅰ부에서 살펴본 한성도읍기의 종묘다. 당시 종묘와 같은 예제 건축이 실재하였으므로, 교사 방식을 수용한 제사가 존재하였다는 것이 그리 이상한 일은 아니다.

 중국 후한 시기의 경우 광무제가 즉위하며 교사를 치렀으나,[59)] 전반적으로 볼 때 해당 의례가 후대만큼 크게 중시되지는 않았다.[60)] 교사의 중요성이 높아진 것은 2세기 말~3세기 초, 즉 후한 말에서 삼국 성립기를 거쳐서다. 예컨대 헌제는 동탁(董卓)의 참여 아래 초평(初平) 원년(190) 친히 교사를 거행하였고,[61)] 건안(建安) 원년(196)에도 그리하였다.[62)] 또 요동의 군벌 공손탁(公孫度)과 황제를 칭한 원술(袁術)도 각기 초평 원년과 건안 2년(197) 교사를 지냈으며,[63)] 유표(劉表)도 다르지 않았다.[64)] 이미 거론한 삼국 창업주의 사례는 말할 것도 없다. 이러한 변화는 교사가 군주의 정통성 현현에 중요한 의례로 여겨진 데

---

59) 『後漢書』권1, 本紀 제1上, 光武帝 建武 원년 6월 己未, "即皇帝位 燔燎告天 禋于六宗 望於羣神 其祝文曰 皇天上帝后土神祇 眷顧降命 屬秀黎元 爲人父母 秀不敢當 … 於是建元爲建武 大赦天下 改鄗爲高邑"; 같은 책, 志 제7, 祭祀上, "建武元年 光武即位于鄗 爲壇營於鄗之陽 祭告天地 采用元始中郊祭故事"

60) 金子修一, 2001, 앞의 책, 124쪽, 147쪽; 吉岡完祐, 1983, 앞의 논문, 14~15쪽 참조.

61) 『後漢書』권60下, 列傳 제50下, 蔡邕, "(初平)二年 六月 地震 卓以問邕 邕對曰 地動者 陰盛侵陽 臣下踰制之所致也 前春郊天 公奉引車駕 乘金華青蓋 爪畫兩轓 遠近以爲非宜 卓於是改乘皁蓋車"

62) 『後漢書』권9, 本紀 제9, 孝獻帝 建安 원년, "建安元年春正月癸酉 郊祀上帝於安邑 大赦天下 改元建安 … (秋七月)丁丑 郊祀上帝 大赦天下 己卯 謁太廟"

63) 『後漢書』권75, 列傳 제65, 劉焉袁術呂布, 袁術, "建安二年 因河內張烱符命 遂果僭號 自稱仲家 以九江太守爲淮南尹 置公卿百官 郊祀天地"; 『三國志』권6, 魏書6, 董二袁劉, 袁術, "興平二年冬 天子敗於曹陽 … 術嘿然不悅 用河內張烱之符命 遂僭號以九江太守爲淮南尹 置公卿 祠南北郊"; 같은 책, 권8, 魏書8, 二公孫陶四張, 公孫度, "(初平元年)分遼東郡爲遼西中遼郡 置太守 越海收東萊諸縣 置營州刺史 自立爲遼東侯平州牧 追封父延爲建義侯 立漢二祖廟 承制設壇墠於襄平城南 郊祀天地"

64) 『後漢書』권70, 列傳 제60, 鄭孔荀, 孔融, "是時荊州牧劉表不供職貢 多行僭僞 遂乃郊祀天地 擬斥乘輿"

따른 결과이다.65)

　고이왕이 집권하던 3세기 전반 중국에서 교사는 무게감 있는 제사로 부상하였고, 새로운 흐름은 직·간접적으로 백제에도 전해졌으리라 헤아려진다. 공손탁의 교사는 특히나 인상적이었을 것이다. 당시 낙랑·대방 지역까지 지배권을 행사하였기에 지리적으로 가까웠을 뿐 아니라, 공식적으로 황제를 칭하지 않은 탓에 백제가 본보기로 삼기에도 큰 부담이 없었다고 여겨지기 때문이다.

　이에 고이왕은 교사 양식을 수용하여 천지합제를 성립시킨 뒤, 이를 통하여 자신의 권위 제고를 도모한 것이 아닐까 한다. 기존 토착 의례에서 왕권의 파급력이 제한적이었을 것이란 점을 앞서 언급하였는데, 천지합제는 군주의 배타적 권위를 확보하는 데 상대적으로 수월하였다고 생각된다. 교사의 주재자가 원칙적으로 군주뿐인 까닭이다. 아울러 천지합제는 개방된 공간에 단을 마련하고 고취를 사용하는 등 당시 관점에서 꽤 이채로운 방식으로 이루어졌기에, 선전 효과도 상당하였으리라 이해된다.

　그와 관련하여 동명묘 제사가 지배 집단 혹은 부여계 세력을 염두에 두고 행해졌다는 전제 아래 천지합제를 통하여 지배·통제할 대상으로 복속민66)이나 한(韓)의 토착 세력을 상정하기도 한다.67) 하지만 천지합제는 왕권의 주도로 행해진 새로운 제사였기에, 일차적으로 중앙의 여타 지배 집단에 미치는 파장도 상당하였으리라 생각된다. 즉 공동체 구성원 전반에 일정한 영향을 끼쳤다고 보는 편이 타당하며, 동명묘 제사와는 다른 의미에서 왕권의 지엄함을 한층 고양케 하는 데 유효하였으리라 파악된다.

　한편 천지합제 시행의 지향점을 대외적인 데 두기도 한다. 요동 공손씨 정권이 조위에 몰락한(238) 이후 한(韓) 지역의 맹주로 떠오른 백제가 그 권위를

---

65) 金子修一, 2001, 앞의 책, 147쪽.
66) 채미하, 2018, 『한국 고대 국가제의와 정치』, 혜안, 140쪽.
67) 金敬華, 2016, 앞의 학위 논문, 46쪽; 김경화, 2015a, 앞의 논문, 103쪽.

이어받고자 천지합제가 이루어졌다고 추정한 논의[68]가 그것이다. 그러나 당시 백제의 영향력이 한반도 중·남부, 즉 한 지역을 제패할 정도였는지 불분명할뿐더러, 조위의 세를 도외시한 채 패망한 군벌을 계승하려 하였을지 의문이다. 특히 고이왕의 첫 천지합제(D-4)는 238년 정월의 일인데, 공손씨 정권의 붕괴는 그보다 뒤에 일어났으므로[69] 시기적으로 맞지 않는다. 고이왕의 세 차례 천지합제 모두 기리영(岐離營) 전투[70] 이후 흩어진 한 세력을 규합하고자 단행되었다는 설[71]에 수긍하기 어려운 이유도 다르지 않다.

오히려 천지합제의 화살은 밖보다 안을 향하였다고 보인다. 고이왕 시기 세 차례의 천지합제가 치러진(D-4~6) 뒤, 관제(官制) 정비와 관복 제정 및 법령 공포 등이 이루어졌기 때문이다.[72] 물론 관련 기록과 비슷한 사례가 남천(南遷, 475) 이후의 사정을 다룬 중국 문헌에 나타나므로,[73] 고이왕 당대에 이러한

---

68) 김경화, 2015a, 위의 논문, 101쪽.
69) 『三國志』 권8, 魏書8, 二公孫陶四張, 康子淵, "(景初)二年春 遣太尉司馬宣王征淵 六月 軍至遼東 … 淵復遣衍等迎軍殊死戰 復擊 大破之 遂進軍造城下 爲圍塹 … 八月丙寅夜 大流星長數十丈 從首山東北墜襄平城東南 壬午 淵衆潰 與其子脩將數百騎突圍東南走 大兵急擊之 當流星所墜處 斬淵父子 城破 斬相國以下首級以千數 傳淵首洛陽"
70) 『三國志』 권30, 魏書30, 烏丸鮮卑東夷, 韓, "部從事吳林以樂浪本統韓國, 分割辰韓八國以與樂浪, 吏譯轉有異同, 臣智激韓忿 攻帶方郡崎離營 時太守弓遵樂浪太守劉茂興兵伐之 遵戰死 二郡遂滅韓"
71) 김경화, 2015b, 「백제 한성도읍기의 동명묘 배알」 『鄕土서울』 91, 22쪽.
72) 『三國史記』 권 제24, 百濟本紀 제2, 古尔王, "二十七年 春正月 置內臣佐平掌宣納事 … 又置達率恩率德率扞率奈率及將德施德固德季德對德文督武督佐軍振武克虞 六佐平並一品 達率二品 … 二月 下令六品已上服紫 以銀花飾冠 十一品已上服緋 十六品已上服靑 … 二十九年 春正月 下令 凡官人受財及盜者 三倍徵贓 禁錮終身"
73) 『周書』 권49, 列傳 제41, 異域上, 百濟, "官有十六品 左平五人一品 達率三十人二品 恩率三品 德率四品 扞率五品 奈率六品 六品已上 冠飾銀華 … 武督十三品 佐軍十四品 振武十五品 克虞十六品 皆白帶 自恩率以下 官無常員 各有部司 分掌衆務"; 『舊唐書』 권199上, 列傳 제149上, 東夷, 百濟國, "所置內官曰內臣佐平 掌宣納事 內頭佐平 掌庫藏事 內法佐平 掌禮儀事 衛士佐平 掌宿衛兵事 朝廷佐平 掌刑獄事

일이 그대로 벌어졌을 확률은 높지 않다. 하지만 일정한 사실에 토대하였을 것이기에, 당시 체제 정비와 연관된 기본 조치가 행해졌다고 헤아려진다.[74] 천지합제가 그에 앞서 치러졌다는 사실을 상기하면, 이는 해당 의례가 내정의 동력을 확보하는 데 긍정적인 기제로 작용하였음을 의미한다.

덧붙여 천지합제는 교사 방식을 수용하여 성립되었으나, 재래의 신앙도 편제되었으리라 여겨진다. 대표적인 사례가 고이왕 때 천지와 더불어 산천까지 제사한 것이다(D-5). 이에 대하여 중국 교사를 염두에 두어 제사 시 산천이 종사(從祀)되었다고도 짐작하고,[75] 연장선에서 이를 통하여 일정한 영토를 대외적으로 선포하려 하였다고 추정하기도 한다.[76] 그러나 관련 기록에서 산천이 천지와 나란히 기재되어 딱히 종사된 것 같지는 않으므로 따르기 어렵다. 중앙 집권 체제 강화와 관련된 조치로도 가정하지만,[77] 당시 지방관 파견이 여의치 않았던 데 큰 이견은 없다고 생각되므로, 그렇게까지 볼 필요는 없다. 오히려 집권력에 한계가 있었던 결과, 산천까지 제사함으로써 이를 보완하려 하였다고 여기는 편이 좋지 않을까 한다. 그렇다면 이는 천지합제 시 재래의 산천 제사까지 함께 행하였다는 것으로, 기존 산천 신앙도 흡수한 천지합제의 일면을 드러낸다고 파악된다.

천지합제 제장은 남교, 즉 남쪽 교외에 위치한다(D-7). 따라서 한성도읍기라면 왕성 남쪽,[78] 곧 풍납토성(風納土城)이나 몽촌토성(夢村土城) 남녘에 자리

  兵官佐平 掌在外兵馬事 … 官人受財及盜者 三倍追臟 仍終身禁錮"

74) 좌평제 및 관등제 정비는 지배 세력을 편제하는 관등의 토대가 마련된 것을 의미하고, 법령 공포는 관료의 기강 확립을 위한 조치라 이해하기도 한다(노중국, 2018, 『백제 정치사』, 일조각, 132~134쪽, 166~168쪽; 노중국, 2022, 『백제의 정치 제도와 운영』, 일조각, 35~37쪽).
75) 金敬華, 2016, 앞의 학위 논문, 21쪽.
76) 朴淳發, 2023a, 앞의 논문, 11~12쪽, 14쪽.
77) 金敬華, 2016, 앞의 학위 논문, 41쪽.
78) 최광식, 2007, 『한국 고대의 토착신앙과 불교』, 고려대학교출판부, 147쪽; 金昌

하였을 가능성이 크다. 후한 시기 남교 제장은 낙양성(洛陽城) 남쪽 7리 지점에 마련되었는데,[79] 남남동쪽에 해당한다.[80] 이때의 낙양성과 백제 왕성의 규모 차이 및 주변 입지를 고려하면, 백제의 남교가 왕성으로부터 엄청나게 멀리 떨어지지 않았을지도 모른다. 다만 왕성이나 주거 공간으로부터 어느 정도 거리를 두었다고 보는 편이 자연스럽다. 중국의 교사가 교외의 구릉에서 이루어진 이유는 하늘과 교통하는 신성한 곳으로 여겨진 데 기인한다.[81] 이즈음 백제도 왕성 외곽의 지대가 높은 곳에 단이 조성되었다면, 오륜동(五輪洞) 혹은 둔촌동(遁村洞) 일대의 언덕 지대를 무대로 하였다고 상정할 수 있지 않을까 한다.

일변 당시 북교 제장이 존재하여 제지의례가 행해졌다고도 추정한다.[82] 그런데 북교에서의 제지는 경전에도 근거가 없고, 전한 성제 건시 2년(B.C. 31) 교사 체계로 편입되기는 하였으나, 왕망 집권 이전까지 치폐가 반복되었으며, 그 뒤에도 의례의 위상이 강고하지 못하였다.[83] 또 백제에서는 남교 제단(대단)에서 천지를 함께 제사하였을(A-7·8, D-1~3·5~7) 뿐 아니라, 북교가 존재하였다는 흔적도 없다. 따라서 별도의 공간이 조성되어 제지가 이루어졌다고 보기는 어렵다. 백제와 교섭하였던 동진의 경우, 애초 남교만 두어졌다가 성

---

79) 『後漢書』, 志 제7, 郊祀上, "(建武)二年正月 初制郊兆於雒陽城南七里 依鄗 采元始中故事"

80) 佐川英治, 2012, 앞의 논문, 50쪽.
동진의 남교 또한 건강성(建康城)에서 7리 떨어진 사지(巳地), 즉 남남동쪽 지역에 마련되었다(佐川英治, 2015, 「中國中古の都城設計と天の祭祀」『中國古中世史研究』 35, 86쪽).

81) 박미라, 2000, 앞의 논문, 169쪽, 174쪽; 井中伟, 2002, 「我国史前祭祀遗迹初探」『北方文物』 2002-2, 7~8쪽.

82) 金昌錫, 2005, 앞의 논문, 47쪽, 58쪽.

83) 金子修一, 2001, 앞의 책, 42쪽, 94~97쪽, 145쪽; 박미라, 2006a, 앞의 논문, 348~349쪽 참조.

제 함화(咸和) 8년(333)에야 북교가 마련되었고, 유송(劉宋)의 북교 또한 여러 차례 위치가 옮겨졌다는 점[84]을 고려하면 더욱 그러하다. 설령 북교에서 제지의례가 치러졌다 한들, 제도적으로 운영되었다고 여기기 힘들다.

이상과 같이 천지합제는 남교에 제단(남단·대단)을 갖추어 천지에 제사하는 의례로, 중국의 유교적 천지 제사인 교사와 양상이 비슷하다. 『삼국사기』에는 초창기부터 천지합제가 행해졌다 하나, 이는 토착 의례를 행한 전승이 후대 문자화 과정에서 윤색된 결과이다. 천지합제의 실제 성립 시기는 3세기 전반 고이왕 때로, 정월 제사 방침이 대두하고 고취가 사용되기도 하였으며, 상설 제단이 마련되었다. 그즈음 중국에서는 교사가 군주의 정통성 현현에 중요한 의례로 부상하였기에, 고이왕은 자신의 권위 제고와 아울러 내정 동력을 확보하고자 교사 양식을 참조하여 천지합제를 성립시켰다. 천지합제는 산천 제사와 같은 재래의 신앙도 편제하였는데, 당시 제장은 몽촌토성 동남쪽 언덕 일대에 마련되었을 것이다. 그렇다면 천지합제의 성격은 어떠할까. 이 문제는 한성도읍기부터 검토해야 할 터인데, 관련 사안은 다음 장에서 살펴보겠다.

2. 한성도읍기 의례의 성격 변화와 배경

천지합제의 기본 성격에 대해서는 재위 초반에 치른 사례가 상당하다는 데서 즉위의례로 보기도 하고,[85] 왕권의 정당성 확보나 신진 세력 통제를

---

84) 『宋書』 권14, 志 제4, 禮1, "北郊 晉成帝世始立 本在覆舟山南 宋太祖以其地爲樂游苑 移於山西北 後以其地爲北湖 移於湖塘西北 其地卑下泥濕 又移於白石邨東 其地又以爲湖 乃移於鍾山北原道西 與南郊相對 後罷白石東湖 北郊還舊處"; 같은 책, 권16, 志 제6, 禮3, "(晉)明帝太寧三年七月 始詔立北郊 未及建而帝崩 故成帝咸和八年正月 追述前旨 於覆舟山南立之"

85) 최광식, 1994, 앞의 책, 185쪽; 李基東, 1996, 앞의 책, 166쪽; 채미하, 2018, 앞의 책, 139쪽; 吉岡完祐, 1983, 앞의 논문, 41~43쪽; 여호규, 2005, 앞의 논문, 273쪽; 서영대, 2007, 앞의 논문, 151쪽; 정구복, 2007, 앞의 논문, 241쪽; 장혜경, 2008,

비롯한 특별한 정치적 목적 아래 이루어진 경우가 상당하다고도 여긴다.[86] 모두 일리가 있다. 다만 천지합제가 한성도읍기는 물론이요, 웅진도읍기 (475~538)까지 오랫동안 이어졌기에 하나의 성격이 줄곧 유지되지 않았을 확률도 배제할 수 없다.

이에 근초고왕 시기에 즉위의례로 정비되었다고 추정하기도 한다.[87] 경청할 만한 주장이나, 면밀한 검토가 함께하였다고 보기 어려운 상황이다. 따라서 천지합제의 양상을 더욱 구체적으로 살펴야 할 터인데, 본격적인 논의에 앞서 마지막 천지합제인 동성왕의 사례(D-9)는 제쳐두겠다. 웅진도읍기의 일로 다른 제사 기사(A-7·8, D-1~8)와 동떨어져 존재할 뿐 아니라, 시행한 달도 이전의 흐름에서 벗어난지라, 장을 달리하여 파악할 필요가 있기 때문이다.

한성도읍기 천지합제의 성격을 생각할 때 주목할 사안은 크게 세 가지다. 첫째, 제사한 왕의 계보 상 위치다. 이와 관련하여 대체로 방계와 같이 이전 가계(家系)와 다른 계통 혹은 장자가 아닌 인물이 즉위하였을 때 천지합제가 치러졌다고 여기기도 한다.[88] I부에서 살펴보았듯이, 백제 왕통의 흐름은 '초고왕-구수왕-사반왕·비류왕-근초고왕'과 '고이왕-책계왕-분서왕-계왕'으로 양분되며, 「초고왕→구수왕→사반왕→고이왕→책계왕→분서왕→비류왕→계왕→근초고왕」 순으로 왕위에 올랐다. 『삼국사기』 백제본기에 따르면 이

앞의 학위 논문, 20쪽; 이장웅, 2017, 앞의 논문, 76쪽.

86) 朴承範, 2002, 『三國의 國家祭儀 硏究』, 단국대 박사 학위 논문, 104~106쪽; 朴承範, 2000, 「百濟의 始祖傳承과 始祖廟儀禮」 『東洋古典硏究』 13, 223~226쪽, 231쪽. 이 논의에서는 천지합제 기사 가운데 천·오제(五帝) 제사 시기인 사중월(四仲月, 2·5·8·11월)이 아닐 때 치러진 것은 비정규적인 사례라 주장하나, IV부에서 다루듯 천지합제와 천·오제 제사는 다른 의례이므로 따르기 어렵다.

87) 노중국, 2010, 앞의 책, 487~488쪽; 金敬華, 2016, 앞의 학위 논문, 41~42쪽, 59쪽; 최광식, 2006, 앞의 책, 94쪽; 김경화, 2015b, 앞의 논문, 22~23쪽; 朴淳發, 2023a, 앞의 논문, 10쪽, 12~14쪽.

88) 吉岡完祐, 1983, 앞의 논문, 41쪽, 44쪽; 車勇杰, 1994, 앞의 논문, 15~16쪽; 여호규, 2005, 앞의 논문, 273쪽, 282쪽.

가운데 고이왕·비류왕·계왕·근초고왕은 방계인 상태에서 즉위하였는데, 계왕을 제외한 나머지 군주는 천지합제를 행하였다. 따라서 해당 견해를 수긍할 만한 부분도 존재한다.

다만 그러한 양상이 고수되지 않았기에 재고의 여지가 있다. 예컨대 아신왕은 부왕인 침류왕 시기(384~385)에 이미 태자였으나, 연소하여 왕위에 오르지 못하였던 것이고,[89] 전지왕 또한 아신왕 3년(394) 태자로 책봉된 뒤[90] 등극하였다. 이들을 방계로 보기는 어렵다. 천지합제가 고이왕 시기에 성립되었다는 점을 염두에 두면, 애초 방계로 왕위에 오른 군주에 의해 의례가 행해졌으나, 늦어도 아신왕 이후 태자였던 이가 즉위하여도 제사가 이루어졌다고 할 수 있다.[91]

둘째, 시행 연차이다. 한성도읍기의 천지합제는 재위 초반에 지낸 경우(A-7·8, D-3·8)와 중반에 그러한 경우(D-1·2·4~7)로 나뉜다. 초기 기사라 할 사례(D-1~3)를 제외하면 근초고왕 시기 이전에는 치세 중반, 그 뒤로는 재위 초반에 제사가 거행되었다. 특히 고이왕은 재위 기간 천지합제를 3차례나 치렀다. 따라서 본디 즉위의례였다고 보기는 힘들고, 빠르면 근초고왕 집권 이후 즉위의례로 자리매김해 나갔던 것이 아닐까 한다.

이에 대하여 그전에도 천지합제가 즉위의례로 행해진 경우가 존재한다고 생각하기도 하나, 과연 그러하였을지 의문이다. 예컨대 다루왕의 제사 기사(D-3)를 통하여 이때 이미 동명묘 제사와 천지합제가 연계된 즉위의례가 행해

---

89) Ⅰ부 주110).
90) 『三國史記』 권 제25, 百濟本紀 제3, 阿莘王 3년 2월, "立元子腆支爲太子 大赦 拜庶弟洪爲內臣佐平"
91) 천지합제를 행했다는 다루왕 또한 온조왕 때 태자가 되었다고 전하나(『三國史記』 권 제23, 百濟本紀 제1, 溫祚王 28년 2월, "立元子多婁爲太子 委以內外兵事"), 초기 기사라 사실 그대로 믿기 어렵다. 백제가 후계자까지 정하며 국가의 기틀을 순조롭게 마련하였음을 보이려 한 결과로 여기는 편이 타당하다. 이때의 천지합제가 토착 의례라는 점을 고려하면 더욱 그러하다.

졌다고 주장하는데,[92] 토착 의례라는 점은 차치하여도, 초기 기사로 온조왕의 후계 군주 때 일을 전한다는 데서 생각하면, 동명묘 제사와 천지합제가 연이어 이루어지던 훗날의 양상(A-7·8)이 투영되었다고 헤아려진다.

　고이왕의 첫 천지합제(D-4)의 경우, 전년(237) 조위로부터 고취를 받았다는 전제 아래, 이를 계기로 백제가 왕국으로 성립된 것을 선포하고자 한 즉위의례라 바라보기도 한다.[93] 하지만 조위가 고취를 사여하였다는 뚜렷한 근거가 없거니와, 재위 5년 차의 일을 즉위의례로 상정하기 쉽지 않다. 왕위 계승 과정에서의 혼란이 마무리되어 행해졌다고 볼 수도 있겠으나,[94] 이전 군주인 사반(沙伴)이 별다른 저항 없이 곧 물러났기에,[95] 고이왕이 왕위에 오른 뒤 정국이 상당 기간 동요되었을 것 같지 않다. 앞서 언급한 바처럼 자신의 권위 제고와 내정 동력 확보라는 흐름 안에서 이해하는 편이 어떨까 한다. 이는 당시 왕권의 현창과 결부된 고취가 사용된 데서도 뒷받침된다.

　비류왕의 사례(D-7)도 마찬가지다. 동명묘 제사(A-6) 이듬해에 치러졌기에 즉위의례라고도 하는데,[96] Ⅰ부에서 다루었듯이 이때의 동명묘 제사에 즉위의례적 성격이 있긴 하나, 천지합제는 그로부터 1년 뒤 실시되었기에 같은 범주에서 파악하기 곤란하다. 비류왕은 천지합제 시 친히 희생을 베었는데, 중국 교사에서 이러한 예를 찾기 어렵다.[97] 그 점을 고려하면, 방계로 즉위한 상황에서 어느 정도 정국이 안정되자 천지합제를 통하여 왕계 교체를 정당화함[98]과 아울러 권력을 강화하려던 바, 그러한 의지를 더욱 드러내고자 희생을 직

---

92) 장혜경, 2008, 앞의 학위 논문, 35쪽.
93) 朴淳發, 2023a, 앞의 논문, 14쪽.
94) 金敬華, 2016, 앞의 학위 논문, 40~41쪽.
95) Ⅰ부 주108).
96) 장혜경, 2008, 앞의 학위 논문, 24쪽, 26쪽.
97) 김경화, 2015a, 앞의 논문, 91쪽.
98) 金敬華, 2016, 앞의 학위 논문, 41쪽.

접 처리하였다고 파악된다.99) 여기에는 이전 왕가의 움직임을 사전에 제어하여 지배 집단의 결집력을 높이려는 의도도 함께하였을 것이다.100)

셋째, 제사의 원인이다. 어떠한 특별한 사정으로 의례가 행해졌다고 상정하기 어렵다면, 즉위의례처럼 관례에 따랐다고 이해할 수 있다. 이에 한성도읍기의 사례를 보면, 처음에는 어느 정도 특정한 의도 아래 제사가 이루어진 것 같은 인상을 준다. 그 점은 천지합제 성립 전 토착 의례서부터 드러난다. 예컨대 온조왕의 경우, 첫 제사(D-1)가 낙랑·말갈과의 충돌 및 축성을 전하는 와중에 나타난다.101) 이에 대해 국읍의 성립을 의미한다고 추정하기도 하는데,102) 전후 맥락을 살피면 토착 의례가 대외적 긴장 관계 속에서 이루어졌음을 반영한 전승으로 여겨진다.

온조왕의 두 번째 제사(D-2)는 마한 정복103) 이후 백제가 마한의 실질적 지배자가 된 것을 밝히고자 치러졌다고도 하나,104) 그와 제사 사이의 시기적 격차가 10년이 넘을 정도로 클뿐더러, 실제 역사상과도 부합되지 않으므로 재고의 여지가 있다. 기년 상 제사 전년에 재해와 기근이 일어났는데,105) 제사

---

99) 재차 한강 유역의 패자가 되고자 희생을 직접 베었다고 추정하기도 하나(車勇杰, 1994, 앞의 논문, 14쪽), 백제가 이전에 한강 유역 일대를 제패하였다고 확신하기 힘들어 문제가 있다.

100) 朴承範, 2000, 앞의 논문, 224~225쪽.

101) 『三國史記』 권 제23, 百濟本紀 제1, 始祖溫祚王, "十七年 春 樂浪來侵 焚慰禮城 … 十八年 冬十月 靺鞨掩至 王帥兵逆戰於七重河 虜獲酋長素牟 送馬韓 其餘賊盡 坑之 十一月 王欲襲樂浪牛頭山城 至臼谷 遇大雪乃還 … 二十二年 秋八月 築石頭 高木二城 九月 王帥騎兵一千 獵斧峴東 遇靺鞨賊 一戰破之 虜獲生口 分賜將士"

102) 車勇杰, 1994, 앞의 논문, 15쪽.

103) 『三國史記』 권 제23, 百濟本紀 제1, 始祖溫祚王, "(二十六年)冬十月 王出師 陽言 田獵 潛襲馬韓 遂幷其國邑 唯圓山錦峴二城 固守不下 二十七年 夏四月 二城降 移其民於漢山之北 馬韓遂滅"

104) 車勇杰, 1994, 앞의 논문, 15쪽.

105) 『三國史記』 권 제23, 百濟本紀 제1, 始祖溫祚王, "三十七年 春三月 雹 大如雞子 鳥雀遇者死 夏四月 旱 至六月乃雨 漢水東北部落饑荒 亡入高句麗者一千餘戶 浿

직전 지방을 순행·위무하고 농상(農桑)을 장려하는 대응책이 강구된 점106)을 고려하면, 이때의 의례 또한 그 연장선에서 이해하는 것이 자연스럽다.107) 어 찌 되었든 이들 사례는 재위 중반에 제사가 시행되었다고 전하기에, 즉위의 례와의 관련성은 옅다.

다루왕의 경우 재위 초반에 행해져(D-3) 즉위의례처럼 다가오기도 하지만,108) 이미 언급하였듯이 후대의 윤색이므로, 제사의 성격을 가늠하기 알맞은 경우는 아니다.

고이왕이 천지합제를 통하여 자신의 권위를 높이고자 한 바는 앞서 다루었다. 이는 세 차례의 제사 과정에서 공통되게 드러난다. 왕 5년(238)의 첫 번째 천지합제(D-4)가 그러하였다는 점은 위에서 언급하였다. 왕 10년(243) 두 번째 천지합제(D-5)의 경우, 관직(좌장·우보) 임명, 대열(大閱), 개간 및 활쏘기 행사(觀射)에 이어 행해졌는데,109) 그러한 일련의 조치가 왕권과 분리되기 어렵기에, 제사 또한 같은 맥락에서 바라보아야 할 것이다. 앞서 밝혔듯이, 이때 기존 산천 신앙까지 흡수하여 의례가 진행되었으므로 더욱 그러하다.

왕 14년(247)의 세 번째 천지합제도 별반 다르지 않다. 이 경우 기리영 전투 이후의 정세 변화와 연관 짓기도 하며,110) 구체적으로 마한 대신 한(韓) 지역의 패권을 차지한 백제가 정통성을 확인받고 민심을 모으려 한 조치라고

帶之間 空無居人"
106) 『三國史記』 권 제23, 百濟本紀 제1, 始祖溫祚王, "三十八年 春二月 王巡撫 東至 走壤 北至浿河 五旬而返 三月 發使勸農桑 其以不急之事擾民者 皆除之"
107) 비슷한 견해(朴承範, 2000, 앞의 논문, 223~224쪽; 장혜경, 2008, 앞의 학위 논문, 21~22쪽)가 있으나, 토착 의례로 보지 않은 데서 차이가 난다.
108) 장혜경, 2008, 위의 학위 논문, 21쪽, 35쪽.
109) 『三國史記』 권 제24, 百濟本紀 제2, 古尓王, "(七年)夏四月 拜真忠爲左將 委以內外兵馬事 秋七月 大閱於石川 雙鴈起於川上 王射之皆中 九年 春二月 命國人 開稻田於南澤 夏四月 以叔父質爲右輔 質性思毅 謀事無失 秋七月 出西門觀射"
110) 朴承範, 2000, 앞의 논문, 224쪽.

도 주장한다.111) 백제본기에도 제사 기사 바로 앞에 기리영 전투에 얽힌 사건, 즉 진충(眞忠)을 보내 낙랑을 습격하게 한 일을 전하므로,112) 양자의 관련성은 인정된다. 다만 이 전투로 백제가 득을 보았다 한들, 곧바로 한반도 중·남부의 패자를 자임할 만큼의 위세를 자랑하였다고 여길 근거는 충분치 않다. 제사 전년(246) 큰 가뭄으로 흉작이 초래되었고,113) 제사 이후 진충을 우보(右輔)에 임명한 것114)을 보면, 한 해의 풍년을 기원함과 아울러 왕명에 따른 이를 후대함으로써 민심을 수습하여 자신의 권위를 고양하려는 의도가 아닐까 한다.

비류왕의 경우(D-7) 통상적이지 않은 여건에서 집권하였기에, 천지합제를 통하여 권력 강화를 도모하였다는 사실은 위에서 다루었는데, 동명묘에 제사한 이듬해 의례를 치른 것은 후광 효과를 기대한 결과인지도 모르겠다.

다만 이러한 흐름이 계속되었다고 여기기는 쉽지 않다. 근초고왕의 사례(D-8)는 즉위 이듬해의 일이기는 하나, 전후의 관련 사실을 알기 어려워115) 일단 논외로 한다 하여도, 아신왕·전지왕의 천지합제는 동명묘 제사와 함께 치러져(A-7·8) 이전까지의 제사와 결을 달리하는 까닭이다. Ⅰ부에서 밝힌 것처럼 이때의 동명묘 제사는 즉위의례다. 따라서 동시에 거행된 천지합제의 성격 또한 같은 범주에 속한다고 이해된다.

물론 앞서 거론한 것처럼 당시 고구려의 공세가 거셌고, 아신왕과 전지왕

---

111) 金敬華, 2016, 앞의 학위 논문, 41쪽.
112) 『三國史記』 권 제24, 百濟本紀 제2, 古尔王 13년 8월, "魏幽州刺史毋丘儉與樂浪大守劉茂朔方大守王遵 伐高句麗 王乘虛 遣左將眞忠 襲取樂浪邊民 茂聞之怒 王恐見侵討 還其民口"
113) 『三國史記』 권 제24, 百濟本紀 제2, 古尔王 13년, "夏 大旱 無麥"
114) 『三國史記』 권 제24, 百濟本紀 제2, 古尔王 14년 2월, "拜眞忠爲右輔 眞勿爲左將 委以兵馬事"
115) 백제본기의 천지합제 직전 기사는 왕의 즉위에 관한 기술이고, 직후의 그것은 의례로부터 19년 뒤의 일로 시기적 격차가 매우 크다. 관련 기록은 다음과 같다 (『三國史記』 권 제24, 百濟本紀 제2, 近肖古王, "近肖古王 比流王第二子也 體貌奇偉 有遠識 契王薨 繼位 … 二十一年 春三月 遣使聘新羅").

의 즉위 과정이 순탄치 않았으므로, 이때의 천제합제를 정국 안정과 지배 집단의 결속을 꾀한 조치라 추정할 수도 있다.116) 당시 정황을 생각하면 아예 틀린 말은 아니다. 다만 재위 초 행해졌거니와, Ⅰ부에서 언급하였듯이 제사 전후 대외 기조가 변화하였다고 상정하기 힘들다는 점을 간과할 수 없다. 마땅히 치러야 할 즉위의례였으나, 시국이 시국인 만큼 정국 동요를 가라앉히고 왕권을 확립하고자 하는 의지도 강하게 투영되었다고 보는 편117)이 합리적이다.

이상을 보건대, 한성도읍기의 천지합제는 애초 이전 가계와 결을 달리하는, 즉 방계로 권좌에 오른 군주의 치세 도중 행해지는 경우가 많았으며, 대체로 왕권 강화나 민심 수습 등의 특별한 의도가 담겨 있었다. Ⅰ부에서 살펴본 것 같이 당시의 대표적인 국가제사로 동명묘 제사가 존재하였다. 하지만 동명묘 제사는 즉위의례로 치러진 데서도 알 수 있듯이 보편적인 속성이 강했던지라, 특정 상황에 유효한 수단으로 활용되기는 한계가 있었다고 유추되며, 그 결과 천지합제가 선택되기에 이른 것이 아닐까 한다. 이러한 양상은 근초고왕~아신왕 시기에 해당하는 4세기 중·후반 무렵 변화하였는데, 그때부터 천지합제는 태자처럼 공식적인 왕위 계승자의 위치에서 등극한 군주에 의해서도 치러졌으니, 재위 초반의 동명묘 제사와 연동한 즉위의례가 되었다.

앞서 중국 위진 시기의 교사가 관례화하지 못한 채 뚜렷한 목적의식을 가지고 치러졌음을 살펴보았는데, 이때 의례의 비중은 제도적으로 정비되거나 즉위의례로 행해진 남북조 시대나 수당 시대의 그것보다 크지 않았다.118) 또

---

116) 朴承範, 2000, 앞의 논문, 225~226쪽.
117) 金敬華, 2016, 앞의 학위 논문, 42~43쪽; 車勇杰, 1994, 앞의 논문, 16~17쪽; 김경화, 2015a, 앞의 논문, 105~106쪽.
118) 金子修一, 2001, 앞의 책, 146~148쪽; Howard J. Wechsler(임대희 옮김), 2005, 앞의 책, 229~230쪽, 242~243쪽, 247~248쪽, 472쪽; 金子修一, 1978, 「中國古代における皇帝祭祀の一考察」 『史学雑誌』 87-2, 48쪽, 52쪽, 55쪽; 金子修一, 1979, 「魏晋より隋唐に至る郊祀·宗廟の制度について」 『史学雑誌』 88-10, 53

일본 고대의 교사는 간무 덴노(桓武天皇) 연력(延曆) 4년(785)·6년(787)과 몬토쿠 덴노(文德天皇) 제형(齊衡) 3년(856), 세 차례에 걸쳐 왕권의 정통성 천명이나 천재지변에 대한 대응과 같은 특정한 목표 아래 실시되었으나, 이후 맥이 끊긴 데서 알 수 있듯이 사회 깊숙이 뿌리내리지 못하였다.[119] 어떠한 의례가 일정한 기준이 정비되지 채 주재자의 필요에 따라 행해졌다면, 그 지위가 상대적으로 강고하다고 보기 어려운 셈이다.

백제의 천지합제 또한 같은 맥락에서 바라볼 수 있다. 천지합제가 특별한 사정으로 이루어지던 시절의 존재감이 즉위의례의 성격을 띤 훗날의 그것에 견줄 만하다고 여기기는 힘들다. 바꿔 말해 천지합제가 즉위의례로 치러진 것은 그 무렵 해당 의례의 입지가 강화되어, 기본 성격이 재정립되었음을 의미한다.

중국의 경우, 앞서 언급한 바와 같이 후한 말부터 삼국 성립 즈음 군주가 교사를 친제(親祭)하는 친교(親郊)가 상대적으로 빈번히 행해졌다. 그러나 이는 어디까지나 새로운 왕조를 열고자 하는 이들이 정통성 현시를 위하여 치른 것으로, 특별한 목적 아래 이루어졌을 뿐 관례로 굳어졌다고 하기는 힘든 상황이었다. 예를 들어 조위에서는 문제와 명제가 각기 즉위 이듬해 교사를 시행하였으나, 정시(正始) 연간(240~249) 이래 해당 의례를 실시하지 않았

쪽; 吉岡完祐, 1983, 앞의 논문, 15~16쪽 참조.
수당 시대 교사 시행의 대략적인 양상은 金子修一, 2001, 위의 책, 17~22쪽, 49쪽, 53~55쪽, 59~72쪽, 76~79쪽, 162~163쪽, 165~166쪽, 174~190쪽; Howard J. Wechsler(임대희 옮김), 2005, 위의 책, 251~266쪽; 김일권, 2007, 앞의 책, 282~341쪽; 金漢信, 2004, 「唐代의 郊祀制度 -제도의 확립과 쇠퇴를 중심으로-」 『中國古代史研究』 11; 金智淑, 2004, 「唐代 南郊祀의 皇帝 親祀와 그 정치적 효과」 『中國古代史研究』 12 참조.

119) 渡辺信一郎, 2003, 『中国古代の王権と天下秩序 -日中比較史の視点から-』, 校倉書房, 203쪽, 205~206쪽; 小島毅, 2004, 『東アジアの儒教と礼』, 山川出版社, 50쪽; 吉岡完祐, 1983, 앞의 논문, 61~62쪽; 河內春人, 2000, 「日本古代における昊天祭祀の再檢討」 『古代文化』 52-1, 36~38쪽.

고,120) 서진 또한 무제(司馬炎)가 몇 차례 교사를 치렀지만,121) 그 뒤 시행 흔적을 찾기 어렵다. 창업주, 혹은 넓게 보아도 다음 군주 정도가 교사에 관심을 두었을 따름이고, 아랫대로 가면 교사를 친제한 사례가 드물다.122)

그런데 동진 이후 기류가 바뀐다. 원제는 제위에 오른 뒤 교사를 친제하는데,123) 왕조를 중흥한 사실을 참작하면 창업주의 친교 같은 특별한 사정으로 이루어졌다고 할 수도 있다. 그러나 그 뒤의 양상은 달리 파악해야 한다. 동진의 황제 가운데 명제·성제·강제·간문제·효무제 등 과반이 넘는 이가 재위 초반 정월에 친히 교사를 지냈기 때문이다.124) 이러한 기조는 차후에도

---

120) 『三國志』 권2, 魏書2, 紀 제2, 文帝 黃初 2년 정월, "郊祀天地明堂"; 같은 책, 권3, 魏書3, 紀 제3, 明帝 太和 원년 정월, "郊祀武皇帝以配天 宗祀文皇帝於明堂以配上帝"; 『宋書』 권16, 志 제6, 禮3, "魏文帝黃初二年正月 郊祀天地明堂 … 明帝太和元年正月丁未 郊祀武皇帝以配天 宗祀文皇帝於明堂以配上帝 … 自正始以後 終魏世 不復郊祀"

121) 『晉書』 권3, 帝紀 제3, 世祖武帝, "泰始元年冬十二月丙寅 設壇于南郊 百僚在位 及匈奴南單于四夷會者數萬人 柴燎告類于上帝曰"; 같은 책, 권19, 志 제9, 禮上, 吉禮, "魏元帝咸熙二年十二月甲子 … 禪位于晉 丙寅 武皇帝設燎場于南郊 柴燎告類于上帝 是時尚未有祖配 … (泰始二年十一月)是月庚寅冬至 帝親祠圓丘於南郊 … 太康三年正月 帝親郊祀 皇太子皇子悉侍祠"; 『宋書』 권16, 志 제6, 禮3, "魏元帝咸熙二年十二月甲子 … 禪帝位于晉 丙寅 晉設壇場于南郊 柴燎告類 未有祖配 … (泰始二年十一月)是月庚寅冬至 帝親祠圓丘於南郊 … 晉武帝太康三年正月 帝親郊祀 皇太子皇弟皇子悉侍祠 非前典也"

122) 金子修一, 2001, 앞의 책, 50쪽, 147~148쪽; Howard J. Wechsler(임대희 옮김), 2005, 앞의 책, 248쪽; 吉岡完祐, 1983, 앞의 논문, 15~16쪽.

123) 『晉書』 권6, 帝紀 제6, 中宗元帝 太興 원년 3월 丙辰, "遂登壇南嶽 受終文祖 焚柴 頒瑞 告類上帝"; 『宋書』 권14, 志 제4, 禮1, "晉元帝建武元年三月辛卯 即晉王位 行天子殷祭之禮 非常之事也" 같은 책, 권16, 志 제6, 禮3, "元帝中興江南 太興元年 始更立郊兆 其制度皆太常賀循依據漢晉之舊也 三月辛卯 帝親郊祀 饗配之禮 一依武帝始郊故事"

124) 『宋書』 권16, 志 제6, 禮3, "康帝 建元元年正月 … 是月辛未 南郊 辛巳 北郊 帝皆親奉"; 『南齊書』 권9, 志 제1, 禮上, "建元四年 世祖即位 … 尚書令王儉議 … 檢晉明帝太寧三年南郊 其年九月崩 成帝即位 明年改元即郊 簡文咸安二年南郊 其

이어졌다. 유송의 경우, 무제가 친히 교사한 것[125]과 별개로 소제(營陽王)·문제·효무제·명제가 즉위 이듬해 친교하였기에, 교사가 즉위와 맞물린 의례로 비중 있게 치러졌음을 알 수 있다. 후속 왕조인 남제(南齊)·양·진도 다르지 않아 대체로 즉위 이듬해부터 친교가 행해졌다. 아울러 동진에서는 교사를 격년마다 행하는 '2년1교(二年一郊)' 제도가 수립되었으며,[126] 유송 이래 남조에서는 통상 친제로 이를 거행하였으니, 전반적으로 교사의 무게감이 막중해졌다 하겠다.[127]

비슷한 시기 화북의 상황을 살펴보면, 북위의 경우 도무제가 황제 등극에 즈음하여 친교하였으나,[128] 주로 친사 대상이 된 것은 서교(西郊)에서 4월에

年七月崩 孝武即位 明年改元亦郊 … 則晉成帝咸康元年正月一日加元服 二日親祠南郊 元服之重 百僚備列 雖在致齋 行之不疑"

125) 『宋書』 권3, 本紀 제3, 武帝下, "永初元年夏六月丁卯 設壇於南郊 即皇帝位 柴燎告天 … 二年春正月辛酉 車駕祠南郊 大赦天下"; 같은 책, 권16, 志 제6, 禮3, "晉恭帝元熙二年五月 遣使奉策 禪帝位于宋 永初元年六月丁卯 設壇南郊 受皇帝璽紱 柴燎告類 … 永初二年正月上辛 上親郊祀"

126) 해당 제도가 동진에서 실제로 시행되지 않았을 가능성을 상정하기도 하나(김일권, 2007, 앞의 책, 220쪽, 249쪽), 유송에서도 실재를 긍정하였으므로(『宋書』 권14, 志 제4, 禮1, "泰始六年正月乙亥 詔曰 古禮王者每歲郊享 爰及明堂 自晉以來 間年一郊 明堂同日 質文詳略 疏數有分 自今可間 二年一郊 間歲一明堂 外可詳議 … 後廢帝元徽二年十月丁巳 有司奏郊祀明堂 還復同日 間年一修"), 그렇게까지 볼 필요는 없지 않을까 한다.

127) 金子修一, 2001, 앞의 책, 14쪽, 50~51쪽, 76쪽, 148~158쪽, 164~165쪽; Howard J. Wechsler(임대희 옮김), 2005, 앞의 책, 247~248쪽; 吉岡完祐, 1983, 앞의 논문, 17~18쪽.
양의 경우 2년에 한 번 교사를 치르던 이전과 달리, 해를 번갈아 가며 제천과 제지를 행하는 방식을 채택하였고, 진에서도 이를 따랐는데(『隋書』 권6, 志 제1, 禮儀1, 南北郊, "梁南郊 爲圓壇 在國之南 … 常與北郊間歲 正月上辛行事 … 北郊 爲方壇於北郊 … 與南郊間歲 正月上辛 … 陳制 亦以間歲 正月上辛 用特牛一 祀天地於南北二郊"), 2년1교의 범주에 속한다(소현숙, 2020, 앞의 논문, 8~10쪽).

128) 『魏書』 권2, 紀 제2, 世祖道武帝 天興 2년 정월 甲子, "初祠上帝于南郊 以始祖神元皇帝配 降壇視燎 成禮而反"; 같은 책, 권105之3, 志 제3, 天象1之3, 星變上,

치른 재래의 제천의례였다. 물론 효문제가 교사에 적극적인 모습을 보이기도 하였지만,[129] 이는 특수한 사례에 해당한다. 북주의 경우 즉위에 뒤이어 친교가 행해지기도 하였고, 북제에서는 6명의 황제 중 문선제·효소제·문성제·후주(溫國公) 4인이 제위에 오른 이듬해 친교하였으나, 이후의 친교 예는 드물다. 큰 흐름에서 볼 때 북조에서 교사는 중대한 국가제사로 인식되었으나 동진 및 남조만큼 제도적으로 운영된 것 같지 않으며, 필요에 따라 이루어졌다.[130]

요컨대 위진 시기까지만 하여도 교사는 건국이나 칭제와 같은 비상한 시국에 특별한 의도로 치러졌고, 일반적인 즉위의례로 기능하지도 않았다. 하지만 이후 교사를 향한 관심이 높아졌다. 동진 및 남조에서는 즉위에 뒤이어 행해지는 등 즉위의례로 자리 잡았을 뿐 아니라, 주기적으로 친제가 이루어지며 최고의 국가제사로 존중되었다. 북조의 경우 그 정도로 체계화하였다고 보기는 힘드나, 재위 초반의 친교 사례가 상당수 확인되기에, 즉위의례로 존재감을 드러냈다고 생각된다.

이러한 중국 교사의 추이는 천지합제가 대략 4세기 중·후반 이후 어느 시기부터 즉위의례로 자리매김하게 되는 등 의례의 무게감이 커진 양상과도 통

"(天興元年)十二月 羣臣上尊號 正元日 遂禮上帝于南郊 由是魏爲北帝 而晉氏爲南帝"; 같은 책, 권108之1, 志 제10, 禮4之1, 祭祀上, "天興元年 定都平城 即皇帝位 立壇兆告祭天地 … 二年正月 帝親祀上帝于南郊 以始祖神元皇帝配 … 明年正月辛酉 郊天 癸亥 瘞地於北郊 以神元竇皇后配 五岳名山在中壝內 四瀆大川於外壝內"

129) 『魏書』 권7下, 紀 제7下, 高祖孝文帝, "(太和)十有三年春正月辛亥 車駕有事於圓丘 … (十有九年)十有一月 行幸委粟山 議定圓丘 甲申 有事於圓丘 … (二十有三年)上諡曰孝文皇帝 廟曰高祖 五月丙申 葬長陵 … 天地五郊宗廟二分之禮 常必躬親 不以寒暑爲倦"; 같은 책, 권108之1, 志 제10, 禮4之1, 祭祀上, "(太和)十三年正月 帝以大駕有事於圓丘 五月庚戌 車駕有事於方澤 … (十九年)十一月庚午 帝幸委粟山 議定圓丘 … 甲申長至 祀昊天於委粟山 大夫祭"

130) 金子修一, 2001, 앞의 책, 50쪽, 124~125쪽, 158~162쪽, 164쪽; 吉岡完祐, 1983, 앞의 논문, 18쪽.

한다. 앞서 살핀 바와 같이, 고이왕 시기의 천지합제 성립에 중국 교사가 끼친 영향을 배제할 수 없다. 그렇기에 천지합제의 입지 강화나 성격 재정립에도 중국 교사의 동향이 일정 정도 참고되었을 가능성이 크다.

그 면에서 특히 눈길을 끄는 것은 동진의 양상이다. 천지합제에 변화가 초래되었다고 여겨지는 4세기 중·후반 무렵 중국으로 시야를 돌릴 경우, 화북에서 교사에 역점을 둔 사례를 찾기 힘듦에 비해, 동진의 경우 여러 황제가 재위 초반 교사를 친제한 데서 나타나듯 해당 의례가 즉위의례로 기능하고, 2년 1교 제도가 세워지는 등 위상이 제고되었기 때문이다. 교사는 황제가 지고적 존재와 직접 연계될 수 있다는 점이 특징적인 의례였는데,[131] 동진 및 남조에서는 그것의 제도적 정비와 친제를 통하여 북방 왕조에 대한 자신들의 정통성을 보이고자 하였다.[132] 교사가 왕조와 군주의 권위 확립에 중요한 지표로 작용하게 된 셈이다.

이 무렵 백제의 집권 체제가 어느 정도 수립되었다고 보는 데 큰 이견은 없다. 따라서 백제 왕권은 그러한 여건 속에서 왕권의 구심력을 높이기 위한 새로운 수단으로 동진의 교사 체제에 관심을 두게 된 것이 아닐까 한다. 다시 말해 동진의 교사 경향에 발맞추어 천지합제를 즉위의례로 치르는 등 입지를 강화하여, 여타 집단에 대한 우월함을 한층 강조하였다고 여겨진다.

천제합제가 새롭게 자리매김한 시기는 언제일까. 일단 앞서 검토한 것처럼 4세기 중·후반 무렵 양상이 변화하였으니, 그 안으로 범위를 좁혀야 한다. 이에 근초고왕 2년(347) 제사(D-8)를 염두에 둘 수도 있겠다. 이즈음 천지합제가 동명묘 제사와 함께 즉위의례로 치러졌다거나,[133] 천지합제가 동명묘 제

---

131) Howard J. Wechsler(임대희 옮김), 2005, 앞의 책, 243쪽, 268쪽, 471쪽; 金子修一, 1978, 앞의 논문, 55쪽.

132) 金子修一, 2001, 앞의 책, 157쪽, 165쪽.

133) 노중국, 2010, 앞의 책, 487~488쪽; 金敬華, 2016, 앞의 학위 논문, 41~42쪽, 59쪽; 김경화, 2015b, 앞의 논문, 22~23쪽.

사를 대신하여 즉위의례로 중시되었다고 본 입장[134]이 그것이다. 하지만 서진 말 이래의 혼란 탓인지 당시까지 백제와 중국 왕조의 공식적인 교섭이 단절된 상태였기에, 달리 생각해야 한다.

물론 「양직공도(梁職貢圖)」에 백제가 진대(晉代)부터 교류하였다는 언급[135]을 눈여겨볼 수도 있겠으나,[136] 이는 근초고왕 집권 후반의 교류(E-1~3)를 기점으로 빈번한 왕래가 이루어진 사실을 가리킨다고 이해하는 편이 합리적이다. 백제가 외부와의 조우 없이 그 정도의 변화를 도모할 수 있을지 의문이다. 따라서 근고초왕 즉위 이듬해의 천지합제를 변곡점으로 보기는 쉽지 않다. 다만 초기 기사를 제외하면 재위 초반에 행한 첫 사례이기에 되짚을 부분도 존재한다.

이에 대하여 당시 영토 확장 과정에서 편입된 다양한 세력을 포섭하려는 조치라고도 주장하나,[137] 근초고왕 즉위 직후 새롭게 영역을 확보하였다고 볼 근거가 뚜렷하지 않아 문제가 된다. 앞서 언급하였듯이 근초고왕은 계왕과 가계가 다르다. 그래서 이 제사를 지배 집단 내의 갈등을 해소하려는 정치적 의도,[138] 혹은 자신의 선대를 계승하려는 의지의 천명과 관련 짓기도 하는데,[139] 일견 타당하나 조금 더 면밀하게 살펴볼 필요가 있다.

근초고왕은 천지합제에 수반하여 진정을 조정좌평에 임명하였다(D-8). 당시 조정좌평이란 직책의 실재 여부를 떠나, 그가 요직에 오른 것은 사실로 보아도 좋을 터이다. 진정은 근초고왕의 인척으로 세간의 평이 좋지 않았는데, 그러함에도 굳이 그를 기용한 것은 안정적인 국정 기반 조성에 필요한 조치

---

134) 최광식, 2006, 앞의 책, 94쪽; 朴淳發, 2023a, 앞의 논문, 10쪽.
135) 「梁職貢圖」百濟國使, "自晋已來常修蕃貢"
136) 金敬華, 2016, 앞의 학위 논문, 42쪽 주77).
137) 김경화, 2015b, 앞의 논문, 22쪽.
138) 朴承範, 2000, 앞의 논문, 225쪽.
139) 김경화, 2015a, 앞의 논문, 104쪽.

라 판단하였기 때문이라 추정된다. 이는 진정의 인물평을 뒤집어 보면, 일 처리가 꼼꼼하고 과감하다고 생각할 수 있다는 데서 뒷받침된다. 진정에 관한 인사가 천지합제에 병행한 사실은 당시 의례의 방향성을 보여 준다. 즉 관례화한 즉위의례를 지향하였다기보다는, 계왕과 다른 계통으로 왕위에 오른 상황에서 조속히 정국을 장악하고자 던진 승부수가 아닐까 한다.140) 천지합제에 질적 변화가 초래되었다고 상정하기 어려운 셈이다. 시선을 조금 아래로 향할 필요가 있는데, 관련하여 다음 기록이 주목된다.

E-1. (근초고왕) 27년(372) 정월, 동진에 사신을 보내 조공하였다.141)
E-2. ①(동진 간문제) 함안(咸安) 2년(372) 정월 신축, 백제왕・임읍왕(林邑王)이 각기 사신을 보내 방물을 바쳤다. (중략) ②6월, 사신을 보내 백제왕 여구(餘句, 근초고왕)를 진동장군・영낙랑태수(鎭東將軍領樂浪太守)로 삼았다.142)
E-3. (근초고왕) 28년(373) 2월, 동진에 사신을 보내 조공하였다.143)

근초고왕 27년(372)의 사신 파견 기사(E-1)는 중국 사서(『진서』)의 관련 사실 (E-2-①)을 전재한 것이다. 그런데 공교롭게도 백제 사신이 동진 간문제를 만난 시점, 즉 372년 1월은 동진에서 교사가 행해진 때였다. 당시 교사는 이미 여러 선대 황제에 의해 재위 초반 친제되는 등 의례의 위상이 강화 일로를 걷던 상

---

140) 근초고왕은 비정상적으로 왕위를 계승한 결과, 동명묘 제사를 지낼 수 없었다고 보기도 한다(장혜경, 2008, 앞의 학위 논문, 38~39쪽). 근초고왕 시기의 동명묘 제사 기사가 부재한 것은 사실이다. 그러나 백제 당대의 동명묘 제사 기사 전부가 오늘날에 전하는 것은 아니므로 단정하기 곤란하다. 동명묘 제사가 즉위 의례로 치러졌다는 점 또한 간과할 수 없다.
141) 『三國史記』권 제24, 百濟本紀 제2, 近肖古王 27년 정월, "遣使入晉朝貢"
142) 『晉書』권9, 帝紀 제9, 簡文帝, "(咸安)二年春正月辛丑 百濟林邑王 各遣使貢方物 … 六月 遣使拜百濟王餘句 爲鎭東將軍領樂浪太守"
143) 『三國史記』권 제24, 百濟本紀 제2, 近肖古王 28년 2월, "遣使入晉朝貢"

황이었다.144) 간문제의 교사 일자가 전하지 않기에, 백제 사신 일행이 교사를 참관할 수 있었는지는 알 수 없다. 하지만 직접 보지 못하였다 하더라도, 의례가 끝난 직후일 터라 당시 분위기는 어느 정도 인지하였으리라 헤아려진다. 백제왕(근초고왕)에 대한 책봉이 6월에 이루어지므로(E-2-②), 사신단이 최소 6개월 동안 동진에 머무른 사실을 고려하면 더욱 그러하다. 이해에 새로운 황제의 집권과 맞물려 교사가 치러진 이상, 그와 관련된 견문을 접하였다고 보는 편이 상식적이다.

　사신 일행은 백제로 돌아가 경과를 보고하며 교사에 관한 정보도 전하였을 것인데, 이즈음 근초고왕은 중국 문물에 기초하여 자신의 권위를 높이는 데 관심이 많았다. 일례가 왕 24년(369) 열병 시 황색 깃발(旗幟)을 쓴 사실이다.145) 이를 공복 제정에 앞서 이루어진 군사권 장악으로 이해하기도 하고,146) 군사 통수권 확립을 시사한다거나,147) 왕이 백제의 중심이고 백제가 천하의 중심임을 과시하려는 목적이라고도 하며,148) 국가 정통성 및 정체성 일신을 꾀하려는 '역복색(易服色)' 관념의 발현과 관련 지어 보기도 하고,149) 백제가 토덕(土德)을 덕운(德運)으로 삼아 황색을 존중하였거나 도읍 일대 주민으로 부대를 편성한 흔적으로도 추정한다.150) 견해는 갈리지만, 어찌 되었든 중국의 기치 제도나 오행 사상을 토대로 한 왕권 강화 조치로 판단된다. 따라서 사신단이 전한 중국 교사의 새로운 조류 역시 근초고왕의 이목을 끌기 충분하였으리라 여겨진다.

---

144) 金子修一, 2001, 앞의 책, 149~150쪽 <표 9> 참조.
145) 『三國史記』권 제24, 百濟本紀 제2, 近肖古王 24년 11월, "大閱於漢水南 旗幟皆用黃"
146) 이도학, 2010, 『백제 한성·웅진성 시대 연구』, 일지사, 78~79쪽.
147) 金瑛河, 2002, 『韓國古代社會의 軍事와 政治』, 高麗大學校 民族文化硏究院, 55쪽.
148) 노중국, 2010, 앞의 책, 381쪽.
149) 나용재, 2022, 「近肖古王 24년 황색 깃발 사용에 대한 검토」『東洋學』87, 13~26쪽.
150) 朴淳發, 2023a, 앞의 논문, 21~22쪽.

그러한 측면은 이듬해(373) 다시금 동진에 사신을 보낸 일(E-3)을 통해서도 엿볼 수 있다. 372년 동진에 체재한 사신단이 백제로 출발한 것은 책봉이 이루어진 6월 무렵일 것이기에, 가을쯤 백제에 도착하였다고 추정되는데, 거의 연달아 사신을 보낸 데는 특별한 사정이 존재했다고 보는 편이 타당하다. 물론 전년(372) 7월 효무제가 즉위하였기에,[151] 이를 염두에 둔 사행으로 짐작할 수도 있겠으나, 효무제가 이해(373) 정월 개원[152]과 아울러 교사를 시행한 점을 고려하면, 표면적인 이유 외에 해당 의례의 동향을 더욱 원활히 파악하여 참고하려는 움직임도 함께하였다고 이해할 수 있지 않을까 한다. 천지합제의 변모는 그 산물이라 하겠다.

요컨대 고이왕 시기에 성립된 천지합제가 재정립된 것은 근초고왕 집권 후반기, 즉 370년대의 일이며, 그 결과 해당 의례의 입지가 동명묘 제사에 버금갈 정도로 강화되어 아신왕·전지왕의 사례(A-7·8)처럼 즉위의례로도 치러지게 되었다고 헤아려진다. 간과하면 안 될 점은 이러한 변화를 무분별한 외래 사조의 수용으로만 여기기 곤란하다는 사실이다. 근초고왕이 재위 초반 천지합제를 행하여 종전과 다른 태도를 보임과 함께, 제사 대상인 천지에 대하여 "천신지기"라 격식을 갖춰 표현한 것(D-8)은 해당 의례에 관한 관심이 상당하였음을 의미한다. 이는 근초고왕 시기 후반 천지합제의 비중이 커지고 새롭게 정비되는 데 일정한 토대가 되었으리라 파악된다. 바꿔 말해 동진과의 교섭이 이루어지기 전, 새로운 기조가 마련될 여건이 갖추어졌다 하겠다.[153]

그렇다면 천지합제와 동명묘 제사 가운데 어떤 의례가 더 무겁게 다가왔을까. 동명묘 제사보다 천지합제가 국가 통합의 도구로 중요시되었다고도 하

---

151) 『晉書』 권9, 帝紀 제9, 孝武帝, 咸安 2년 7월 己未, "立爲皇太子 是日 簡文帝崩 太子卽皇帝位"

152) 『晉書』 권9, 帝紀 제9, 孝武帝, 寧康 원년 정월 己丑朔, "改元"

153) 근초고왕 시기에 사전(祀典) 체제가 제도화하였다고 주장하기도 하나(金敬華, 2016, 앞의 학위 논문, 41~42쪽), 시기적으로 이른 감이 든다. 제도 전반의 정비는 남천 이후일 가능성이 크지 않을까 한다.

고,154) 천지합제 수반 기록이 상대적으로 풍부하므로 해당 의례가 더 중요히 여겨졌다고 보기도 한다.155) 또 천지합제와 동명묘 제사가 각기 지연과 혈연을 강조하는 의례라고 추정한 뒤, 전자가 더욱 중시되었다고도 여기고,156) 근초고왕 시기 이후 천지합제가 더욱 중요해졌다고도 주장한다.157) 반면 천지합제가 정기적으로 거행되거나 상설 제단이 마련되지 않았을 것이란 전제 아래 동명묘의 신성성이 더 높았으리라 짐작하기도 하고,158) 군주가 동명묘 제사와 천지합제를 모두 시행한 경우 전자가 늘 앞서 나올 뿐 아니라(A-2·6~8, D-3·7),159) 부여계 세력과 연대를 꾀하기 좋았기에 국가제사의 중심이 동명묘 제사였다고 이해하기도 한다.160)

　실상을 정확히 알기는 어렵다. 그러나 두 의례를 동시에 거행할 때 동명묘 제사가 먼저 이루어진 점(A-7·8), 그리고 천지합제가 중국의 교사를 수용하여 성립되었을 뿐 아니라 애초 특정한 의도 아래 치러지다 훗날 입지가 강화된 데 비해, 동명묘 제사는 재래의 무덤 중시 풍조에 기인한 데다 즉위의례로 자리한 지 오래된 상황이었다는 점을 고려하면, 천지합제가 즉위의례로 실시된 뒤에도 존재감 면에서 동명묘 제사를 뛰어넘기 힘들었다고 헤아려진다.

　이상과 같이 한성도읍기의 천지합제는 애초 이전 가계와 결을 달리하는 방계 군주의 치세 도중 행해지는 경우가 많았으며, 대체로 특별한 의도 아래 이루어졌다. 그러나 4세기 후반 근초고왕 시기 이후 변화가 나타났다. 당시 중국 동진에서는 교사가 즉위의례로 치러지는 등 의례의 비중이 커진 상황이

---

154) 朴承範, 2002, 앞의 학위 논문, 95쪽; 朴承範, 2000, 앞의 논문, 231쪽.
155) 서영대, 2007, 앞의 논문, 150쪽.
156) 이장웅, 2017, 앞의 논문, 107쪽.
157) 최광식, 2006, 앞의 책, 94쪽.
158) 여호규, 2005, 앞의 논문, 282쪽.
159) 박초롱, 2014, 앞의 논문, 13쪽.
160) 김경화, 2015a, 앞의 논문, 102~103쪽 주69).

었는데, 근초고왕은 동진과의 공적 교섭 과정에서 그러한 경향을 파악하여, 왕권 강화를 염두에 두고 천지합제의 입지를 강화하였다. 그 결과 해당 의례는 공식적인 왕위 계승자의 위치에서 등극한 군주도 재위 초반의 동명묘 제사와 연동하여 치르는 즉위의례로 자리매김하였다. 다만 그렇다 하여도 천지합제의 존재감은 동명묘 제사를 넘어서지 못하였다. 그렇다면 웅진도읍기의 천지합제는 어떻게 바라볼 수 있을까. 그 문제는 다음 장에서 알아보겠다.

3. 웅진도읍기 의례의 면모와 위상 동요

웅진도읍기에도 천지합제는 시행되었다. 동성왕 11년(489) 제사(D-9)가 그것이다. 현재 전하는 기사는 이 한 건에 불과하나, 큰 흐름에서 보면 일정한 경향성을 살필 수 있으므로 의의가 상당하다. 그런데 이전의 양상과 비교할 때, 동성왕 시기(479~501)의 천지합제에서 다른 면모가 확인되어 이목을 끈다.

첫째, 제사한 왕의 계보 상 위치다. 이미 언급하였듯이 한성도읍기의 천지합제는 애초 이전 가계와 결을 달리하는 인물에 의해 치러지다, 훗날 아신왕과 전지왕처럼 태자였던 군주도 행하였다. 그런데 동성왕은 문주왕의 아우 곤지(昆支)의 아들로,[161] 본디 왕위 계승자의 지위에 있던 인물이 아니며, 반대 경우에서 실시한 사례는 전하지 않는다.

둘째, 제사한 해이다. 앞서 검토한 것처럼 한성도읍기의 천지합제는 애초 군주의 치세 도중 행해졌으나, 근초고왕 시기 이후 즉위 이듬해에 치러지는 즉위의례로 자리매김하였다. 그런데 동성왕 시기에는 다시금 재위 중반에 이

---

161) 『三國史記』 권 제26, 百濟本紀 제4, 東城王 즉위, "東城王 諱牟大[或作 摩牟] 文周王弟昆支之子 膽力過人 善射百發百中 三斤王薨即位";『日本書紀』 권 제14, 大泊瀨幼武天皇 雄略天皇 23년 4월, "百濟文斤王薨 天王以昆支王五子中第二末多王 幼年聰明 勅喚內裏 親撫頭面 誠勅慇懃 使王其國 仍賜兵器 幷遣筑紫國軍士五百人 衛送於國 是爲東城王"

루어졌다. 따라서 동성왕의 사례는 즉위의례가 아니다. 물론 달리 보기도 한다. 남천 이후 지배 세력 범주와 영역 범위가 확대되어 동명묘 제사의 필요성이 줄어든 결과, 즉위의례가 천지합제로 일원화하였다는 논의162)가 그것이다. 그러나 재위 11년 차에 행한 제사가 즉위의례일 수는 없다.

셋째, 제사한 달이다. 고이왕 시기 천지합제가 성립된 이후 한성도읍기 내내 해당 의례는 정월에 이루어졌다(A-7·8, D-4~8). 하지만 동성왕은 10월에 제사하였다.

넷째, 제사의 원인이다. 위에서 다룬 바와 같이, 본디 천지합제는 대체로 왕권 강화나 민심 수습 등의 특별한 의도 아래 행해졌으나, 그 뒤 전지왕과 아신왕의 사례처럼 동명묘 제사와 연동하여 즉위의례로 실시되었다(A-7·8). 동성왕의 천지합제 시행 배경을 정확히 알기는 어렵다. 다만 천지합제 직전 대풍(大豊)이 들고 이삭이 합쳐진 가화(嘉禾), 즉 합영화(合穎禾)가 바쳐졌으므로,163) 이때의 제사는 풍년을 기릴 목적으로 행해졌을 가능성이 크다.164) 어찌 되었든 즉위의례처럼 관례화한 사례로 보기 쉽지 않다.

그 밖에 이때의 천지합제에 또 다른 양상이 나타난다고 여기기도 한다. 먼저 제사 대상이 변경되어 고조선-마한계 곰 신화와 연결된 토착 천지신(天地神)을 모셨다고도 본다.165) 하지만 천지합제에서 특정 지역의 재지 신격을 제사하였다고 상정하기 어렵다.166) 그뿐 아니라 당시 백제 왕권이 특별히 곰을 숭배하였다는 흔적도 찾기 힘들고, 천지를 합제하는 방식이 이어졌기에(D-9) 무리한 논의가 아닐까 한다.

---

162) 장혜경, 2008, 앞의 학위 논문, 27쪽.
163) 『三國史記』 권 제26, 百濟本紀 제4, 東城王 11년, "秋 大有年 國南海村人獻合穎禾"
164) 井上秀雄, 1978, 앞의 책, 134쪽; 최광식, 1994, 앞의 책, 191~192쪽; 李基東, 1996, 앞의 책, 166쪽; 吉岡完祐, 1983, 앞의 논문, 43~44쪽.
165) 이장웅, 2017, 앞의 논문, 90~91쪽.
166) 김수태, 2022, 「웅진시대 백제의 국가제사」 『역사와 역사교육』 44, 38쪽.

다음으로 송산리(松山里) 고분군 일대를 북교로 보아, 남교가 아니라 그곳에서 천지를 함께 제사하였다고 짐작하기도 한다.[167] 그러나 앞서 거론한 바처럼 한성도읍기에 북교 제장이 실재하였는지 의문이라 이때라고 딱히 다를 것 같지 않고, 그 점을 차치하여도 중국의 경우 북교에서 천지를 함께 제사한 사례를 찾기 어려워 수긍하기 곤란하다.

마지막으로 동명 제사가 중단되고 천지합제 시 동명이 배사되었다고도 하니, 이는 『니혼쇼키(日本書紀)』에 언급된 '건방지신(建邦之神)'(H-②·③·④)을 동명으로 간주한 데 기인한다.[168] 그런데 건방지신을 동명이라 하여도, 뒤에서 다루듯 배사는 지고적 존재와 군주가 직접 연결되지 않을 때 필요한 것으로, 백제 왕권은 천지신을 조상신으로 여겼기에 굳이 그러할 이유가 없었다. 또 Ⅲ부에서 언급하겠으나 구태묘(仇台廟) 제사와 천·오제 제사에서 알 수 있는 것처럼(F-1-③, F-2-④, F-3-④, F-4-③·⑤, F-5-③, F-7-③, F-8-①) 후대에도 시조에 대한 의례는 천지 제사와 별도로 행해졌고,[169] 무엇보다 배사의 흔적이 부재하여 따르기 주저된다.

이상을 보건대 동성왕의 사례에서 드러나듯, 웅진도읍기의 천지합제는 방계로 즉위한 인물에 의해 치세 도중 특정한 의도로 치러졌기에 즉위의례와 거리가 있으며, 정월에 행해지지도 않았다. 이는 천지합제의 위상이 강화되어 즉위의례로 실시되기 전의 양상과 상통한다. 아울러 동성왕의 천지합제는 현재 전하는 마지막 사례기도 하다. 물론 실제로는 그 뒤 몇 차례 더 행해졌을지 모른다. 하지만 대략적인 추세를 볼 때, 시행 빈도가 뜸해졌다는 점은 인정하여도 좋을 것이다. 그러한 점을 고려하면, 한성도읍기 대표적인 국가제사였고 한때 즉위의례로까지 치러진 천지합제의 존재감이 이 무렵 상대적으로 약해졌다고 할 수 있다.

---

167) 金昌錫, 2005, 앞의 논문, 46~47쪽.
168) 채미하, 2019, 「백제 웅진시기 조상제사와 壇」『韓國古代史探究』33, 191~194쪽.
169) 김수태, 2022, 앞의 논문, 36~37쪽.

그러한 변화가 초래된 원인으로 눈여겨볼 것은 웅진 천도(475) 이후의 국정 혼란이다. 문주왕 2년(476) 고구려의 방해로 유송에의 사행이 실패하였을 뿐 아니라,[170] 이듬해(477) 왕은 병관좌평(兵官佐平) 해구(解仇)의 전횡을 막지 못한 끝에 죽임을 당한다.[171] 뒤를 이은 삼근왕의 치세도 순탄치 않았다. 13세의 어린 나이에 즉위하여 해구에게 국정 주도권을 내어 준 상태였고,[172] 왕 2년(478) 해구와 연신(燕信)의 반란을 가까스로 진압하였으나,[173] 이듬해(479) 큰 가뭄이 든 안 좋은 상황 속에서 15세로 요절한다.[174] 이후 동성왕이 왕위에 올랐으나, 난국이 일거에 해소되었다고 보기는 힘들다. 재위 초반 외세의 물리적 압박이 이어졌고,[175] 기후도 심상치 않았다.[176] 이러한 여건에서 천지합제가 예전처럼 실시되기는 매우 어렵지 않았을까 한다. 즉 문주왕·삼근왕·동성왕은 즉위와 맞물려 천지합제를 행할 여력이 없었을 것이다.[177]

그 점은 동성왕이 천지합제를 지내며 단을 마련한 데서도(D-9) 뒷받침된

---

170) 『三國史記』 권 제26, 百濟本紀 제4, 文周王 2년 3월, "遣使朝宋 高句麗塞路 不達而還"

171) 『三國史記』 권 제26, 百濟本紀 제4, 文周王 3년, "秋八月 兵官佐平解仇 擅權亂法 有無君之心 王不能制 九月 王出獵 宿於外 解仇使盜害之 遂薨"

172) 『三國史記』 권 제26, 百濟本紀 제4, 三斤王 즉위, "三斤王[或云 壬乞] 文周王之長子 王薨繼位 年十三歲 軍國政事一切委於佐平解仇"

173) 『三國史記』 권 제26, 百濟本紀 제4, 三斤王 2년, "春 佐平解仇與恩率燕信聚衆 據大豆城叛 王命佐平眞男 以兵二千討之 不克 更命德率眞老 帥精兵五百 擊殺解仇 燕信奔高勾麗 收其妻子 斬於熊津市"

174) 『三國史記』 권 제26, 百濟本紀 제4, 三斤王 3년, "春夏大旱 … 冬十一月 王薨"

175) 『三國史記』 권 제26, 百濟本紀 제4, 東城王, "(四年)秋九月 靺鞨襲破漢山城 虜三百餘戶以歸 … (六年)秋七月 遣內法佐平沙若思 如南齊朝貢 若思至西海中遇高句麗兵 不進"

176) 『三國史記』 권 제26, 百濟本紀 제4, 東城王 4년 10월, "大雪丈餘"

177) 남천 이후 사천 체제가 무너졌다고 보기도 하나(金敬華, 2016, 앞의 학위 논문, 43쪽), 한성도읍기에 사전이 체계적으로 정비된 수준에 이르렀는지 확신하기 어려워 지나친 감이 있다.

다. 이미 언급한 것처럼, 고이왕 시기 이후 남교에 상설 제단이 존재하였다. 따라서 남천 직후에도 그러한 흐름을 이어 신도(新都) 남쪽 교외에 새롭게 단을 조성하는 것이 자연스럽다. 하지만 웅진 천도로부터 십수 년이 지나서야 단을 만들었으므로, 그렇지 못하였던 것 같다. 이 사실은 그전까지 천지합제 자체가 실시되지 않았거나, 시행되었어도 비교적 조촐한 방식으로 치러졌음을 말한다.

당시 천지합제 시행이 여의치 않았다는 것은 의례의 위상이 동요되었음을 의미한다. 천지합제는 고이왕 시기에 국가제사로 성립되었고, 근초고왕 시기를 거쳐 즉위의례로 자리매김하였다. 다만 그때도 동명묘 제사가 더 존중되었던 데서 알 수 있듯이, 상대적으로 기반이 탄탄하지 못하였다. 그렇기에 남천이라는 미증유의 위기가 닥치자 존재감이 약해진 결과, 즉위의례가 아니라 재위 중반 특별한 목적으로 행해지던 근초고왕 시기 이전의 방식으로 회귀하였던 것이 아닐까 한다.

그렇다면 동성왕이 천지합제를 치를 수 있던 배경은 무엇일까. 이에 대하여 지배 질서의 혼미함 극복,[178] 혹은 제사 주재자로서의 권위 회복을 도모하였다거나,[179] 혼란 수습 및 정치적 안정을 통한 왕실의 권위 회복과 정통성 확보 차원에서 행해졌다고도 하며,[180] 왕권의 위상 확인과 정국 주도권 선포를 위한 조치라고도 추정하는데,[181] 천지합제를 매개로 정국 안정과 왕권 확립을 꾀하였다고 본 데 공통점이 있다. 바꿔 말해 천지합제 실시 전의 정세가 불안정하였다고 바라본 셈이다.

하지만 이는 당시 상황과 부합되지 않는 측면이 있어 따르기 어렵다. 물론 동성왕 재위 초반의 사정이 녹록지 않았던 것은 사실이다. 그러나 동성왕은

---

178) 양기석, 2013, 『백제 정치사의 전개과정』, 서경문화사, 349쪽.
179) 장혜경, 2008, 앞의 학위 논문, 27쪽.
180) 金敬華, 2016, 앞의 학위 논문, 24~25쪽, 43쪽.
181) 장미애, 2023, 「東城王代 정치상황과 苩加의 난」, 『韓國古代史研究』 111, 296쪽.

집권력을 강화하려는 노력을 이어 갔고, 오래지 않아 웅진 천도 초기의 혼란상을 일정 정도 수습하였다고 여겨지기 때문이다. 예컨대 군민(軍民)을 위무하고 사냥 능력을 보였으며,[182] 남제와 통교하고,[183] 신라에 사신을 보내[184] 외교적 보폭을 넓혔으며, 백가(苩加)로 대표되는 신진 세력 기용에도 힘쓰고,[185] 궁실 중수·축성 및 열병도 행하였는데,[186] 그러한 일련의 과정을 거쳐 정국은 어느 정도 안정을 찾았으리라 헤아려진다.[187]

---

[182] 『三國史記』권 제26, 百濟本紀 제4, 東城王, "五年 春 王以獵出 至漢山城 撫問軍民 浹旬乃還 夏四月 獵於熊津北 獲神鹿"

[183] 『三國史記』권 제26, 百濟本紀 제4, 東城王, "六年 春二月 王聞南齊 祖道成冊高勾麗巨璉爲驃騎 大將軍 遣使上表請內屬 許之 … (八年)三月 遣使南齊朝貢";『南史』권4, 齊本紀上 제4, 高帝 建元 2년 3월, "百濟國遣使朝貢 以其牟都爲鎭東大將軍";『冊府元龜』권963, 外臣部8, 封冊1, "(南齊太祖建元)二年三月 百濟王牟都 遣使貢獻 詔曰 寶命惟新 澤波絶域 牟都世藩東表 守職遐外 可卽授使持節都督百濟諸軍事鎭東大將軍"

[184] 『三國史記』권 제26, 百濟本紀 제4, 東城王 7년 5월, "遣使聘新羅"

[185] 『三國史記』권 제26, 百濟本紀 제4, 東城王 8년 2월, "拜苩加爲衛士佐平"

[186] 『三國史記』권 제26, 百濟本紀 제4, 東城王 8년, "秋七月 重修宮室 築牛頭城 冬十月 大閱於宮南"

[187] 동성왕 10년(488) 북위의 침입을 격퇴하였다고도 하는데(『三國史記』권 제26, 百濟本紀 제4, 東城王 10년, "魏遣兵來伐 爲我所敗"), 중국 문헌의 기사(『資治通鑑』권136, 齊紀2, 世祖武皇帝上之下, "(永明六年十二月)魏遣兵擊百濟 爲百濟所敗")를 옮긴 것이다. 이 일이 중국 사서에 전한 위로(魏虜) 혹은 험윤(獫狁)의 백제 침공 사건(『南齊書』권58, 列傳 제39, 東夷, "是歲 魏虜又發騎數十萬攻百濟 入其界 牟大遣將沙法名贊首流解禮昆木干那率衆襲擊虜軍 大破之 建武二年 牟大遣使上表曰 … 去庚午年 獫狁弗悛 擧兵深逼 臣遣沙法名等領軍逆討 宵襲霆擊 匈梨張惶 崩若海蕩")과 같다고 보며, 백제를 공격한 세력을 고구려군이라 상정하기도 하고(兪元載, 1993, 『中國正史 百濟傳 硏究』, 學硏文化社, 243~249쪽), 중국 사서에 언급된 위로, 즉 험윤의 실체를 북위의 지원을 받은 고구려군이라고도 추정한다(박진숙, 2004, 「長壽王代 高句麗의 對北魏外交와 百濟」『韓國古代史硏究』36, 223~224쪽). 그러나 사실이 아닌 백제 측의 외교적 수사일 수도 있으므로(박찬우, 2017, 「백제 동성왕대 대남제 외교전략 -『남제서』백제전의 표문을 중심으로-」『韓國古代史硏究』85, 303~314쪽), 일단 논의 과정에서

이에 동성왕은 남천 이후 사실상 중단된 천지합제를 재개하여 왕권의 정당성과 지엄함을 되새기려 하였을 것이다. 마침 그 무렵 대풍이 든 데 이어 가화, 즉 합영화까지 진상되자, 천지합제를 향한 움직임은 한층 탄력을 받았다고 예상되는데, 합영화는 왕권의 정당성과 정치적 통합을 의미하는 서상(瑞祥)인 까닭이다.[188] 그렇기에 왕권은 호사(好事)를 기린다는 취지 아래 단을 마련하고 천지합제를 치러, 정치적 구심력을 높이려 하였다고 파악된다.[189] 그와 관련하여 천지합제 한 달 뒤 연회가 이루어진 사실[190]도 주목되는데, 목적은 여러 가지로 생각할 수 있으나,[191] 천지합제의 연장선에서 이해하는 편이 타당하다.

제외한다.

[188] 조우연, 2019, 『天帝之子 -고구려의 왕권전승과 국가제사』, 민속원, 234쪽.
남제와의 교류 과정에서 합영화 관념이 유입되었다고 보기도 하는데(박초롱, 2023, 「백제 웅진기 상장의례와 殯」『百濟學報』 43, 94쪽), 해당 서상이 남제에서 처음 나타난 것은 아니므로 그렇게까지 생각할 필요는 없지 않을까 한다.

[189] 안정된 상황을 토대로 천지합제가 가능하였다는 견해가 이전에도 제기되었으나(李鍾泰, 1996, 앞의 학위 논문, 163쪽; 채미하, 2018, 앞의 책, 141~142쪽; 박초롱, 2014, 앞의 논문, 13쪽), 매우 단편적인 언급일뿐더러 대풍과의 관련성을 언급하지 않아 차이가 난다.
한편 이때의 천지합제가 도성 일대의 재정비 사업 완공을 기념하는 의례로, 시가 구역의 범위를 확정하는 의미도 내포하였다는 추정(여호규, 2017, 「백제 熊津 都城의 왕궁 위치와 조영과정」『梨花史學硏究』 55, 21~22쪽)이 존재한다. 해당 역사(役事)가 실제 일어났는지는 추후 논의가 필요하다. 다만 그러한 일이 이루어지려면 정국이 어느 정도 안정되어야 하므로, 천지합제 무렵의 상황을 바라보는 시선에 공통된 바가 있다. 그 밖에 당시 천지합제에서 지배층을 대상으로 왕후(王侯) 책봉이 행해졌다고도 가정하나(林陸朗, 1974, 앞의 논문, 50쪽), 양자 사이에 해당 논의에서 거론한 것만큼의 상관성을 입증할 만한 근거가 뚜렷하지 않아 지나친 감이 남는다.

[190] 『三國史記』 권 제26, 百濟本紀 제4, 東城王 11년 11월, "宴羣臣於南堂"

[191] 천지합제의 대상인 천지신에 대한 감사의 의미라거나(井上秀雄, 1993, 앞의 책, 189쪽), 왕권(최광식, 1994, 앞의 책, 192쪽) 혹은 제사 주재자의 권위를 과시하려는 조치로 본다(장혜경, 2008, 앞의 학위 논문, 27쪽).

그런데 고이왕 치세 이래 천지합제 시기로 정월이 존중되었다(A-7·8, D-4~8). 따라서 이번 천지합제 역시 그러한 기조를 이어 이듬해(490) 정월에 행하여도 큰 문제는 없다. 고이왕 14년(247) 제사(D-6)가 전년의 흉년을 염두에 둔 조치였다는 점을 고려하면 더욱 그러하다. 그러함에도 이례적으로 10월에 시행되어 궁금증을 자아낸다. 이에 대하여 즉위의례의 의미를 잃고 농경의례로 전환된 결과라고도 보지만,[192] 국가제사인 만큼 그렇게 단정하기는 곤란하다. 온조왕의 10월 제사를 본보기로 삼아 백제의 새로운 출발을 알리려 한 조치라고도 하나,[193] 이미 제사 시기가 정월로 굳어진 지 오래였기에, 굳이 초창기의 사례를 참고하였을지는 의문이다.

그 면에서 동성왕의 10월 제사는 한(韓) 사회에서 같은 달에 농사를 마치고 제의가 이루어지던 풍습[194]의 영향을 받은 것으로, 이를 통하여 기층 사회의 민심 수람(收攬)과 사회적 통합,[195] 그리고 정치적 안정을 이루려 하였다는 논의[196]가 주목된다. 시기가 맞아떨어질 뿐 아니라, 본디 백제 중앙이 아니었던 웅진 일대의 민심을 회유하기에도 재래의 풍속에 따른 절기가 더 유효하리라 추정되므로, 분명 그러한 측면이 존재할 터이다.

다만 새롭게 고안한 제사도 아니고 정월에 치르는 방식이 자리잡힌 제사를 그리 행하였으므로, 덧붙여 고려할 사안도 있다, 이때의 대풍은 기록상 남천 이후 첫 사례이고 합영화까지 나왔다. 천지합제를 실시하려는 입장에서는 분명 호기다. 따라서 풍년이 가져다준 좋은 흐름을 타 재래 토착 의례의 절기에 맞춰 조속히 의례를 치르려 한 의지의 발현으로 받아들이는 편이

---

192) 吉岡完祐, 1983, 앞의 논문, 43~44쪽.
193) 김수태, 2022, 앞의 논문, 31쪽.
194) Ⅰ부 주106)의 『三國志』 魏書 韓條.
195) 노중국, 2010, 앞의 책, 503~504쪽.
196) 金敬華, 2016, 앞의 학위 논문, 24~25쪽. 이 논의에서는 남천 이후의 혼란을 수습하려는 목적도 있었다고 보지만, 동성왕이 천지합제를 시행할 즈음 정국 상황이 나아졌음은 앞서 거론한 바이다.

어떨까 한다.

　이와 관련하여 당시의 제단을 "단"이라고만 한 점(D-9)도 눈길을 끈다. 한성도읍기의 제단을 "대단"이라 칭하였기에(D-1·2·5), 이는 규모가 작아졌음을 반영한 표현이다.[197] 이 무렵이 전시라든가 비상시국은 아니므로 이전 방식대로 대단을 조성하는 것이 불가능하지는 않았으리라 짐작된다. 하지만 그리하지 못한 것은 완공과 예행연습에 주어진 시간이 촉박하였던 결과가 아닐까 한다. 제단의 실상을 통하여 다소 무리수를 두어서라도 천지합제를 이행하려 한 왕권의 지향을 읽을 수 있다 하겠다.

　한편 이때의 제장으로 정지산(艇止山) 유적,[198] 혹은 송산리 고분군 D지구에 주목하기도 한다.[199] 그러나 이들은 왕성인 공산성(公山城) 및 인근 시가지 일대에서 볼 때 서북쪽 혹은 서쪽에 위치하는지라 따르기 어렵다. 천지합제는 한성도읍기처럼 왕성 남쪽 교외에서 행해졌다고 이해되기 때문이다. 그보다는 공산성 서남쪽 교촌봉(校村峰) 정상의 석축단(石築壇)을 눈여겨볼 필요가 있다(〈그림 5〉 참조).[200] 이 유적은 조망이 좋은 곳에 자리하였을 뿐 아니라 각종 문양 벽돌이 나온 데서 제의 관련 시설로 보는데,[201] 공산성 서남쪽에 자리하였으므로 남교 제단, 즉 남단인지도 모르겠다. 이 경우 후한 이래 남교단(南郊壇)이 원형일 때가 많은 데 비하여,[202] 이 석축단은 방형이라는 점이 문제시된다. 물론 북주의 남교단이 방형이기는 하나,[203] 이례적인 경우고 웅

---

197) 채미하, 2018, 앞의 책, 149쪽.
198) 이장웅, 2017, 앞의 논문, 92쪽, 95쪽; 김수태, 2022, 앞의 논문, 55~59쪽.
199) 徐程錫, 1995, 「宋山里 方壇階段形 積石遺構에 대한 檢討」『百濟文化』24, 54쪽.
200) 채미하, 2019, 앞의 논문, 208쪽; 박초롱, 2023, 앞의 논문, 98~99쪽.
201) 이현숙, 2019, 「公州 校村里 百濟時代 塼室墓와 石築壇施設」『百濟學報』27, 168~169쪽, 174~177쪽.
202) 박미라, 2000, 앞의 논문, 170쪽, 174쪽.
203) 『隋書』권6, 志 제1, 禮儀1, 南北郊, "後周憲章姬周 祭祀之式 多依儀禮 … 南郊爲方壇於國南五里 其崇一丈二尺 其廣四丈"

<그림 5> 공주 교촌봉 석축단 유적 및 주변 유물(출처 : 이현숙, 2018, 「공주 교촌리 백제 석축단시설의 조사성과」, 『백제시대 제의시설 발굴성과와 비교검토』, 28쪽)

진도읍기보다 후대의 산물이므로, 지금은 가능성을 제기하는 선에서 그치는 편이 좋겠다.

   동성왕의 천지합제(D-9) 이후 해당 의례가 지속적인 관심의 대상은 되지 못한 것 같다. Ⅳ부에서 다루듯, 그로부터 오래지 않아 새로운 천지 제사인 천·오제 제사가 부상한 까닭이다. 이는 동성왕이 천지합제를 치른 뒤의 상황과 무관치 않다. 기상 이변[204]과 재해·기근 및 역병으로 민생이 피폐하

---

[204] 『三國史記』 권 제26, 百濟本紀 제4, 東城王, "(十二年)冬十一月 無氷 … (十四年)夏

였고,205) 고구려의 군사적 위협도 사라지지 않았다.206) 천지합제를 치른 뒤에도 안 좋은 일이 이어진 셈이며, 심지어 왕이 암살되는 참상까지 벌어졌다.207) 그러한 흐름 속에서 남천 이후 흔들리던 천지합제의 위상이 제자리를 찾기 힘들었을 것이고, 이는 새로운 천지 제사의 필요성을 불러일으켰으리라 유추된다.208)

이상과 같이 웅진도읍기의 천지합제는 동성왕의 사례에서 드러나듯, 방계로 즉위한 인물에 의해 치세 도중 특정한 의도로 치러졌으며 정월에 행해지지도 않았다. 한성도읍기 후반 천지합제가 즉위의례로까지 치러진 것과는 다른 양상인데, 남천 이후의 국정 혼란으로 의례 시행이 여의치 않아 존재감이 약해진 결과이다. 동성왕은 재위 중반 난국이 어느 정도 수습되자, 대풍을 계기로 재래의 제의 절기에 맞추어 천지합제를 행하며 왕권의 구심력을 높이고자 하였다. 그러나 제사 이후에도 전반적인 여건이 좋지 않았던 관계로, 천지합제의 위상은 이전으로 되돌아가지 못하였다. 천지합제는 중국 교사 양식을 참조하여 성립되었으나, 백제 고유의 관념에 기초한 부분도 존재할 것이다.

四月 大風拔木 … 十七年 夏五月甲戌朔 日有食之 … (二十三年)夏五月 不雨至秋"

205) 『三國史記』권 제26, 百濟本紀 제4, 東城王, "十三年 夏六月 熊川水漲 漂沒王都 二百餘家 秋七月 民饑亡入新羅者六百餘家 … (十九年)夏六月 大雨 漂毀民屋 … 二十一年 夏大旱 民饑相食 盜賊多起 臣寮請發倉賑救 王不聽 漢山人亡入高句麗者二千 冬十月 大疫 … (二十二年)五月 旱 … (二十三年)三月 降霜害麥"

206) 『三國史記』권 제26, 百濟本紀 제4, 東城王 17년 8월, "(十七年)秋八月 高句麗來 圍雉壤城 王遣使新羅請救 羅王命將軍德智 帥兵救之 麗兵退歸"

207) 『三國史記』권 제26, 百濟本紀 제4, 東城王 23년 11월, "獵於熊川北原 又田於泗沘西原 阻大雪 宿於馬浦村 初王以苩加鎭加林城 加不欲往 辭以疾 王不許 是以怨王 至是 使人刺王 至十二月乃薨 諡曰東城王"

208) 성왕 시기(523~554) 한화(漢化) 정책이 추진되던 가운데 천지합제가 제후의 격에 맞지 않는 의례로 여겨져 사라졌다고 보기도 한다(金炳坤, 2008, 「記錄에 나타난 百濟 始祖 및 建國者의 史的 位相과 實態」『百濟硏究』47, 107쪽). 그런데 유교적 예제를 따르자면 이후 등장하는 천·오제 제사 역시 제후가 지낼 수 없는 의례이므로 수긍하기 어렵다.

이 문제는 다음 장에서 검토하겠다.

4. 재래적 사고와 운영 양상

천지합제는 중국 교사 양식을 참조하여 성립되었다. 그런데 당시 백제와 중국은 사회·문화적 토대 등 여러 방면에 차이점이 있었으므로, 교사 방식을 받아들이기 쉽지 않은 측면도 존재하였으리라 생각된다. 그러함에도 천지합제는 장기간 유지되며, 백제를 대표하는 국가제사로 자리매김하였다. 이는 천지합제의 구체적인 운영 양상에 백제 고유의 사고가 내재한 결과로 이해되니, 관련 사안은 크게 세 가지다.

첫째, 천지를 함께 모시는 합제 방식이다. 현재 전하는 기록에 따르면 천지합제가 동일 장소에서 이루어졌음을 밝힌 사례가 많아(A-7·8, D-1~3·5~7·9), 천지를 함께 제사한 사실을 알 수 있는데, 제장이 명기되지 않은 경우(D-4·8)도 그러하였다고 여겨진다. 합제가 기본 방침이던 셈이다. 중국의 경우 본디 제천과 제지는 별개 의례였다가, 전한 말 왕망이 정월에 남교에서 천지를 합제하였으나, 이후 양상이 변화하여 분제(分祭·分祀), 즉 천지를 따로 제사하는 방식이 세를 점하였고, 다시금 합제가 대두한 때는 7세기 말~8세기 중엽 당 측천무후~현종 치세에 이르러서다.[209] 천지합제가 이루어진 시기 중국 교사 양식에서는 분제가 선호되었다. 앞서 검토하였듯이 천지합제의 성립 및 전개 과정에서 중국 교사 경향이 참작된 점을 고려하면, 당시 중국의 흐름과 달리 합제 방식이 고수된 것은 이례적인 현상인데, 여기에는 어떠한 배경이 자리하였다고 보는 편이 자연스럽다.

중국 교사에서 천지를 함께 제사하자는 논의(天地合祭論)는 지고적 존재를

---

209) 김일권, 2007, 앞의 책, 320쪽; 박미라, 2006b, 「중국 祭地儀禮에 나타난 地神의 이중적 성격」 『道敎文化硏究』 25, 53~55쪽; 서영대, 2007, 앞의 논문, 150쪽.

인격신, 즉 종족(宗族)의 조상이자 보호자로 여기는 인식에 토대한다. 천지를 부모와 같은 존재로 이해하였기에, 부모를 별개로 나눌 수 없는 것처럼 이들을 함께 제사해야 한다는 주장이다. 반면 천지를 따로 제사하자는 논의(天地分祭論)는 지고적 존재를 자연신, 즉 천도(天道)의 표상이자 덕행의 감시자로 간주하는 인식에 기초한다. 천지를 음양의 상징으로 바라보았기에, 음양론의 원칙에 부합되도록 각각의 때에 맞게 나누어 제사해야 한다는 입장이다. 천지에 대한 관점의 차이가 합제와 분제라는 방식에 영향을 끼쳤다 하겠다.[210]

백제의 경우 도모(都慕) 전승에서 도모가 일신(日神·日精) 혹은 천제(天帝)와 혈연적으로 얽혀 있을 뿐 아니라, 비호를 받은 점(B-1·2)이 주목된다. Ⅰ부에서 검토한 것처럼, 도모 전승은 백제 자체의 동명 신화에 근거하였다. 따라서 이는 백제 왕실에서 시조 동명을 천신과 직접 연결된 대상으로 여겼음을 말하는데, 지신에 관한 입장 역시 다르지 않았을 것이다. 바꿔 말해 천지신이 왕실 조상신이었던 셈이다.[211] 흉노나 선비 등 북방 종족은 물론이요, 고구려와 신라 및 일본의 사례에서도 나타나듯 이는 그다지 특별한 현상은 아닌데, 그처럼 지고적 존재를 조상신으로 여기던 사회에서는 시조에 대한 제사를 곧 제천으로 받아들이기도 하였다.[212] 백제에서 천지를 함께 제사한 원인도 마찬가지로 생각할 수 있지 않을까 한다. 즉 시조와 지고적 존재의 혈연적 관련성을 강조하는 관념 아래 제사 대상인 천지신을 조상신으로 인지한 결과, 당시

---

210) 박미라, 2000, 앞의 논문, 181~184쪽; 박미라, 2006b, 위의 논문, 55~58쪽.

211) 동명(도모)이 천제에게 녹(籙)을 받았다는 것(B-2)을 유교적 왕도 정치 이념과 연결하여, 동명과 천(天)의 직접적인 혈연관계를 부정하기도 한다(이장웅, 2017, 앞의 논문, 88쪽). 그러나 고구려에서 시조와 천이 혈연적으로 연결된 재래의 관념이 유지되면서도, 한대 유학 사상을 수용하여 건국 신화가 정비된 사실(강진원, 2017, 「「集安高句麗碑文」 건국신화의 성립과 변천」 『史林』 61, 56~57쪽, 64~67쪽)을 떠올리면, 도모 전승의 '녹'이라는 요소를 그렇게 본다 한들 시조와 천신의 혈연적 관련성을 도외시할 필요는 없다.

212) 나희라, 2003, 『신라의 국가제사』, 지식산업사, 219쪽, 227~229쪽; 강진원, 2021, 앞의 책, 64~66쪽 참조.

중국의 교사 경향을 따르지 않고 양자를 합제하는 방식이 선택되었다고 헤아려진다.213)

둘째, 정월이라는 제사 시기다. 현재 전하는 기록에 따르면 고이왕 시기 천지합제가 성립한 이후 남천 이전까지 정월 제사가 유지되었다(A-7·8, D-4~8). 남천 이후 10월에 치러지기도 하였으나, 이례적인 경우라 정월이 가장 존중된 절기라 하겠다. 앞서 언급하였듯이, 정월 제사의 대두는 전한 말~후한 교사에서 정월이 중시된 것과 연관된다. 다만 그러한 흐름이 오래도록 유지된 원인은 다른 측면에서 접근할 필요가 있다.

중국 교사에서 정월 못지않게 중시된 시기는 동지다. 왕망에 의해 그때 제천이 이루어지기도 하였는데, 조위에서 제천의례 공간으로 남교(天郊) 외에 원구(圓丘·圜丘)를 조성한 이래, 북조에서는 북주를 제외하면 대체로 정월에 남교, 동지에 원구에서 의례를 행하였고, 수당 시대에도 그러한 경향은 이어졌다.214) 원구와 동지 제천이 관련성을 지닌 셈이다. 그런데 백제의 경우 한성

---

213) 천지를 부모에 견주어 합제하자는 주장이 활발히 전개된 것은 송대 이후다(박미라, 2006b, 앞의 논문, 55~56쪽). 따라서 백제의 천지합제가 가능하였던 이유를 달리 생각할 수도 있겠다. 그러나 왕망이 천지합제 시 천지를 부부 관계로 간주한 데서 드러나듯(『漢書』 권25下, 志 제5下, 郊祀, "天地合祭 先祖配天 先妣配墬 其誼一也 天墬合精 夫婦判合 祭天南郊 則以墬配 一體之誼也"), 지고적 존재를 인격적으로 바라보려 한 움직임은 오래전부터 존재하였고, 남북조 시대에도 합제와 분제를 둘러싼 논의가 벌어졌다(박미라, 2006b, 위의 논문, 55쪽 주35)). 그러므로 백제의 합제 방식은 천지신을 조상신으로 여기는 관념을 토대로, 그러한 사례를 참조하여 수립되었던 것이 아닐까 한다.

214) 金子修一, 2001, 앞의 책, 14쪽, 17~18쪽, 47~51쪽, 53~55쪽, 147~157쪽, 160~165쪽, 181~182쪽; Howard J. Wechsler(임대희 옮김), 2005, 앞의 책, 253쪽, 257~258쪽, 262쪽, 358쪽; 김일권, 2007, 앞의 책, 203~204쪽, 223쪽 〈표 38〉, 225~227쪽, 272쪽 〈표 52〉, 274~275쪽, 277~280쪽, 283쪽, 285~287쪽, 289쪽 〈표 58〉, 292쪽, 300~308쪽, 311쪽 〈표 56〉, 315쪽, 319~322쪽, 325쪽, 337~339쪽; 소현숙, 2020, 앞의 논문, 8~12쪽 참조.
북제의 경우 처음에는 정월에 원구에 제사하였으나, 훗날 동지로 조정되었다(『隋書』 권6, 志 제1, 禮儀1, 南北郊, "後齊制 … 圓丘則以蒼璧束帛 正月上辛 …

도읍기는 물론이요, Ⅳ부에서 다시 다루겠으나 이후에도 원구가 존재하였다고 볼 뚜렷한 근거는 없다. 그러므로 원구가 부재하였기에, 동지 제사에 별 관심이 없었으리라 상정할 수도 있겠다.

다만 서진의 경우 남교만 두었으나 무제 태시(太始) 2년(266) 동지에 제천이 이루어졌고,215) 남조 양 역시 무제 천감(天監) 3년(504) 동지 제천이 대두하기도 하여,216) 달리 생각해야 할 필요가 있다. 특히 이목을 끄는 것은 전자로, 천지합제가 성립된 고이왕 때의 일이라 백제가 중국의 교사 경향을 일정 정도 알았으리라 여겨지는 까닭이다. 그렇다면 동지의 천지합제가 완전히 불가능하지 않았을 것이다. 하지만 실제로는 정월 제사 방침이 이어졌으니, 여기에는 백제 나름의 사정이 있었으리라 판단된다.

후한 후기의 유자(儒者) 정현(鄭玄, 127~200)은 동지의 원구 의례가 제천, 정월의 남교 의례가 기곡(祈穀), 즉 풍숙(豐熟) 기원을 목적으로 한다고 하였으며, 원구와 남교가 같다고 주장하는 등 정현과 여러 면에서 다른 견해를 드러낸 조위의 왕숙(王肅, 195~256)조차도 동지에 제천하고, 정월에 기곡을 행한다고 보았다. 제사 시기 면에서 동지와 정월이 지닌 의미에 대해서는 의견이 공통된다.217) 이는 동지와 정월에 관한 인식 때문이다. 동지는 낮이 길어지기 시작

其後諸儒定禮 圓丘改以冬至云").

215) 『晉書』 권19, 志 제9, 禮上, 吉禮, "(太始二年)是年十一月 有司又議奏 古者丘郊不異 宜并圓丘方丘於南北郊 更修立壇兆 其二至之祀合於二郊 帝又從之 一如宣帝所用王肅議也 是月庚寅冬至 帝親祠圓丘於南郊 自是後 圓丘方澤不別立"

216) 『隋書』 권6, 志 제1, 禮儀1, 南北郊, "天監三年 左丞吳操之啓稱 傳云 啓蟄而郊 郊應立春之後 尚書左丞何佟之議 今之郊祭 是報昔歲之功 而祈今年之福 故取歲首上辛 不拘立春之先後 周冬至於圓丘 大報天也 夏正又郊 以祈農事 故有啓蟄之說 自晉太始二年 并圓丘方澤同於二郊 是知今之郊禋 禮兼祈報 不得限以一途也 帝曰 圓丘自是祭天 先農即是祈穀 但就陽之位 故在郊也 冬至之夜 陽氣起於甲子 既祭昊天 宜在冬至 祈穀 時可依古 必須啓蟄 在一郊壇 分爲二祭 自是冬謂之祀天 啓蟄名爲祈穀"

217) 金子修一, 2001, 앞의 책, 47~48쪽.

하는 시기였으므로, 양(陽)의 시작이자 우주의 시작으로 생각된 결과 재생의 례(再生儀禮)인 제천이, 정월은 한 해의 시작이자 인간의 삶이 시작되는 때로 여겨진 탓에 풍요의례(豊饒儀禮)인 기곡이 행해지게 된 것이다.[218] 정월 제사에 기곡의 색채가 있다는 인식이 유지된 사실은 남제와 양 및 당 태종·고종 시기 남교 의례를 둘러싼 논의에서도 확인된다.[219] 백제는 중국 교사 양식을 참조하여 천지합제를 꾸린 만큼, 어느 순간 이러한 사고를 인지하였으리라 헤아려진다.

이미 검토한 것처럼 백제에는 본디 한 해의 풍요를 기원하는 토착 의례가 존재하였다. 덧붙여 천지합제가 행해진 시기에도 농업 생산력이 높지 않았던지라, 해당 의례에 농경의례적 요소가 배제되기는 힘들으리라 유추된다. 따라서 정월 천지합제가 예축제나 기풍제의 성격을 띤다는 점[220]은 인정하여도 좋은데, 정월 제사 기조가 고수된 배경도 그와 연계하여 이해할 수 있다. 즉 백제에서는 순조로운 농경에 관한 관심이 상당하였고, 그것은 왕권의 향배에도 영향을 끼치는 사안이던 까닭에, 풍요를 기원하는 색채가 짙은 정월 제사가 중시되지 않았을까 한다. 중국에서 남교 제사를 정월에 행할 때가 많았다는 사실 역시 그러한 경향이 이어지는 데 일정한 지지대로 작용하였을 것이다.

셋째, 배사의 부재다. 중국의 경우 왕망이 교사를 정비하며 천지에 제사할 때 고조와 고후(呂太后)를 배사한 사실은 앞서 언급하였는데, 이후에도 그러한 양상은 이어졌다. 위진 남북조 시대만 보아도 조위에서는 원구·방구(方丘)[221] 제사에 각기 시조 제순(帝舜)과 처 이씨(伊氏), 남·북교(天·地郊) 제사에

---

218) 박미라, 2000, 앞의 논문, 179~181쪽; 박미라, 2006a, 앞의 논문, 356~357쪽.
219) 김일권, 2007, 앞의 책, 256~257쪽, 265~266쪽, 307~309쪽, 316~317쪽 참조.
220) 井上秀雄, 1978, 앞의 책, 134쪽; 최광식, 1994, 앞의 책, 185쪽; 兪起濬, 1989, 앞의 논문, 39쪽; 구중희, 1998, 앞의 논문, 30~31쪽.
221) Ⅳ부에서 다루겠으나 방구, 혹은 방택(方澤)은 제천 공간인 원구(환구)와 짝을 이루는 제지 공간이다.

각기 무제(曹操)와 처 무선황후(武宣皇后)를 배사하고, 양진(兩晉)에서는 남교 제사에 선제(司馬懿), 북교 제사에 그 처 선목황후(宣穆皇后)를 배사하였으며, 유송에서는 남교 제사에 무제(劉裕), 북교 제사에 그 처 무경황후(武敬皇后)를 배사하고,²²²⁾ 양에서는 남교 제사에 무제의 부친 문제(蕭順之), 북교 제사에 무제의 처 덕황후(德皇后)를 배사하였으며, 진(陳)에서는 남교 제사에 무제(陳霸先)나 그 부친 덕황제(德皇帝), 북교 제사에 덕황제나 무제의 처 소황후(昭皇后)를 배사하였다.²²³⁾

또 북위에서는 원구·방택 제사에 각기 도무제와 처 선목황후(宣穆皇后), 남교 제사에 시조 신원황제(拓跋力微)·명원제나 태무제, 북교에 신원황제의 처 신원황후(神元皇后)나 명원제의 처 밀황후(密皇后)를 배사하고,²²⁴⁾ 북제에서는

---

222) 『宋書』 권4, 本紀 제4, 少帝 永初 3년 9월 丁未, "有司奏武皇帝配南郊 武敬皇后配北郊"; 같은 책, 권16, 志 제6, 禮3, "(魏)明帝太和元年正月丁未 郊祀武皇帝以配天 … 景初元年十月乙卯 始營洛陽南委粟山爲圓丘 詔曰 … 曹氏世系 出自有虞氏 今祀圓丘 以始祖帝舜配 號圓丘曰皇皇帝天 方丘所祭曰皇皇后地 以舜妃伊氏配 天郊所祭曰皇天之神 以太祖武皇帝配 地郊所祭曰皇地之祇 以武宣皇后配 … 十二月壬子冬至 始祀皇皇帝天于圓丘 以始祖有虞帝舜配 (晉泰始二年)二月丁丑 郊祀宣皇帝以配天 … (成帝咸和八年正月)是月辛未 祀北郊 始以宣穆張皇后配地 … 宋武帝永初三年九月 司空羨之尚書令亮等奏曰 … 高祖武皇帝宜配天郊 … 謂武敬皇后宜配北郊 … 明年孟春 有事於二郊 請宣攝內外 詳依舊典 詔可"

223) 『隋書』 권6, 志 제1, 禮儀1, 南北郊, "梁南郊 … 祀天皇上帝之神於其上 以皇考太祖文帝配 禮以蒼璧制幣 五方上帝五官之神太一天一日月五星二十八宿太微軒轅文昌北斗三台老人風伯司空雷電雨師 皆從祀 … (北郊)祀后地之神於其上 以德后配 … (陳永定元年)明年正月上辛 有事南郊 以皇考德皇帝配 除十二辰座 加五帝位 其餘準梁之舊 北郊爲壇 高一丈五尺 廣八丈 以皇妣昭后配 及文帝天嘉中 南郊改以高祖配 北郊以德皇帝配天 … 廢帝光大中 又以昭后配北郊"

224) 『魏書』 권108之2, 志 제11, 禮4之2, 祭祀下, "熙平二年三月癸未 太常少卿元端上言 … 謹詳聖朝以太祖道武皇帝配圓丘 道穆皇后劉氏配方澤 太宗明元皇帝配上帝 明密皇后杜氏配地祇 靈太后令曰 依請 於是太師高陽王雍太傅領太尉公清河王懌太保領司徒公廣平王懷司空公領尚書令任城王澄侍中書監胡國珍侍中領著作郎崔光等議 … 仰惟世祖太武皇帝以神武纂業 克清禍亂 德濟生民 功加四海

원구·남교 제사에 문선제의 부친 신무황제(高歡), 방택·북교 제사에 신무황제의 처 무명황후(武明皇后)를 배사하였으며, 북주에서는 원구·방구 제사에 염제 신농씨, 남·북교 제사에 시조 헌후(宇文莫那)를 배사하였다.[225] 이상을 보건대 교사 시 대개 황실의 뿌리가 된 인물이나 창업주 혹은 기틀을 마련한 인물을 하늘에, 그 배우자를 땅에 짝지었다.

   그런데 백제의 천지합제는 교사의 영향을 받았음에도 불구하고, 배사가 이루어진 흔적이 없다. 중국 교사는 말할 것도 없고, 고려에서도 제천 시 태조(王建)를 배사하였기에,[226] 다소 이례적이라 하겠는데, 이는 지고적 존재를 바라보는 시각 차이에서 비롯된 결과가 아닐까 한다. 중국 교사에 모셔진 천은 원칙적으로 황실과 직접적 혈연관계가 없는 비인격적 존재로 여겨졌다. 그래서 황제는 교사 시 시조나 창업주와 같은 선조를 함께 제사하며 연관성을 구하였다.[227] 그들은 천과 직접 소통한 대상이었기에, 제천 시 배사되며 천과 군주 사이를 잇는 중개자로 자리한 것으로,[228] 제지에서의 배사 또한 그에 상응하여 이루어진 조치라 생각된다. 반면 백제 왕권은 천지신을 조상신으로 바라보았기에, 군주와 지고적 존재 사이에 혈연적 연결고리가 약할 때 필요

   宜配南郊 高祖孝文皇帝大聖膺期 惟新魏道 刑措勝殘 功同天地 宜配明堂 令曰 依議施行"; 주128)의 『魏書』禮志 祭祀上 참조.

225) 『隋書』권6, 志 제1, 禮儀1, 南北郊, "後齊制 … (圓丘)祀昊天上帝於其上 以高祖神武皇帝配 … 方澤則以黃琮束帛 夏至之日 禘崐崑皇地祇於其上 以武明皇后配 … 其南北郊則歲一祀 … 祀所感帝靈威仰於壇 以高祖神武皇帝配 … 其北郊則爲壇 如南郊壇 爲瘞坎如方澤坎 祀神州神於其上 以武明皇后配 … (後周)其祭圓丘及南郊 並正月上辛 圓丘則以其先炎帝神農氏配昊天上帝於其上 南郊以始祖獻侯莫那配所感帝靈威仰於其上 北郊方丘 則以神農配后地之祇 神州則以獻侯莫那配焉"

226) 『高麗史』권3, 世家 제3, 成宗 2년 정월 辛未, "王祈穀于圓丘 配以太祖"; 같은 책, 권12, 世家 제12, 睿宗 원년 7월 己亥, "王率兩府臺省兩制及三品官 親祀昊天上帝於會慶殿 配以太祖 禱雨"

227) Howard J. Wechsler(임대희 옮김), 2005, 앞의 책, 245~246쪽 참조.

228) 金子修一, 2001, 앞의 책, 145쪽; 小島毅, 2004, 앞의 책, 29~30쪽.

한 배사를 굳이 행할 이유가 없었다고 파악된다.

　이상과 같이 천지합제는 구체적인 운영 면에서 재래의 사고에 토대를 둔 부분도 존재하였다. 대표적인 사례가 합제 방식과 정월 제사, 그리고 배사 부재다. 왕실 시조와 지고적 존재의 혈연적 관련성을 강조하는 관념 아래 천지신을 조상신으로 여겼기에, 당대 중국의 경향과 달리 천지를 함께 모시는 방식을 고수하였고, 시조와 같은 선조를 배사할 필요도 없었다. 또 왕권의 향배와도 불가분의 관계에 있던 농경에 관심이 컸던 결과, 풍요 기원의 색채가 짙은 정월 제사를 중시하였다.

III

구태묘(仇台廟) 제사

1. 시조 구태의 실체와 동명

　구태묘 제사에 관한 사안은 중국 문헌에 전하는데, 실상에 다가가려면 제사 대상인 구태의 정체도 알아볼 필요가 있다. 덧붙여 대체로 함께 언급된 천·오제(五帝) 제사 역시 가벼이 넘길 수 없다. 그 면에서 주목되는 기록을 게재 문헌의 편찬 시기 순으로 나열하면 다음과 같다.[1]

> F-1. ①백제는 그 선대가 대체로 마한의 속국이며 부여의 별종이다. ②구태라는 이가 있어 대방(帶方)에 나라를 일으켰다. (중략) ③그 왕은 사중지월(四仲之月)에 천 및 오제의 신에 제사한다. 또 그 시조 구태의 사당(廟)에 매해 네 차례 제사한다.[2]

---

[1] 북송 후기 이후의 문헌에 실린 구태 관련 기술은 사료적 가치가 떨어져 제외한다 (尹龍九, 2004, 「仇台의 백제건국기사에 대한 재검토」 『百濟研究』 39, 8쪽 참조).

[2] 『周書』 권49, 列傳 제41, 異域上, 百濟, "百濟者 其先蓋馬韓之屬國 夫餘之別種 有仇台者 始國於帶方 … 其王以四仲之月 祭天及五帝之神 又每歲四祠其始祖仇台之廟" 『주서』는 바로 이어 언급할 『수서』와 동시에 편찬되었으나, 전자가 조금 앞서 만

F-2. ①백제의 선대는 고려국(高麗國)에서 나왔다. ②그 국왕에게 시비(侍婢)가 하나 있었는데, 갑자기 임신하자 왕은 그를 죽이려 하니, 시비가 말하였다. "달걀같이 생긴 물건이 있어 제게 내려와 감응한 까닭에 임신하였습니다." 왕이 그를 내버려 두었다. 훗날 결국 한 사내아이를 낳았는데, 뒷간에 버렸으나 오래도록 죽지 않았다. (왕이) 신기하게 여겨 기르도록 명하고, 이름은 동명이라 하였다. 자라면서 고(구)려왕이 그를 꺼림에 동명이 두려워 도망하여 엄수(淹水)에 이르자, 부여 사람이 모두 그를 받들었다. ③동명의 후손에 구태라는 이가 있어 인자함과 성실함이 두터웠는데, 대방고지(帶方故地)에 처음 나라를 세웠다. 후한의 요동태수(遼東太守) 공손탁(公孫度)이 딸을 시집보내니, (나라가) 점점 번창하여 동이(東夷)의 강국이 되었다. (중략) ④매 사중지월에 왕이 천 및 오제의 신에 제사하고, 국성(國城)에 그 시조 구태묘를 세워 한 해 네 차례 거기서 제사한다.3)

F-3. ①백제란 나라는 대체로 마한의 무리로, 색리국(索離國)에서 나왔다. ②그 왕이 출행하였는데, 한 시녀(侍兒)가 뒤에 임신하였다. 왕이 돌아와 그를 죽이려 하니, 시녀가 말하였다. "앞서 하늘에 큰 달걀 같은 기운이 있는 것을 보았는데, 내려와 감응한 까닭에 임신하였습니다." 왕이 그를 내버려 두었다. 훗날 사내아이를 낳았는데, 왕이 그를 돼지우리에 두었으나, 돼지가 입김을 불어 죽지 않았다. 뒤에 마구간으로 옮겼지만, (말) 또한 그리하였다. 왕이 신기하게 여겨 기르도록 명하고, 이름은 동명이라 하였다. 자라면서 활을 잘 쏘자, 왕은 그 용맹함을 꺼려 다시 그를 죽이려 하였다. 동명이 곧 달아나 남쪽으로 엄체수(淹滯水)에 이르러 활로 물을 치니, 물고기와 자라가 모두 다리가 되어 동명

들어졌다(尹龍九, 2004, 위의 논문, 3쪽).

3) 『隋書』 권81, 列傳 제46, 東夷, 百濟, "百濟之先 出自高麗國 其國王有一侍婢 忽懷孕 王欲殺之 婢云 有物狀如雞子 來感於我 故有娠也 王捨之 後遂生一男 棄之廁溷 久而不死 以爲神 命養之 名曰東明 及長 高麗王忌之 東明懼 逃至淹水 夫餘人共奉之 東明之後 有仇台者 篤於仁信 始立其國于帶方故地 漢遼東太守公孫度以女妻之 漸以昌盛 爲東夷强國 … 每以四仲之月 王祭天及五帝之神 立其始祖仇台廟於國城 歲四祠之"

이 거기에 올라 (물을) 건널 수 있었으며, 부여에 이르러 왕이 되었다. ③동명의 후손에 구태가 있어 인자함과 성실함이 두터웠는데, 처음 대방고지에 나라를 세웠다. 후한 요동태수 공손탁이 딸을 시집보내니, 마침내 동이의 강국이 되었다. (중략) ④그 왕은 매 사중월(四仲月)에 천 및 오제의 신에 제사한다. 국성에 그 시조 구태의 사당을 세우고, 한 해 네 차례 거기서 제사한다.**4)**

F-4. ①구태의 제사를 받들고 부여의 혈통을 이었다[②『위서(後魏書)』에 이른다. "백제국은 그 선대가 부여에서 나왔다." 또 백제왕이 북위에 표를 올려 말하였다. "신은 고(구)려와 함께 근원이 부여에서 나왔습니다." (중략) ③『괄지지』에 이른다. "백제(왕)성에 그 조상 구태묘가 세워져 사시로 거기서 제사한다."]. (중략) ④사중(지월)에 공경함을 밝혔고, 육갑(六甲)에 따라 해를 나타냈다[⑤『괄지지』에 이른다. "백제는 사중지월에 천 및 오제의 신에 제사하는데, 겨울과 여름에는 북과 나발(鼓角)을 쓰고 노래와 춤을 바치며, 봄과 가을에는 노래만 바칠 뿐이다."].**5)**

F-5. ①백제는 곧 후한 말 부여왕 위구태(尉仇台)의 후손이다[②북위(後魏) 때 백제왕이 표를 올려 일렀다. "신은 고(구)려와 함께 선대가 부여에서 나왔습니다."]. (중략) ③그 왕은 사중지월에 제천한다. 또 매해 네 차례 그 시조 구태의 사당

---

4) 『北史』 권94, 列傳 제82, 四夷上, 百濟, "百濟之國 蓋馬韓之屬也 出自索離國 其王出行 其侍兒於後姙娠 王還 欲殺之 侍兒曰 前見天上有氣如大鷄子 來降感 故有娠 王捨之 後生男 王置之豕牢 豕以口氣噓之 不死 後徙於馬蘭 亦如之 王以爲神 命養之 名曰東明 及長 善射 王忌其猛 復欲殺之 東明乃奔走 南至淹滯水 以弓擊水 魚鼈皆爲橋 東明乘之得度 至夫餘而王焉 東明之後有仇台 篤於仁信 始立國于帶方故地 漢遼東太守公孫度以女妻之 遂爲東夷强國 … 其王每以四仲月祭天及五帝之神 立其始祖仇台之廟於國城 歲四祠之"

5) 『翰苑』 蕃夷部, 百濟, "奉仇台之祠 纂夫餘之冑[後魏書曰 百濟國其先出自夫餘 又百濟王上表於魏曰 臣與高驪源出扶餘 … 括地志曰 百濟城立其祖仇台廟 四時祠之也] … 因四仲而昭敬 隨六甲以標年[括地志曰 百濟四仲之月 祭天及五帝之神 冬夏用鼓角奏歌舞 春秋奏歌而已]"

판독은 동북아역사재단 한국고중세사연구소, 2018, 『역주 한원』, 동북아역사재단, 264~265쪽, 272~273쪽 의거.

F-6. ①백제는 본디 부여의 별종으로 마한의 옛땅에 있었다. ②그 후손에 구태라는 이가 있었다.[7]

F-7. ①백제국은 곧 후한 말 부여왕 위구태의 후손이다[②북위 때 백제왕이 표를 올려 일렀다. "신은 고(구)려와 함께 근원이 부여에서 나왔습니다."]. ③그 왕은 사중지월에 천 및 오제의 신에 제사하고, 매해 네 차례 그 시조 구태의 사당에 제사한다.[8]

F-8. ①백제국[대방고지에 있고 남쪽은 왜와 더불어 접한다] (중략) 매 사중지월에 왕이 하늘 및 오제의 신에 제사하고, 국성에 그 시조 구태묘를 세워 한 해 네 차례 거기서 제사한다[②구태는 요동태수 공손탁의 사위가 되었다]. ③백제는 그 선대가 부여왕 동명의 후손이니, 구태가 인자함과 성실함이 두터웠기에 대방에 처음 나라를 세웠다.[9]

구태와 구태묘에 관한 사실을 가장 먼저 거론한 기사(F-1)는 그것이 실린 문헌의 백제 관련 정보가 서위·북주 시기(535~581), 즉 성왕·위덕왕 때의 상황에 근거한다.[10] 그러므로 늦어도 사비도읍기(538~660)에는 구태묘 제사가 백제를 대표하는 국가제사로 자리매김하였음을 알 수 있다. 물론 실재 여부에

---

6) 『通典』 권185, 邊防1, 東夷上, "百濟 卽後漢末夫餘王尉仇台之後[後魏時 百濟王上表云 臣與高麗先出夫餘] … 其王以四仲之月祭天 又每歲四祠其始祖仇台之廟"

7) 『唐會要』 권95, 百濟, "百濟者 本扶餘之別種 當馬韓之故地 其後有仇台者"

8) 『太平寰宇記』 권172, 四夷1, 東夷1, "百濟國 卽後漢末夫餘王尉仇台之後[後魏時 百濟王上表云 臣與高麗源出夫餘也] … 其王以四仲月祭天及五帝之神 每歲四祠其始祖仇台之廟"

9) 『冊府元龜』 권959, 外臣部4, 土風1, "百濟國[在帶方故地 南與倭接] … 每以四仲之月 王祭天及五帝之神 立其始祖仇台廟於國城 歲四祠之[仇台爲遼東太守公孫度之壻]"; 같은 책, 권962, 外臣部7, 賢行, "百濟 其先夫餘王東明之後 爲仇台篤於仁信 始立國於帶方"

10) 『周書』 권49, 列傳 제41, 異域上, 百濟, "斯皆錄其當時所記 以備遺闕云爾"

의문을 가질 수도 있겠으나, 구태묘 제사와 함께 언급된 천·오제 제사를 보면 그리 상정하기 어렵다. 제천, 그것도 사중월(2·5·8·11월)이라는 다소 이례적인 시기에 행해진 의례를 찬자의 가공(架空)으로 여길 것까지는 없기 때문이다. 구태묘 제사 또한 마찬가지로, 이는 중국 측에서 백제의 사정을 직접 보거나, 전해 들은 결과 문헌에 기재되었다고 여겨진다.

구태묘 제사는 기본적으로 구태를 대상으로 하였다. 그에 대하여 백제 왕실 계보 상의 시조[11]나 태조에 해당하는 존재,[12] 건국 시조,[13] 범(凡) 부여계 시조,[14] 왕족의 조상[15]이나 부여계 신격(인물)으로 보기도 하는데,[16] 국가적으로 추앙된 인물인 만큼 뚜렷한 실체가 있을 터이다. 그 면에서 특정 인물로 추정한 논의가 눈길을 끈다. 이는 온조[17]·구수왕[18]·고이왕[19]·근초고

---

11) 여호규, 2005, 「國家祭祀를 통해본 百濟 都城制의 전개과정」『古代 都市와 王權』, 서경, 275~276쪽.

12) 양기석, 2013, 『백제 정치사의 전개과정』, 서경문화사, 350쪽.

13) 김화경, 2019, 『한국 왕권신화의 전개』, 지식산업사, 180쪽; 최범호, 1997, 「백제 건국문제의 재검토 -건국시조와 건국지를 중심으로-」『全北史學』19·20, 44쪽.

14) 朴承範, 2000, 「百濟의 始祖傳承과 始祖廟儀禮」『東洋古典硏究』13, 232쪽.

15) 길기태, 2006, 『백제 사비시대의 불교신앙 연구』, 서경, 112쪽.

16) 조영광, 2023, 『고구려 초기 사회 연구』, 전남대학교출판문화원, 205쪽; 李道學, 2005, 「高句麗와 百濟의 出系 認識 檢討」『高句麗硏究』20, 189~190쪽.

17) 朴承範, 2002, 『三國의 國家祭儀 硏究』, 단국대 박사 학위 논문, 93~94쪽; 林起煥, 1998a, 「百濟 始祖傳承의 형성과 변천에 관한 고찰」『百濟硏究』28, 14~17쪽; 徐永大, 2000, 「百濟의 五帝信仰과 그 意味」『韓國古代史硏究』20, 124쪽; 朴燦圭, 2003, 「百濟의 始祖 傳承과 出自」『先史와 古代』19, 45쪽; 朴賢淑, 2005, 「백제 建國神話의 형성과정과 그 의미」『韓國古代史硏究』39, 49쪽; 김경화, 2017a, 「백제 구태묘 제사의 내용과 의미」『韓國古代史硏究』85, 337~338쪽.

18) 김성한, 2014, 「百濟의 건국과 仇台」『歷史學硏究』56, 103~104쪽.

19) 李丙燾, 1976, 『韓國古代史硏究』, 博英社, 472~476쪽; 兪元載, 1993, 『中國正史 百濟傳 硏究』, 學硏文化社, 67~68쪽, 274~275쪽; 李基東, 1996, 『百濟史硏究』, 一潮閣, 16쪽, 88~89쪽; 李基白, 1996, 『韓國古代政治社會史硏究』, 一潮閣, 46쪽; 金杜珍, 1999, 『韓國古代의 建國神話와 祭儀』, 一潮閣, 172~173쪽; 최광식, 2007, 『한

왕[20] 등 현재 전하는 왕계의 군주, 우태(優台)[21]·비류(沸流)[22] 같은 비류 전승[23] 속 인물, 그리고 부여왕(자) 위구태[24]나 부여 군주 구태,[25] 부여왕의 시조 구태[26] 등 부여와 연관된 존재, 그 밖에 하백녀(河伯女)나 온조왕 모친으로

국 고대의 토착신앙과 불교』, 고려대학교출판부, 60쪽; 노중국, 2010, 『백제사회사상사』, 지식산업사, 521~522쪽, 529~531쪽; 盧明鎬, 1981, 「百濟의 東明神話와 東明廟 -東明神話의 再生成 現象과 관련하여-」『歷史學研究』 10, 79쪽; 兪起濬, 1989, 「百濟社會의 固有信仰考」『忠南史學』 4, 28~29쪽; 李鍾泰, 1998, 「百濟 始祖 仇台廟의 成立과 繼承」『韓國古代史研究』 13, 111~121쪽; 김기흥, 2004, 「백제의 정체성(正體性)에 관한 일 연구」『역사와 현실』 54, 204쪽; 문안식, 2004, 「백제의 시조전승에 반영된 왕실교대와 성장과정 추론」『東國史學』 40, 37~40쪽; 金吉植, 2008, 「百濟 始祖 仇台廟와 陵山里寺址 -仇台廟에서 廟寺로-」『韓國考古學報』 69, 76~77쪽.

20) 金在鵬, 1976, 「百済仇台考」『朝鮮学報』 78, 2~7쪽.
21) 千寬宇, 1989, 『古朝鮮史·三韓史研究』, 一潮閣, 334쪽; 金起燮, 1998, 「彌鄒忽의 位置에 대하여」『韓國古代史研究』 13, 85쪽, 98쪽; 정구복, 2007, 「백제의 문화와 유교문화와의 친연성」『백제의 祭儀와 宗敎』, 충청남도역사문화연구원, 237쪽, 240~241쪽; 이장웅, 2016, 「百濟 始祖 仇台·沸流 傳承의 성립과 高句麗·公孫氏 관계」『百濟文化』 55, 20~22쪽; 김수미, 2017, 「백제 시조 전승의 양상과 변화 원인」『歷史學研究』 66, 22~27쪽.
22) 金聖昊, 1982, 『沸流百濟와 日本의 國家起原』, 知文社, 41~45쪽.
23) 『三國史記』 권 제23, 百濟本紀 제1, 始祖溫祚王 즉위, "百濟始祖溫祚王 其父鄒牟 或云朱蒙 … [一云 始祖沸流王 其父優台 北扶餘王解扶婁庶孫 母召西奴 卒本人延陁勃之女]"
24) 神崎勝, 1995, 「夫餘·高句麗の建国伝承と百済王家の始祖伝承」『日本古代の伝承と東アジア』, 吉川弘文館, 297~298쪽, 314쪽; 김병곤, 2007, 「中國 史書에 나타난 百濟 始祖觀과 始國者 仇台」『韓國古代史研究』 46, 181~187쪽; 박초롱, 2014, 「백제 사비시기(泗沘時期) 오제(五帝) 제사 시행과 그 의미」『韓國思想史學』 47, 16~17쪽.
25) 鄭璟喜, 1990, 『韓國古代社會文化研究 -青銅器社會에서 三國時代까지-』, 一志社, 125~126쪽, 165쪽.
26) 정재윤, 2008b, 「구태 시조설의 성립 배경과 그 의미」『韓國古代史研究』 51, 63~64쪽.

보는 견해[27]로 구분된다.

백제 군주 가운데 가장 많은 관심을 받은 이는 고이왕인데, 무엇보다 '구태(台)'의 '태(台)'를 '이'로 읽어 '고이'의 '이(尒)'와 통한다고 상정한 데 기인한다.[28] 하지만 사고전서본(四庫全書本) 『태평환우기』에는 구태를 '구대(仇臺)'로 표기하였기에,[29] '태(台)'를 '이'로 읽기 주저된다. 고이왕의 역사적 존재감을 눈여겨 볼 수도 있겠으나,[30] 타당성 여부를 떠나 그러한 측면이 국가제사 대상으로 모셔지는 충분조건은 아니다. 또 공손탁과 구태가 통혼하였다는 기술(F-2-③, F-3-③, F-8-②)을 토대로, 구태는 공손탁과 같은 시기 인물인데, 공손탁의 활동 시기가 고이왕의 재위 기간과 비슷하므로 구태는 고이왕이라 추정하기도 한다.[31] 해당 기술이 찬자의 부회일 가능성은 뒤에 다룰 터인데, 그 점을 제외하여도 고이왕의 치세(234~286)는 공손탁 사망(204) 이후라 시기적으로 맞지 않는다.[32]

구수왕의 경우, 『삼국사기』에 언급된 치세(214~234)가 공손탁의 집권 기간(189~204)과 앞뒤로 맞물려 그와의 통혼이 가능한 상황이고, 구태와 같은 '구(仇)'자를 썼다는 점이 주목되었으며, 구수왕의 아들인 비류왕[33]의 이름 '비류(比流)'가 비류 전승의 비류(沸流)와 같은 음이라 가정하여 '구태=구수(왕)=비류 부친 우태'라는 추정까지 이어졌다.[34] 통혼의 실재 여부는 차치하더라도, 구수왕과 공손씨 세력의 연결고리를 찾기 어렵고, 『삼국사기』 기년을 신뢰하기

---

27) 王民信, 1986, 「百濟始祖「仇台」考」 『百濟研究』 17, 168~170쪽.
28) 李丙燾, 1976, 앞의 책, 476쪽.
29) 尹龍九, 2004, 앞의 논문, 7쪽.
30) 노중국, 2010, 앞의 책, 529~531쪽; 李鍾泰, 1998, 앞의 논문, 114~119쪽; 문안식, 2004, 앞의 논문, 39쪽 참조.
31) 노중국, 2010, 위의 책, 521~522쪽.
32) 이장웅, 2016, 앞의 논문, 18쪽.
33) I부 주86)의 『三國史記』 比流王 즉위조.
34) 김성한, 2014, 앞의 논문, 103~104쪽.

힘든 시기의 군주이며, 음상사(音相似)에 기댄 바가 큰 점이 문제시된다.

근초고왕의 경우, 이름 "여구(餘句)"(E-2-②)의 '구(句)'가 구태의 '구(仇)'와 통할 수 있다는 것과 아울러, 대방과 관련된 구태의 자취를 근초고왕의 대방 지역 영유 사실[35]과 연계하여 바라본 데 토대한다.[36] 일단 전자는 현대 발음에 근거하기도 하였거니와, 하나는 앞글자이고 다른 하나는 뒷글자여서 따르기 어렵다. 대방(고지)이 백제 영역을 가리키는 관용적 표현이라는 점[37]도 간과할 수 없다. 물론 실제 대방 지역이라 상정할 수도 있겠다.[38] 다만 그렇다 하여도 매한가지다. 구태는 건국자인 데 비해, 근초고왕은 그렇지 않은 까닭이다.

요컨대 고이왕·구수왕·근초고왕은 구태로 여기기 어렵다. 물론 사당이 세워지고 제사가 이루어졌을 가능성은 있다. 하지만 이러한 군주가 시조로

---

[35] 『三國史記』 권 제24, 百濟本紀 제2, 近肖古王, "二十四年 秋九月 高句麗王斯由 帥步騎 二萬 來屯雉壤 分兵侵奪民戶 王遣太子以兵徑至雉壤 急擊破之 獲五千餘級 其虜獲分賜將士 … 二十六年 高句麗舉兵來 王聞之 伏兵於浿河上 俟其至急擊之 高句麗兵敗北 冬 王與太子帥精兵三萬 侵高句麗 攻平壤城 麗王斯由力戰拒之 中流矢死 王引軍退"

[36] 金在鵬, 1976, 앞의 논문, 2~7쪽.

[37] 林起煥, 1998a, 앞의 논문, 12쪽; 朴燦圭, 2003, 앞의 논문, 47~48쪽; 김기흥, 2004, 앞의 논문, 204~205쪽; 尹龍九, 2004, 앞의 논문, 11~12쪽.
백제는 중국 왕조로부터 대방군공(帶方郡公) 혹은 대방군왕(帶方郡王)에 봉해지고, 「부여융 묘지명」에 백제가 대방에 위세를 떨쳤다 하였으나(Ⅰ부 주32)의 「扶餘隆 墓誌銘」, 『北齊書』 後主 武平 원년 2월 癸亥條, 『隋書』 高祖上 開皇 원년 10월 乙酉條, 『舊唐書』 高祖 武德 7년 정월 己酉條·太宗下 貞觀 15년 5월 丙子條·高宗下 儀鳳 2년 2월 丁巳條), 당시 옛 대방군 지역을 실제로 영유하지 않았다는 점도 고려된다. 신라가 한대 낙랑 땅에 있었다 한 데서도(『隋書』 권81, 列傳 제46, 東夷, 新羅, "新羅國 在高麗東南 居漢時樂浪之地 或稱斯羅") 알 수 있듯이, 중국 측의 지리 인식은 책봉호에 의거한 관념적인 부분이 존재한다.

[38] 神崎勝, 1995, 앞의 논문, 298~299쪽; 최범호, 1997, 앞의 논문, 57~58쪽; 金起燮, 1998, 앞의 논문, 96~98쪽; 全榮來, 1998, 「百濟의 興起와 帶方故地」 『百濟研究』 28, 36~43쪽, 47~48쪽; 정재윤, 2008a, 앞의 논문, 75쪽; 김성한, 2014, 앞의 논문, 93~96쪽; 이장웅, 2016, 앞의 논문, 25~26쪽.

여겨지며, 그를 모시는 의례가 국가제사 급으로 치러졌다고 상정하기는 힘들다. 명군인 것과 시조 같은 제사의 구심점으로 모셔지는 것은 차원이 다른 문제기 때문이다. 신라 미추이사금의 치적이 월등하다 보기 어려움에도, 중·하대 종묘에서 그의 신주가 수위(首位)에 두어진 사실[39]은 이를 뒷받침한다.[40]

비류 전승 속 인물 가운데 우태의 경우, 우태의 '우(優)'와 구태의 '구(仇)'가 비슷한 자형(字形)이므로 구태는 우태의 오기(誤記)라 추정하기도 하고,[41] 우태는 고구려에 귀부하여 우태(于台)란 관등을 받은 갈사왕손(曷思王孫) 도두(都頭)[42] 세력을 가리키는데, 이들이 연노부(涓奴部), 즉 비류나부(沸流那部)의 일원이었다가 2세기 말~3세기 초 임진강 유역으로 남하하였다고도 주장하며,[43] 5세기 말 고구려가 주몽을 동명성왕이라 하자, 백제가 대응 차원에서 우태를 시조로 내세웠다고 보기도 한다.[44] 모두 흥미로운 접근이지만, 재고의 여지가 없지 않다. 구태묘 제사가 백제의 대표적인 의례로 중국에 인식된 것은 구

---

39) 『三國史記』 권 제10, 新羅本紀 제10, 元聖王 원년 2월, "毁聖德大王開聖大王二廟 以始祖大王太宗大王文武大王及祖興平大王考明德大王爲五廟"; 같은 책, 같은 권, 哀莊王 2년 2월, "別立太宗大王文武大王二廟 以始祖大王及王高祖明德大王曾祖元聖大王皇祖惠忠大王皇考昭聖大王爲五廟"; 같은 책, 권 제32, 雜志 제1, 祭祀, 新羅, "至第三十六代惠恭王 始定五廟 以味鄒王爲金姓始祖 以太宗大王文武大王 平百濟高句麗 有大功德 並爲世世不毁之宗 兼親廟二爲五廟"

40) 미추이사금은 최초의 김씨 군주로서 훗날 김씨 왕조가 이어지게 되는 단초를 마련하였다고 인지된 결과(『三國史記』 권 제2, 新羅本紀 제2, 味鄒尼師今 즉위, "沾解無子 國人立味鄒 此金氏有國之始也"; 『三國遺事』 권1, 紀異 제1, 味鄒王 竹葉軍, "第十三末鄒尼叱今[一作 未祖 又末古] 金閼智七世孫 赫世紫纓仍有聖德 受禪于理解 始登王位[今始称王之陵爲始祖堂 盖以金始登王位 故後代金氏諸王皆以未鄒爲始祖宜矣]"), 종묘에서 시조로 모셔졌다(강진원, 2020, 「신라 중대 宗廟制 운영과 五廟 始定」, 『歷史學報』 245, 169~170쪽).

41) 千寬宇, 1989, 앞의 책, 334쪽.

42) 『三國史記』 권 제15, 高句麗本紀 제3, 大祖大王 16년 8월, "曷思王孫都頭 以國來降 以都頭爲于台"

43) 이장웅, 2016, 앞의 논문, 20~28쪽.

44) 김수미, 2017, 앞의 논문, 22~27쪽.

태가 국가적 시조로 모셔졌음을 보여 주는데, 비류 전승 속의 우태를 그러한 대상으로 이해하기 곤란한 탓이다.

이는 비류도 다르지 않다. 비류 전승은 『삼국사기』에 할주(割註)로 다루어졌기에, 공식적인 전승으로 인정받지 못하였다 하겠다. 그러한 기조는 백제 당시에도 마찬가지였다고 헤아려지니, 온조 전승이 왕조의 기틀을 잡는 과정을 꽤 구체적으로 언급한 데 비하여, 비류 전승에 그와 같은 부분이 부재한 원인 역시 거기에 있지 않을까 한다. 우태나 비류를 구태로 여기기 쉽지 않다.

부여와 연관된 존재 가운데 이목을 끈 인물은 구태와 이름이 같은 위구태다. 부여의 위구태는 왕자(嗣子)와 군주로 등장한다. 왕자 위구태는 2세기 초 현도군을 구하고자 고구려군을 공격하였고,[45] 후한 조정에 입조하여 안제로부터 인수(印綬)와 금채(金綵)를 받았으며,[46] 부여왕 위구태는 공손탁이 요동을 다스린 2세기 말~3세기 초 그와 통혼 관계를 맺었다.[47] 이 양자를 동일인으로 간주하여 공손탁과 인척이 된 것을 염두에 두거나,[48] 왕자 위구태가 후한 조정으로부터 인수·금채를 받은 일을 들어 그의 위상이 시봉지군(始封之君)에 해당한다고 상정하며 백제 시조 구태로 바라보기도 한다.[49]

---

45) 『後漢書』 권5, 本紀 제5, 孝安帝 延光 원년 2월, "夫餘王遣子將兵救玄菟[夫餘王子尉仇台也] 擊高句驪馬韓穢貊 破之 遂遣使貢獻"; 같은 책, 권85, 列傳 제75, 東夷, 高句驪, "(建光元年)秋 宮遂率馬韓濊貊數千騎圍玄菟 夫餘遣子尉仇台 尉仇台將二萬餘人 與州郡幷力討破之 斬首五百餘級"; 『資治通鑑』 권50, 漢紀42, 孝安皇帝 建光 원년 12월, "高句驪 王宮率馬韓濊貊數千騎圍玄菟 夫餘遣子尉仇台將二萬餘人 與州郡幷力討破之"

46) 『後漢書』 권85, 列傳 제75, 東夷, 夫餘, "永寧元年 乃遣嗣子尉仇台 詣闕貢獻 天子賜尉仇台印綬金綵"; 『冊府元龜』 권974 外臣部19 褒異1, "永寧元年 扶餘王遣嗣子尉仇台 詣闕貢獻 帝賜以印綬"

47) 『三國志』 권30, 魏書30, 烏丸鮮卑東夷, 夫餘, "夫餘本屬玄菟 漢末公孫度雄張海東 威服外夷 夫餘王尉仇台 更屬遼東 時句麗鮮卑彊 度以夫餘在二虜之間 妻以宗女"

48) 神崎勝, 1995, 앞의 논문, 298쪽.

49) 김병곤, 2007, 앞의 논문, 181~182쪽; 박초롱, 2014, 앞의 논문, 16~17쪽.

그런데 아무리 부여 계승 의식이 고조되었다 한들, 굳이 이방(異邦)의 왕실 인물을 시조로 모시며 국가적 제사 대상으로 삼는 것이 가능한지 의문이다. 백제 지배층이 위구태를 시조로 인정하지 않은 결과, 오래지 않아 제사 대상에서 제외되었으리라 가정하기도 하나,[50] 7세기 무렵의 사정을 담은 문헌(『괄지지』)에도 구태묘 제사가 이루어졌다고 전한다(F-4-③). 그 점은 구태가 백제 사회에서 거부감 없이 받아들일 수 있는 존재임을 의미하므로, 위구태와 거리가 있다. 아울러 당시 이미 백제 왕실 계보가 정리되어 있었을 것이란 점, 그리고 위구태가 부여에서 시조 같은 위치의 인물이었다고 보기 어려운 점도 간과할 수 없다.

부여의 군주나 부여왕의 시조라 한 견해도 매한가지다. 부여 계승 의식이 강조되어 구태가 새롭게 시조로 자리매김하였다고 볼 수도 있겠으나,[51] 이역의 인물을 시조로 삼아야 하는지 의문이거니와, 구태라는 존재가 부여에 실존하였는지도 확인할 길이 없다. 지나친 추론이 아닐까 한다. 그 밖에 하백녀나 온조왕 모친이라는 경우, 구태를 부여의 다른 이름으로 본 데 기인하는데,[52] 음가(音價)에 매몰된 감이 없지 않아 수긍하기 힘들다.

구태는 백제 왕실의 "시조"로 여겨졌다(F-1-③, F-2-④, F-3-④, F-5-③, F-7-③, F-8-①). 이에 온조를 구태로 볼 수도 있겠다. 중국 문헌에 전하는 구태의 사적이 온조 전승과 통한다는 주장[53]을 참작하면, 그리 생각할 여지가 없지 않다. 그러나 구태를 온조로 보기 망설여지는 것도 사실이니, 일단 구태는 동명의 후손으로 전하나(F-2-③, F-3-③, F-8-③), 온조는 동명(왕)의 아들로 인식되었다.[54] 동

---

50) 김병곤, 2007, 위의 논문, 186~187쪽.
51) 정재윤, 2008b, 앞의 논문, 63~64쪽, 67~73쪽.
52) 王民信, 1986, 앞의 논문, 169~170쪽.
53) 林起煥, 1998a, 앞의 논문, 14~15쪽.
54) 주23). 해당 기록에서는 온조의 부친을 고구려 시조 주몽이라 한다. 그런데 Ⅰ부에서 언급한 바와 같이 백제 자체의 동명 신화가 존재하였으므로 이는 후대의 윤색이고, 애초 온조와 연결된 존재는 백제 시조 동명이다.

명과의 관계에 차이가 난다.

덧붙여 백제 당대에 온조를 시조로 모신 자취가 두드러졌다고 보기 힘든 점도 가벼이 넘길 수 없다. 그나마 『삼국사기』 백제본기에 온조가 시조의 위치에 두어지기는 하였으나, 이는 Ⅰ부에서 밝힌 것처럼 후대에 백제 시조 동명을 고구려 시조 동명왕(주몽)으로 인식하여 관련 언급이 배제됨에 따라, 동명의 후계인 온조가 전면에 부상한 결과로 이해된다.55) 백제본기에 할주를 통하여 비류를 시조로 한 전승이 소개되기도 하였거니와, 제사지 찬자가 온조를 시조로 언급하지 않은 문헌(『해동고기』)을 밝히며 백제 시조를 동명이라 명기한 데(J)서 드러나듯, 『삼국사기』 편찬 단계에서도 백제 시조에 관한 정리된 견해가 사서 전반을 관통하지 못하였다. 이러한 상황에서 백제 존속 당시 온조가 시조로 굳건히 자리하였다고 확신하기 어렵다.

그렇다면 남은 대상은 동명이다. Ⅰ부에서 검토한 바와 같이, 해당 신격을 모신 동명묘(東明廟) 제사가 거국적으로 치러졌고, "시조 동명묘"라는 표현(A-2·9)과 백제 고유의 동명 신화에 토대한 도모(都慕) 전승(B-1·2)에서 드러나는 것처럼, 동명은 백제에서 시조로 자리한 존재였다. 그러한 면모는 다른 데서도 찾아볼 수 있으니, 관련 기록은 다음과 같다.

> G-1. 야마토노아오미(和朝臣)는 백제국 도모왕(都慕王)의 18세손인 무령왕으로부터 나왔다.56)
>
> G-2. 구다라노아소미(百濟朝臣)는 백제국 도모왕의 30세손인 혜왕으로부터 나왔다.57)
>
> G-3. 구다라노키미(百濟公)는 백제국 도모왕의 24세손 문연왕(汶淵王)으로부터 나

---

55) 盧明鎬, 1981, 「百濟의 東明神話와 東明廟 -東明神話의 再生成 現象과 관련하여-」 『歷史學研究』 10, 53쪽 참조.
56) 『新撰姓氏錄』 권22, 左京諸蕃下, 百濟, "和朝臣 出自百濟國都慕王十八世孫武寧王也"
57) 『新撰姓氏錄』 권22, 左京諸蕃下, 百濟, "百濟朝臣 出自百濟國都慕王卅世孫惠王也"

왔다.58)

G-4. 스가노아오미(菅野朝臣)는 백제국 도모왕의 10세손인 귀수왕(貴首王)의 후손으로부터 나왔다.59)

G-5. 구다라노테히토(百濟伎)는 백제국 도모왕의 후손 덕좌왕(德佐王)으로부터 나왔다.60)

G-6. 후하노무라지(不破連)는 백제국 도모왕의 후손 비유왕으로부터 나왔다.61)

G-7. 가후치노무라지(河內連)는 백제국 도모왕의 아들인 음태귀수왕(陰太貴首王)으로부터 나왔다.62)

    이는 일본 내 백제계 혹은 도래계(渡來系) 가문 가운데 자기 집단의 시원(始原)을 도모왕, 즉 동명에 둔 경우로, 사실 여부와 상관없이 백제가 멸망한 지 한참이 지난 9세기 초에도 동명을 자신들의 혈연적 구심점으로 여겼음을 알 수 있다. 물론 해당 사례를 구다라노코키시(百濟王) 같은 백제계 성씨가 우대된 당시의 사회 분위기와 연관된 현상이라 주장하기도 하나,63) 그렇다 하여도 백제 시조에 해당하는 존재로 바라보는 시각이 면면히 이어져 온 점은 사실로 인정하여도 좋을 것이다. 가계(家系)에 관한 관념이 단시간에 작위적으로 나타났다고 상정하기는 쉽지 않기 때문이다. 백제 시조 동명을 다룬 도모 전승(B-1·2)의 존재를 생각하면 더욱 그러하다. 위의 사례는 백제 당대에 동명을 시조로 인식하던 흐름의 발로로 이해하는 편이 타당하다.

    이상을 보건대 백제에서 시조의 위치에 확고히 자리한 이는 동명이다. 따

---

58) 『新撰姓氏錄』 권22, 左京諸蕃下, 百濟, "百濟公 出自百濟國都慕王廿四世孫汶淵王也"
59) 『新撰姓氏錄』 권24, 右京諸蕃下, 百濟, "菅野朝臣 出自百濟國都慕王十世孫貴首王之後也"
60) 『新撰姓氏錄』 권24, 右京諸蕃下, 百濟, "百濟伎 出自百濟國都慕王孫德佐王也"
61) 『新撰姓氏錄』 권24, 右京諸蕃下, 百濟, "不破連 出自百濟國都慕王之後毗有王也"
62) 『新撰姓氏錄』 권28, 河內國諸蕃, 百濟, "河內連 出自百濟國都慕王男陰太貴首王也"
63) 연민수, 2021, 『일본고대국가와 도래계 씨족』, 학연문화사, 163~164쪽.

라서 구태 역시 동명일 확률이 높다. 그렇게 보면 관련 국내 전승 사료에 동명에 관한 언급은 보이나 구태의 흔적을 찾기 힘든 이유도 설명 가능하니, 구태가 아닌 동명이란 이름으로 남겨진 결과가 아닐까 한다.

사실 시조라고 명기된 점에 주목하자면 구태를 동명이라 하지 않는 게 더 이상한 일인지도 모른다. 자국의 역사를 조금이라도 올리려는 경우가 일반적이므로, 동명보다 후대의 인물을 새롭게 시조로 삼았다고 가정하기 힘들다. 그러함에도 그간 동명에 주목하지 않았던 것은 구태를 동명의 후손이라 하였을 뿐(F-2-③, F-3-③, F-8-③) 아니라, 공손탁과 통혼한 구태의 행적(F-2-③, F-3-③, F-8-②)이 도모 전승(B-1·2)에서 엿볼 수 있는 동명의 그것과 구별되기 때문일 것이다.

먼저 구태의 선대에 관한 사안부터 살펴보면, 구태를 가장 먼저 다룬 문헌(『주서』)에는 그의 선대에 관한 언급이 없다(F-1). 선대를 동명으로 명기하며 그의 자취를 다룬 기술은 수대(隋代)를 배경으로 한 문헌(『수서』)에서 모습을 드러냈고(F-2-②·③), 뒤이어 편찬된 문헌(『북사』)에서도 기조가 유지된다(F-3-②·③). 백제가 중국 왕조와 교섭을 계속하였다는 점을 고려하면, 수가 존속한 6세기 말~7세기 초 백제를 통하여 얻은 정보가 해당 사서에 실렸을 수 있다. 즉 『수서』 혹은 『북사』의 동명 관련 기술이 실제 백제에서 통용되던 바를 전문(傳聞)하였을 가능성64)을 완전히 배제하기 힘들다.

다만 그렇게 단정하기는 다소 어렵지 않을까 한다. 구태와 동명의 관계를 말할 때 나오는 동명 전승(F-2-②, F-3-②)의 플롯이 『논형』이나 『위략』·『후한서』 등의 중국 문헌에 전하는 부여 시조 동명의 그것과 기본적으로 일치하기 때문이다.65) 백제 말기까지 부여의 시조 신화를 거의 원형 그대로 간직하였

---

64) 김화경, 2019, 앞의 책, 160~161쪽, 163~164쪽; 조영광, 2023, 앞의 책, 192~193쪽; 盧明鎬, 1981, 앞의 논문, 47쪽; 神崎勝, 1995, 앞의 논문, 299쪽; 林起煥, 1998a, 앞의 논문, 11쪽; 정재윤, 2008b, 앞의 논문, 76쪽.

65) 관련 기록은 다음과 같다.
『論衡』 권2, 吉驗, "北夷橐離國王侍婢有娠 王欲殺之 婢對曰 有氣大如鷄子 從天而

다고 보기는 석연치 않다. 고구려의 경우 주몽 신화에서 드러나듯, 부여 동명 신화를 자기 상황에 맞추어 일정 정도 변용하였는데,[66] 오히려 그러한 방향이 자연스럽다.

물론 백제 왕권이 부여의 동명 신화를 곧이곧대로 빌려 썼다고 상정하는 것이 불가능하지는 않다. 성왕이 국호를 남부여(南扶餘)로 바꾸기도 하였으니,[67] 강렬한 부여 계승 의식의 발로로 볼 수도 있다. 그러나 그 점을 고려하여도 마찬가지다. 동명의 출자를 "고려국"(F-2-①)과 "색리국"(F-3-①)으로 달리 본 까닭이다. 이들 기록이 실린 문헌, 즉 『수서』와 『북사』의 편찬 시점은 크게 차이가 없는데, 백제 측의 전언에 따랐다면, 그러한 결과가 나오기 쉽지 않다.

이 가운데 후자, 즉 『북사』의 "색리국"은 해당 표현뿐 아니라 전체적인 내용(F-3-②)이 『후한서』의 동명 신화와 유사하여 그것을 옮겨 실었다고 파악된다. 전자, 즉 『수서』의 "고려국"이란 표현의 경우, 이를 고구려로 간주하며 백제 당대에 고구려 출자 인식이 존재하였다고 추정하기도 하지만,[68] 공존 중

下 我故有娠 後産子 捐於猪溷中 猪以口氣嘘之 不死 復徙置馬欄中 欲使馬藉殺之 馬復以口氣嘘之 不死 王疑以爲天子 令其母收取 奴畜之 名東明 令牧牛馬 東明善射 王恐奪其國也 欲殺之 東明走 南至掩淲水 以弓擊水 魚鼈浮爲橋 東明得渡 魚鼈解散 追兵不得渡 因都王夫餘 故北夷有夫餘國焉"; 『三國志』 권30, 魏書30, 烏丸鮮卑東夷, 夫餘, "其印文言濊王之印 … 而夫餘其中 自謂亡人 抑有以也[魏略曰 舊志又言 昔北方有高離之國者 其王者侍婢有身 王欲殺之 婢云 有氣如雞子來下 我故有身 後生子 王捐之於溷中 豬以喙嘘之 徙至馬閑 馬以氣嘘之 不死 王疑以爲天子也 乃令其母收畜之 名曰東明 常令牧馬 東明善射 王恐奪其國也 欲殺之 東明走 南至施掩水 以弓擊水 魚鼈浮爲橋 東明得度 魚鼈乃解散 追兵不得渡 東明因都王夫餘之地]"; 『後漢書』 권85, 列傳 제75, 東夷, 夫餘, "初北夷索離國王出行 其侍兒於後姙身 王還 欲殺之 侍兒曰 前見天上有氣 大如雞子 來降我 因以有身 王囚之 後遂生男 王令置於豕牢 豕以口氣嘘之 不死 復徙於馬蘭 馬亦如之 王以爲神 乃聽母收養 名曰東明 東明長而善射 王忌其猛 復欲殺之 東明奔走 南至掩㴲水 以弓擊水 魚鼈皆聚浮水上 東明乘之得度 因至夫餘而王之焉"

66) 강진원, 2021, 『고구려 국가제사 연구』, 서경문화사, 54~59쪽 참조.
67) 서론 주76).
68) 盧明鎬, 1981, 앞의 논문, 48~49쪽; 神崎勝, 1995, 앞의 논문, 299쪽, 312쪽.

이며 우위에 있다고 여기지도 않던 인접 국가를 왕조의 뿌리라 생각하였을 개연성은 낮다. "고려국"은 찬자가 『삼국지』에 인용된 『위략』에서 동명이 출자하였다고 거론한 '고리국(高離國·槀離國)'을 착오하거나 오식한 결과로 이해하는 편69)이 타당하다.

구태와 동명의 관계는 어떻게 이해해야 할까. 유의할 점은 개로왕 18년 (472) 왕이 북위에 보낸 글에서 백제가 부여에서 나왔음을 언급한 사실로, 게재 문헌(『위서』)에도 백제가 그렇게 소개된 것70)을 보면, 중국 특히 북조에 이 정보가 공인되었음을 알 수 있다. 후대의 기술에도 흐름이 이어지므로(F-1-①, F-4-②, F-5-②, F-6-①, F-7-②), 그러한 관념이 자리를 잡았다 하겠다. 그 와중에 구태의 소식도 알려졌을 터인데, 그 정보는 『주서』에 기술된 바(F-1-②)와 같이 건국자이자 시조라는 사실 정도였고, 이후에도 상황이 딱히 나아지지 못한 결과, 중국 측에서 백제 왕실의 기원을 조금 더 부연할 필요성이 제기되지 않았을까 헤아려진다. 『삼국지』나 『후한서』에서 드러나듯, 중국에서 부여 시조가 동명임은 인지한 지 오래였다. 그래서 백제의 부여 출자 관념을 매개로 구태와 동명을 연결하여, 「부여 : 백제=동명 : 구태」로 정리된 나름의 도식을 창안하였던 것이 아닐까 한다.71)

이처럼 중국 문헌에서 구태의 선대를 동명으로 간주하고 이루어진 기술은 찬자의 가공으로 파악된다. 이후의 구태 관련 기록에서 해당 언급이 사라지는 사례가 상당한 점(F-4~7)은 이를 뒷받침한다. 동명과 구태의 선후 관계가 백제 고유의 전승에 명시되었다면, 일어나기 어려운 현상이다. 사실 이러한 일은 그다지 이례적인 것이 아니다. 구태와 동명을 연계한 기술이 등장하기 시작한 무렵 편찬된 『양서』 고구려전이 대표적인 사례로, 고구려의 출자를 언급

---

69) 李鍾泰, 1998, 앞의 논문, 107~108쪽; 林起煥, 1998a, 앞의 논문, 10쪽 주23); 李道學, 2005, 앞의 논문, 180쪽.

70) 『魏書』 권100, 列傳 제88, 百濟國, "百濟國 其先出自夫餘 其國北去高句麗千餘里 處小海之南 … 延興二年 其王餘慶始遣使上表曰 … 又云 臣與高句麗源出夫餘"

71) 비슷한 견해(兪元載, 1993, 앞의 책, 68쪽)가 존재하나, 매우 단편적인 언급이다.

함에 부여 동명 신화가 나온 뒤 훗날 지파가 나뉘어 고구려가 되었다고 나온다.[72] 이를 고구려로부터의 전언에 기인하였다고 보기도 하나,[73] 「광개토왕비문」에 보이듯,[74] 당시 고구려 자체의 시조 신화가 성립된 상황이었기에, 찬자가 고구려의 출자를 다루며 부여 동명 신화를 덧붙였다고 보는 것[75]이 온당하다. 고구려 왕실이 부여에서 나왔다는 점에 착안하여 빚어진 부회일 텐데, 백제 왕실과 부여 시조를 연결하려 한 움직임과도 결이 통한다. 당시 중국에서는 타국의 정보를 기술할 때 다양한 정보를 취합하여 상세히 다루고자 한 결과, 종종 그러한 현상이 나타났으리라 추정된다.

다음으로 구태의 통혼에 관한 사안의 경우, 처음에는 별도의 언급이 이루어지지 않았으나(F-1), 이후 편찬된 문헌(『수서』·『북사』)에 구태가 공손탁의 사위가 된 뒤 백제가 강국이 되었다고 하였다(F-2-③, F-3-③). 이 통혼이 실제 일어났다고 여기며, 공손씨 정권과 백제 사이의 관계를 살피는 지표로 삼기도 하고,[76] 앞서 언급한 바와 같이 구태를 고이왕이나 구수왕으로 추정하는 근거로도 활용되었다. 그런데 이미 살펴보았듯이, 공손탁과 혼사를 맺은 인물은

---

72) 『梁書』 권54, 列傳 제48, 諸夷, 東夷, 高句驪, "高句驪者 其先出自東明 東明本北夷 橐離王之子 離王出行 其侍兒於後任娠 離王還 欲殺之 侍兒曰 前見天上有氣如大鷄子 來降我 因以有娠 王囚之 後遂生男 王置之豕牢 豕以口氣噓之 不死 王以爲神 乃聽收養 長而善射 王忌其猛 復欲殺之 東明乃奔走 南至淹滯水 南至淹滯水 以弓擊水 魚鼈皆浮爲橋 東明乘之得渡 至夫餘而王焉 其後支別爲句驪種也"

73) 정재윤, 2008b, 앞의 논문, 71쪽.

74) 「廣開土王碑文」, "惟昔始祖鄒牟王之創基也 出自北夫餘 天帝之子母河伯女郎 剖卵降世 生而有聖▨▨▨▨▨▨命駕巡幸南下 路由夫餘奄利大水 王臨津言曰 我是皇天之子母河伯女郎鄒牟王 爲我連葭浮龜 應聲卽爲連葭浮龜 然後造渡 於沸流谷忽本西城山上而建都焉 不樂世位 天遣黃龍 來下迎王 王於忽本東罡 履龍首昇天"

75) 林起煥, 1998b, 「4~6세기 中國史書에 나타난 韓國古代史像」『韓國古代史研究』 14, 169쪽.

76) 尹善泰, 2001, 「馬韓의 辰王과 臣濆沽國 -嶺西濊 지역의 歷史的 推移와 관련하여-」『百濟研究』 34, 32쪽; 김수태, 2004, 「漢城 百濟의 성장과 樂浪·帶方郡」『百濟研究』 39, 28~29쪽.

부여왕 위구태이다. 따라서 위구태를 백제 시조 구태로 오인하여 초래된 현상으로 볼 수 있다.[77]

  물론 이를 사실로 간주하며 흔적을 찾으려는 시도도 행해졌다. 예컨대 책계왕이 대방왕(帶方王)의 딸과 혼인한 일[78]은 요동태수 공손탁이 딸을 시집보낸 것과 다르지 않다고 바라보기도 한다.[79] 그러나 대방왕은 요동태수와 구별되는 존재라 문제가 남는다. 또 고구려 비류나부의 일원이었던 갈사국 출신 세력이 고국천왕 사후 발발한 발기(發岐)의 난(197)으로 남하하여 대방군 변경에 자리한 일과 관련된다고도 가정하지만,[80] 특정 나부 집단의 이동이나 공손씨 세력과의 제휴와 같은 일이 실재했다고 볼 근거가 뚜렷하지 않아 따르기 어렵다.

  구태와 공손탁의 통혼에 관한 사안은 구태의 선대를 동명이라 한 기술과 함께 등장한다(F-2-③, F-3-③). 위에서 살펴보았듯이 구태가 동명의 후손이라는 언급은 중국 찬자의 산물로, 백제로부터의 전언에 기인한 바가 아니다. 그러므로 같은 시기에 나타난 공손탁과의 통혼 또한 마찬가지로 볼 수 있지 않을까 한다. 당시 중국에서는 백제 왕실이 부여에서 나왔다고 여겼다. 그런데 마침 백제 시조 구태와 같은 이름을 쓰는 위구태라는 부여 군주를 알았기에 위구태를 구태로 혼동하게 된 것 같으니, 백제 왕실을 부여왕 위구태의 후손이라 한 기술(F-5-①, F-7-①)은 이를 뒷받침한다.[81]

---

77) 李丙燾, 1976, 앞의 책, 473쪽; 井上秀雄, 1978, 『古代朝鮮史序說 -王者と宗教-』, 寧樂社, 120~121쪽; 兪元載, 1993, 앞의 책, 68쪽; 李鍾泰, 1998, 앞의 논문, 109쪽; 林起煥, 1998a, 앞의 논문, 11쪽; 朴燦圭, 2003, 앞의 논문, 44쪽.

78) 『三國史記』 권 제24, 百濟本紀 제2, 責稽王 원년, "髙句麗伐帶方 帶方請救於我 先是 王娶帶方王女寶菓爲夫人 故曰 帶方我舅甥之國 不可不副其請 遂出師救之 髙句麗怨 王慮其侵冦 修阿旦城虵城備之"

79) 문안식, 2004, 앞의 논문, 39~40쪽.
80) 이장웅, 2016, 앞의 논문, 23~25쪽.
81) 북송 후기~명대 문헌 상당수에 이러한 기술이 이어졌다(尹龍九, 2004, 앞의 논문,

이렇게 '구태=위구태'로 여기는 인식 아래 위구태와 공손탁이 혼사를 맺은 사실이 구태의 행적으로 탈바꿈하고, 여기에 백제를 강국으로 평한 기록(I-5-①)이 어우러진 결과, 구태와 공손탁의 혼사에 이은 국력 신장 기술(F-2-③, F-3-③)이 나타나지 않았을까 한다. 즉 구태가 공손탁의 사위라는 것 역시 중국 측이 제한된 정보 속에서 백제의 역사적 연원을 재구성한 산물로 판단된다. 그 뒤 관련 문헌에서 해당 언급이 사라진 사례가 적지 않은 점(F-4~7)은 부여왕 위구태의 사적과 겹치는 데서 실재성에 대한 의문이 커진 결과로 이해된다.

요컨대 구태가 동명의 후손이고 공손탁의 딸과 혼인하였다는 것은 중국 측 찬자의 가공으로, 백제에서 통용되던 전승이 아니다. 이 사실은 해당 언급이 등장한 문헌(『수서』·『북사』)의 편찬 시점과 근접한 시기에 작성된 문헌(『한원』)에 그러한 기술이 존재하지 않는 점(F-5)에서도 엿볼 수 있다. 『한원』은 중국 동방(東夷) 지역에 대한 실제적 지식 제공을 목적으로 만들어졌으며, 660년 무렵의 최신 정보에 기초하여 작성된 『괄지지』·『고려기』 등의 기록을 담았다.[82] 그러함에도 구태의 선대나 통혼에 관한 언급이 부재한 것은 해당 요소가 백제에서 유래하였을 가능성이 크지 않음과 더불어, 중국에서도 그 사실성을 회의적으로 여기는 흐름이 존재하였음을 의미한다.

그렇다면 구태의 실체에 다가갈 때 가장 중시해야 하는 것은 처음 관련 언급이 이루어졌을 때의 기술(F-1-②·③)이다. 이에 따르면 구태는 시조이자 건국자였다. 백제 당대에 그리 여겨진 인물이 동명임은 I부에서 다룬 바다. 따라서 구태는 동명으로 보는 편이 자연스러우며, 구태묘 또한 동명을 제사한 공간이라 하겠다.

이상과 같이 구태의 실체를 두고 다양한 설이 제기되었는데, 그가 시조로 여겨졌다는 점에 주목하면, 구태는 백제 당대에 시조로 자리매김한 동명이다. 물론 구태에 관한 중국 측 기록 가운데 그가 동명의 후손이며 공손탁과 통혼

9쪽 참조).
82) 동북아역사재단 한국고중세사연구소, 2018, 앞의 책, 14쪽.

하였다는 사례가 있어 달리 생각할 여지도 있다. 그러나 이는 백제 왕실이 부여에서 나왔다고 한 것을 토대로 구태의 선대를 동명으로 봄과 아울러, 부여왕 위구태가 구태로 혼동되어 그의 행적이 구태에게 덧붙여지면서 나타난 가공의 결과이다. 따라서 구태는 동명이고, 구태묘는 동명을 제사한 공간이다. 그럼 구태묘의 성격과 제사 운영 양상은 어떠하였을까. 이 문제는 다음 장에서 살펴보겠다.

2. 구태묘의 종묘적 성격과 운영 양상

구태묘는 어떠한 성격의 공간이었을까. 이에 대해서는 크게 종묘[83]와 시조묘(始祖廟)로 입장이 나뉜다.[84] Ⅰ부에서 살펴보았듯이 시조묘는 시조의 장지와 관련되는데, 송산리(松山里) 및 능산리(陵山里) 고분군에서 알 수 있는 것처럼 남천(南遷, 475) 이후 왕릉 구역은 도성 경계 외곽에 자리하였으므로, 구태묘가 시조묘라면 거기에 있어야 한다. 그런데 구태묘는 도성 안에 자리하여(F-2-④, F-3-④, F-4-③, F-8-②) 시조묘와 결이 다르다. 따라서 종묘로 보는 편이 타당하다.

---

[83] 兪元載, 1993, 앞의 책, 100쪽; 井上秀雄, 1993, 『古代東アジアの文化交流』, 溪水社, 187쪽; 양기석, 2013, 앞의 책, 350쪽; 채미하, 2015, 『신라의 오례와 왕권』, 혜안, 254~255쪽; 盧明鎬, 1981, 앞의 논문, 76쪽; 최범호, 1997, 앞의 논문, 42쪽; 朴賢淑, 1999, 「三國時代 祖上神 觀念의 形成과 그 特徵」 『史學研究』 58·59, 115~116쪽; 이병호, 2003, 「百濟 泗沘都城의 構造와 運營」 『한국의 도성 -都城 造營의 傳統-』, 서울시립대학교 부설 서울학연구소, 44쪽; 김병곤, 2007, 앞의 논문, 174~177쪽; 정재윤, 2008b, 앞의 논문, 72쪽; 이장웅, 2017, 「백제 웅진기 '建邦之神' 제사와 聖王代 유교식 天 관념」 『韓國古代史探究』 26, 102~103쪽.

[84] 최광식, 1994, 『고대한국의 국가와 제사』, 한길사, 183쪽; 노중국, 2018, 『백제정치사』, 일조각, 115쪽, 389쪽; 여호규, 2005, 앞의 논문, 276쪽 주15); 정구복, 2007, 앞의 논문, 237쪽, 241쪽; 金吉植, 2008, 앞의 논문, 75쪽; 김경화, 2017a, 앞의 논문, 337~338쪽.

구태묘의 성립 시기로는 근초고왕 시기(346~375),[85] 4세기 말 이후,[86] 개로왕 시기(455~475),[87] 웅진도읍기(475~538),[88] 동성왕 시기(479~501) 이후 어느 무렵,[89] 웅진・사비도읍기,[90] 사비도읍기,[91] 성왕 시기(523~554),[92] 사비 천도(538) 전후,[93] 555년 이후를 주목하기도 한다.[94] 남천 뒤라 하는 경우가 상당한데, 구태묘 관련 기사 자체가 사비도읍기의 사정을 전하는 문헌에 실린 데 따른 결과일 것이다. 다만 구태묘가 종묘로 이해되기에, 그렇게 여기기 곤란하다. Ⅰ부에서 살펴본 것처럼 이미 한성도읍기에 종묘가 존재하였다. 그러므로 구태묘, 즉 종묘는 이른 시기부터 자리하였다 하겠다.[95]

다만 구체적인 시기를 가늠하기는 쉽지 않으니, 전지왕 시기(405~420) 동명묘 제사가 중단된 뒤 종묘가 건립되었다고 추정하기도 한다.[96] 그런데 고구

---

85) 조영광, 2023, 앞의 책, 204~205쪽.
86) 神崎勝, 1995, 앞의 논문, 314쪽.
87) 李鍾泰, 1998, 앞의 논문, 132~133쪽; 金吉植, 2008, 앞의 논문, 78~79쪽.
88) 정구복, 2007, 앞의 논문, 241쪽.
89) 여호규, 2005, 앞의 논문, 276~277쪽.
90) 金昌錫, 2004, 「한성기 백제의 국가제사 체계와 변화 양상 -풍납토성 경당지구 44호, 9호 유구의 성격 검토를 중심으로-」『서울학연구』 22, 24쪽.
91) 兪元載, 1993, 앞의 책, 100쪽; 채미하, 2015, 앞의 책, 254쪽; 朴淳發, 2023a, 「백제 도성 제의(祭儀)의 전개와 그 배경」『百濟學報』 45, 25쪽.
92) 노중국, 2010, 앞의 책, 522~526쪽; 김병곤, 2007, 앞의 논문, 173~178쪽; 김경화, 2017a, 앞의 논문, 354쪽; 이장웅, 2017, 앞의 논문, 102쪽.
93) 徐永大, 2000, 앞의 논문, 125~126쪽.
사비 천도 이후 예법과 격식이 정비되었다고 보기도 한다(양기석, 2013, 앞의 책, 350쪽).
94) 朴承範, 2000, 앞의 논문, 230~231쪽.
95) 盧明鎬, 1981, 앞의 논문, 76쪽.
96) 문동석, 2021, 「백제 전지왕의 연호 제정과 종묘」『白山學報』 121, 白山學會, 185~188쪽.

려에서 시조묘와 종묘가 병존하였기에,97) 백제 종묘의 실재 여부를 동명묘의 그것과 직결하여 이해할 필요는 없다. 고구려의 경우 동천왕 21년(247) 묘사(廟社), 즉 종묘와 사직을 옮겼으므로,98) 늦어도 3세기 중엽 이전 종묘가 있었다.99) 이를 고려하면, 백제의 종묘도 전지왕 때보다 앞선 시기에 존재하였다고 보는 편이 좋지 않을까 한다.

사비 천도 이전 종묘, 즉 구태묘의 실상을 정확히 알기는 어렵다. 먼저 위치의 경우, Ⅰ부에서 검토하였듯이 풍납토성(風納土城) 경당지구 44호 유구 일대가 한성도읍기 종묘로 파악되므로, 이때는 왕성 안에 종묘가 두어졌다. 아울러 사비도읍기의 구태묘(종묘)가 도성 안에 자리하였다는 점(F-2-④, F-3-④, F-4-③, F-8-②)을 조합하면, 웅진도읍기 종묘의 소재지 또한 공산성(公山城)을 중심으로 한 도성 구역의 범위를 벗어나지 않을 것이다.

다음으로 운영 양상의 경우, 토속적인 방식에 기초하였다고도 가정한다.100) 그런데 고구려 종묘는 초창기 재래의 색채가 짙은 조상신 사당이었지만, 4세기 후반 이후 세실(世室)이 두어져 세대가 지나도 종묘에서 옮기지 않는 불천지주(不遷之主)가 설정되고, 동서로 공간이 확장된 동당이실(同堂異室) 형태를 지니게 되었다.101) 백제도 비슷하지 않을까 한다. 초기에는 전통적인 왕실 사당이었으나, 점차 유교적 색채가 강해졌다고 보인다. 이와 관련하여 종묘에서 왕실 및 중앙·지방 세력이 참여하여 토기를 훼손하거나 그 안에 복숭아를 넣는 의식을 하며 국가 공동체의 안녕을 기원하였다는 견해102)가 제기

---

97) 강진원, 2021, 앞의 책, 188~189쪽, 209~213쪽 참조.
98) 『三國史記』 권 제17, 高句麗本紀 제5, 東川王 21년 2월, "王以丸都城經亂 不可得都 築平壤城 移民及廟社 平壤者 本仙人王儉之宅也 或云王之都王儉"
99) 강진원, 2021, 앞의 책, 207쪽.
100) 盧明鎬, 1981, 앞의 논문, 77쪽.
101) 강진원, 2021, 앞의 책, 213~220쪽, 235~236쪽, 255~262쪽.
102) 문동석, 2021, 앞의 논문, 194~198쪽. 이 논의에서는 전지왕 시기 종묘 건립을 기념하고자 해당 의식이 치러졌다고 생각한다. 그런데 앞서 언급한 것처럼 백제

되었는데, 유교적 예제(禮制)가 확고히 자리하기 전의 모습을 유추함에 시사되는 바가 있다.103)

구태묘는 종묘와 다르지 않다. 그러함에도 왜 종묘라 하지 않았을까. 이 문제를 풀려면 '구태'라는 표현의 실체에 다가가야 한다. 구태묘에서 '묘(廟)'의 의미는 쉽게 이해할 수 있는 까닭이다. 그 면에서 주목되는 점은 구태와 우태의 뒷글자가 같다는 사실로, 백제에서 고구려 관등 우태와의 혼동을 우려함과 아울러 부여왕 위구태도 염두에 둔 결과, 우태를 구태로 바꿔 중국에 알렸다고 주장하기도 한다.104) 그러나 당시 백제에서 시조의 이름을 변경함에 굳이 뜻이 좋지 않은 '구(仇)'자를 썼다고 생각되지는 않는다. 따라서 우태가 와전되었다고 파악하는 것이 어떨까 한다. 우태의 '우(優)'와 통용되는 '우(优)'는

종묘는 그 이전부터 존재하였기에, 해석을 달리해야 한다. 만일 관련 유물이 5세기 초의 산물이라면, 그 무렵 종묘를 개·보수하거나 이전하는 일이 벌어졌다고 가늠해 볼 수 있다.

103) 사직의 경우, 개로왕 21년(475) 왕이 문주에게 피란을 권고하고, 동성왕이 남제(南齊)에 사신을 보내며 올린 글에 언급되었다(Ⅰ부 주132·133)). 물론 이때의 사직은 국가를 상징하는 표현이다. 이에 사직 제사가 이루어지지 않았다는 설(金昌錫, 2004, 앞의 논문, 14~15쪽)도 제기되었다. 다만 그러한 용어가 사용된 것은 사직에 대한 일정한 지식이 자리하였음을 말한다고 보아도 좋지 않을까 한다(노중국, 2010, 앞의 책, 496쪽). 고구려의 경우 『삼국지』에서 사직의 존재가 드러나고(『三國志』 권30, 魏書30, 烏丸鮮卑東夷, 高句麗, "其俗節食 好治宮室 於所居之左右立大屋 祭鬼神 又祀靈星社稷 … 涓奴部本國主 今不雖爲王 嫡統大人 得稱古鄒加 亦得立宗廟 祠靈星社稷"), 위에서 살펴보았듯이 동천왕 21년(247) 사직이 옮겨졌으므로, 3세기 중엽에는 존재가 확인된다. 따라서 백제 또한 한성도읍기부터 사직이 두어져 의례가 치러졌다고 유추된다. 구체적으로 개로왕 이전이라는 추정(문동석, 2021, 위의 논문, 188쪽)도 있는데, '좌묘우사(左廟右社)'란 기준을 생각하면, 백제의 사직도 종묘와 함께 왕궁 근방에 존재하였다고 여겨진다. 한편 사비도읍기 사직의 흔적으로 용정리사지(龍井里寺址) 하층 건물지를 주목하기도 하나(박순발, 2010, 『백제의 도성』, 충남대학교출판부, 244~245쪽), 이 유적은 나성 바깥에 자리하므로 타당성이 약하지 않을까 한다.

104) 김수미, 2017, 앞의 논문, 26~27쪽.

구태의 '구(仇)'와 혼동될 수 있는 자형이기 때문이다.105)

우태는 고구려 관등으로도 쓰였는데, 연장자나 친족 공동체의 장(長) 등을 의미한다고 이해되므로,106) 원래는 '웃어른'과 같은 뜻일 것이다. 백제는 고구려와 문화적 공감대를 지녔기에,107) 우태라는 표현이 통용되었을 확률은 상당하며, 의미 역시 수장,108) 즉 권력을 가진 웃어른에 상응할 터이다. 그 점을 잘 보여 주는 사례가 바로 비류 전승에 등장하는 우태로, 이는 고유 명사라기보다 일반 명사로 여겨진다.

구태가 본디 우태로 웃어른이나 수장을 의미한다면, 구태묘는 곧 우태묘로 '웃어른(수장)을 모신 사당' 정도로 파악할 수 있다. 이는 종묘와도 통하는 표현이다. 종묘의 다른 이름인 태묘(太廟)는 태조묘(太祖廟)를 일컫는데, 태조는 종묘에서 수위에 자리한 어른으로, 우태와 비슷한 뜻으로 다가오기 때문이다. 그 사실은 도모 전승에서 동명이 "태조"라 칭해진 것(B-2)에서도 뒷받침된다. 물론 이를 후대의 윤색으로 볼 수도 있겠다. 그러나 일본에서는 종묘 제도가 정비되지 않았기에, 굳이 태조와 같은 용어를 창안하지는 않았으리라 헤아려진다. 동명이 태조로 칭해진 것은 백제 당시의 인식에 기초하였다고 이해된다. 동명이 태조라면, 그를 모신 제장 구태묘, 즉 우태묘는 태(조)묘, 곧 종묘와 다르지 않다. 아마도 우태묘는 종묘(태묘)의 속칭이나 별칭이 아닐까 하는데, 당대에 널리 쓰인 표현인지라 구태묘로 와전되었을지언정 중국까지 전해져 기록에 남겨졌다고 유추된다.

이와 관련하여 동명이 백제 시조였을 뿐 아니라, 구태묘에 시조를 모셨다고 하였기에(F-1-③, F-2-④, F-3-④, F-5-③, F-7-③, F-8-①), 동명이 태조로 인식된 데 의

---

105) 김성한, 2014, 앞의 논문, 100쪽.
106) 金哲埈, 1990, 『韓國古代社會研究』, 서울大學校出版部, 232쪽, 234쪽, 405쪽.
107) 『魏書』 권100, 列傳 제88, 百濟, "其衣服飮食 與高句麗同"; 『隋書』 권81, 列傳 제46, 東夷, 百濟, "喪制如高麗"
108) 徐永大, 2000, 앞의 논문, 124쪽.

문을 표할 수도 있다. 원칙적으로 시조와 태조는 구별되는 존재로, 대개 시조가 종족이나 공동체의 뿌리에 해당하는 존재라면, 태조는 왕조의 창업주거나 토대를 마련한 인물인 까닭이다. 하지만 그 구분이 고정불변하던 것은 아니고, 중국 예학(禮學)에 큰 영향을 끼친 후한 후기의 유자(儒者) 정현(鄭玄, 127~200)조차 태조를 시조로 간주하기도 하였으며,[109] 위진 남북조 시대를 거쳐 시조와 태조의 구별은 모호해져 갔다.[110] 한국 고대도 다르지 않아, 신라 미추이사금은 김씨 왕실의 첫 군주로 굳이 말하자면 태조에 가까운 위치라 하겠으나 종묘에 시조로 모셔졌고,[111] 「광개토왕비문」에 보이듯 고구려 주몽(추모왕)은 시조였으나 국가를 세운 태조의 성격이 혼재하였다.[112]

그러한 양상은 백제도 마찬가지다. 도모 전승에 따르면 동명은 "태조" 외에 "원조(遠祖)"라고도 칭해졌으니(B-1), 이는 시조와 통하는 표현일 것이다. 동명은 원조, 즉 시조라고도 불리고, 태조라고도 불린 셈이다. 물론 Ⅰ부에서 언급하였듯이, 두 도모 전승 가운데 천제에게 녹(籙)을 받는 요소가 존재한 쪽(B-2)이 상대적으로 후대의 산물일 가능성이 있는데, 이때 동명이 태조로 언급된 데 착안하여, 동명에 대한 호칭이 시조에서 태조로 바뀌었다고 짐작할 수도 있겠다. 그러나 동명이 굳건히 시조로 자리매김한 점을 고려하면, 어느 한 쪽이 옳다기보다 시조와 태조에 관한 관념이 무 자르듯 나누어지지 않았던 흔적으로 여기는 편이 좋지 않을까 한다. 실제 내용을 보아도 동명, 즉 도모(대)왕은 하늘의 선택으로 태어난(B-1·2) 시조이자, 백제를 건국한(B-2) 태조이다. 시조와 태조가 혼용되었음을 알 수 있는데, 그렇다면 동명은 시조이자 태조로 종묘(구태묘)에서 모셔졌다 하겠다.[113]

---

109) 김경화, 2017a, 앞의 논문, 332쪽.
110) 羅喜羅, 1999, 『新羅의 國家 및 王室 祖上祭祀 硏究』, 서울대 박사 학위 논문, 160쪽.
111) 주39).
112) 주74).
113) 지금까지의 논의와 달리, 종묘에 모셔진 군주 모두를 우태(웃어른)라 여겨 우

사비도읍기의 종묘, 즉 구태묘의 소재지는 어디일까. 이에 대하여 능산리 사지(陵山里寺址) 1차 건축군에 주목하기도 한다.114) 그러나 구태묘는 도성 안에 존재하였으므로(F-2-④, F-3-④, F-4-③, F-8-②) 따르기 어렵다. 능산리사지의 경우, 시조의 제장이 훗날 불교 사원으로 바뀐 배경을 설명하기 곤란하여115) 더욱 그러하다. 도성 범위 안쪽으로 시선을 돌려야 하는데, 그 면에서 부여초등학교 방면116)이나 관북리(官北里) 일대,117) 또는 부소산성(扶蘇山城) 내부라고도 추정하고,118) 관북리 남북대로 동쪽 30m 지점에 있는 '북사(北舍)'명 토기 출토 건물지로 특정하기도 한다.119) 한곳을 콕 집기는 곤란하나, 종묘인 이상 어찌 되었든 왕궁에서 멀리 떨어지지 않은 데 자리하였다고 여겨진다.

　구태묘 제사는 한 해 네 차례 거행되었는데(F-1-③, F-2-④, F-3-④, F-4-③, F-5-③, F-7-③, F-8-①), 구체적인 시기는 언급되지 않았다. 이를 사맹월(四孟月), 즉 1·4·7·10월로 보기도 한다.120) 중국에서는 후한 초기 종묘에 사맹월 및 납일(臘日)에 제사하기로 정해진 뒤,121) 당대(唐代)까지 큰 변화 없이 답습되었는

　　태묘라 하였는지도 모르겠다. 다만 어떻게 보든 우태묘가 종묘라는 점은 인정된다.
114) 金吉植, 2008, 앞의 논문, 75쪽.
115) 이병호, 2014, 『백제 불교 사원의 성립과 전개』, 사회평론아카데미, 230쪽.
116) 박순발, 2010, 앞의 책, 243~244쪽.
117) 김경화, 2017a, 앞의 논문, 345~346쪽.
118) 田中俊明(鄭孝雲 옮김), 1990, 「王都로서의 泗沘城에 대한 豫備的 考察」『百濟硏究』 21, 181쪽; 이병호, 2003, 앞의 논문, 44~45쪽; 여호규, 2022, 「『括地志』에 나타난 백제 泗沘 都城의 공간구조와 扶蘇山城의 성격」『百濟文化』 67, 115쪽, 119~120쪽.
119) 서정석, 2021, 「백제 사비도성의 왕궁과 5부·5항」『韓國古代史探究』 37, 137~139쪽.
120) 이장웅, 2017, 앞의 논문, 102~103쪽.
121) 『後漢書』, 志 제9, 祭祀下, 宗廟, "光武帝建武二年正月 立高廟于雒陽 四時祫祀 高帝爲太祖 文帝爲太宗 武帝爲世宗 如舊 餘帝四時春以正月 夏以四月 秋以七月

데,[122] 구태묘가 종묘였고 백제가 중국 문물을 받아들이는 데 인색하지 않았으므로, 그렇게 생각할 여지도 없지 않다. 다만 구태묘 제사는 연 4회 치러진 데 비해, 이 경우 의례가 연 5회 행해져 횟수에 차이가 난다. 납일을 제외하였다고 상정하여도 마찬가지다. 만일 구태묘 제사가 사맹월처럼 중국 측에서 볼 때 익숙한 절기에 이루어졌다면, 기록으로 남는 편이 자연스럽지 않을까 한다.

구태묘 제사가 사중월에 행해졌다고도 짐작한다. 해당 의례가 천·오제 제사를 사중월에 치렀다는 기술에 이어 나타나기에(F-1-③, F-2-④, F-3-④, F-5-③, F-7-③, F-8-①), 같은 시기에 행해졌을 가능성을 제기함과 아울러, 북위 효문제 태화(太和) 16년(492) 종묘(太廟) 제사 시기를 사맹월로 정하면서 이전에 사중월에 치렀다 하고,[123] 북위에서 본디 사시의 중절(中節), 즉 사중월에 종묘에 제사한 것이 오랑캐의 예(夷禮)에 해당한다는 언급[124]에 주목하여, 북방 종족이 대체로 중월(仲月)을 중시하였고, 백제도 같은 맥락에서 구태묘 제사를 사중월에 지냈다고 본 것이다.[125]

흥미로운 논의지만, 북위를 제외하면 호족(胡族) 왕조 가운데 사중월에 제사한 흔적을 찾기 어렵고, 북위조차 그러한 사례는 효문제 시기 이전의 일이라 당시 보편적으로 통용된 방식이라 여기기 힘들다. 백제가 한성도읍기 이래

冬以十月及臘 一歲五祀"

122) 金子修一, 2001, 『古代中國と皇帝祭祀』, 汲古書院, 13~14쪽, 46쪽, 76쪽, 100쪽, 143~144쪽.

123) 『魏書』 권108之1, 志 제10, 禮4之1, 祭祀上, "(太和)十六年正月戊午 詔曰 夫四時享祀 人子常道 然祭薦之禮 貴賤不同 故有邑之君 祭以首時 無田之士 薦以仲月 況七廟之重 而用中節者哉 自頃蒸嘗之禮 頗違舊義 今將仰遵遠式 以此孟月 牷礿於太廟"

124) 『資治通鑑』 권137, 齊紀3, 世祖武皇帝中 永明 10년 정월, "魏舊制 四時祭廟 皆用中節 丙子 詔始用孟月 擇日而祭[自漢以來 宗廟歲五祀 四孟及臘 是也 魏初用中節 夷禮也]"

125) 김경화, 2017a, 앞의 논문, 338쪽, 340~342쪽.

중국 문물 수용에 인색하지 않았기에, 그러한 방식을 따랐으리라 상정하기 어려운 점도 간과할 수 없다.

조조(曹操)가 건안(建安) 21년(216) 2월 사당에서 의례가 이루어진 일이나,[126] 『삼국회요』에 조위(曹魏)에서 중월에 제사하였다는 기록[127]을 토대로 조위와의 관련성을 상정할 수도 있겠다. 하지만 전자는 조조가 아직 위공(魏公)일 때의 사례이기도 하거니와, 정기적인 경우인지 확신하기 어렵다. 후자도 마찬가지로 전거 문헌이 19세기 말의 저작이라 어디까지 신뢰할 수 있을지 모르겠다. 설령 사실에 부합된다 하여도 다르지 않다. 백제가 중국 종묘의 통상적인 제사 시기인 사맹월을 제쳐두고, 그러한 예를 본보기로 삼을 만한 특별한 이유는 없다고 판단되기 때문이다.

또 유송(劉宋) 원가(元嘉) 6년(429) 서도오(徐道娛)의 발언[128]을 근거로 종묘에서 은제(殷祭), 즉 체협(禘祫) 의례 시기와 시제(時祭), 즉 평상의 주기적 의례 시기가 겹칠 때 천자는 맹월(孟月)에 은제를, 중월에 시제를 지내고, 제후는 맹월에 시제를, 중월에 협제를 지낸다고 이해하기도 하는데,[129] 연장선에서 구태묘 제사가 천자 혹은 제후의 예에 상응하여 사중월이나 사맹월에 치러졌다고 생각해 볼 수도 있겠다. 그러나 이는 은제가 있는 해의 예를 언급한 것이다. 일반적인 제사 시기를 거론한 것도 아니거니와, 백제에 은제가 존재하였는지도 확인할 길이 없어 참조하기 부적절하다.

그 밖에 천·오제 제사와 조화를 이루고자 구태묘 제사가 사중월에 행해

---

126) 『三國志』 권1, 魏書1, 紀 제1, 武帝 建安 21年 2月, "公還鄴[魏書曰 辛未 有司以太牢告至 策勳于廟 甲午 始春祠]"
127) 『三國會要』 권11, 禮上, "春祀 夏禘 秋嘗 冬烝 繆襲祭儀 … 一歲五祠 常用仲月"
128) 『宋書』 권17, 志 제7, 禮4, "元嘉六年九月 太學博士徐道娛 上議曰 … 蓋歷歲節月無定 天子諸侯 先後弗同 禮稱 天子祫嘗 諸侯烝祫 有田則祭 無田則薦 鄭注 天子先祫然後時祭 諸侯先時祭然後祫 有田者既祭又薦新 祭以首時 薦以仲月 然則大祭四祀 其月各異 天子以孟月殷 仲月烝 諸侯孟月嘗 仲月祫也"
129) 김경화, 2017a, 앞의 논문, 342쪽.

졌다고도 주장한다.130) 하지만 중국에서 천지 제사인 교사(郊祀)와 종묘 제사 시기가 반드시 일치하지 않은 데서 드러나듯, 두 제사의 기본적인 성격이 다르다면 꼭 동시기에 의례가 치러져야 하던 것은 아니라 재고의 여지가 있다.

구태묘 제사는 대개 천·오제 제사에 뒤이어 언급된다. 만일 구태묘 제사가 천·오제 제사와 같은 시기, 즉 사중월에 행해졌다면, 그러한 의미를 담은 표현('如右'·'如上'·'如是'·'如此'·'如之')이 덧붙여졌을 것이다. 그런데 실상은 그저 네 차례 의례를 행한 사실만 기술하였을 뿐이다. 사중월로 보기는 쉽지 않다. 그렇다고 사맹월이라 상정하기 힘든 점은 위에서 다루었다. 사중월도 사맹월도 아니다. 따라서 제사는 그와 구별되는 시기, 다시 말해 백제에서 존중되던 절기에 거행되었다고 보는 편이 타당하지 않을까 한다.

이미 검토하였듯이 구태묘, 즉 종묘는 꽤 오래전부터 존재하였으며, 처음에는 토속적인 색채가 강하였다고 유추된다. 이후 중국 문물을 받아들임에 따라 적지 않은 부분이 변화하였겠으나, 재래의 토대를 유지한 부분도 상당하였으리라 생각된다. 고구려의 종묘 제도를 보면 4세기 말 이후 유교적 예제가 강화되었으나, 주몽사(朱蒙祠)나 주몽묘(朱蒙廟)에서 나타나는 것처럼,131) 그렇지 않은 측면도 존재하였다.132) 이는 꽤 자연스러운 현상일 터인데, 구태묘의 경우 제사 시기가 그에 해당한다고 파악된다.

제사 시기, 특히 시조를 비롯한 조상신을 모시는 날은 유교 문물을 수용하였더라도 쉽사리 바꾸기 힘든 성격의 것이 아니었을까 한다. 북위에서 효문제 시기에 이르러서야 종묘 제사 시기를 중국의 경향에 맞춘 사실은 그러한 면을 잘 보여 준다. 신라에서 중대 이후 유교적 종묘 제도가 강화되고 오묘제(五

---

130) 朴淳發, 2023a, 앞의 논문, 25쪽.

131) 『新唐書』 권220, 列傳 제145, 東夷, 高麗, "城有朱蒙祠 祠有鎖甲銛矛 妄言前燕世天所降 方圍急 飾美女以婦神 誣言朱蒙悅 城必完"; 『冊府元龜』 권369, 將帥部30, 攻取2, 李勣, "高麗大城 皆立朱蒙廟 蓋其先祖"

132) 강진원, 2021, 앞의 책, 262~265쪽.

廟制)가 실시되었음에도,133) 제사 시기가 정월 2·5일, 5월 5일, 7월 상순, 8월 1·15일로,134) 중국 종묘의 사례와 다른 점도 가벼이 넘길 수 없다. 신라 상대부터 종묘가 존재하였다고 생각되므로,135) 재래의 제사 시기를 유지하였던 결과로 여기는 쪽이 온당하다.

 백제도 매한가지 아닐까 한다. 즉 애초 종묘 제사는 의례에 합당하다고 여기던 전통 절기에 맞춰 행해졌고, 훗날 유교 문물이 수용되었음에도 그 기조가 큰 변화 없이 이어져 기록으로 남았다고 헤아려진다. 정확한 시기는 가늠하기 어렵지만, 정월은 포함되었으리라 유추된다. 중국이나 신라 종묘도 그러하고, 제장의 성격은 다르나 동명묘 제사가 그때 이루어진 적이 많을 뿐 아니라(A-2·4·5·7~9), <표 2>에서 알 수 있듯이 왕의 명령이나 관직·관등 임명이 가장 많이 이루어진 달 역시 정월로 총 43건 중 14건에 달하여, 이때가 중요한 절기로 인식된 것 같기 때문이다.

 구태묘는 종묘다. 그렇기에 시조 구태, 곧 동명 외에 다른 이도 모셔졌을 것이다. 그에 해당하는 인물로 우선 현 군주의 근조(近祖)를 거론할 수 있다. 유교적인 종묘의 신주 배열 원리는 크게 세차론(世次論)과 위차론(位次論)으로 나뉜다. 세차론이 혈통을 중시하여 세대에 따라 묘(廟)를 구성한다면, 위차론은 계통을 중시하여 재위 순서에 따라 그렇게 한다.136) 고구려 종묘는 늦어도 4세기 후반 이후 위차론에 근거하여 구성되었고,137) 신라 중·하대 종묘는 기본적으로 세차론에 기초하여 직계 존속 위주로 섬겼던 것 같다.138)

---

133) 강진원, 2020, 앞의 논문.
134) 『三國史記』 권 제32, 雜志 제1, 祭祀, 新羅, "一年六祭五廟 謂正月二日五日五月五日七月上旬八月一日十五日"
135) 전덕재, 2010, 「新羅 上代 王宮의 變化와 宗廟」 『新羅文化』 36, 9~11쪽, 28쪽.
136) 金容天, 2007, 『전한후기 예제담론』, 선인, 322~323쪽.
137) 강진원, 2021, 앞의 책, 260~262쪽.
138) 나희라, 2003, 『신라의 국가제사』, 지식산업사, 201~206쪽; 김나경, 2020, 「新羅 五廟制 受容의 意味」 『韓國古代史研究』 97, 136~137쪽.

백제의 경우 명확히 알기는 어렵다. 다만 문주왕과 무령왕의 사례를 통해 일면을 엿볼 수 있다. 『삼국사기』 백제본기에 문주왕은 개로왕의 아들로 나오지만,[139] 『니혼쇼키(日本書紀)』에 개로왕의 동생이라 하고, 한성 함락 시 개로왕의 자식이 다 죽었다고 할 뿐 아니라,[140] 문주가 개로왕을 보좌하여 총재에 해당하는 상좌평(上佐平)[141]까지 오른 점을 고려할 때, 개로왕의 아들이라기보다는 동생으로 보는 편[142]이 사실에 부합된다.

무령왕은 백제본기에 동성왕의 둘째 아들이라 하는데,[143] 「무령왕 묘지」에 따르면 개로왕 8년(462) 무렵 출생하였으니,[144] 삼근왕 피살(479) 당시 18세 정도다. 반면 동성왕은 『니혼쇼키』에 삼근왕이 죽었을 때 '유년(幼年)'이라 하였기에,[145] 18세보다 어린 나이다. 무령왕이 동성왕보다 연장자인 셈인데, 무령왕이 동성왕의 이복형이라는 기술[146]이 실상에 들어맞을지도 모르겠다. 어

---

139) 『三國史記』 권 제26, 百濟本紀 제4, 文周王 즉위, "文周王[或作 汶洲] 蓋鹵王之子也 初毗有王薨 蓋鹵嗣位 文周輔之 位至上佐平"; Ⅰ부 주132).

140) 『日本書紀』 권 제14, 大泊瀬幼武天皇 雄略天皇, "廿年冬 高麗王大發軍兵 伐盡百濟 … [百濟記云 蓋鹵王乙卯年冬 狛大軍來 攻大城七日七夜 王城降陷 遂失尉禮 國王及大后王子等 皆沒敵手] … 廿一年春三月 天皇聞百濟爲高麗所破 以久麻那利賜汶洲王 救興其國 … [汶洲王蓋鹵王母弟也]"

141) 『三國史記』 권 제25, 百濟本紀 제3, 腆支王 4년 정월, "拜餘信爲上佐平 委以軍國政事 上佐平之職 始於此 若今之冢宰"

142) 千寬宇, 1989, 앞의 책, 331~332쪽; 李基東, 1996, 앞의 책, 142쪽, 156~159쪽; 李基白, 1996, 앞의 책, 144쪽; 이도학, 2010, 『백제 한성·웅진성 시대 연구』, 일지사, 262~265쪽; 노중국, 2018, 앞의 책, 292~293쪽, 439쪽.

143) 『三國史記』 권 제26, 百濟本紀 제4, 武寧王 즉위, "武寧王 諱斯摩 或云隆 牟大王之第二子也"

144) 「武寧王 墓誌」, "寧東大將軍 百濟斯麻王 年六十二歲 癸卯年 五月丙戌朔 七日壬辰 崩"

145) Ⅱ부 주161)의 『日本書紀』 大泊瀬幼武天皇 雄略天皇 23년 4월조.

146) 『日本書紀』 권 제16, 小泊瀬稚鷦鷯天皇 武烈天皇 4년, "是歲 百濟末多王無道 暴虐百姓 國人遂除 而立嶋王 是爲武寧王[百濟新撰云 末多王無道 暴虐百姓 國人共

찌 되었든 무령왕은 동성왕의 아들이 아니다.

이처럼 문주왕과 무령왕은 전왕의 아들이 아니다. 그러함에도 『삼국사기』에 전왕과 부자 관계인 것처럼 기재된 것은 직계 존속으로 이어지는 왕위 계승이 정상적이라는 사고가 강하였던 탓이 아닐까 한다. 이는 혈통을 중시하던 흐름과 관련된다고 여겨지므로, 종묘(구태묘)가 세차론에 토대를 두었을 가능성이 크다.

나아가 불천지주의 존재도 생각해 볼 수 있다. 중국의 경우 전한 후반기 문제(太宗)나 무제(世宗)가 그에 해당하는 군주로 논의되었고, 후한 말 종묘에 광무제(世祖)와 함께 명제(顯宗)·장제(肅宗)가 영구히 모셔졌으며, 낙양 고묘(高廟)에는 전한의 고조·문제·무제·선제(中宗) 등의 신위가 불훼묘(不毀廟)에 안치되었다.[147] 신라 종묘에서는 무열왕과 문무왕,[148] 고구려 종묘에서는 유리명왕과 대무신왕이 그러한 대우를 받았다.[149] 백제 종묘도 다르지 않았을 터인데, 『삼국사기』 백제본기 기록을 통하여 실마리를 풀 수 있을 것이다. 이는 백제 당대의 인식에 기초한 부분이 상당하리라 판단되기 때문이다.

그렇게 볼 때 주목되는 인물은 온조왕과 고이왕이다. 백제본기에 따르면 온조왕은 동명(왕)묘를 세워 동명의 후계자임을 천명하였을 뿐 아니라, 낙랑이나 말갈 등 외세를 격파하고, 마한을 정복하는 등 국가의 기틀을 다졌고, 고이왕은 관등과 관복을 정하고 법령을 내렸으며 남당(南堂)에서 정사를 돌보는 등 체제 정비에 힘썼다. 이는 그러한 일의 실재 여부를 떠나, 온조왕과 고이왕이 국가적으로 중요한 위상을 지닌 군주로 인식된 결과일 것이다. 그러므로 불천지주가 두어졌다면, 일단 이들이 대상일 확률이 높다.[150]

　除 武寧王立 諱斯麻王 是琨支王子之子 則末多王異母兄也]"
147) 金容天, 2007, 앞의 책, 228~236쪽, 277~282쪽, 290~296쪽, 311~312쪽, 332쪽, 341~343쪽 참조.
148) 주39)의 『三國史記』 祭祀志 新羅條.
149) 강진원, 2021, 앞의 책, 257~259쪽.
150) 신라에서는 혜공왕 시기 무열왕·문무왕이 불천지주로 모셔졌는데(주39))의

한편 『니혼쇼키』에는 백제의 제사에 얽힌 전승을 전하는데, 구태묘 제사를 다룬 문헌이 배경으로 한 시기와 기년이 맞물린 탓에 검토할 필요가 있다. 관련 기록은 다음과 같다.

> H. ①백제왕자 여창(餘昌)이 왕자 혜(惠)[왕자 혜란 위덕왕의 아우다]를 보내어 아뢰었다. "성명왕(聖明王)이 적에게 죽임을 당하였습니다[(긴메이) 15년(554) 신라에 피살되었으므로 지금 그것을 아뢰었다]." (중략) ②소가교(蘇我卿)가 말하였다. "옛날 덴노 오오하츠세(大泊瀨) 때(456~479) 그대 나라가 고(구)려에 위협을 받아 위험하기가 계란을 쌓은 것보다 심하였습니다. 그래서 덴노께서 진기하쿠(神祇伯)에게 명하여 공경히 신지(神祇)로부터 계책을 받도록 하였습니다. 하후리(祝者)가 이에 신어(神語)에 의탁하여, '건방지신(建邦之神)에게 깍듯이 청하여 장차 망하려는 주인을 가서 구하면, 반드시 국가는 조용히 진정되고, 사람과 만물(人物)이 안정될 것이다'라 대답하였습니다. 이로 말미암아 신을 청하여 가서 구원케 한 까닭에 사직이 평안하였습니다. ③무릇 건방신(建邦神)이란 하늘과 땅이 나뉘어 구분되고 풀과 나무가 말을 할 때, 하늘에서 내려와 국가를 건립한 신입니다. ④지난번 그대 나라에서 (신궁을) 버려두고 제사하지 않는다고 들었는데, 지금이라도 지난 잘못을 뉘우치고 신궁(神宮)을 수리하여 신령을 받들어 제사하면 나라가 창성할 것입니다. 그대는 마땅히 잊지 마십시오."**151)**

『三國史記』祭祀志 新羅條), 당시는 종묘를 향한 관심이 증대된 때였다(강진원, 2020, 앞의 논문, 170~171쪽). 또 고구려에서 불천지주가 등장한 4세기 말 무렵 종묘의 위상은 이전보다 강화된 상황이었다(강진원, 2021, 앞의 책, 254~255쪽). 불천지주와 종묘의 비중이 상관관계를 갖는다고 생각해 볼 수 있는데, 후술하겠으나 백제에서 종묘의 존재감이 커진 것은 5세기 중·후반 이후로 헤아려진다. 그러므로 백제 종묘에 불천지주가 두어졌다면, 시기적 상한을 그즈음으로 가늠할 수 있지 않을까 한다.

151) 『日本書紀』 권 第29, 天國排開廣庭天皇 欽明天皇 16년 2월, "百濟王子餘昌 遣王子惠[王子惠者 威德王之弟也] 奏曰 聖明王爲賊見殺[十五年 爲新羅所殺 故今奏之] … 蘇我卿曰 昔在 天皇大泊瀨之世 汝國爲高麗所逼 危甚累卵 於是 天皇命神祇伯 敬受策於神祇 祝者迺託神語報曰 屈請建邦之神 往救將亡之主 必當國家謐

이는 긴메이(欽明) 16년, 즉 위덕왕 2년(555)의 일로, 성왕의 전사(554) 소식을 알리고자 왜에 당도한 왕제 혜, 곧 훗날의 혜왕에게 소가교가 건넨 건방지신에 관한 언급을 전한다. 그에 따르면 처음 왜가 백제에 건방지신 제사를 권한 것은 오오하츠세, 즉 유랴쿠(雄略)의 치세(456~479)인데(H-②), 당시 고구려의 압박이 두드러졌다 하니 대략 한성 함락(475) 즈음이다. 이때 건방지신 제사가 퇴조한 상황임을 알 수 있다. 그 뒤 성왕이 죽던 무렵에도 건방지신 제사가 중단된 상태였다 하므로(H-④), 6세기 중엽에도 해당 의례의 존재감이 약하였다 하겠다.152)

건방지신은 누구일까. 그에 대하여 일본의 신,153) 천신,154) 혹은 고구려 동명왕(주몽)이라고도 하나,155) 나라를 세웠다 하므로(H-③), 백제의 건국신이나 왕실 조상신,156) 또는 토착신으로 보는 편이 타당하지 않을까 한다.157) 구체적으로 동명,158)

> 靖 人物乂安 由是 請神往救 所以社稷安寧 原夫建邦神者 天地割判之代 草木言語之時 自天降來 造立國家之神也 頃聞 汝國輟而不祀 方今悛悔前過 修理神宮 奉祭神靈 國可昌盛 汝當莫忘

152) 소가교가 말한 제사를 지내지 않은 "지난 잘못(前過)"을 5세기 고구려가 백제의 공격을 받은 배경으로 이해하기도 하지만(金昌錫, 2004, 앞의 논문, 23쪽), 고구려가 타국의 의례 관련 사안을 빌미로 침공하였다고 보기는 어렵다.

153) 조경철, 2015, 『백제불교사 연구』, 지식산업사, 195쪽 주31); 關晃(洪淳昶 옮김), 1978, 「'建邦의 神'에 대하여」 『韓日關係研究所紀要』 8, 37쪽.

154) 김수태, 2022, 「웅진시대 백제의 국가제사」 『역사와 역사교육』 44, 40~41쪽.

155) 神崎勝, 1995, 앞의 논문, 313쪽.

156) 井上秀雄, 1978, 앞의 책, 128~129쪽; 井上秀雄, 1993, 앞의 책, 197~198쪽; 李基東, 1996, 앞의 책, 5쪽, 181쪽 주22), 189쪽; 길기태, 2006, 앞의 책, 75쪽; 石田一良(洪淳昶 옮김), 1978, 「建邦의 神 -上古日本人의 世界像과 政治理念-」 『韓日關係研究所紀要』 8, 21~24쪽; 정재윤, 2008b, 앞의 논문, 73쪽; 박초롱, 2023, 「백제 웅진기 상장의례와 殯」 『百濟學報』 43, 94쪽.

157) 朴淳發, 2023a, 앞의 논문, 25쪽.

158) 金周成, 1990, 『百濟 泗沘時代 政治史 研究』, 전남대 박사 학위 논문, 22쪽; 문동석, 2007, 『백제 지배세력 연구』, 혜안, 126~127쪽; 노중국, 2010, 앞의 책, 524쪽; 김기흥, 2004, 앞의 논문, 203~204쪽; 朴賢淑, 2005, 앞의 논문, 46쪽; 李道

온조,¹⁵⁹⁾ 혹은 고이왕에 주목하기도 하는데,¹⁶⁰⁾ 하늘에서 내려와 나라를 세 웠다는 점은 도모 전승에서 일신(日神)이 강령하여 개국하였다는 모티프(B-2) 와 상통한다. 그러므로 동명일 가능성이 크지 않을까 한다.

물론 건방지신을 고조선-마한계 곰 신화와 연결된 웅진 일대의 토착 천지 신(天地神)으로 간주하기도 하나,¹⁶¹⁾ 재지 공동체의 신격을 나라를 세운 이로 간주하며 제사하였을 확률은 높지 않다. 또 관련 기록을 일본신이 나오는 부 분(H-②·③)과 백제신이 언급된 부분(H-④)으로 나눈 뒤, 백제신은 특정 신격이 아니라 주장하기도 한다.¹⁶²⁾ 그러나 일본신을 가리킨다고 한 부분은 일본의 자국 중심적 윤색으로 받아들일 수 있을뿐더러, 문맥을 보면 대상이 하나의 신으로 다가와 따르기 주저된다.

이상을 보건대, 건방지신은 동명으로 파악된다. 소가교의 발언에 따르면 한성 함락(475) 무렵 이미 건방지신, 즉 동명에 대한 의례는 퇴조하였으며(H- ②), 성왕이 죽던 6세기 중엽에도 상황이 좀처럼 나아지지 않았다(H-④). 전지 왕 2년(406)의 사례(A-8)를 끝으로 동명묘 제사 기사가 나타나지 않는 점을 고 려하면, 소가교가 언급한 의례는 동명묘 제사를 가리키는 것이 아닐까 한다. 이에 대하여 해당 전승을 토대로 5세기 후반이나 남천 이후,¹⁶³⁾ 혹은 성왕 시

學, 2005, 앞의 논문, 189쪽; 김병곤, 2007, 앞의 논문, 176쪽; 배재영, 2009, 「백 제의 부여 인식」『百濟文化』41, 168쪽; 김성한, 2014, 앞의 논문, 100~101쪽; 김 경화, 2017a, 앞의 논문, 355~357쪽; 이병호, 2018, 「웅진·사비기 백제 왕실의 조상 제사 변천」『先史와 古代』55, 30쪽; 채미하, 2019, 「백제 웅진시기 조상제 사와 壇」『韓國古代史探究』33, 192쪽.

159) 전덕재, 2023, 「신라는 삼국을 통일하려고 하였을까」『신라는 정말 삼국을 통일 했을까 -'삼국통일'을 둘러싼 해석과 논쟁-』, 역사비평사, 326쪽 주20).
160) 李鍾泰, 1998, 앞의 논문, 139~141쪽.
161) 이장웅, 2017, 앞의 논문, 90~92쪽.
162) 연민수, 2021, 앞의 책, 146~147쪽.
163) 井上秀雄, 1978, 앞의 책, 129~130쪽; 井上秀雄, 1993, 앞의 책, 197~198쪽, 200 쪽; 문동석, 2007, 앞의 책, 126~128쪽; 李道學, 2005, 앞의 논문, 189쪽; 이병호,

기 전후 동명묘 제사가 중단되었다고 상정하기도 하는데,[164] 그렇게까지 보는 것은 지나친 감이 있지만, 의례의 위상에 변화가 왔다는 점은 인정된다.

그런데 동명은 구태묘에도 모셨다. 동명에 대한 의례가 폐절되지 않은 셈이다. 하지만 소가교는 그러하였던 것처럼 언급하였다(H-④). 이유가 무엇일까. 건방지신 의례, 즉 동명묘 제사는 동명을 위주로 한다. 반면 구태묘, 즉 종묘 제사는 동명뿐 아니라 여러 군주를 대상으로 한다. 동명이 수위에 자리하였겠으나, 단독으로 제사가 행해진 것은 아니다. 일본은 후대까지 종묘 제도를 정비·운영하지 못한 데서 알 수 있듯이, 종묘 이해에 한계가 있었다. 따라서 구태묘(종묘) 제사가 이루어짐에도 불구하고, 동명묘 제사가 예전과 같은 위상을 확보하지 못한 현상을 보고, 동명 제사가 퇴조한 것처럼 여겼을 가능성이 크다. 건방지신 제사가 중단되었다는 소가교의 발언(H-④)은 그러한 인식의 반영이 아닐까 한다. 아무리 상황이 변했다 한들, 왕가의 뿌리가 되는 이를 제사하지 않을 수는 없다.

요컨대 건방지신 전승은 동명묘 제사가 침체한 현실을 보여 준다. 유랴쿠의 치세에 건방지신이 언급된 사실(H-②)을 볼 때, 이미 5세기 후반 그러한 흐름이 있었다고 헤아려지는데, 앞서 언급한 것처럼 여러 문헌에 구태묘 제사가 사비도읍기의 대표적 국가제사로 언급된 사실(F-1-③, F-2-④, F-3-④, F-4-③, F-5-③, F-7-③, F-8-①)을 고려하면, 동명묘 제사를 대신하여 구태묘 제사가 대두하였음을 알 수 있다.

이상과 같이 구태묘는 종묘로 한성도읍기부터 존재하였다. 구태묘란 표기는 '우태묘'가 와전된 결과로, 우태묘는 '웃어른(수장)을 모신 사당'이라는 의미인데, 이는 종묘의 다른 이름인 태(조)묘와도 통하니, 백제 종묘의 속칭 혹은 별칭이다. 사비도읍기의 종묘, 즉 구태묘는 이전처럼 왕궁 가까운 곳에 자리

2018, 앞의 논문, 30쪽.
164) 金周成, 1990, 앞의 학위 논문, 21~22쪽; 노중국, 2010, 앞의 책, 525~526쪽; 김성한, 2014, 앞의 논문, 100~101쪽; 김경화, 2017a, 앞의 논문, 355쪽, 357~358쪽.

하였고, 동명 외에 현 군주의 근조가 세대를 기준으로 안치됨과 함께, 불천지주로 설정된 온조왕과 고이왕도 모셔졌으며, 백제에서 존중되는 절기에 맞춰 제사가 거행되었다. 한편 건방지신 전승은 동명묘 제사가 침체한 상황을 반영하니, 해당 의례 대신 부상한 것이 구태묘 제사이다. 이러한 현상이 나타난 배경은 무엇일까. 그 문제는 다음 장에서 알아보겠다.

3. 묘제(墓祭) 침제와 구태묘 제사 부상

앞서 검토한 건방지신 전승은 물론이거니와, 전지왕 시기 이후 동명묘 제사 기사가 나타나지 않고, 사비도읍기의 상황을 전하는 문헌에 구태묘 제사가 비중 있게 다루어진 사실(F-1-③, F-2-④, F-3-④, F-4-③, F-5-③, F-7-③, F-8-①)을 볼 때, 후대에 이르러 동명묘 제사의 위상이 약해지고 구태묘 제사가 대두하였다고 파악된다. 여기에 큰 이견은 없다.[165] 그런데 Ⅰ·Ⅱ부에서 살펴보았듯이, 동명묘 제사는 한성도읍기 최고의 국가제사였다. 이러한 의례의 무게감이 흔들린 원인은 무엇일까. 그에 대해서는 여러 가능성이 제기되었다.

먼저 고구려와의 연관성에 주목한 경우다. 고구려의 압력으로 악감정이 고조되어 동명묘 제사의 존재감이 동요되었다거나,[166] 고구려의 군사적 압박에 더한 정국 동요와 왕권 약화로 해당 의례가 시행되기 어려웠다고 보기도 하고,[167] 한성 함락(475) 이후 동명이 고구려의 천하관을 나타내는 상징이 된 결과, 동명(왕)의 정통성을 내세우기 어려워졌다고도 추정하며,[168] 고구려

---

165) 중국 측에서 구태묘의 존재를 비정상적으로 여겨 기록으로 남겼다고도 짐작하나(千寬宇, 1989, 앞의 책, 335쪽), 여러 문헌에서 공통되게 구태묘 제사와 천·오제 제사에 주목하므로 수긍하기 힘들다.
166) 李鍾泰, 1998, 앞의 논문, 132~133쪽, 143쪽.
167) 朴承範, 2002, 앞의 학위 논문, 108쪽; 朴承範, 2000, 앞의 논문, 226~229쪽.
168) 노중국, 2010, 앞의 책, 504쪽.

와의 항쟁이 격화됨에 따라 범 부여계 시조로 인식된 동명 외에 다른 대안을 모색하게 되었으리라 짐작하기도 하고,[169] 고구려의 동부여 병합(410)[170]으로 기존 동명 신화에 변화가 와 동명묘 제사가 중단되었다고도 주장한다.[171] 하지만 I부에서 다룬 바와 같이 동명묘에 모셔진 대상은 백제 시조 동명인지라, 그를 반드시 고구려와 친연 관계를 갖는 존재로 바라보기 힘들거니와, 그 점은 차치하여도 속국이 아닌 이상, 대외 관계의 여파로 자국의 시조 관념을 바꾸었을 확률은 낮지 않을까 한다.

다음으로 남천 이후의 정국을 눈여겨보는 경우다. 지배 세력으로 새롭게 편입된 금강 유역의 토착 세력과 결속을 꾀하고자 동명묘 제사가 폐지되고 구태묘 제사가 행해졌다거나,[172] 다양한 세력을 아우를 수 있는 새로운 구심점이 필요해져 동명이 아닌 구태가 주목되기에 이르렀다고 보기도 한다.[173] 이들 논의는 부여계 세력을 규합하는 상징적 존재가 동명이고, 구태는 온조로 성왕 시기에 구태묘가 건립되었다고 본 데 공통점이 있다.

그런데 구태의 실체를 어떻게 보든 애초 금강 유역과의 관련성이 떨어지기에, 그에 대한 제사를 통하여 신진 세력의 원활한 포섭과 통합력 제고가 가능하였을지 의문이다. 덧붙여 국호를 남부여로 개칭한 데서도 보이듯, 부여 계승 의식을 강조하는 기존 흐름이 이어졌기에, 신진 세력을 염두에 두고 국가 제사의 기조를 바꾸었을 것 같지도 않다. 동명 숭배가 특정 지배 집단에 유효하지 않을 정도로 당시, 즉 성왕 시기 왕권의 구심력이 저하되었는지 재고할

---

169) 정재윤, 2008a, 「백제의 부여 계승의식과 그 의미」『부여사와 그 주변』, 동북아역사재단, 193쪽.
170) 「廣開土王碑文」, "卄年庚戌 東夫餘舊是鄒牟王屬民 中叛不貢 王躬率往討 軍到餘城而餘城國駭 ▨▨▨▨▨▨▨王恩普覆 於是旋還 又其慕化隨官來者 味仇婁鴨盧卑斯麻鴨盧椯社婁鴨盧肅斯舍鴨盧▨▨▨鴨盧"
171) 문동석, 2007, 앞의 책, 125쪽.
172) 徐永大, 2000, 앞의 논문, 125~126쪽.
173) 김경화, 2015b, 「백제 한성도읍기의 동명묘 배알」『鄉土서울』 91, 32쪽; 김경화, 2017a, 앞의 논문, 353~354쪽.

측면이 있다는 점도 간과할 수 없다.

또 외래 문물의 영향을 상정하기도 한다. 중국식 유교적 제사 의례나 사원에서의 기원(祈願) 의식이 동명묘 제사를 대체하였다고 보거나,174) 동명을 제사하는 것은 제후국의 예에 합당하지 않다고 여겨 구태묘 제사가 이루어졌다고 한 논의다.175) 전자의 경우 동명묘 제사를 대신하였다는 중국식 제사 의례란 교사를 가리키는데, 동명묘 제사는 기본적으로 조상 제사라 교사 같은 의례와 속성을 달리하거니와, 교사 방식을 참조한 천지합제(天地合祭)가 한성도읍기부터 실시되었으므로, 그렇게 상정하기 곤란하다. 사원 의식 또한 마찬가지로, 그것이 즉위의례로까지 치러진 동명묘 제사의 위상을 갈음할 정도였는지 의문이다. 후자의 경우 백제에서는 천지합제나 천·오제 제사같이 유교적 예제에서 제후가 지낼 수 없는 제천의례가 계속 행해졌으므로, 문제가 있는 이해가 아닐까 한다.

한편 전지왕 이후 맏아들에 의해 안정적인 왕위 계승이 이루어져 동명묘 제사가 행해지지 않았다고도 추정하는데,176) 이는 왕위 계승이 불안정할 때 의례가 행해졌다고 여긴 데 기인한다. 하지만 재위 초의 동명묘 제사는 즉위의례였고, 이 논의를 따른다 하여도, 후대에 맏이가 아닌 상태로 즉위한 군주177)의 동명묘 제사 기록이 부재한 이유를 설명하기 어려워 수긍하기 힘들다.

그 밖에 시간이 흘러 시조의 감화력이 약해져 동명 신앙이 쇠퇴하였다고

---

174) 井上秀雄, 1978, 앞의 책, 129~130쪽, 135쪽; 井上秀雄, 1993, 앞의 책, 200쪽.
175) 金炳坤, 2008, 「記錄에 나타난 百濟 始祖 및 建國者의 史的 位相과 實態」『百濟研究』 47, 106~107쪽.
176) 車勇杰, 1994, 「百濟의 崇天思想」『百濟의 宗敎와 思想』, 忠淸南道, 14쪽.
177) 『삼국사기』 백제본기의 전지왕 시기 이후 기사에 국한하여도 동성왕·혜왕은 각기 전왕인 삼근왕·위덕왕의 아들이 아니고(『三國史記』 권 제27, 百濟本紀 제5, 惠王 즉위, "惠王 諱季 明王第二子 昌王薨 卽位"; II부 주161)의 『三國史記』 東城王 즉위조), 무령왕은 전왕인 동성왕의 둘째 아들이라 한다(주143)). 무령왕이 실제 동성왕보다 연장자라는 점은 앞서 거론하였는데, 어떻게 보든 전왕의 맏이는 아니다.

주장하기도 하나,[178] 도모 전승(B-1·2)에서 드러난 바와 같이, 백제 멸망 이후에도 동명이 신성하게 탄생하였다는 모티프가 이어져 선뜻 받아들이기 힘들다. 혈연 의식의 강조 속에 조상 제사가 강화된 결과라는 이해[179]도 그와 다르지 않다. 동명이 곧 구태라는 점은 제쳐두어도, 동명묘 제사가 조상 제사의 성격을 지녔을 뿐 아니라, 일본 내 백제계 혹은 도래계 가문의 전승(G-1~7)에서 알 수 있듯이, 백제가 사라진 뒤에도 동명은 여전히 자기 집단의 시원이자 혈연적 구심점으로 인식되었기 때문이다.

이에 다른 측면에서 동명묘 제사의 변화에 다가가기도 한다. 바로 남천이라는 상황과 연계한 것으로, 동명묘가 본디 한성 인근에 세워졌는데, 고구려가 이 일대를 장악함에 따라 동명묘 제사가 가능하지 않았던 결과, 구태묘 제사가 부상하였다는 논의다.[180] Ⅰ부에서 다룬 바와 같이 동명묘 제사는 분묘제사(墳墓祭祀), 즉 묘제의 범주에 속하므로, 일견 타당성이 있다. 그러나 확신하기 주저되는 부분도 존재한다. 우선 현재 전하는 마지막 동명묘 제사 기사(A-8) 이후 남천 사이 70년 가까운 시간 동안 그에 관한 흔적을 찾을 수 없다는 점이다. 이는 남천 이전에 무언가 변화의 조짐이 나타났을 가능성을 보여 준다.

그와 아울러 기존 동명묘에 접근할 수 없게 되었다는 이유로 제사가 중단되었다기보다는, 시조 제장인 만큼 새로운 터전에서 제사를 잇는 것이 상식

---

178) 김기흥, 2004, 앞의 논문, 201~202쪽. 이 견해에서는 동명이 적국 고구려의 시조였고, 백제가 동명의 후계자 경쟁에서 고구려에 완패하여 패배 의식을 가진 점도 거론하였다. 이는 앞서 거론한 바 있는, 즉 고구려와의 연관성 속에서 동명묘 제사의 위상 변화에 주목한 논의와 통하는데, 그에 대한 비판은 이미 다루었다.

179) 길기태, 2006, 앞의 책, 112쪽.

180) 이도학, 2010, 앞의 책, 278쪽, 281쪽, 353~354쪽: 盧明鎬, 1981, 앞의 논문, 76쪽; 이병호, 2003, 앞의 논문, 44쪽; 朴賢淑, 2005, 앞의 논문, 48쪽; 이장웅, 2017, 앞의 논문, 74~75쪽; 이병호, 2018, 앞의 논문, 30쪽.
남천 시 동명묘를 이건할 수 없었으리라는 추정(兪元載, 1993, 앞의 책, 99~100쪽; 李道學, 2005, 앞의 논문, 189쪽)도 같은 범주에서 이해된다.

적이라는 점도 간과할 수 없다. 고구려의 경우 국내도읍기에는 제천대회(祭天大會) 동맹(東盟)이 압록강 가에서 행해지며 시조 주몽의 출생담이 재연되었으나, 평양 천도(427) 이후 의례의 무대가 대동강, 즉 패수(浿水) 일대로 옮겨진다.181) 근거지 이동에 따라 시조 전승의 무대와 제장이 이전되어 의례가 행해졌음을 알 수 있다. 이는 백제의 상황을 돌아봄에 시사되는 바가 상당하다.

Ⅰ부에서 언급하였듯이, 한성도읍기 동명묘는 석촌동(石村洞) 고분군에 자리하였는데, 고구려가 한수 유역을 차지함에 따라 이곳에서의 제사는 사실상 어려워졌을 것이다. 대신 새롭게 터를 잡은 금강 일대가 시조 전승의 무대가 되고, 그에 근거하여 동명묘가 다시 세워져 제사가 이루어졌으리라 짐작된다. 관련하여 웅진도읍기에 한성을 다른 곳에 재편성하여 거기서 동명묘 제사가 이어졌다는 설182)도 제기되었는데, 어찌 되었든 동명묘 제사가 전혀 불가능한 일은 아닌 셈이다.

남천 이후의 동명묘는 어디에 있었을까. 동명묘가 무덤과 연관되고, 이즈음 백제 왕릉이 송산리 일대에 조영된 점을 고려할 때, 주목되는 사례는 송산리 고분군 D지구 적석유구다. 이 유구는 송산리 고분군 정상부에 자리하며, 평면이 방형인 3단의 석축 시설이다(<그림 6> 참조). 그 실체에 대해서는 천지합제 제장,183) 계단(戒壇)이나 특수 석탑,184) 한성도읍기 제왕의 추모 시설인 단(壇),185) 상장의례 시설,186) 건방지신 제장,187) 개로왕의 허묘(虛墓)나 가묘(假

---

181) 강진원, 2021, 앞의 책, 94~95쪽.
182) 金周成, 1990, 앞의 박사 학위 논문, 20~21쪽.
183) Ⅱ부 주199).
184) 林永珍, 2013, 「公州 松山里 D地區 積石遺構의 性格」『百濟文化』48, 113쪽, 123~125쪽.
185) 채미하, 2019, 앞의 논문, 212~213쪽.
186) 이남석·이현숙, 2016, 「百濟 喪葬儀禮의 硏究 -錦江流域 상장의례 遺蹟의 意味-」『百濟文化』54, 328쪽.
187) 박초롱, 2023, 앞의 논문, 96~97쪽.

<그림 6> 공주 송산리 고분군 D지구 적석유구 (출처 : 이창호, 2018, 「공주 송산리고분군 제단복원을 위한 발굴조사 성과」, 『백제시대 제의시설 발굴성과와 비교검토』, 10쪽)

墓),[188] 조묘(祖廟) 즉 동명묘 등으로 바라본다.[189]

천지합제 제장으로 본 경우, 해당 유구가 왕성인 공산성 및 인근 시가지 일대에서 볼 때 서쪽에 위치하는지라 따르기 어렵다. Ⅱ부에서 다룬 바와 같이 천지합제는 남교(南郊), 곧 남쪽 교외에서 이루어졌기 때문이다. 그렇다고 계단이나 석탑이라 하기도 주저되니, 불교 관련 구조물이 고분 곁에 덩그러니

---

188) 趙由典, 1991, 「宋山里 方壇階段形무덤에 대하여」 『百濟文化』 21, 56쪽.
189) 김용성, 2014, 「백제 후기 능묘와 능원의 특성」 『文化財』 47-2, 79쪽.

자리하였다고 받아들이기 힘든 까닭이다.

　단의 경우, 남천으로 인하여 한성도읍기 제왕의 묘제를 지낼 수 없게 된 데 따른 대응책으로 이해한다.[190] 하지만 단은 사당(廟)에 들어가기 힘든 이들을 위해 마련된 제의 공간으로[191] 사당의 대체재 성격을 갖기에, 무덤과 친연 관계를 갖는 구조물은 아니다. 따라서 왕릉급 고분군에 자리한 해당 유구를 단으로 확신하기 어렵다.

　상장의례 시설의 경우, 일리가 없지 않다. 그러나 이 유구 남쪽 전면부에 나무기둥을 이용한 시설물이 자리하였을 것이라 제사 관련 유적일 수도 있기에,[192] 더욱 면밀히 살펴보아야 한다. 건방지신 제장이란 입장은 의례 공간의 성격을 정확히 밝히지 않은 관계로, 구체적으로 어떠한 제장을 말하는지 알 수가 없어 막연한 접근이란 감을 지우기 힘들다.

　송산리 고분군 D지구 적석유구는 방단(方壇) 형태로 석촌동 고분군과 축조 방식이 유사하다.[193] 그러므로 무덤으로 보는 편이 자연스럽지 않을까 한다. 다만 개로왕의 허묘나 가묘로 상정하기는 곤란하다. 남천 무렵 백제 왕실에서 횡혈식 석실묘를 조성하였다고 이해되는 이상, 한성도읍기 마지막 군주의 무덤이 적석총 방식으로 구현되었을 가능성은 상대적으로 작기 때문이다.[194]

　그렇다면 남천 이후의 동명묘로 파악할 수 있지 않을까 한다. 이는 D지구 적석유구의 면모에서 확인된다. 해당 유구는 적석총과 같은 모양새임에도,

---

190) 채미하, 2019, 앞의 논문, 205~206쪽.
191) 채미하, 2019, 위의 논문, 204쪽 참조.
192) 이창호, 2018, 「공주 송산리고분군 제단복원을 위한 발굴조사 성과」『백제시대 제의시설 발굴성과와 비교검토』, 13쪽.
193) 이창호, 2018, 위의 논문, 13쪽.
194) 이남석 · 이현숙, 2016, 앞의 논문, 328쪽.
　　 이미 5세기 중반 왕실과 지배층이 횡혈식 석실묘를 적극적으로 채용하였다고 추정하기도 한다(姜元杓, 2016, 『百濟 喪葬儀禮 硏究 -古墳 埋葬프로세스를 中心으로-』, 고려대 박사 학위 논문, 105쪽).

매장 시설이 제대로 갖추어지지 않았고 삼족토기(三足土器) 정도가 출토되었는데,[195] 그 점은 동명묘를 새롭게 마련하려면 시조 동명의 무덤도 조성해야 하였던 것과 연관된다고 헤아려진다. Ⅰ부에서 밝힌 바와 같이 동명묘가 좁게는 동명의 장지로 전하는 곳에 마련된 구조물을 가리키나, 넓은 의미에서 이를 포괄한 무덤 일대를 아우르는 개념인 탓이다. 왕권은 시조가 먼 과거의 존재라는 데 착안하여 고제(古制)라 할 적석총 양식으로 무덤을 만들되, 어디까지나 가묘였기에 매장부를 형식적으로 조성한 뒤 의례용 기물을 넣었던 것이 아닐까 한다.

D지구 적석유구가 남천 이후의 동명묘라는 점은 그것이 송산리 고분군 정상부에 위치하고, 아래로 왕릉급 고분이 조성되어 선조와 후손의 관계처럼 다가오는 데서도 뒷받침되는데, 그렇게 본다면 적석유구 남쪽의 주공(柱孔) 시설 또한 동명묘를 구성하는 부대시설이나 제사 관련 구조물로 이해된다.

지금까지 거론된 바에 근거하여 동명묘 제사의 위상이 변화한 이유를 밝히기는 쉽지 않다. 시각을 달리해야 할 터인데, 동명묘 제사가 성행한 배경에서 실마리를 찾는 편이 어떨까 한다. 특정 현상의 성행과 퇴조는 동전의 양면일 때가 상당한 까닭이다. Ⅰ부에서 검토하였듯이, 애초 동명묘 제사가 즉위 의례로까지 치러지며 중시된 것은 무덤 중시 풍조 속에서 묘제의 존재감이 강하였던 결과로, 무덤에 관한 이러한 인식과 맞물려 대형 고분 및 능원(陵園)의 조성과 후장(厚葬) 습속도 나타났다.

다만 한성도읍기 말부터 다소 다른 양상이 전개되었다고 여겨지니, 개로왕 시기 한성 함락에 얽힌 전승에서 비유왕의 시신이 허술하게 관리되었음을 전하기 때문이다(C-①). Ⅰ부에서 다룬 것처럼 이는 당시 박장(薄葬) 풍토가 상당히 퍼졌음을 보여 주는데, 개로왕이 비유왕의 시신을 다시 후하게 장사한 데서(C-②) 알 수 있는 바와 같이, 재래의 인식이 완전히 사그라지진 않았다. 그

---

195) 徐程錫, 1995, 「宋山里 方壇階段形 積石遺構에 대한 檢討」 『百濟文化』 24, 50쪽; 이남석·이현숙, 2016, 위의 논문, 328쪽.

러나 비유왕릉 개건(改建)으로 민생이 어려워졌다고 하는 등(C-③) 그것이 왕의 선행으로 비추어지지 못한 점을 고려할 때, 5세기 후반 무렵 후장 풍토는 상당히 동요한 것이 아닐까 한다.

남천 이후의 고분이나 능원에서도 그러한 모습이 엿보인다. 한성도읍기 왕성 근방의 집단 묘역인 석촌동 고분군의 경우, 왕릉급 고분을 비롯한 대다수 개체가 평탄한 지형에 조성되었고,[196] Ⅰ부에서 언급하였듯이 대형 고분을 비롯하여 입지 면에서 배타적인 단독분이 등장하기도 하였으며, 묘역에 포석(鋪石)이 이루어지고 관련 구조물과 배총의 존재를 가늠할 수 있는 등 능원의 흔적도 확인된다.

반면 웅진·사비도읍기의 왕릉 구역인 송산리 및 능산리 고분군의 경우, 석촌동 고분군과 달리 구릉 지대에 자리하며,[197] 봉분이 두드러지게 조성되지 않았다.[198] 그뿐 아니라 왕릉으로 여겨지는 고분의 규모가 대체로 석촌동 일대의 대형 고분에 미치지 못한다. 물론 사비도읍기의 왕릉급 고분 가운데 돌출적으로 거대한 익산 쌍릉의 대왕릉을 주목할 수 있으나, 그 또한 석촌동 3호분보다 작고,[199] 묘주가 무왕이라는 데 큰 이견이 없어 백제 최만기인 7세기 중엽의 산물인 만큼, 거시적인 추세를 바라볼 때의 파급력은 제한적이다.

이 무렵 왕릉급 고분은 정연한 능원도 형성하지 못하였다. 예컨대 송산리 고분군 A지구 석축 시설이나 능산리 고분군 내 중앙고분군 아래의 평평한 공지에서 나타나듯, 여러 능묘를 대상으로 한 공동의 배례(拜禮) 공간 정도를 갖

---

196) 林英宰, 2022, 『百濟王陵의 變遷과 東亞細亞 陵園과의 比較 硏究』, 경북대 박사학위 논문, 114~115쪽, 131쪽; 허의행·이창호, 2020, 「공주 송산리 고분군의 지형 환경과 입지적 특징 -백제 왕릉 입지와의 비교를 통한 검토-」『古文化』 96, 49~50쪽.

197) 허의행·이찬호, 2020, 위의 논문, 50~52쪽.

198) 김용성, 2014, 앞의 논문, 75쪽.

199) 林英宰, 2022, 앞의 학위 논문, 104쪽 <삽도 39> 참조. 쌍릉 중 대왕릉은 동서 25m, 남북 28m, 소왕릉은 지름 13.6m 정도의 규모다(林英宰, 2022, 위의 학위 논문, 92쪽, 94쪽).

추는 데 그쳤다.²⁰⁰⁾ 능산리 고분군 내 서고분군 1호 건물지를 제의와 관련짓기도 하나,²⁰¹⁾ 해당 고분군의 경우 묘도가 모두 남쪽으로 난 데 비하여 건물지는 고분군 서쪽에 존재하므로, 그보다는 능원 관련 부대시설로 보는 편이 좋겠다. 어찌 되었든 능원이 정비되었다고 하기는 무리다. 전반적으로 이전의 흐름이 이어졌다고 여기기 어렵다.²⁰²⁾

Ⅰ부에서 거론한 것처럼 후장은 부장품의 많고 적음 뿐 아니라, 상장례의 길고 성대한 과정, 대규모 잔치, 장대한 무덤을 포함하는 개념이며, 불봉불수(不封不樹), 즉 봉분을 만들지 않고 나무를 심는 등의 능원을 갖추지 않는 것은 박장의 중요한 지표다.²⁰³⁾ 이를 참작하면 지금까지 살펴본 웅진·사비도읍기의 양상은 박장 풍조가 일정한 세를 형성하였음을 보여 주는데, 그 점은 당시 공주·부여 지역 고분의 전반적 상황을 박장으로 볼 수 있다는 고고학적 이해²⁰⁴⁾와도 합치한다.

---

200) 김용성, 2014, 앞의 논문, 79~80쪽 참조.
송산리 고분군 A지구 석축 시설을 매장의례와 관련된 상징적 시설이라고도 하는데(이현숙, 2024, 「백제 웅진기 왕릉의 입지와 공간변화」 『百濟文化』 70, 106쪽), 그렇게 볼 경우, 해당 고분군의 능원은 더욱 미비한 셈이 된다.
201) 서현주, 2020, 「능산리고분군과 백제 사비기 능묘, 능원」 『百濟學報』 33, 106~108쪽.
202) 쌍릉 인근에 건물지가 확인되어 능원의 존재 가능성이 제기되었는데(이현숙, 2024, 「백제 웅진기 왕릉의 입지와 공간변화」 『百濟文化』 70, 104쪽 참조), 침전 같이 꽤 정제된 건축물까지 갖추어졌으리라 추정하기도 한다(林英宰, 2022, 앞의 학위 논문, 109~111쪽, 130~131쪽, 138~139쪽). 다만 쌍릉이 7세기 중엽에 조성되었을 것이기에, 전체적인 흐름에서 볼 때 웅진·사비도읍기에 능원제(陵園制)가 정비되었다고 여기기는 쉽지 않으며, 해당 고분이 도성과 떨어져 존재하는지라 특별한 조치가 이루어졌다고 볼 여지도 있다. 참고로 쌍릉 조영에 중국 수 및 당 초기의 경향이 영향을 끼쳤다고 상정하기도 한다(林英宰, 2022, 위의 학위 논문, 139쪽, 161~162쪽; 김용성, 2014, 앞의 논문, 78~79쪽).
203) 나희라, 2008, 『고대 한국인의 생사관』, 지식산업사, 145쪽; 조윤재, 2011, 「中國 魏晉南北朝의 墓葬과 喪葬儀禮」 『동아시아의 고분문화』, 서경문화사, 293쪽.
204) 권오영, 2011, 「喪葬制와 墓制」 『동아시아의 고분문화』, 서경문화사, 55~56쪽

이처럼 대략 한성도읍기 말~남천 이후 중앙을 중심으로 고분의 규모가 상대적으로 작아지고 능원이 미비해지는 등 박장 분위기가 고조되었다. 그러한 현상이 무덤을 배경으로 일어난 점은 기존의 무덤 중시 풍조가 약해졌음을 의미한다. 주변의 사례를 보면, 이러한 흐름은 묘제와 상관관계를 지닌다. 중국 위진 남북조 시대에는 대체로 한대처럼 거대 고분 조영이나 분구(墳丘) 조성이 활발히 일어났다거나, 능원이 제도화하여 체계적으로 운영되었다고 상정하기 힘든데, 이 무렵 묘제 또한 상대적으로 위축된 모습을 드러낸다.[205] 고구려에서도 능원제가 쇠퇴하는 등 무덤 중시 풍조가 동요한 시기에 묘제도 침체하였다.[206] 백제 역시 별반 다르지 않았을 것이니, 무덤을 둘러싼 일련의 변화는 그곳에서 거행된 의례, 즉 묘제의 입지에 변동이 생겼음을 알려 준다.[207]

그런데 이는 종묘 제사와도 맞물리는 양상을 보인다. 중국에서 종묘 제사가 다소 움츠러든 시기에는 묘제가 활발히 이루어졌고, 위진 시기 이후 고례(古禮)로의 복귀가 제창되며 종묘의 위상이 회복되자 묘제의 존재감이 하락하였다.[208] 고구려도 마찬가지로 묘제가 퇴조한 때 종묘 제사가 부상하였으

참조.

205) Ⅰ부 주160).
206) 강진원, 2021, 앞의 책, 239~243쪽.
207) 능산리 고분군 부근에 능사(陵寺)가 조영되어 불사가 이루어졌을 것이기에, 묘제의 위상이 하락한 데 이견을 표할 수도 있다. 그러나 능사는 애초 능침(陵寢) 제도에 포함된 것이 아니었고(梁銀景, 2013, 「陵寢制度를 통해 본 高句麗, 百濟 陵寺의 性格과 特徵」『高句麗渤海研究』 47, 71~74쪽), 송산리 고분군이나 익산 쌍릉의 왕릉 구역 인근에 사찰이 위치하지 않았기에, 사안을 일반화하여 바라보기 어렵다. 특히 중국 남북조 시대의 경우 북위의 사원불사(思遠佛寺)와 양의 황기사(皇基寺) 등 능묘 인근에 사찰이 건립된 사례가 있으나 묘제가 흥성하였다고 보기 어려운 점을 고려하면, 백제 역시 마찬가지로 이해하는 편이 타당하지 않을까 한다.
208) Wu Hung(김병준 옮김), 2001, 『순간과 영원 -중국고대의 미술과 건축-』, 아카넷, 300쪽; 楊寬(장인성·임대희 옮김), 2005, 『중국 역대 陵寢 제도』, 서경, 71~

며,209) 일본 고대에 산릉(山陵), 곧 왕릉에서의 제사가 중시된 까닭에 종묘 제도가 수용되지 않았던 사실210)은 양자가 연관성을 지녔음을 나타낸다.

동명묘 제사는 기본적으로 묘제고, 구태묘 제사는 종묘 제사다. 그 점을 염두에 두고 이상에서 검토한 바를 아우르면, 무덤 중시 풍조의 변화로 묘제의 위상이 동요한 결과, 동명묘 제사의 비중이 경감되고 구태묘 제사의 존재감이 커졌던 것이 아닐까 한다. 고구려의 경우 본디 묘제의 범주에 속하는 시조묘 제사가 즉위의례로 행해지기도 하며 최고의 국가제사로 존중되었으나, 4세기 말의 수종묘(修宗廟) 조치,211) 즉 종묘 개편 전후 종묘가 부상하고 무덤이 지닌 제장으로서의 지위가 약해짐에 따라 종묘에서 즉위의례가 치러지기에 이르렀다.212) 백제 동명묘와 고구려 시조묘, 그리고 백제 구태묘와 고구려 종묘의 성격이 통하므로, 백제 또한 유사한 궤적을 밟았으리라 헤아려진다.

요컨대 동명묘 제사의 위상이 약해졌던 반면, 구태묘(종묘) 제사가 대두한 기저에는 무덤 중시 풍조 약화로 인한 묘제 침체 현상이 자리하였다. 현재 전하는 마지막 동명묘 제사 기사(A-8)가 5세기 초에 나타나고, 개로왕 시기인 5세기 후반 비유왕릉이 본디 조졸한 상태였던 사실(C-①)을 고려하면, 변화의 기점은 대략 5세기 중·후반 이후로 가늠된다.

이러한 변화가 일어난 배경은 무엇일까. 중국의 영향을 상정하는 것도 불가능하지 않다. 송산리·능산리 고분군의 능묘 조성에서 나타나는 전반전인

73쪽, 85~86쪽; 黃曉芬(김용성 옮김), 2006, 『한대의 무덤과 그 제사의 기원』, 학연문화사, 401쪽.

209) 강진원, 2021, 앞의 책, 232~243쪽.

210) 林紀昭(朴秉濠 옮김), 1990, 「日本에서의 律令研究와 나의 問題關心」『法史學研究』 11, 182쪽.
당률(唐律)을 그대로 옮겨 일본의 율(律)을 만들 때도 종묘 관련 부분은 생략되었다(金子修一, 2001, 앞의 책, 84쪽).

211) 『三國史記』 권 제18, 高句麗本紀 제6, 故國壤王 9년 3월, "下敎 崇信佛法求福 命有司 立國社修宗廟"

212) 강진원, 2021, 앞의 책, 158~162쪽.

양상이 중국 남조의 그것과 비슷하기 때문이다.[213] 하지만 위에서 거론한 바와 같이, 중국에서 묘제가 퇴조하고 종묘가 조상 제사의 중심이 된 것은 위진 시기, 즉 3세기 이후의 일이다. 만일 중국 문물의 수용에 초점을 맞춘다면, 왜 그러한 일이 백제에서 뒤늦게 나타났는지를 설명하기 곤란하다. 나아가 일본 고대에 종묘 제도 수용이나 교사 시행이 여의치 않았다는 사실[214]에서도 알 수 있듯이, 외래 문물을 접하여도 필요성이 제한적으로 다가온다면 안착하기 어렵다. 따라서 종묘와 무덤에서 지내는 의례의 위상이 변동한 것은 단순한 외래 문물의 수용이라기보다, 그것을 받아들일 수 있는 여건이 마련된 결과로 이해해야 한다.

애초 동명묘 제사가 중시된 것은 무덤 중시 풍조로 묘제의 존재감이 강고하였던 데 기인한다. 그러므로 해당 의례의 무게감이 상대적으로 경감된 것은 무덤에 대한 인식이 이전과 달라졌음을 의미한다. 그 원인으로 생각해 볼 수 있는 바는 다음과 같다.

첫째, 내세관과 영혼관의 변화다. 백제는 4세기 말 공식적으로 불교를 수용하는데,[215] 불교에서는 현세의 삶이 사후의 삶으로 이어지지 않고, 현세의 공과(功過)에 따라 내세의 삶이 규정된다고 여기기에(轉生思想), 사후의 영혼은 육체와 물질의 제약에서 벗어난다. 이는 자유혼(自由魂, free soul) 관념의 고조와도 연관되니, 이 관념에서는 영혼이 육체를 꼭 필요로 하지 않고 물질과의 연결고리도 약하여, 사후 생활도 물질적인 것으로 여기지 않았으므로, 무덤에 많은 재화를 투입한다든가, 후장을 행하는 분위기가 성행하기 어려웠

---

213) 林英宰, 2022, 앞의 학위 논문, 78~79쪽, 124쪽, 136쪽, 157~160쪽; 권오영, 2002, 「喪葬制를 중심으로 한 武寧王陵과 南朝墓의 비교」 『百濟文化』 31, 56~58쪽; 김용성, 2014, 앞의 논문, 73쪽, 75~78쪽; 서현주, 2020, 앞의 논문, 117쪽.

214) 金子修一, 2001, 앞의 책, 84쪽; 渡辺信一郎, 2003, 『中国古代の王権と天下秩序 -日中比較史の視点から-』, 校倉書房, 203쪽, 206쪽.

215) 『三國史記』 권 제24, 百濟本紀 제2, 枕流王, "(元年)九月 胡僧摩羅難陁自晉至 王迎之 致宮內禮敬焉 佛法始於此 二年 春二月 創佛寺於漢山 度僧十人"

다.216) 신라에서 불교 수용 이후 순장이 사라지고 박장이 이루어짐과 함께 고분 조성 양상이 변화하였으며,217) 고구려에서 불교가 퍼지던 무렵 능원제가 쇠퇴하는 등 기존의 무덤 인식이 동요한 점218)은 그 실례이다.

백제 또한 다르지 않았을 것이다. 즉 전생사상과 자유혼 관념의 확산으로 무덤을 죽은 이의 거처로 사고하며 영혼이 물질적인 삶을 누린다는 인식이 흔들렸고, 그 결과 무덤 중시 풍조가 이전보다 약해져 묘제를 비중 있게 행해야 할 필요성도 줄어들었으며, 영혼이 육체와 분리되어 자유롭게 이동한다는 믿음이 강해짐에 따라, 조상의 혼령이 무덤 안에 머문다기보다는 종묘를 자유롭게 오가며 봉양을 받는다는 생각이 굳어졌으리라 파악된다. 사고관의 변화가 묘제뿐 아니라, 종묘 제사에도 영향을 끼친 셈이다.

둘째, 유교 문화에 대한 이해 증진이다. 애초 백제를 비롯한 군현 인접 지역은 중국의 예속(禮俗)을 어느 정도 인지하였거니와,219) Ⅱ부에서 다룬 것처럼 고이왕 시기(234~286) 중국의 유교적 교사 방식을 참조하여 천지합제가 성립된 데서도 드러나듯, 백제는 유교 문물 수용에 인색하지 않았는데, 그러한 추세가 이후에도 이어졌으리라는 데 큰 이견은 없다.

그런데 묘제에 대하여 유자는 그다지 호의적이지 않았으니, 본디 유가의 입장에서 죽은 이의 혼은 사당, 즉 묘(廟)에 제사하여야 하였기 때문이다. 능침(寢殿)을 설치함에 따라 일정 정도 타협점을 찾기도 하였으나 묘제는 원칙적으로 비례(非禮), 다시 말해 예가 아니었다.220) 중국에서 본디 조상 제사의 중추

---

216) 나희라, 2008, 앞의 책, 23~24쪽, 26~27쪽, 57~59쪽, 98~99쪽.
217) 전덕재, 2009, 『신라 왕경의 역사』, 새문사, 234쪽; 주보돈, 2020, 『신라 왕경의 이해』, 주류성, 453쪽; 김영미, 2000, 「불교의 수용과 신라인의 죽음관의 변화」 『韓國古代史硏究』 20, 179쪽.
218) 강진원, 2021, 앞의 책, 245~246쪽.
219) Ⅱ부 주58).
220) 來村多加史, 2001, 『唐代皇帝陵の研究』, 学生社, 73쪽, 441쪽 참조.

가 무덤이 아니라 종묘였던 데는[221] 나름의 이유가 있던 셈이다. 조위 문제(曹丕)가 '옛날에는 무덤에 제사하지 않고 모두 사당에 지냈다(古不墓祭 皆設于廟)'는 이유로 무제(조조)가 묻힌 고릉(高陵)의 능침을 헐고, 자신의 수릉(壽陵)에도 같은 조치를 한 것[222]이나, 당의 안진경(顔眞卿, 709~784?)이 옛날에는 무덤에 제사하지 않았다는 점[223]을 언급하며, 묘제의 성행을 경계한 것[224]에는 묘제보다 종묘 제사가 예에 더 부합된다는 인식도 함께하였다. 묘제가 유교적 사고관에 꼭 들어맞는 제사는 아니라 하겠는데, 백제에서는 유교 문물에 대한 이해가 깊어짐에 따라 제사 방식 또한 유교적인 모습을 지향한 결과, 묘제에 대한 종래의 인식이 재고됨과 아울러, 종묘로 시선이 옮겨졌다고 헤아려진다.

셋째, 대외적 위협의 지속이다. 중국에서 위진 남북조 시대 들어 박장이 성행하고 능원제가 쇠락한 이유는 전란을 비롯한 거듭된 혼란 속에서 무덤의 안전을 담보할 수 없다는 생각이 커졌기 때문이다.[225] 고구려에서도 대외적 위기감이 올라가고 왕릉 관리 문제가 불거진 결과, 무덤과 그곳에서의 의례가 이전의 위상을 유지하기 힘들어졌다.[226]

백제 역시 마찬가지다. 4세기 말 이후 고구려의 공세로 상당한 영역을 상실하였으며 왕성까지 위협에 노출되었으므로,[227] 왕릉의 안위를 확신할 수

---

221) Wu Hung(김병준 옮김), 2001, 앞의 책, 282쪽; 黃曉芬(김용성 옮김), 2006, 앞의 책, 395쪽, 401쪽.

222) 『晉書』 권20, 志 제10, 禮中, 凶禮, "魏武葬高陵 有司依漢立陵上祭殿 至文帝黃初三年 乃詔曰 … 古不墓祭 皆設於廟 高陵上殿皆毀壞 車馬還廐 衣服藏府 以從先帝儉德之志 文帝自作終制 又曰 壽陵無立寢殿 造園邑 自後園邑寢殿遂絶"

223) 『後漢書』, 志 제9, 祭祀下, 宗廟, "古不墓祭 漢諸陵皆有園寢 承秦所爲也"

224) 來村多加史, 2001, 앞의 책, 102~103쪽.

225) 楊寬(장인성·임대희 옮김), 2005, 앞의 책, 85~86쪽; 盧仁淑, 2001, 「中國에서의 喪禮文化의 展開」 『儒敎思想研究』 15, 83쪽; 洪廷姸, 2003, 「魏晉南北朝時代 '凶門柏歷'에 대하여」 『魏晉隋唐史研究』 10, 100~101쪽.

226) 강진원, 2021, 앞의 책, 248~251쪽.

227) 「廣開土王碑文」, "以六年丙申王躬率▨軍 討伐殘國 … ▨其國城 殘不服義 敢出

없는 상황에 이르렀을 터인데, 설상가상으로 5세기 후반 한성이 함락됨으로써 사실상 왕릉 관리가 어려워졌을 뿐 아니라, 훼손이 이루어져도 지켜볼 수밖에 없었을 것이다. 이때 받은 충격은 대단하였으리라 예상되는데, 남천 이후에도 고구려의 군사적 압박이 계속되었기에, 여파는 쉽게 사그라지지 않았다고 여겨진다. 이러한 여건에서 무덤이 지닌 기존의 입지는 흔들렸을 것이며, 연장선에서 묘제의 존재감도 상대적으로 하락하였으리라 이해된다.

넷째, 혈연적 계보 관념의 고양이다. 본디 종묘 제도는 시조를 중심으로 한 동일 혈통(一系)의 선조를 제사하는 조상 숭배 방식을 제도적으로 구체화한 것이다.228) 백제 왕통의 흐름이 '초고왕-구수왕-사반왕·비류왕-근초고왕'과 '고이왕-책계왕-분서왕-계왕'으로 나누어진다는 점은 Ⅰ부에서 다루었는데, 근초고왕 이래 그 후손이 왕위를 이어 갔다. 그런데 이러한 특정 가계의 안정적 왕위 계승은 종묘 제사의 입지에 영향을 미쳤다. 예컨대 중국 후한 초기 기존 종묘 제사에 변화가 초래된 이유는 변칙적인 제위(帝位) 계승이 이루어졌기 때문이며,229) 고구려에서도 미천왕 이후 왕통이 한 핏줄로 이어지면서 종묘 제사의 무게감이 커졌다.230) 신라 또한 마립간 시기 특정 혈연 집단이 왕위를 독점적으로 계승함에 따라 혈연적 계보 관념에 토대한 제사의 중요도가 높아졌으리라 추정된다.231) 백제 역시 그와 비슷한 양상을 보였다고 여겨지니, 근초고왕 집권 이후 점차 종묘 제사를 향한 주의가 환기되었을 것이다.

중국의 황제는 창업주와 그 계승자를 대상으로 하는 종묘 제사를 거행하면서, 자기 권력의 정통성이 왕조의 창시자나 수명자(受命者)와 닿아 있음을

百戰 王威赫怒渡阿利水 遣刺迫城▨▨侵穴▨便圍城 而殘主困逼 獻▨男女生口 一千人細布千匹 跪王自誓 從今以後永爲奴客 太王恩赦先迷之愆 錄其後順之誠 於是得五十八城村七百 將殘主弟幷大臣十人 旋師還都"; Ⅰ부 주96) 참조.

228) 諸戶素純, 1972, 『祖先崇拜の宗敎學的硏究』, 山喜房佛書林, 128쪽.
229) Wu Hung(김병준 옮김), 2001, 앞의 책, 55쪽, 297~299쪽.
230) 강진원, 2021, 앞의 책, 251~252쪽.
231) 나희라, 2003, 앞의 책, 216쪽.

확인하였다.[232] 백제의 경우, 당시 집권력을 강화하려는 움직임이 끊이지 않았음은 널리 알려진 바이다. 그렇기에 왕권은 종묘, 다시 말해 구태묘를 통하여 한 줄기로 이어지는 왕통의 흐름을 되새기고자 노력하였고, 이러한 움직임은 결국 종묘 중심의 제사체계가 형성될 수 있는 하나의 토대가 되었다고 파악된다.

이러한 이유로 종래의 무덤 중시 풍조는 약화 일로를 걷기 시작하였고, 묘제의 위상도 동요하였다. 물론 하루아침에 상황이 급변하지는 않았을 것이다. 다만 시일이 흐름에 따라 새로운 인식이 세를 확장해 나간 결과, 동명묘 제사를 대신하여 구태묘, 즉 종묘 제사가 부상하기에 이르렀다고 보인다.

이상과 같이 동명묘 제사가 묘제의 범주에 속하고 구태묘가 곧 종묘인 데서 볼 때, 동명묘 제사의 위상이 약해지고 구태묘 제사가 대두한 것은 고분의 규모가 상대적으로 작아지고 능원이 미비해지는 등 박장 분위기가 고조된 데서 드러나듯, 대략 5세기 중·후반 이후 기존의 무덤 중시 풍조가 동요하면서 묘제의 존재감이 약해졌던 반면, 종묘의 그것은 커진 결과이다. 전생사상과 자유혼 관념의 확산, 유교 문화에 대한 이해 증진, 대외적 위협의 지속, 혈연적 계보 관념의 고양은 무덤에 대한 인식의 변화와 종묘로의 관심 증대를 불러일으켰고, 그 결과 묘제인 동명묘 제사를 대신하여 구태묘(종묘) 제사가 부상하게 되었다.

---

232) 渡辺信一郎, 2003, 앞의 책, 185쪽.

Ⅳ

천·오제(五帝) 제사

1. 오제의 성격과 천·오제 제사 성립

  천·오제 제사에 대한 사안은 중국 문헌에 전하는데, 관련 기록은 이미 구태묘(仇台廟) 제사를 거론하며 제시하였다(F-1-③, F-2-④, F-3-④, F-4-⑤, F-5-③, F-7-③, F-8-①). 그 가운데 가장 먼저 사실을 다룬 기사(F-1-③)의 경우, Ⅲ부에서 언급하였듯이 그것이 실린 문헌의 백제 관련 정보가 서위·북주 시기(535~581), 즉 성왕·위덕왕 때의 상황에 토대한다. 따라서 늦어도 사비도읍기(538~560)에는 천·오제 제사가 백제를 대표하는 국가제사로 인지되었음을 알 수 있다.

  천·오제 제사에서 눈에 띄는 점은 제사 대상에 "오제"가 있다는 사실이다. 한국 고대에 오제를 제사한 의례는 이뿐이다. 따라서 그 실체에 관심이 두어졌는데, 크게 천신[1]과 지신[2]으로 견해가 나뉜다.

---

[1] 鄭璟喜, 1990, 『韓國古代社會文化硏究 -靑銅器社會에서 三國時代까지-』, 一志社, 394~395쪽; 井上秀雄, 1993, 『古代東アジアの文化交流』, 溪水社, 187쪽; 李基東, 1996, 『百濟史硏究』, 一潮閣, 40쪽, 168쪽; 이병도 역주, 1996, 『삼국사기 (하)』, 을유문화사, 175쪽 주50); 鄭求福·盧重國·申東河·金泰植·權悳永, 1997, 『譯註 三國史記4 -주석편(하)-』, 韓國精神文化硏究院, 46쪽; 노중국, 2010, 『백제사회사

지신이라 하는 경우, 대개 토착 신격으로 바라본다. 그런데 뒤이어 다루겠으나, 오제는 중국에서 용례가 보이거니와, 오제 제사는 고구려와 신라에서 흔적을 찾기 어렵다. 백제의 오제 신앙이 부여의 종교적 관념에서 유래하였을 가능성도 제기되지만,3) 부여에 그러한 고유의 사고가 존재하였는지 확인할 길이 요원하다.

이에 대하여 오제를 천신으로 여기면 관련 기록(F-1-③, F-2-④, F-3-④, F-4-⑤, F-5-③, F-7-③, F-8-①)에서 지신 제사의 모습을 찾을 수 없으므로, '천=천신, 오제=지신'이라 추정하기도 한다.4) 그러나 중국 제사 체계에서 제천이라는 용어는 대개 제지(祭地)를 함께 지칭하고,5) 제지의례는 제천의례에 가려져 상대적

상사』, 지식산업사, 509쪽; 양기석, 2013, 『백제 정치사의 전개과정』, 서경문화사, 350쪽; 채미하, 2018, 『한국 고대 국가제의와 정치』, 혜안, 155쪽, 284~285쪽; 車勇杰, 1978, 「百濟의 祭天祀地와 政治體制의 變化」『韓國學報』 11, 63쪽; 兪起濬, 1989, 「百濟社會의 固有信仰考」『忠南史學』 4, 37쪽; 徐永大, 2000, 「百濟의 五帝信仰과 그 意味」『韓國古代史研究』 20, 107~108쪽; 이병호, 2003, 「百濟 泗沘都城의 構造와 運營」『한국의 도성 -都城 造營의 傳統-』, 서울시립대학교 부설 서울학연구소, 43쪽; 김기흥, 2004, 「백제의 정체성(正體性)에 관한 일 연구」『역사와 현실』 54, 206쪽; 김경화, 2017b, 「백제의 天 및 五帝 제사의 내용과 의미」『百濟學報』 21, 77쪽; 朴淳發, 2023a, 「백제 도성 제의(祭儀)의 전개와 그 배경」『百濟學報』 45, 24쪽.

2) 최광식, 1994, 『고대한국의 국가와 제사』, 한길사, 184쪽; 金杜珍, 1999, 『韓國古代의 建國神話와 祭儀』, 一潮閣, 183쪽, 185쪽 주33); 朴承範, 2002, 『三國의 國家祭儀 研究』, 단국대 박사 학위 논문, 109쪽; 최광식, 2006, 『백제의 신화와 제의』, 주류성, 87~88쪽.
오제 제사를 사비도읍기 오악(五岳), 혹은 여러 산악에서 이루어진 제사로 이해하기도 하는데(兪元載, 1994, 「泗沘時代의 三山崇拜」『百濟의 宗教와 思想』, 忠清南道, 79~80쪽; 김두진, 2005, 「백제의 건국신화를 통해 본 조상숭배신앙」『鄕土서울』 65, 20쪽), 이 또한 지신으로 여기는 범주에 속하지 않을까 한다.

3) 배재영, 2009, 「백제의 부여 인식」『百濟文化』 41, 140쪽.
4) 최광식, 2006, 앞의 책, 87~88쪽.
5) 김일권, 2007, 『동양 천문사상, 인간의 역사』, 예문서원, 195쪽; 소현숙, 2020, 「中國 南北朝時代 國家祭禮와 祭儀空間」『百濟文化』 62, 7쪽.

으로 비중이 높지 않았으며, 실제 기능이 퇴색되기도 하였다.[6] 천·오제 제사 기록이 중국 문헌에 전한다는 점을 고려하면, 실제로는 의례 과정에서 제천과 아울러 제지도 행해졌으나, 중국 측 찬자가 제지는 제천에 부수한다고 여겨 생략한 결과, 해당 기술과 같이 표현된 것이 아닐까 한다.

달리 생각할 여지도 있다. 한성·웅진도읍기의 천지합제(天地合祭) 시 천지를 같이 모셨기에, 천·오제 제사 역시 그러한 방식으로 거행되었을 가능성이 있는데, 중국의 경우 천지를 함께 제사하자는 논의(天地合祭論)에서 지신이 천신에 의존하거나 종속된 존재가 된 점[7]을 참고할 때, 천·오제 제사에서 제지가 제천에 덧붙여지는 의례로 다루어져 찬자의 눈에 띄기 힘들어진 탓에 관련 사안이 언급되지 않았는지도 모른다. 다만 어떻게 보든, 오제를 천신이라 하여도 천·오제 제사 시 제지의례가 함께하였다고 파악하는 데 큰 지장은 없다.

이렇듯 오제가 재래의 지신을 가리킨다고 상정하기는 쉽지 않다. 오제가 일반적으로 중국 신격이란 사실을 생각하면, 천·오제 제사의 대상 오제도 그와 다르지 않은 존재로, 백제에서 해당 신격을 수용하였다고 이해하는 편이 타당하다.

뒤에서 더 언급하겠으나 오제는 중국 교사(郊祀)에서 모셔지기도 하였는데, 유교적 교사 체계 성립 이후의 오제 관련 논의는 크게 왕망(王莽, B.C. 45~A.D. 23)·정현(鄭玄, 127~200)·왕숙(王肅, 195~256)의 견해로 가를 수 있다. 전한 말 왕망은 오제를 천지의 별신(別神)이라 하여 천신의 범주에서 제외한 뒤, 오제의 이름에 고대 제왕(帝王)의 칭호를 끼워 넣어 인제(人帝)로 만들었는데, 이때 오제

---

[6] 金子修一, 2001, 『古代中國と皇帝祭祀』, 汲古書院, 12쪽, 42쪽, 145쪽; 박미라, 2006a, 「儒敎 祭地儀禮의 역사와 구조 -제천의례와의 관계를 중심으로-」 『溫知論叢』 14, 363쪽.

[7] 박미라, 2006b, 「중국 祭地儀禮에 나타난 地神의 이중적 성격」 『道敎文化硏究』 25, 56~57쪽.

제사가 도성 사방의 교외(五郊兆)에서 치러지기도 하였기에,[8] 오제가 각 방위와 관련된 지신의 성격을 강하게 띠게 되었다고도 짐작한다.[9]

이 논의에 기초하여 백제가 중국으로부터 오제를 지신으로 보는 관념을 수용하였다고 가정할 수도 있다. 그러나 오교조 아래 일월성신(日月星辰)을 종사(從祀)하였으므로, 오제를 지신으로만 간주하기 곤란하다.[10] 설령 지신이라 규정하여도 왕망이 집권한 기원 전후 무렵으로부터 한참 뒤 천·오제 제사가 등장할 뿐 아니라, 왕망의 오제 관념이 후대까지 견지되지도 않았기에, 백제가 이를 받아들일 수 있었을지 의문이다.

그 면에서 천·오제 제사 시행이 확인되는 시기, 중국에서 중시된 정현과 왕숙의 논의를 살펴볼 필요가 있다.

후한 후기의 유자(儒者) 정현은 지고적 천신인 호천상제(昊天上帝), 곧 천황대제(天皇大帝) 외에 또 다른 천신으로 오제, 즉 화덕(火德)의 적제 적표노(赤帝赤熛怒), 토덕(土德)의 황제 함추뉴(黃帝含樞紐), 금덕(金德)의 백제 백초거(白帝白招拒), 수덕(水德)의 흑제 즙광기(黑帝汁光紀·叶光紀), 목덕(木德)의 청제 영위앙(青帝靈威仰)이 존재하는데, 이들은 차례로 정(精)을 내려 시조 같은 왕가의 선조를 낳기에 감생제(感生帝), 다시 말해 오정제(五精帝)라 한다고 보았다. 이 견해에 따르면 천신을 호천상제와 오제의 여섯이라 간주할 수 있기에, '육천설(六天說)'이라 부르기도 한다.[11] 이에 대하여 정현이 말한 오제의 실체를 하나로 생각하

---

8) 김일권, 2007, 앞의 책, 131~132쪽; 박미라, 1997, 「中國 郊祀儀禮에 나타난 天神의 性格과 構造 硏究」, 『宗敎學硏究』 16, 66~68쪽; 徐永大, 2000, 앞의 논문, 97쪽.

9) 이장웅, 2010, 「百濟 泗沘期 五帝 祭祀와 陵山里寺址」, 『百濟文化』 42, 35~36쪽.

10) 김일권, 2007, 앞의 책, 132쪽.

11) 金子修一, 2001, 앞의 책, 47쪽; Howard J. Wechsler(임대희 옮김), 2005, 『비단같고 주옥같은 정치 -의례와 상징으로 본 唐代 정치사』, 고즈윈, 126쪽, 249~250쪽, 437쪽; 김일권, 2007, 위의 책, 212~213쪽; 박미라, 1997, 앞의 논문, 68~74쪽, 78쪽; 徐永大, 2000, 앞의 논문, 99~101쪽; 佐川英治, 2015, 「中国中古の都城設計と天の祭祀」, 『中國古中世史硏究』 35, 82쪽; 소현숙, 2020, 앞의 논문, 7~8쪽 참조.

여, '육천(六天)'이라는 용어가 적절하지 않다는 설12)도 제기되었다. 다만 어찌 되었든 정현이 이해한 오제가 천신이라는 사실은 변함없다.

　반면 조위(曹魏)의 왕숙은 호천상제가 유일한 천신이고, 오제는 하늘에 있는 오행의 신(五行之神)으로 천신을 보좌하는 존재라 하였는데, 천신을 하나로 여겼다 하여 이 견해를 '일천설(一天說)'이라 일컫기도 한다.13) 정현과 왕숙의 오제 관념에 차이는 있지만, 양자 모두 지신으로 이해하지 않았다는 점은 공통된다.

　일변 남조 진 문제 천가(天嘉) 연간(560~566) 허형(許亨)의 오신(五神)에 관한 발언14)에 주목하여, 그가 오제를 지신으로 간주하여 북교(北郊)에만 제사할 것을 주장하였다고 보기도 하고,15) 연장선에서 오제가 천신·지신·방위신의 성격을 복합적으로 지녔으며, 그러한 관념이 백제로 전해졌다고도 상정한다.16)

　그런데 전자의 경우, 허형은 오신을 지신으로 보았을 뿐 오제의 성격을 논한 것이 아니기에, 진에서도 오제가 천신으로 여겨졌다는 반론17)이 제기된

---

12) 金羨珉, 2015, 「魏晉南朝의 郊祀 主神 논쟁과 鄭玄 이해」 『中國史硏究』 97, 90~92쪽, 97~98쪽; 朴淳發, 2023a, 앞의 논문, 23쪽.

13) Howard J. Wechsler(임대희 옮김), 2005, 앞의 책, 126쪽, 131쪽, 250쪽, 437쪽; 김일권, 2007, 앞의 책, 211~212쪽; 박미라, 1997, 앞의 논문, 74~76쪽, 78쪽; 徐永大, 2000, 앞의 논문, 101~102쪽; 소현숙, 2020, 앞의 논문, 8쪽 참조.

14) 『隋書』 권6, 志 第1, 禮儀1, 南北郊, "及文帝天嘉中 南郊改以高祖配 北郊以德皇帝配天 太中大夫領大著作攝太常卿許亨奏曰 昔梁武帝云 天數五 地數五 五行之氣 天地俱有 故南北郊內 並祭五祀 臣按周禮 以血祭社稷五祀 鄭玄云 陰祀自血起 貴氣臭也 五祀 五官之神也 五神主五行 隸於地 故與埋沈副辜同爲陰祀 既非煙柴 無關陽祭 故何休云 周爵五等者 法地有五行也 五神位在北郊 圓丘不宜重設 制曰 可"

15) 김일권, 2007, 앞의 책, 267~268쪽.

16) 李壯雄, 2016, 『百濟 泗沘期 國家祭祀와 佛敎寺院』, 고려대 박사 학위 논문, 87쪽; 이장웅, 2010, 앞의 논문, 37~38쪽.

17) 김경화, 2017b, 앞의 논문, 77쪽.

터라, 신중할 필요가 있다. 이를 부정하여도 오제를 지신 계열로 파악한 사례가 드물어,[18] 특수한 경우라는 점을 부인하기 어렵다. 후자도 다르지 않다. 오제의 실체를 다양한 측면에서 생각해 볼 수 있겠으나, 기본적인 성격은 존재하기 마련이므로 따르기 주저된다. 뒤에서 다루겠지만 허형의 언급은 천·오제 제사 성립 뒤의 일이라, 이를 근거로 백제 오제의 성격에 다가가기 어렵다는 점도 간과할 수 없다.

요컨대 천·오제 제사가 치러지던 시기 중국 교사에서 세를 이룬 정현과 왕숙의 주장을 살피면, 오제를 천신으로 보든 그 보조적 존재로 보든 하늘에 머무는 존재로 여겼다. 지신적 색채가 약하다. 이들의 입장이 백제의 오제 관념에 영향을 끼쳤으리란 점을 고려할 때, 백제의 오제를 지신으로 바라보기 쉽지 않다.

그렇다면 백제 오제의 성격은 정현과 왕숙 중 누구의 설에 더 가까울까. 이에 대하여 전자, 즉 정현의 논의에 근거한 천신일 가능성이 제기되었는데,[19] 수긍할 만하다. 우선 천·오제 제사가 처음 다루어진(F-1-③) 문헌, 즉 『주서』때문이다. 이 사서는 북주 시기를 대상으로 하였으며, 당 태종 정관(貞觀) 10년(636) 편찬되었다. 그런데 북주와 당 태종 시기의 교사에서는 정현의 입장이 존중되었기에, 오제를 천신으로 받아들였다.[20] 따라서 해당 기록의 오제라는 기재가 북주와 당 초기, 어느 쪽 산물이든 간에, 백제의 오제가 그에 관한 당시 중국의 사고와 상통한다고 여긴 결과로 볼 수 있지 않을까 한다.

---

18) 金敬華, 2016, 『백제의 국가제사 연구 -천지제사와 조상제사를 중심으로-』, 인하대 박사 학위 논문, 119~120쪽; 徐永大, 2000, 앞의 논문, 94쪽.
19) 金敬華, 2016, 위의 학위 논문, 122쪽; 徐永大, 2000, 위의 논문, 109~113쪽; 김경화, 2017b, 앞의 논문, 77~78쪽, 88~90쪽.
20) 金子修一, 2001, 앞의 책, 17~19쪽, 48~49쪽, 53~55쪽, 163쪽, 181~182쪽; Howard J. Wechsler(임대희 옮김), 2005, 앞의 책, 249~250쪽, 253~254쪽; 김일권, 2007, 앞의 책, 211~212쪽, 278~279쪽, 306쪽, 325쪽; 徐永大, 2000, 위의 논문, 102~103쪽, 107~108쪽; 소현숙, 2020, 앞의 논문, 11~12쪽 참조.

다음으로 관련 기록에서 오제가 "급(及)"이라는 표현을 통하여 천과 대등하게 기재된 사실(F-1-③, F-2-④, F-3-④, F-4-⑤, F-7-③, F-8-①)도 염두에 두어야 한다. 이는 백제의 오제 제사가 천에 대한 그것에 버금갈 정도로 치러진 흔적으로 헤아려지는데, 오제가 왕숙의 견해처럼 호천상제의 보좌역에 머문 신격이라면, 그렇게까지 우대되었을 것 같지 않다.

이상을 보건대, 천·오제 제사에서 모셔진 오제의 성격은 정현이 말한 천신과 닿아 있다고 이해하는 편이 타당하다. 그에 대하여 백제의 오제 관념이 중국으로부터 수용되었다고 하면서도, 지방 지배와 연계된 방위신적 성격이 강하였으리라 추정하기도 한다.[21] 그러나 앞서 언급하였듯이, 정현이든 왕숙이든 오제를 하늘에 머무는 존재로 여긴 이상, 해당 신격의 주된 결을 영역 지배와 같은 '지상의 일'과 연결지어 바라보기 곤란하다.

한편 오제를 천신으로 보면 관련 기록에서 제지의례의 흔적을 찾을 수 없게 된다는 점에 착안하여, 삼산오악(三山五嶽) 제사와 같은 산천 제사가 제지의례의 역할을 하였다고도 짐작한다.[22] 하지만 지신은 산천신(山川神)과 구별되는 존재거니와,[23] 중국 교사 체계에서도 산천은 지고적 신격이 아니라 대개 제지의례 공간인 북교나 방택(方澤)·방구(方丘)에 종사되는 처지였다.[24] 중

---

21) 박초롱, 2014, 「백제 사비시기(泗沘時期) 오제(五帝) 제사 시행과 그 의미」『韓國思想史學』47, 22~23쪽, 27쪽.

22) 채미하, 2018, 앞의 책, 156쪽, 285~290쪽; 여호규, 2005, 「國家祭祀를 통해본 百濟 都城制의 전개과정」『古代 都市와 王權』, 서경, 276~277쪽.

23) 노중국, 2010, 앞의 책, 509쪽.

24)『晉書』권19, 志 제9, 禮上, 吉禮, "地郊則五嶽四望四海四瀆五湖五帝之佐沂山嶽山白山霍山醫無閭山蔣山松江會稽山錢唐江先農凡四十四神也";『隋書』권6, 志 제1, 禮儀1, 南北郊, "(梁)北郊 … 五官之神先農五岳沂山嶽山白石山霍山無閭山蔣山四海四瀆松江會稽江錢塘江四望 皆從祀 … (陳)北郊爲壇 高一丈五尺 廣八丈 以皇妣昭后配 從祀亦準梁舊 … (後齊)方澤則以黃琮束帛 … 其神州之神社稷岱岳沂鎮會稽鎮云云山亭亭山蒙山羽山嶧山崧岳霍岳衡鎮荊山內方山大別山敷淺原山桐柏山陪尾山華岳太岳鎮積石山龍門山江山岐山荊山嶓冢山壺口山雷首山底柱山析城山王屋山西傾朱圉山鳥鼠同穴山熊耳山敦物山蔡蒙山梁山岷山武功山太白山恒岳醫

국과 교류가 이어지며 여러 문물을 도입하던 시절에 제천의례와 짝을 이루는 제지의례를 산천 제사로 치렀다고 가정하기 어렵다. 앞서 언급한 것처럼 천·오제 제사 시 제지의례도 함께하였다고 파악하는 편이 타당하다.

그런데 Ⅱ부에서 밝힌 바와 같이 천지합제는 한성도읍기의 대표적인 국가 제사였으며, 위상의 변동은 있었을지언정 웅진도읍기(475~538)에도 왕권의 구심력을 높이고자 시행되었다. 그러나 대체로 사비도읍기의 상황을 전하는 중국 문헌에는 천지합제가 아닌 천·오제 제사가 비중 있게 다루어졌다. 따라서 양자의 관계가 궁금증을 자아낸다.

이에 천지합제 같은 기존 의례의 연장선에서 천·오제 제사를 바라볼 수도 있다. 천지합제와 천·오제 제사가 다르지 않다는 주장[25] 외에 천지합제가 더욱 발전되고 정례화한 상태가 천·오제 제사라거나,[26] 한(韓) 지역의 10월 수확제[27]를 기초로 중국의 제천의례를 받아들여 천·오제 제사가 성립되

無閭山鎮陰山白登山碣石山太行山狼山封龍山漳山宣務山關山方山苟山狹龍山淮水東海泗水沂水淄水濰水江水南海漢水穀水洛水伊水漾水沔水河水西海黑水潦水渭水涇水鄠水濟水北海松水京水桑乾水漳水呼池水衛水洹水延水並從祀 … (隋)高祖受命 欲新制度 … 爲方丘於宮城之北十四里 其丘再成 成高五尺 下成方十丈 上成方五丈 夏至之日 祭皇地祇於其上 以太祖配 神州迎州冀州戎州拾州柱州營州咸州陽州九州山海川林澤丘陵墳衍原隰 並皆從祀"; 『舊唐書』권21, 志 제1, 禮儀1, 南北郊, "武德初 定令 … 夏至 祭皇地祇于方丘 亦以景帝配 其壇在宮城之北十四里 壇制再成 下成方十丈 上成方五丈 每祀則地祇及配帝設位於壇上 神州及五嶽四鎮四瀆四海五方山林川澤丘陵墳衍原隰並皆從祀 神州在壇之第二等 五嶽已下三十七座 在壇下外壝之內 丘陵等三十座 在壝外 其牲 地祇及配帝用犢二 神州用黝犢一 岳鎮已下加羊豕各五 … (玄宗開元)至二十年 蕭嵩爲中書令 改撰新禮 … 夏至 禮皇地祇于方丘 以高祖配 其從祀神州已下六十八座 同貞觀之禮 地祇配帝 籩豆如圜丘之數 神州 籩豆各四 簠簋甒俎各一 五岳四鎮四海四瀆五方山林川澤等三十七座 每座 籩豆各二 簠簋各一 五方五帝丘陵墳衍原隰等三十座 籩豆簠簋甒俎各一"; Ⅱ부 주 128)의 『魏書』禮志 祭祀上 참조.

25) 鄭璟喜, 1990, 앞의 책, 402~403쪽.
26) 車勇杰, 1994, 「百濟의 崇天思想」『百濟의 宗教와 思想』, 忠淸南道, 17~18쪽.
27) Ⅰ부 주106)의 『三國志』魏書 韓條.

었다는 추정,[28] 그리고 천지합제와 마한의 전통적 제천의례를 통합하여 구성된 것이 천·오제 제사라는 논의[29]가 그에 해당한다. 하지만 천지합제의 경우 토착 의례의 흔적으로 이해되는 초창기 사례를 포함하여도 1·2·10월에 치러졌고(A-7·8, D-1~9), 한의 농경의례는 5·10월에 이루어진 데 비하여, 천·오제 제사는 2·5·8·11월에 시행되어 시기적으로 일치하지 않아 동의하기 어렵다.[30]

현재 전하는 마지막 천지합제는 5세기 말(489)의 일이고(D-9), 천·오제 제사는 그 이후의 사정을 반영한 문헌에 모습을 드러낸다. 또 전자와 달리 후자의 제사 대상에는 오제도 함께하였다. 그러므로 천지합제가 천·오제 제사로 대체되었다고 보는 것[31]이 사실에 부합되지 않을까 한다. 다시 말해 기존의 천지합제가 퇴조하고, 천·오제 제사가 부상하였다 하겠다. Ⅱ부에서 밝힌 바와 같이 천지합제는 중국 교사 양식을 참조하여 성립되었는데, 앞서 거론한 것처럼 천·오제 제사의 오제는 중국 교사에서 모셔진 오제와 결이 다르지 않다. 따라서 천지합제에서 천·오제 제사로의 변화는 오제 관념을 염두에 둔 새로운 교사 방식의 의례가 창출되었음을 의미한다.

---

28) 渡辺信一郎, 2003, 『中国古代の王権と天下秩序 -日中比較史の視点から-』, 校倉書房, 205쪽.
29) 朴承範, 2002, 앞의 학위 논문, 96쪽.
30) 천지합제는 천지를 대상으로 하였으나 천·오제 제사에서는 지신이 배제되었고, 첫 천지합제(D-1)의 기년(A.D. 2)을 신뢰하여 당시는 백제에 오제 신앙이 있었다고 보기 너무 이른 때인지라, 천·오제 제사를 천지합제의 연장선에서 이해하기 힘들다고 여기기도 한다(徐永大, 2000, 앞의 논문, 94쪽). 결론적인 면에 이견은 없다. 다만 위에서 거론한 바와 같이 천·오제 제사 시 제지의례가 함께하였다고 이해되고, 초기 천지합제 사례(D-1~3)의 경우 기년 문제는 차치하더라도, Ⅱ부에서 검토한 것처럼 토착 의례를 행한 전승이 훗날 윤색된 결과이기에, 천지합제와 천·오제 제사의 연속성을 부정함에 굳이 그러한 점을 들 필요는 없지 않을까 한다.
31) 徐永大, 2000, 위의 논문, 116쪽; 金昌錫, 2004, 「한성기 백제의 국가제사 체계와 변화 양상 -풍납토성 경당지구 44호, 9호 유구의 성격 검토를 중심으로-」 『서울학연구』 22, 24쪽; 朴淳發, 2023a, 앞의 논문, 9쪽.

물론 달리 생각할 여지도 없지 않다. 뒤에서 다루듯 천지합제가 치러지던 무렵 중국에서는 정현이나 왕숙의 오제 논의에 토대한 교사 체계가 운영되었는데, 백제가 그 영향을 받아 천지합제에 오제에 관한 안배가 이루어졌으리라 짐작할 수도 있는 까닭이다. 그러나 백제가 오제라는 신격을 받아들여 천지합제에 적용할 만큼 당시 중국 왕조들과 밀도 있게 교류하였는지 의문이거니와, 무엇보다 관련 기록에 오제를 제사한 흔적이 없으므로 그렇게 상정하기 힘들다.

　천・오제 제사가 성립된 시기는 언제쯤일까. 이에 대해서는 5세기 말 이후,[32] 혹은 사비도읍기로 바라보기도 하고,[33] 사비 천도(538) 무렵[34]이나 그 이후의 성왕 집권기에 주목하기도 하는데,[35] 마지막 천지합제 기사는 동성왕 11년(489)의 사례(D-9)이고, 앞서 거론한 것처럼 천・오제 제사를 가장 먼저 언급한 기사(F-1-③)가 실린 문헌에서 다루어진 백제 관련 정보의 시기적 하한은 북주 말이다. 따라서 일단 5세기 말 이후 6세기 말 사이 언젠가 천・오제 제사가 시행되었음은 확실하다.

　유념해야 할 점은 제사 대상에 오제가 있다는 사실이다. 오제는 중국에서 유래한 신격으로 교사의 대상이 되기도 하였다. 그러므로 의례의 성립 시점을 가늠할 때 중국의 동향을 가벼이 넘길 수 없는데, 대개 남조에서는 왕숙의 논의에 기초한 교사 체계를 갖춘 데 비하여, 북조에서는 정현의 견해에 기대어 그리하였다.[36] 백제 오제의 성격은 정현이 말한 천신과 다르지 않다. 그렇

---

32) 金昌錫, 2004, 위의 논문, 22쪽, 24쪽.
33) 朴承範, 2002, 앞의 학위 논문, 96쪽; 朴淳發, 2023a, 앞의 논문, 9쪽.
34) 노중국, 2010, 앞의 책, 508쪽, 513쪽; 양기석, 2013, 앞의 책, 349쪽; 김기흥, 2004, 앞의 논문, 207쪽; 여호규, 2005, 앞의 논문, 289쪽; 박초롱, 2014, 앞의 논문, 32쪽.
35) 김수태, 2022, 「웅진시대 백제의 국가제사」, 『역사와 역사교육』 44, 32쪽.
36) 金子修一, 2001, 앞의 책, 17~19쪽, 47~49쪽, 163쪽; Howard J. Wechsler(임대희 옮김), 2005, 앞의 책, 248~250쪽; 김일권, 2007, 앞의 책, 57쪽, 111쪽, 199~200쪽, 325쪽; 徐永大, 2000, 앞의 논문, 102~103쪽; 소현숙, 2020, 앞의 논문, 7~8쪽.

기에 북조와의 교류 과정에서 오제를 천신으로 간주한 교사 방식을 접하고, 이를 참조하여 새로운 제사를 마련하였을지도 모른다. 하지만 천·오제 제사 성립의 대략적인 시간대인 5세기 말~6세기 말 백제가 북조와 빈번히 교류하였던 것 같지 않아 문제가 된다. 물론 위덕왕 시기 북제·북주와 교섭이 행해지나 560년대 후반 이후의 일이라,[37] 시기적으로 늦은 감이 있다.[38]

남조로부터 오제 관념이 유래하였다고 여기는 것 또한 의문점이 전혀 없지는 않다. 남조 교사에서는 기본적으로 오제를 천신의 보좌역으로 여기는 왕숙의 입장이 견지되었기에, 오제를 바라보는 시각에서 백제와 차이가 나는 까닭이다. 다만 남조도 정현의 오제 논의에 무지하지 않았으니, 유송(劉宋)에서 명당(明堂) 제사 시 정현의 설에 기초한 것[39]이나, 남제(南齊)에서 기우제(雩祭)를 지내며 오정지제(五精之帝), 즉 정현이 말한 오제를 모신다는 견해가 피력된 것[40]이 그 예이다.

그러한 면모는 양에서 더욱 두드러진다. 무제는 천감(天監) 원년(502) 즉위 시 오정제, 다시 말해 천신인 오제에 의해 왕업이 일어남을 언급하였고,[41] 천

---

[37] 『三國史記』 권 제27, 百濟本紀 제5, 威德王, "十七年 高齊後主拜王爲使持節侍中車騎大將軍帶方郡公百濟王 … 十八年 高齊後主又以王爲使持節都督東青州諸軍事東青州刺史 … (二十四年)十一月 遣使入宇文周朝貢 二十五年 遣使入宇文周朝貢"; 『北齊書』 권8, 帝紀 제8, 後主, "(天統三年)冬十月 大莫婁室韋百濟靺鞨等國各遣使朝貢 … (武平元年)二月癸亥 以百濟王餘昌爲使持節侍中驃騎大將軍帶方郡公 王如故 … (武平四年)是歲 新羅百濟勿吉突厥並遣使朝貢"; 『周書』 권49, 列傳 제41, 異域上, 百濟, "建德六年 齊滅 昌始遣使獻方物 宣政元年 又遣使來獻"

[38] 북주로부터 오제 관념이 수용되었다고 가정할 수도 있겠으나, 가능성은 크지 않다(徐永大, 2000, 앞의 논문, 122~123쪽 참조).

[39] 『宋書』 권16, 志 제6, 禮3, "(大明)六年正月 南郊還 世祖親奉明堂 祠祭五時之帝 以文皇帝配 是用鄭玄議也"

[40] 『南齊書』 권9, 志 제1, 禮上, "建武二年旱 有司議雩祭依明堂 祠部郎何佟之議曰 … 則大雩所祭 唯應祭五精之帝而已 勾芒等五神 既是五帝之佐 依鄭玄說 宜配食於庭也"

[41] 『梁書』 권2, 本紀 제2, 武帝中 天監 원년 4월 丙寅, "高祖即皇帝位於南郊 設壇柴燎 告類于天曰 … 禮畢 備法駕即建康宮 臨太極前殿 詔曰 五精遞襲 皇王所以受命"

감 10년(511) 오제 제사 시 황제의 복장을 호천상제를 모실 때의 그것과 같게 하자는 주장이 수용된 데서[42] 보이듯, 오제를 호천상제와 같은 천제로 간주하기도 하였으며,[43] 명당에 정현이 언급한 오제(叶光紀·赤熛怒)를 모시는 방안도 논의되었다.[44] 또 천감 17년(518) 오제(靈威仰)도 지고적 존재(耀魄寶)와 같은 천신(天帝)이라는 이유로 종래 남교(南郊)에 오제를 종사하던 방식을 폐하기도 하였으니,[45] 기저에 깔린 사고에 정현의 견해와 통하는 측면이 있다.[46]

이를 볼 때, 백제가 남조로부터 정현의 오제 관념을 받아들이지 못하란 법은 없다. 특히 양의 경우 남교 오제 제사를 중단한 데서 보이듯, 교사 체계에서 정현의 오제 논의를 어느 정도 수용한 모습도 나타나므로, 백제의 오제 관념과도 크게 어긋나지 않는다. 백제는 양과 우호 관계를 이어 가며 적극적으로 여러 문물을 받아들였다. 예컨대 무령왕릉이 양을 비롯한 남조 묘제(墓制)와 상관관계를 지닌 점은 널리 인정되는 바이고,[47] 양에 불경 해설서(經義·義疏)나 유학 지식인(毛詩博士) 및 직능인(工匠·畵師)을 요청하기도 하였으며,[48] 명

---

42) 『隋書』 권6, 志 제1, 禮儀1, 明堂, "(天監)十年 儀曹郎朱异 以爲 禮大裘而冕 祭昊天上帝 五帝亦如之 良由天神高遠 義須誠質 今從汎祭五帝 理不容文 於是改服大裘"

43) 徐永大, 2000, 앞의 논문, 107쪽.

44) 『隋書』 권6, 志 제1, 禮儀1, 明堂, "先是 欲有改作 下制旨 與羣臣切磋其義 制曰 … 若五堂而言 雖當五帝之數 向南則背叶光紀 向北則背赤熛怒 東向西向 又亦如此 於事殊未可安 且明堂之祭五帝 則是總義 在郊之祭五帝 則是別義"

45) 『隋書』 권6, 志 제1, 禮儀1, 南北郊, "(天監)十七年 帝以威仰魄寶俱是天帝 於壇則尊 於下則卑 且南郊所祭天皇 其五帝別有明堂之祀 不煩重設 又郊祀二十八宿而無十二辰 於義闕然 於是南郊始除五帝祀 加十二辰座 與二十八宿各於其方而爲壇"

46) 김일권, 2007, 앞의 책, 263쪽.

47) 林英宰, 2022, 『百濟王陵의 變遷과 東亞細亞 陵園과의 比較 硏究』, 경북대 박사학위 논문, 78~79쪽, 136쪽, 157~160쪽; 권오영, 2002, 「喪葬制를 중심으로 한 武寧王陵과 南朝墓의 비교」 『百濟文化』 31, 57쪽, 60쪽; 김용성, 2014, 「백제 후기 능묘와 능원의 특성」 『文化財』 47-2, 75쪽; 서현주, 2020, 「능산리고분군과 백제 사비기 능묘, 능원」 『百濟學報』 33, 117쪽 참조.

48) 『梁書』 권54, 列傳 제48, 諸夷, 東夷, 百濟, "中大通六年 大同七年 累遣使獻方物 并

필의 서예를 구하는 데도 열성적이었다.⁴⁹⁾ 이러한 점을 고려하면, 정현의 오제 논의를 양으로부터 수용하여 새로운 의례, 곧 천·오제 제사가 성립되었다고 파악할 수 있지 않을까 한다.

 그 면에서 예학에 밝았던 육후(陸詡)가 양이 존속하던 시절 백제에 체재하였던 사실⁵⁰⁾을 눈여겨볼 수도 있다. 그가 백제에 머물던 기간은 540~550년대 전반,⁵¹⁾ 541~552년,⁵²⁾ 성왕 시기(523~554) 후반 등으로 추정되는데,⁵³⁾ 당시 백제가 체제 개편에 힘을 쏟고 있었다는 점에 착안하여 육후가 천·오제 제사 성립의 일익을 담당하였다고도 여기기 때문이다.⁵⁴⁾ 연장선에서 새로운 의례가 등장한 시점을 6세기 전반,⁵⁵⁾ 성왕 시기,⁵⁶⁾ 혹은 성왕 집권 전반기나 사비 천도 전후로 짐작하기도 하는데,⁵⁷⁾ 육후의 활동 시기보다 조금 더 시선을 올

　請涅盤等經義毛詩博士 并工匠畫師等 敕並給之"

49) 『南史』 권42, 列傳 제32, 齊高帝諸子上, 豫章文獻王嶷, 子範弟子顯, 子雲, "子雲 字景喬 年十二 齊建武四年 封新浦縣 … 梁初 郊廟未革牲牷 樂辭皆沈約撰 至是承用 … 子雲 善草隷 爲時楷法 … 出爲東陽太守 百濟國使人至建鄴求書 逢子雲爲郡 維舟將發 使人於渚次候之 望船三十許步 行拜行前 子雲 遺問之 答曰 侍中尺牘之美 遠流海外 今日所求 唯在名迹 子雲 乃爲停船三日 書三十紙與之 獲金貨數百萬"

50) 『陳書』 권33, 列傳 제27, 儒林, 鄭灼, 陸詡, "陸詡 少習崔靈恩三禮義宗 梁世百濟國表求講禮博士 詔令 詡行 還除給事中定陽令 天嘉初 侍始興王伯茂讀 遷尚書祠部郎中"

51) 李基東, 1996, 앞의 책, 177쪽.

52) 趙景徹, 2000, 「百濟 聖王代 儒佛政治理念 -陸詡와 謙益을 중심으로-」 『韓國思想史學』 15, 12~13쪽, 25쪽.

53) 徐永大, 2000, 앞의 논문, 111쪽.

54) 李基東, 1996, 앞의 책, 177~179쪽; 노중국, 2010, 앞의 책, 508쪽; 徐永大, 2000, 위의 논문, 111~112쪽; 이장웅, 2010, 앞의 논문, 38쪽; 김경화, 2017b, 앞의 논문, 77~78쪽, 87~90쪽.

55) 李基東, 1996, 위의 책, 179쪽.

56) 김경화, 2017b, 앞의 논문, 92쪽.

57) 徐永大, 2000, 앞의 논문, 120~121쪽, 126쪽; 이장웅, 2010, 앞의 논문, 32쪽.

려 늦어도 웅진도읍기 말에는 천·오제 제사가 시행되었다고도 본다.[58] 대체로 성왕의 치세를 염두에 둔 셈이다.

하지만 전통 시대 국가제사가 지니는 비중이 막대한 점에 덧붙여, Ⅱ부에서 살펴본 바와 같이 남천(南遷, 475) 이래 천지합제의 위상이 동요된 상태였으므로, 그렇게까지 늦추어 볼 필요는 없다. 다시 말해 무령왕 시기(501~523)로 올라갈 가능성이 있는데, 이에 다음 기록이 주목된다.

> Ⅰ-1. (양 무제) 천감 11년(512) 4월 무자, 백제·부남(扶南)·임읍국(林邑國)이 아울러 사신을 보내 방물을 바쳤다.[59]
>
> Ⅰ-2. 『길례의주(吉禮儀注)』가 천감 11년(512) 11월 10일 상서(尙書)에 올려지니, 도합 26질(秩) 224권 1005조(條)였다.[60]
>
> Ⅰ-3. ①(무령왕) 21년(521) 11월, 양에 사신을 보내 조공하였다. 이에 앞서 (백제는) 고구려에게 격파되어 쇠약해진 지 여러 해였는데, 이때에 이르러 표문을 올려, "여러 번 고구려를 깨뜨려 비로소 (양과) 더불어 우호를 맺습니다"라고 일컬으니, (백제가) 다시 강국이 된 것이다. ②12월, 고조(무제)가 조책에서 말하였다. "행도독·백제제군사·진동대장군·백제왕(行都督百濟諸軍事鎭東大將軍百濟王) 여융(餘隆, 무령왕)은 바다 밖에서 번방(藩方)을 지키고, 멀리서 공물의 예를 닦아, 이에 참된 정성(誠款)이 닿으니 짐은 가상히 여김이 있다. 마땅히 옛 관례(舊章)에 따라 영예로운 임명(榮命)을 내려 사지절·도독백제제군사·영동대장군(使持節·都督百濟諸軍事·寧東大將軍)으로 삼을 만하다."[61]

---

58) 채미하, 2018, 앞의 책, 151~154쪽.
59) 『梁書』 권2, 本紀 제2, 武帝中, 天監 11년 4월 戊子, "百濟扶南林邑國 並遣使獻方物"
60) 『梁書』 권25, 列傳 제19, 徐勉, "吉禮儀注以天監十一年十一月十日上尙書 合二十有六秩 二百二十四卷 一千五條"
61) 『三國史記』 권 제26, 百濟本紀 제4, 武寧王 21년, "冬十一月 遣使入梁朝貢 先是爲高句麗所破 衰弱累年 至是上表 稱累破高句麗 始與通好 而更爲強國 十二月, 高祖 詔冊王曰 行都督百濟諸軍事鎭東大將軍百濟王餘隆 守藩海外 遠修貢職 迺誠款到

I-4. ①(양 무제) 보통(普通) 2년(521) 11월, 백제·신라국이 각기 사신을 보내 방물을 바쳤다. ②12월 무진, 진동대장군·백제왕(鎭東大將軍百濟王) 여융을 영동대장군(寧東大將軍)으로 삼았다.[62]

I-5. ①보통 2년, (백제)왕 여융이 비로소 다시 사신을 파견하여 표문을 올려, "여러 번 (고)구려를 깨뜨려 이제 비로소 (양과) 더불어 우호를 맺습니다"라고 일컬으니, 백제가 다시 강국이 된 것이다. ②그해(521) 고조가 조서에서 말하였다. "행도독·백제제군사·진동대장군·백제왕 여융은 바다 밖에서 번방을 지키고, 멀리서 공물의 예를 닦아, 이에 참된 정성이 닿으니 짐은 가상히 여김이 있다. 마땅히 옛 관례에 따라 영예로운 임명을 내려 사지절·도독백제제군사·영동대장군으로 삼을 만하다."[63]

무령왕 21년(521)의 사신 파견 기사(I-3-①)는 중국 사서(『양서』)의 관련 사실(I-4-①, I-5-①)에 토대한 것으로, 현재 전하는 바에 따르면 이 사행은 천감 11년, 즉 무령왕 12년(512)의 사신 파송(I-1) 이후 첫 발걸음이다. 그런데 그사이 양에서는 길례(吉禮)에 속하는 의례의 해설서인 『길례의주』가 만들어졌다(I-2). 제사는 길례에 포함되므로 여기에는 교사에 관한 기술이 이루어지고, 의주(儀注)인 만큼 정현 등의 예학 논의도 함께하였으리라 헤아려지는데, 시간이 10년 가까이 흘렀기에 관련 정보가 사회 저변으로 상당히 퍼진 상태였을 것이다. 양 무제의 무령왕에 대한 책봉이 12월에 행해졌으므로(I-3-②, I-4-②, I-5-②) 사신단은 적어도 한 달 이상 양에 머물렀음을 알 수 있는데, 그때 이를 접

朕有嘉焉 宜率舊章 授玆榮命 可使持節都督百濟諸軍事寧東大將軍"

[62] 『梁書』 권3, 本紀 제3, 武帝下, 普通 2년, "冬十一月 百濟新羅國 各遣使獻方物 十二月戊辰 以鎭東大將軍百濟王餘隆爲寧東大將軍"

[63] 『梁書』 권54, 列傳 제48, 諸夷, 東夷, 百濟, "普通二年 王餘隆始復遣使奉表 稱累破句驪 今始與通好 而百濟更爲强國 其年 高祖詔曰 行都督百濟諸軍事鎭東大將軍百濟王餘隆 守藩海外 遠脩貢職 迺誠款到 朕有嘉焉 宜率舊章 授玆榮命 可使持節都督百濟諸軍事寧東大將軍百濟王"

한 뒤 귀국하여 중앙에 전하였을 확률이 높다.[64]

당시 백제는 동성왕 시기(479~501)에 이어 무령왕 치세에도 기상 이변[65]과 재해 및 기근·역병으로 민생이 피폐하였고,[66] 외세의 군사적 위협도 계속되었다.[67] 그런데 천지합제는 웅진도읍기 들어 위상이 동요하던 국면이었기에, 이러한 상황을 무마하기에 한계가 따랐다. 왕권으로서는 천지합제를 갈음할 제사의 필요성이 커졌을 터인데, 마침 사행을 통해 교사를 비롯하여 길례에 관계된 정보를 얻게 되었으므로, 이를 참조하여 오제 관념을 수용한 새로운 의례, 곧 천·오제 제사를 마련하였던 것이 아닐까 한다.[68]

백제에서는 이미 한성도읍기에 교사 양식을 참조하여 천지합제가 성립되었고, 근초고왕 때 제사 대상에 대해 격식을 갖춰 천신지기(天神地祇)라 표현하였으며(D-8), 개로왕 18년(472) 북위에 보낸 글에서도 외교적 수사를 펼치는 와중에 신기(神祇), 즉 천신지기를 거론하였다.[69] 또 「무령왕릉 매지권」에는 토

---

64) 『길례의주』는 512년 11월 완성되었는데(I-2), 그보다 7개월 앞선 4월에 백제 사신단이 양에 도착하였으므로(I-1), 이들이 양에 머무는 동안 해당 문헌을 접하여 백제에 전하였다고 가정할 수도 있다. 그러나 책봉과 같은 별다른 조치가 이루어지지 않은 상황에서 사신단이 양에 7개월이나 체재하였다고 여기기는 쉽지 않다.

65) 『三國史記』권 제26, 百濟本紀 제4, 武寧王, "(三年)冬無氷 … 十六年 春三月戊辰朔 日有食之"

66) 『三國史記』권 제26, 百濟本紀 제4, 武寧王, "二年 春 民饑且疫 … 六年 春 太疫 三月至五月不雨 川澤竭 民饑 發倉賑救 … 二十一年 夏五月 大水 秋八月 蝗害穀 民饑 亡入新羅者九百戶 … (二十二年)冬十月 地震"

67) 『三國史記』권 제26, 百濟本紀 제4, 武寧王, "三年 秋九月 靺鞨燒馬首柵 進攻高木城 王遣兵五千擊退之 … (六年)秋七月 靺鞨來侵 破高木城 殺虜六百餘人 … (七年)冬十月 高勾麗将高老與靺鞨 謀欲攻漢城 進屯於橫岳下 王出師戰退之 … (十二年)秋九月 高勾麗襲取加弗城 移兵破圓山城 殺掠甚衆 王帥勇騎三千 戰於葦川之北 麗人見王軍小 易之不設陣 王出竒急擊 大破之"

68) 백제에서『길례의주』의 완성 소식을 알고 사신을 보냈다고 짐작할 수도 있겠으나, 그렇게 본다면 사행까지 9년이나 걸린 사실을 설명하기 어렵다.

69) 『魏書』권100, 列傳 제88, 百濟國, "延興二年 其王餘慶始遣使上表曰 … 伏惟皇帝

왕(土王)과 토백(土伯)이 등장하는데,70) 이들 신격이 중국 위진 시기의 매지권(買地卷)에 나오기에,71) 무령왕 매장 즈음 갑자기 중국의 토신(土神) 개념을 빌려 썼다기보다는, 이전부터 어느 정도 인지하였을 가능성이 상당하다.

이렇듯 백제는 중국의 교사 양식이나 신 관념에 무지하지 않았다. 바꿔 말해 내부적으로 새로운 기조를 받아들일 여건이 조성된 상황이라 하겠다. 따라서 천·오제를 새롭게 꾸리는 데 긴 시간이 걸리지 않았을 것이다. 다만 의례 관련 정보가 새롭게 전해진 때로부터 오래지 않은 523년 무령왕이 세상을 뜨기 때문에,72) 천·오제 제사가 실제로 대두한 시점은 성왕 재위 초인지도 모른다. 그렇다면 천·오제 제사는 대략 무령왕 시기 말~성왕 재위 초인 520년대 초·중반에 성립되었다고 파악할 수 있다.73)

이상과 같이 천·오제 제사에 모셔진 오제는 재래의 지신이 아니고 중국의 오제 관념이 수용된 것으로, 기본 성격은 천신이니 정현의 오제 논의와 통한다. 남조에서는 대체로 왕숙의 설에 기대 교사 체계를 꾸렸으나 정현의 설에 무지하지 않았으며, 양의 경우 더욱 그러하였다. 당시 백제에서는 위상이 동요한 천지합제를 대신할 의례의 필요성이 커진 상황이었는데, 마침 양에서

陛下協和天休 不勝係仰之情 … 冀神祇垂感 皇靈洪覆 克達天庭 宣暢臣志 雖旦聞夕沒 永無餘恨"

70) 「武寧王陵 買地卷」, "錢一万文 右一件 乙巳年八月十二日 寧東大將軍百濟斯麻王 以前件錢 ▨土王土伯土父母上下衆官二千石 買申地爲墓 故立券爲明 不從律令"
71) 徐永大, 2000, 앞의 논문, 109~110쪽.
72) 『三國史記』 권 제26, 百濟本紀 제4, 武寧王 23년 5월, "王薨 諡曰武寧"; 「武寧王 墓誌」, "寧東大將軍百濟斯麻王 年六十二歲 癸卯年五月丙戌朔七日壬辰崩"
73) 백제 왕궁에 태극전(太極殿)이 존재하였을 것이라는 점을 전제로, 당시 오제 관념과 관련한 천문 우주론적 사상 체계가 형성되었다고 주장하기도 하는데(이장웅, 2010, 앞의 논문, 39~41쪽), 신라에 태극전이 마련되었다고 여겨짐에도(梁正錫, 2002, 「新羅 宮闕構造에 대한 試論 -東西堂制의 採用問題를 중심으로-」 『韓國史研究』 119, 14~18쪽), 오제 제사에 관한 흔적을 찾기 어려운 사실을 생각할 때, 궁궐 전각을 그러한 중국적 관념의 숙지 지표로 설정하기 힘들다. 다만 오제 관념이 수용된 이상, 그에 부수하는 논의도 어느 정도 이해하였으리라는 데 이견은 없다.

『길례의주』가 만들어진 지 오래지 않은 시점에 사신을 보낸 결과, 교사나 정현의 논의 등에 관한 정보를 얻게 되었다. 이에 왕권은 그러한 부분을 참조하여 대략 무령왕 시기 말~성왕 재위 초인 520년대 초·중반 새로이 천·오제 제사를 성립시켰다. 그런데 백제는 왜 왕숙이 아닌 정현의 설을 염두에 두었으며, 천·오제 제사의 위상은 어느 정도였을까. 이 문제는 다음 장에서 살펴보겠다.

2. 기존 관념의 토대와 제사의 위상

백제가 양으로부터 정현의 오제 논의를 수용하여 천·오제 제사를 성립시킨 것은 양을 비롯한 남조에서 정현의 견해에 무지하지 않았기에 가능한 일이었다. 다만 간과할 수 없는 점이 동진 이래 남조에서는 기본적으로 왕숙의 논의에 근거하여 교사 체계를 꾸렸다는 사실이다. 단적인 예가 제장이니, 제천의례의 경우 오제를 천신으로 본 정현은 지고적 존재인 호천상제는 원구(圓丘)에, 오제 곧 감생제는 남교에 제사해야 한다고 주장하였고, 오제를 천신의 보좌역이라 한 왕숙은 남교와 원구는 같은 곳이니 원구를 둘 필요 없이 남교에서 유일한 천신 호천상제를 모시면 된다고 여겼는데, 대체로 조위와 북조에서 도성 남쪽 지역에 남교(天郊) 외에 원구(圓丘)도 함께 갖추어진 데 비하여, 양진(兩晉) 및 남조에서는 남교만 마련되었다. 양도 그 범주에서 벗어나지 않으니, 이미 언급하였듯이 무제는 오제를 천신으로 보기도 하였으나, 그렇다고 원구를 따로 만들지도 않았다. 기본값은 왕숙의 논의였던 셈이다. 그러한 양상은 제지의례도 다르지 않아, 정현의 설을 중시한 조위와 북조의 경우 북교(地郊) 외에 방택, 혹은 방구를 두었지만, 양진 및 남조의 경우 왕숙의 설을 존중하여 북교만 조성하였다.[74]

---

74) 金子修一, 2001, 앞의 책, 14쪽, 17쪽, 47~49쪽, 163쪽; Howard J. Wechsler(임대희 옮김), 2005, 앞의 책, 248~251쪽; 김일권, 2007, 앞의 책, 57쪽, 111쪽, 199~

당시 상황이 이러하였기에, 백제도 왕숙의 설에 근거하여 의례를 꾸리는 편이 자연스러울지 모른다. 그러함에도 굳이 정현의 오제 논의를 염두에 두어 천·오제 제사가 마련되었고, 해당 의례가 구태묘 제사와 함께 당대를 대표하는 국가제사로 비추어질 정도의 존재감을 지녔던 사실(F-1-③, F-2-④, F-3-④, F-4-⑤, F-5-③, F-7-③, F-8-①)은 그것이 외래 사조의 무분별한 수용이 아니라, 나름의 사정에 맞춘 산물이란 점을 드러낸다. 즉 원인을 내부적인 데서 찾을 수 있는데, 그 면에서 살펴볼 만한 견해는 다음과 같다.

먼저 지방 통치와의 연관성에 주목한 경우다. 백제의 영역 통치 체제인 오부오방제(五部五方制) 정비와 관련하여 중국식 제사가 수용되었다고 여기거나,[75] 천제가 오제를 거느리는 구조를 통하여 왕의 휘하에 오방(五方)의 지배권을 위임받은 방령(方領)이 존재하는[76] 현실 정치 체제를 정당화하였다고 보기도 하고,[77] 천과 오제가 각기 중앙의 왕과 사방의 신하·피지배민의 관계에 상응한다거나,[78] 오제 제사를 통하여 국토 전역을 통치할 정신적 기반을

200쪽, 203~204쪽, 210쪽, 214~215쪽, 217~220쪽, 222~223쪽, 225~227쪽, 243~247쪽, 251~252쪽, 255쪽 〈표 48〉, 262쪽, 264~265쪽, 267~268쪽, 271~272쪽, 274~279쪽, 337쪽 〈표 74〉; 徐永大, 2000, 앞의 논문, 99~103쪽; 박미라, 2006a, 앞의 논문, 350~352쪽; 佐川英治, 2015, 앞의 논문, 83~85쪽, 90쪽; 소현숙, 2020, 앞의 논문, 7~12쪽 참조.
원구 제장은 남교와 마찬가지로 도성 남쪽에 조성되었다(『三國志』권3, 魏書3, 明帝 景初 원년 10월 乙卯, "營洛陽南委粟山爲圜丘"; 『隋書』권 제6, 志 제1, 禮儀1, 南北郊, "後齊制 … 圓丘在國南郊 … (後周)司量掌爲壇之制 圓丘三成 … 在國陽七里之郊 … (隋)高祖受命 欲新制度 乃命國子祭酒辛彦之議定祀典 爲圓丘於國之南 太陽門外道東二里"; II부 주129)의 『魏書』太和 19년 11월조).

75) 鄭求福·盧重國·申東河·金泰植·權悳永, 1997, 앞의 책, 47쪽.
76) 『北史』권94, 列傳 제82, 四夷上, 百濟, "五方各有方領一人 以達率爲之 方佐貳之 方有十郡 郡有將三人 以德率爲之 統兵一千二百人以下 七百人以上 城之內外人庶 及餘小城 咸分隸焉"
77) 車勇杰, 1994, 앞의 논문, 18~19쪽.
78) 朴承範, 2002, 앞의 학위 논문, 109쪽.

강화하였다고 여기기도 하며,⁷⁹⁾ 오방제(五方制) 실시와 맞물려 왕권의 지방 지배를 정당화하고자 오제 관념이 도입되었다고도 추정한다.⁸⁰⁾ 그러나 오제는 천신의 성격이 강하기에 지상의 행정 구역, 혹은 지방 통치와 얼마나 상관관계가 있을지 의문이다. 중국에서 오제 관념과 실제 지방 지배 체제가 연동한 흔적을 찾기 어렵다는 점을 생각하면 더욱 그러하다.

다음으로 정치적 구도와의 관련성을 눈여겨본 경우다. 왕권은 호천상제를 왕, 오제를 귀족에 견주어 지배 질서 강화를 도모하였는데, 귀족 세력의 상대적 강고함으로 말미암아 왕권이 천의 유일성을 강조하지 못한 채 오제라는 또 다른 천신의 존재를 인정한 결과, 오제 신앙은 귀족 세력의 특권을 보장하는 이념(ideology)으로도 기능하였으니, 오제 신앙의 수용은 왕권과 귀족 세력 간 타협의 산물이자, 양자가 공존을 모색하는 과정에서 이루어진 것이라 보기도 하고,⁸¹⁾ 새로운 귀족 세력에 대한 사상적 측면의 배려로 이들을 오제에 대응케 하였다거나,⁸²⁾ 왕은 호천상제, 귀족은 상제를 보좌하는 오제로 관념화한 의례를 치름으로써 강력한 왕권을 확립하고 신진 세력을 편제하려 하였다고도 주장한다.⁸³⁾ 왕이 오제를 제사하며 중앙의 황제로 자리매김하여 천하를 통할·군림하는 구심적 존재로 부각하고자 하였다는 설⁸⁴⁾도 비슷한 범주에 들어갈 수 있다.

---

79) 김기흥, 2004, 앞의 논문, 207쪽.
80) 박초롱, 2014, 앞의 논문, 27~29쪽. 이 논의에서는 기존의 동명 신앙으로 재지 세력에게 왕권의 지배 정당성을 표명하기 어려웠기에 오제 제사가 시행되었다고 본다. III부에서 밝힌 것처럼 동명이 남천 이후 여전히 시조로 존중되었다는 점은 차치하더라도, 천·오제 제사와 선후 관계를 이루는 것은 동명에 대한 제사가 아니라 천지합제이므로, 동명과의 관계 속에서 해당 의례를 이해하기는 어렵다.
81) 徐永大, 2000, 앞의 논문, 129~130쪽.
82) 채미하, 2018, 앞의 책, 155~156쪽.
83) 김경화, 2017b, 앞의 논문, 91~92쪽.
84) 양기석, 2013, 앞의 책, 350쪽.

이들 논의는 정현의 오제 관념 수용과 천·오제 제사 시행을 지배 집단에 대한 왕권 강화 수단이나 현실 정치 구도의 반영으로 바라본 데서 공통된다. 어떠한 의례든 그것이 국가제사라면 왕권 확립과 전혀 무관하기 힘들므로, 일정 부분 타당성이 있다. 다만 짚고 넘어가야 할 측면도 없지 않다.

일단 당시 실제 왕권의 위상이 어떠하였든지 간에 지배 집단을 천신인 오제에 견주는 일이 왕정 국가에서 가능하였을지 의문이다. 그러한 사례를 달리 찾기 힘드니, 남조의 경우 귀족의 세가 강하여 황제의 권력 행사에 제약이 따랐던 점은 익히 알려진 바인데, 그러함에도 교사 체계의 기본 틀은 왕숙의 설에 근거하였다. 황제가 정현의 설을 수용하여 귀족 세력과의 공존을 도모하였다는 흔적은 없다. 정현이 바라본 오제는 천신일 뿐 아니라, 시조 같은 왕가의 선조가 오제의 정기로 모습을 드러내기에, 애초 오제를 귀족과 연계하여 생각하기 어렵다는 점도 지나칠 수 없다.

덧붙여 오제를 천신으로 이해하는 구조가 군주권 확립에 딱히 도움이 되었는지도 확신하기 어렵다. 오히려 호천상제만 천신이라 한 왕숙의 논의, 이른바 일천설이 왕권 입장에서 유용하였을 가능성도 상당하다. 그러한 면모가 잘 드러나는 것은 당 교사 체계의 전개 양상이다. 고조 시기의 무덕령(武德令) 및 태종 정관 11년(637)의 『정관례(貞觀禮)』에서는 동지에 호천상제를 모신 것과 별개로 정월에 감생제(오제)를 받들었지만, 고종 현경(顯慶) 3년(658)의 『현경례(顯慶禮)』에서 호천상제만 제사하는 방식으로 전환되었고, 이후 다소 변동이 있었으나 현종 개원(開元) 20년(732)의 『대당개원례(大唐開元禮)』에서도 그러한 기조는 이어졌다.[85] 호천상제의 유일·절대성을 강화·유지하는 형태로

---

85) 金子修一, 2001, 앞의 책, 18~19쪽, 52~55쪽, 181~182쪽; Howard J. Wechsler (임대희 옮김), 2005, 앞의 책, 252~261쪽, 269~270쪽, 479쪽; 김일권, 2007, 앞의 책, 303~306쪽, 310~311쪽, 315~322쪽, 324쪽; 金子修一, 1979, 「魏晉より隋唐に至る郊祀·宗廟の制度について」『史学雑誌』 88-10, 40~47쪽; 박미라, 1997, 앞의 논문, 60~61쪽; 金漢信, 2004, 「唐代の郊祀制度 -제도의 확립과 쇠퇴를 중심으로-」『中國古代史研究』 11, 238~239쪽, 242~243쪽.

변화한 것인데, 오제가 번갈아 천명을 내린다는 정현의 논의가 국초 왕조 교체를 정당화하기에 유효하였던 데 비하여, 당의 지배 체제가 안정됨에 따라 왕숙의 논의가 황제 권력을 지속하는 데 유리하다고 판단한 결과이다.86) 왕숙은 호천상제를 천상의 유일한 최고 신격이자 전능한 존재로 여겼는데, 그러한 사고는 황제를 호천상제에 상응하는 지상의 유일한 최고 권력자로 위치시키기 좋아, 당대의 군주권 강화를 이론적으로 정당화하는 데 도움을 주었다.87) 이를 고려하면, 백제 또한 왕권의 기반을 확대하기에 이른바 일천설이 더 유용할 수도 있는 셈이다.

이상을 보건대 왕권, 혹은 지배 집단과의 상관관계에 착안하여 사안에 다가가기는 어렵다. 예학적인 사안을 당면한 정치적 역학 관계와 지나치게 결부하여 바라볼 필요는 없지 않을까 한다.

사실 정현의 오제는 왕가의 선조와 연결됨으로써 왕조의 창업을 정당화하는 존재지만, 훗날 다른 이에게도 오제의 정기가 내려지기에 해당 왕조의 영원성을 보장하지 못하며, 외려 쇠망을 예정하기도 한다. 당의 교사 체계에서 오제(감생제)의 존재감이 약해진 원인은 바로 그 점이 왕조의 절대성 혹은 영원성과 배치되었기 때문이다.88) 바꿔 말해 당이 결국 왕숙의 논의에 기초하여 교사를 꾸리게 된 것은 군주권의 유지·강화 외에 황실이 면면히 이어지기를 바라는 의도도 함께하였던 데 기인하니, 정현의 논의에서 오제는 유한성을 지닌 신격이라 하겠다. 백제도 이를 모르지 않았을 터이다. 그러함에도 정현의 오제 관념을 참조한 의례가 시행된 사실은 해당 사고가 지닌 특징적 면모

---

86) 金子修一, 2001, 위의 책, 19쪽; 金子修一, 1979, 위의 논문, 48쪽.
   당 고종 시기 왕숙 설에 근거하여 호천상제가 부상한 것은 황제권 강화를 도모하기 위함이었으니, 지상의 유일한 통치자인 황제와 천상의 최고 신인 호천상제를 대응 관계에 놓은 것이다(金漢信, 2004, 위의 논문, 239~240쪽).

87) Howard J. Wechsler(임대희 옮김), 2005, 앞의 책, 131쪽, 269쪽, 480쪽, 485쪽 참조.

88) 박미라, 1997, 앞의 논문, 62~63쪽.

가 당시 백제의 상황에 잘 부합된 데서 비롯되었을 가능성이 크다.

그 면에서 주목되는 사실은 정현의 오제가 왕실(帝室)과 혈연적 상관성을 지닌다는 점이다. 오제는 번갈아 자신의 정기를 내려 왕가의 시조와 같은 이를 탄생케 한 결과, 양자는 혈통적으로 이어지게 되는데, 그러한 혈연적 친연성은 시조에서 끝나지 않고 후손에게 계속 전달되므로, 왕조 전체가 천(오제)의 정기를 받은 것이 된다. 이처럼 오제는 정기를 매개로 특정 왕조와 일종의 혈연관계를 맺기에, 조상신의 성격도 지닌다.[89]

그런데 Ⅱ부에서 검토하였듯이, 백제에서 지고적 존재는 시조와 직접 연결된 조상신으로 여겨졌으니, 백제 자체의 동명 신화에 근거한 도모(都慕) 전승에서 도모, 즉 동명이 천신과 혈연적으로 얽혀 있을 뿐 아니라 비호를 받았다고 한 것(B-1·2)이나, 천지합제 시 당대 중국의 경향과 달리 합제(合祭) 방식이 고수되고 배사(配祀)가 이루어지지 않은 이유도 그 때문이다. 본디 지고적 존재와의 혈연적 상관성이 강조되던 분위기라 하겠는데, 이러한 상황에서는 천과 시조가 혈연적 연결고리를 갖는 정현의 오제 논의가 왕숙의 그것보다 친근하게 다가왔으리라 헤아려진다. 왕숙은 시조와 오제와의 혈연적 친연 관계를 부정하고, 군주의 시원(始原)을 황제(黃帝)와 같은 인제(人帝)에 한정한 까닭에,[90] 왕권으로서는 왕실과 천의 혈연관계가 뚜렷하지 않은 사고라 인식하여 받아들이기에 한계가 따랐을 것이다.

요컨대 백제 왕권은 자신들의 지고(신) 관념에 상응하는 것이 왕실과 오제의 혈연적 친연 관계를 상정한 정현의 오제 관념이라 본 결과, 이를 수용하여 천·오제 제사를 마련하였다고 파악된다. 즉 정현의 논의를 염두에 둔 배경에 기존의 사고가 자리한 셈인데, 여기에는 정현의 설이 왕조의 근원을 하늘과 연결함으로써 왕권을 신비화하고 정당화한 점[91]도 함께하였을 것이다.

---

89) 박미라, 1997, 위의 논문, 73쪽, 80쪽.
90) 박미라, 1997, 위의 논문, 75~76쪽.
91) 徐永大, 2000, 앞의 논문, 100~101쪽.

한편 이 무렵 천과의 친연성을 가진 동명을 대신하여 구태가 시조로 대두하였다고 봄과 함께 백제에 감생제 관련 언급이 없는 사실을 들어, 정현의 오제 논의가 백제 재래의 인식에 상응하여 수용된 데 의문을 품기도 한다.[92] 그러나 전자의 경우 Ⅲ부에서 밝힌 바와 같이 구태가 곧 동명이기도 하거니와, 도모 전승(B-1·2)을 통하여 백제 멸망 후에도 동명이 계속 왕가의 뿌리로 인식되었음을 알 수 있으므로, 반론의 근거인 시조 관념의 변화를 상정하기 어렵다.

후자의 경우는 지고적 존재를 바라보는 기존 사고가 감생제를 운운하는 것으로 대체될 수 없다는 점을 고려할 필요가 있다. 정현의 오제 논의에서 군주가 천신과 연결된다 하여도, 백제 왕실처럼 직접적 연결고리를 가진 것은 아니다. 나아가 이 논리에 따르면 왕조 교체 또한 예정된 순서라, 백제 왕권이 굳이 감생제 관념을 전면에 내세울 필요는 없었으리라 헤아려진다. 그저 새로운 의례를 만듦에 정현과 왕숙의 논의 가운데 자신들이 본래 지녔던 사유와 더 가까운 쪽을 참조하였고, 그래서 관련 언급이 두드러지게 남지 못하였다고 보는 것이 어떨까 한다.[93]

이 밖에 남천 이후 재래의 천신 관념이 퇴조하고, 천명사상으로 대표되는 중국의 유교식 천 관념이 세를 점하였다고 주장하기도 하는데,[94] 그에 동의한다면 백제에서 정현의 설이 중시된 배경을 달리 생각해야 할지도 모른다. 하지만 그리 바라보기는 힘들다. 해당 논의는 한성도읍기 군주의 경우 신체나 탄생 과정에서 드러난 특징이 강조되었던 반면, 웅진도읍기 군주는 민의(民意)와 관련된 부분이 언급된다고 본 데 기인하는데, 이는 실제 기록과 합치

---

[92] 박초롱, 2014, 앞의 논문, 22쪽.
[93] 도모 전승에서는 동명(도모)이 천제에게 녹(籙)을 받았다 하는데(B-2), 이러한 모티프는 정현이 적극적으로 수용하고자 한 위서(緯書)에서 나오기에, 감생제 관념이 백제에 수용되었으리라 추정하기도 한다(徐永大, 2000, 앞의 논문, 112~113쪽). 이를 긍정한다 하여도, 그 역할은 어디까지나 왕권의 신성함을 수식하는 데 그칠 뿐, 기존 사고가 근본적으로 바뀌지는 않았을 것이다.
[94] 박초롱, 2014, 앞의 논문, 30~31쪽.

되지 않기 때문이다. 예컨대 한성도읍기 군주 가운데도 유교적 덕목을 갖추거나 인망이 두터웠다고 언급된 사례가 적지 않고,⁹⁵⁾ 남천 이후의 군주 중 신체적 능력이나 위용이 강조된 경우도 존재한다.⁹⁶⁾ 무 자르듯 나눌 수 없다.⁹⁷⁾

그 점을 제쳐두어도 문제는 남는다. 웅진도읍기에도 천지를 합제하는 방식으로 의례가 진행되었고(D-9), 백제 멸망으로부터 오랜 시간이 지난 뒤 남겨진 도모 전승에서 시조와 천신과의 혈연적 관련성이 강조된 사실(B-1·2)을 고려하면, 지고적 존재에 대한 기존 관념이 유지되었으리라 파악되는 까닭이다. 유교식 천 관념의 영향이 커졌다 한들, 재래의 사고를 갈음할 정도는 아니었다고 여기는 편이 타당하다.

천·오제 제사는 구태묘 제사와 함께 당대를 대표하는 국가제사로 언급되었다(F-1-③, F-2-④, F-3-④, F-4-⑤, F-5-③, F-7-③, F-8-①). 그렇다면 양자 가운데 어느 쪽이 더 중시되었을까. 막연히 천·오제 제사가 우위라 보기도 하는데,⁹⁸⁾ 관련 기록 다수에서 천·오제 제사가 구태묘 제사에 앞서 거론되었으므로(F-1-③, F-2-④, F-3-④, F-5-③, F-7-③, F-8-①), 전자가 더욱 중시되었다고 헤아려진다.⁹⁹⁾ 물론 구태묘 제사가 먼저 다루어진 사례(F-4-③)도 존재하나, 이는 백제 왕실의

---

95) 『三國史記』 권 제23, 百濟本紀 제1, "(己婁王)志識宏遠 不留心細事 … (蓋婁王)性恭順 有操行"; 같은 책, 권 제25, 百濟本紀 제3, 毗有王 즉위, "美姿貌 有口辯 人所推重"; Ⅰ부 주86)의 『三國史記』 多婁王·汾西王·比流王 즉위조.

96) 『三國史記』 권 제27, 百濟本紀 제5, 武王 즉위, "風儀英偉 志氣豪傑"; 같은 책, 권 제28, 百濟本紀 제6, 義慈王 즉위, "雄勇有膽決"; Ⅱ부 주161)의 『三國史記』 東城王 즉위조.

97) 이 논의에서는 성왕을 그리 일컬은 '나라 사람들(國人)'에 일반 백성이 포함된다고 간주하여, 천명사상과의 관련성을 상정하기도 한다. 그러나 '국인'은 주로 지배층을 가리키는 표현으로 사용되었기에, 재고의 여지가 있다. 관련 기록은 다음과 같다(『三國史記』 권 제26, 百濟本紀 제4, 聖王 즉위, "智識英邁 能斷事 武寧薨 繼位 國人稱為聖王").

98) 車勇杰, 1994, 앞의 논문, 12쪽.

99) 박초롱, 2014, 앞의 논문, 29쪽.

출자를 서술하는 과정에서 해당 의례를 함께 기록한 결과라[100] 특수한 경우다. 천·오제 제사와 구태묘 제사를 가장 먼저 언급한(F-1-③) 문헌(『주서』)에서 다루어진 백제 관련 정보의 대상 시기를 고려하면, 사비도읍기 무렵에는 천·오제 제사의 위상이 구태묘 제사보다 상대적으로 높았던 것이 아닐까 한다.

그러한 현상이 나타난 원인은 무엇일까. 중국의 경우 한대에는 종묘와 같은 사당에서 행하는 이른바 알묘(謁廟)의 예(禮)가 즉위의례로 중시되었으나, 이후 당대에 이르기까지 점차 교사와 같은 제천의례의 비중이 높아졌다고 이해되는데,[101] Ⅲ부에서 밝힌 것처럼 구태묘가 종묘이기에, 백제가 그러한 흐름의 영향을 받았다고 가정할 수도 있겠다. 그러나 뚜렷한 근거 없이 외부의 동향에 주목하는 태도는 지양해야 한다. 유교식 천 관념의 수용으로 제천의례의 중요성이 증가한 결과라 추정하기도 하나,[102] 위에서 살핀 바처럼 지고적 존재를 바라보는 재래의 흐름이 계속되었다고 판단되므로 따르기 어렵다.

그 면에서 천·오제 제사가 구태묘 제사보다 행행(行幸)의 성격이 더 강하다는 점이 주목된다. 뒤에서 구체적으로 다루겠으나, 천·오제 제사 공간은 한성도읍기 천지합제의 흐름을 이어 교외에 자리하였는데, 이는 구태묘(종묘)가 도성 안에 존재하였던 것(F-1-③, F-2-④, F-3-④, F-4-③, F-5-③, F-7-③, F-8-①)과 구별된다.

당의 경우, 8세기 중엽 현종에 의해 「태청궁(太淸宮·聖祖廟, 노자 사당)→태묘(太廟, 종묘)→남교」로 이어지는 일련의 친제(親祭)가 정형화되고, 덕종 이후 대개의 황제는 이를 즉위의례로 치름과 함께 대사(大赦)와 개원(改元)이 이루어지

---

100) 박초롱, 2014, 위의 논문, 15쪽 주20).
101) 金子修一, 2001, 앞의 책, 124~125쪽; Howard J. Wechsler(임대희 옮김), 2005, 앞의 책, 211~212쪽, 228~230쪽, 242~243쪽, 471~472쪽; 金子修一, 1978, 「中國古代における皇帝祭祀の一考察」『史學雜誌』 87-2, 48쪽, 52쪽, 55~56쪽; 金子修一, 1979, 앞의 논문, 53쪽.
102) 박초롱, 2014, 앞의 논문, 29~31쪽.

기도 하였는데, 황제가 장안성(長安城) 안팎을 오감에 따라 인민의 제사에 관한 관심이 높아지고, 의례의 성격이 개방적·세속적으로 변모하였을 뿐 아니라, 사회적 구심력을 강화하는 효과를 불러일으켰다.[103] 고구려 또한 6세기 이후 정국 쇄신을 도모하던 군주는 평양과 졸본을 오가며 시조묘(始祖廟)에 친사(親祀)하였으니, 시조로부터 전해진 왕의 권위가 고구려 전역에 미침을 보여주는데 유효하였기 때문이다.[104] 행행을 수반한 친제의 선전 효과가 군주 권력의 유지·강화에 일정하게 이바지되었다 하겠다.

백제도 같은 맥락에서 다가갈 수 있다. 천·오제 제사의 주재자는 왕인데 (F-1-③, F-2-④, F-3-④, F-4-⑤, F-5-③, F-7-③, F-8-①), 제장이 도성 경계 밖에 위치하였으므로, 의례를 지내기 위해서는 상당한 거리를 이동하여야 하였다. 반면 Ⅲ부에서 살핀 것처럼 구태묘는 왕궁 가까이에 존재하였다. 또 천·오제 제사는 교외라는 개방적인 장소에서 이루어짐에 비해, 구태묘 제사는 종묘라는 폐쇄된 공간 속에서 행해졌다.

이러한 상황에서 선전에 더 유용한 의례는 천·오제 제사다. 왕궁에서 교외에 이르는 동선이 상대적으로 길 뿐 아니라 종묘보다 열린 무대에서 치러지기에, 의례 시행 사실을 더욱 많은 이에게 보여 줄 수 있는 까닭이다. 남천 이후 백제 왕권은 연고권이 없는 지역에서 새롭게 출발하였거니와, 한번 무너진 기반을 조속히 복구해야 하였으므로, 무엇보다 체제 안정이 급선무였을 것이다. 따라서 왕권의 존재감을 각인시킬 필요가 커졌을 터인데, 그 결과 선전 효과가 상대적으로 강한 천·오제 제사를 더욱 중시하였다고 파악된다. 다만 이는 어디까지나 양자를 놓고 바라볼 때 그렇다는 것일 뿐, 구태묘 제사는 천·오제 제사와 함께 당시 백제를 대표하는 국가제사로 의미와 위상을

---

103) 金子修一, 2001, 앞의 책, 21~22쪽, 61~62쪽, 65~66쪽, 69~72쪽, 77~78쪽, 177~179쪽, 183~189쪽; 金漢信, 2004, 앞의 논문, 242~243쪽, 245~246쪽, 252~254쪽; 金智淑, 2004, 「唐代 南郊祀의 皇帝 親祀와 그 정치적 효과」 『中國古代史硏究』 12, 269~270쪽, 272쪽, 280~281쪽 참조.

104) 강진원, 2021, 앞의 책, 170쪽~172쪽.

결코 낮춰볼 수 없다.

　이상과 같이 백제 왕권이 오제를 천신으로 여긴 정현의 설을 참조하여 천·오제 제사를 마련한 원인은 지방 통치나 정치적 구도와 관련된 것이 아니라, 오제(감생제)와 군주 사이의 혈연적 친연 관계를 상정한 정현의 논의가 지고적 존재를 조상신으로 보는 기존 관념에 상응하였던 데 있다. 덧붙여 천·오제 제사는 행행을 수반하여 선전 효과가 상당하였는데, 그 결과 남천 이후 왕권의 존재감을 각인시키려는 움직임 속에서 구태묘 제사보다 상대적으로 중시되었다. 그렇다면 천·오제 제사 운영에서 나타나는 특징적 면모는 무엇일까. 그 문제는 다음 장에서 알아보겠다.

3. 의례 운영의 특수성과 당면 현실

　천·오제 제사는 원칙적으로 왕이 주재하였을 뿐 아니라, 1년에 네 차례나 행해졌는데(F-1-③, F-2-④, F-3-④, F-4-⑤, F-5-③, F-7-③, F-8-①), 오제 관념을 염두에 둔 교사 방식의 의례라는 데서 볼 때, 당시 중국 교사와 유사한 구석이 적지 않을 것이다. Ⅱ부에서 검토하였듯이 이미 천지합제에서도 그러한 측면이 존재하였으므로, 그것이 별반 특이한 일은 아니다. 다만 구체적인 운영 양상에서 일반적인 교사 경향과 다른 모습도 나타나니, 이는 백제가 자신들의 상황에 맞추어 의례를 시행한 흔적이 아닐까 한다. 그 부분은 다음과 같다.

　첫째, 제장이다. 중국의 경우 앞서 언급하였듯이 오제를 천신으로 본 정현의 설에 기초한 조위 및 북조에서는 제천의례 공간으로 도성 남쪽 지역에 남교 외에 별도로 원구를 두어 각기 오제(감생제)와 호천상제를 모셨고, 오제를 천신의 보좌역이라 한 왕숙의 설에 토대한 양진 및 남조에서는 남교만 마련하였다. 백제 오제의 기본 성격은 천신으로 정현의 논의와 통한다. 따라서 백제 또한 조위나 북조처럼 원구와 남교를 조성하여 각기 천과 오제를 제사하였다고 가정할 수도 있으니, 사비도읍기의 경우 사비하(泗沘河, 白馬江) 주변에 원구가 존재했다고 보기도 한다.105) 하지만 원구가 실재하였다고 확신할 만한 기록을 찾기 어렵고, 중국 위진 남북조 및 수당 시대 원구와 남교가 함께 설정된 경우, 대개 양자의 제사 시기가 다른 데106) 비하여, 백제는 그렇지 않아 원구의 실존 여부를 의심케 한다.

이에 중국에서 오제가 명당에 모셔지기도 한 점에 착안하여, 백제에서 명당의 역할을 한 것은 사비하 부근에 세워진 남당(南堂)이며, 그곳에서 오제 제사가 이루어졌으리라 짐작하기도 한다.107) 천과 오제 제사의 무대를 별개로 상정하였다는 데서는 위에서 살핀 가정과 통한다.

그런데 명당은 경서의 관련 기록이 난삽하고 모순적이니, 중국에서도 이를 세우지 않은 적이 많았다.108) 백제 존속 당시만 놓고 보아도 동진과 북주·북제·수가 그러하였고, 당 역시 다르지 않았다. 물론 측천무후가 낙양에 명당을 세워 정전(正殿)처럼 활용하며 중시하였으나, 이 사례를 제외하면 실제 명당 제사는 남교의 원구에서 행해졌으며, 주신(主神) 또한 7세기 중엽 현경례 단계부터 오제(五方上帝)에서 호천상제로 바뀌었고, 8세기 전반 개원례 단계에서 오제는 호천상제의 종좌(從座)에 두어졌다.109) 명당의 존재감이 확고하

---

105) 金敬華, 2016, 앞의 학위 논문, 143쪽.

106) Ⅱ부 주214).

107) 김경화, 2017b, 앞의 논문, 78~79쪽, 85쪽.
이전에도 비슷한 견해(鄭璟喜, 1990, 앞의 책, 416~417쪽)가 있었다. 다만 그 경우 남당을 명당과 관련지어 천·오제 제사 공간으로 바라보았을 뿐, 오제 제장으로 특정하지 않아 차이가 난다.

108) Howard J. Wechsler(임대희 옮김), 2005, 앞의 책, 413~415쪽; 미조구치 유조(溝口雄三)·마루야마 마쓰유카(丸山松幸)·이케다 도모히사(池田知久) 엮음 (김석근·김용천·박규태 옮김), 2011, 『중국 사상 문화 사전』, 책과함께, 517쪽.

109) 金子修一, 2001, 앞의 책, 19쪽, 53~55쪽, 77쪽, 182쪽, 191쪽 주4); Howard J. Wechsler(임대희 옮김), 2005, 위의 책, 258쪽, 432~443쪽, 479쪽; 김일권, 2007, 앞의 책, 311쪽, 319쪽 〈표 71〉, 321~322쪽, 378쪽, 387쪽, 396~407쪽, 413~414쪽, 439~440쪽; 미조구치 유조(溝口雄三)·마루야마 마쓰유카(丸山松

지 못하였다 하겠다. 더욱이 한국 고대 삼국에서 명당 의례가 시행되지 않았을 가능성이 제시되었거니와,110) 오제 제장을 명당이라 한 논의에서 명당으로 활용되었으리라 본 남당의 기본 성격은 정무 공간으로,111) 제사와 직접적인 관련성을 찾기 어렵다. 백제에서 명당의 실재를 확신할 수 없는 이상, 그곳에서 오제 제사가 행해졌다고 주장하기 곤란하다.

이 밖에 오제 제장이 도성 주변 일대에 두어졌다고도 추정한다. 오제 제사가 천에 대한 그것과 달리 남조 양의 영향으로 오교영기제(五郊迎氣祭), 즉 도성 외곽 여러 군데에 제장을 마련하고 절기에 따라 오제를 나누어 제사하는 방식으로 이루어졌으리라는 가정 아래, 사비도성을 둘러싼 나성과 백마강 외곽 일대,112) 혹은 도성 범위 인근의 몇몇 사지(寺址)를 의례 공간으로 주목한 것이다.113) 중국 위진 남북조 시대의 경우 북조 및 남조의 양·진에서 오교영

幸)·이케다 도모히사(池田知久) 엮음(김석근·김용천·박규태 옮김), 2011, 위의 책, 517쪽; 徐永大, 2000, 앞의 논문, 104쪽〈표 2〉; 金漢信, 2004, 앞의 논문, 241~242쪽; 金羡珉, 2015, 앞의 논문, 101쪽; 김경화, 2017b, 앞의 논문, 84쪽〈표 1〉; 소현숙, 2019, 「중국 남북조시대 국가 제례와 제례 공간」, 『고대 동아세아 王宮과 儀禮』, 33쪽, 39쪽 참조.
수에서는 일종의 기우제인 우사(雩祀)가 실시된 우단(雩壇)에서 제사가 이루어졌으며(『隋書』 권6, 志 제1, 禮儀1, 明堂, "高祖平陳 收羅杞梓 郊丘宗社 典禮粗備 唯明堂未立 … 終隋代 祀五方上帝 止於明堂 恒以季秋在雩壇上而祀"), 당에서는 남교 제장이 따로 조성되지 않고 원구만 두어졌다(佐川英治, 2015, 앞의 논문, 93쪽).

110) 소현숙, 2020, 앞의 논문, 7쪽.
111) 『三國史記』 권 제2, 新羅本紀 제2, 沾解尼師今 5년 정월, "始聽政於南堂"; 같은 책, 같은 권, 味鄒尼師今 7년, "春夏不雨 會羣臣於南堂 親問政刑得失"; 같은 책, 권 제4, 新羅本紀 제4, 眞平王 7년 3월, "旱 王避正殿 減常膳 御南堂親錄囚"; 같은 책, 권 제24, 百濟本紀 제2, 古尓王 28년 정월, "初吉 王服紫大袖袍青錦袴金花餙烏羅冠素皮帶烏韋履 坐南堂聽事"
112) 여호규, 2005, 앞의 논문, 293~296쪽.
113) 李壯雄, 2016, 앞의 학위 논문, 90~91쪽, 98~99쪽, 101쪽; 이장웅, 2010, 앞의 논문, 38쪽, 45~55쪽.

기제가 실시되었고, 수도 그리하였다.114) 그러므로 백제에 이 의례가 존재하였을 가능성을 완전히 배제할 수 없다. 하지만 오교영기제가 사맹월(四孟月), 즉 1·4·7·10월의 입일(四立日, 입춘·입하·입추·입동) 및 입추 전 18일 계하(季夏)에 5회 치러진 데 비하여, 백제의 오제 제사는 사중월(四仲月)에 4회 행해진 데서 나타나듯, 두 의례의 시기와 횟수가 다르기에 관련짓기 어렵다.115) 백제 도성 경계 곳곳에 제장이 마련되었으리라는 확증이 없다는 점을 고려하면 더욱 그러하다. 오교영기제의 실재 여부를 밝히기 어려운 실정이라, 오제 제사의 무대를 그와 연동하여 생각하기 힘들다.

  이상을 보건대 천·오제 제사에서 천과 오제 제장이 따로 존재하였다고 할 근거는 약하다. 그렇다면 양자는 같은 공간에 모셔졌다고 이해된다. 당시

---

114) 『魏書』권2, 紀 제2, 太祖道武帝 天興 원년 12월 己丑, "大赦 改年 追尊成帝已下 及后號諡 樂用皇始之舞 詔百司議定行次 尚書崔玄伯等奏從土德 服色尚黃 數用五 未祖辰臘 犧牲用白 五郊立氣 宣贊時令 敬授民時 行夏之正"; 같은 책, 권 제108之1, 志 제10, 禮4之1, 祭祀上, "高祖延興二年 有司奏天地五郊社稷巳下及諸神 合一千七十五所 歲用牲七萬五千五百"; Ⅱ부 주129)의 『魏書』太和 23년 5월 조; 『隋書』권7, 志 제2, 禮儀2, 五時迎氣, "禮 天子每以四立之日及季夏 乘玉輅 建大旂 服大裘 各於其方之近郊爲兆 迎其帝而祭之 所謂燔柴於泰壇 掃地而祭者 也 春迎靈威仰者 三春之始 萬物禀之而生 莫不仰其靈德 服而畏之也 夏迎赤熛怒 者 火色熛怒 其靈炎至明盛也 秋迎白招拒者 招集拒大也 言秋時集成萬物 其功大 也 冬迎叶光紀者 叶拾 光華 紀法也 言冬時收拾光華之色 伏而藏之 皆有法也 中 迎含樞紐者 含容也 樞機有開闔之義 紐者結也 言土德之帝 能含容萬物 開闔有時 紐結有法也 然此五帝之號 皆以其德而名焉 梁陳後齊後周及隋 制度相循 皆以其 時之日 各於其郊迎 … 梁制 迎氣 以始祖配 牲用特牛一 其儀同南郊 … 陳迎氣之 法 皆因梁制 後齊五郊迎氣 爲壇各於四郊 又爲黃壇於未地 所祀天帝及配帝五官 之神同梁 … 後周五郊壇 其崇及去國 如其行之數 … 隋五時迎氣 青郊爲壇 國東 春明門外道北 去宮八里 高八尺 赤郊爲壇 國南明德門外道西 去宮十三里 高七尺 黃郊爲壇 國南安化門外道西 去宮十二里 高七尺 白郊爲壇 國西開遠門外道南 去 宮八里 高九尺 黑郊爲壇 宮北十一里丑地 高六尺 並廣四丈 各以四方立日 黃郊以 季夏土王日 祀其方之帝 各配以人帝 以太祖武元帝配 … 其儀同南郊"

115) 서영대, 2007, 「백제의 천신숭배」 『百濟의 祭儀와 宗敎』, 충청남도역사문화연구원, 169~170쪽.

중국 교사에서 제천의례의 장은 도성 남쪽 지역, 곧 남교에 자리하였는데, 오제를 제사 대상으로 삼은 데서 드러나듯 천·오제 제사가 교사와 동떨어진 양식의 의례가 아닐뿐더러, 한성·웅진도읍기 천지합제 역시 남교 제장에서 이루어지던 사실을 상기하면, 도성 남쪽 교외(남교)에 제단을 조성한 뒤 천과 오제를 제사하였다고 파악된다.

그런데 중국에서 제천의 장으로 원구를 마련하지 않고 남교만 둔 경우, 서진 및 남조 양·진처럼 남교 의례 시 호천상제가 주신이고, 오제는 종사되기도 하였으며,116) 특히 양이 백제의 천·오제 제사 성립에 끼친 영향을 무시할 수 없는 까닭에, 천·오제 제사 시 오제가 종사되었다고 바라볼 수도 있다. 하지만 이들 왕조의 교사 체계는 기본적으로 왕숙의 논의에 기댄지라 재고를 요한다. 백제의 오제 관념은 정현의 논의와 통하기 때문이다.

앞서 검토한 바와 같이, 오제가 "급(及)"이라는 표현을 매개로 천과 병기된

---

116) 『晉書』 권19, 志 제9, 禮上, 吉禮, "泰始二年正月 … 時羣臣又議 五帝即天也 王氣時異 故殊其號 雖名有五 其實一神 明堂南郊 宜除五帝之坐 五郊改五精之號 皆同稱昊天上帝 各設一坐而已 地郊又除先后配祀 帝悉從之 … (太康)十年十月 又詔曰 … 往者衆議除明堂五帝位 考之禮文不正 且詩序曰 文武之功 起於后稷 故推以配天焉 宣帝以神武創業 既已配天 復以先帝配天 於義亦所不安 其復明堂及南郊五帝位"; Ⅱ부 주215·223).
서진의 경우 위에서 보이듯 무제 태시(泰始) 2년(266) 교사의 주신을 호천상제로 통일하였지만, 태강(太康) 10년(289) 남교에 오제의 신위를 복원하도록 조치하였는데, 이때 오제가 종사되었다고 여기기도 하나(金羨珉, 2015, 앞의 논문, 98~101쪽), 당시 주신이 호천상제인지 오제인지 불분명하다고도 본다(김일권, 2007, 앞의 책, 216쪽). 서진이 기본적으로 왕숙의 설에 따라 교사 체계를 마련하였기에, 오제가 남교에 다시 자리하게 되었어도 종사되는 처지였다고 이해하는 편(金敬華, 2016, 앞의 학위 논문, 126쪽 〈표 6〉; 徐永大, 2000, 앞의 논문, 104쪽 〈표 2〉)이 타당하지 않을까 한다.
그 밖에 동진이나 유송·남제 모두 남교에 오제가 종사되었다고 바라보기도 하고(徐永大, 2000, 위의 논문, 104쪽 〈표 2〉), 동진은 명확히 알 수 없다거나(김일권, 2007, 위의 책, 216쪽), 유송·남제에서 오제 종사가 이루어졌다고 파악하기도 한다(金敬華, 2016, 위의 학위 논문, 126쪽 〈표 6〉).

것(F-1-③, F-2-④, F-3-④, F-4-⑤, F-7-③, F-8-①)은 오제 제사가 천에 대한 그것에 버금갈 정도로 치러졌음을 말한다. 그 점을 참작하면, 오제가 천과 같은 공간에 모셔지기는 하였으나, 관련 의례는 종사 방식이 아니라 천 제사와 비교적 대등한 모양새로 거행되었던 것이 아닐까 한다. 관련하여 성주굿의 진행 양식을 참고하며 오제를 먼저 모신 뒤 천이 받들어졌으리란 추정[117]도 제기되었는데, 엇비슷한 층위에서 의례가 실시되어 신격 사이의 위계가 극명하게 드러나지 않았는지도 모르겠다. 어찌 되었든 오제가 천에 종속되는 인상을 주는 형태는 아니었으리라 헤아려진다.

  이는 일반적인 중국 교사에서 찾아보기 힘든 독특한 모습으로, 정현의 오제 논의를 염두에 두고 천·오제 제사가 마련되었음에도, 원구를 따로 조성하지 않은 결과라 여겨진다. 사실 백제 오제의 성격을 고려하면, 원구와 남교를 함께 갖추는 것이 더 자연스럽다. 따라서 어떠한 원인이 있을 터인데, 뒤에서 다루겠으나 천·오제 제사를 한 해 네 차례 지내는 경제적 부담이 상당하였기에, 천과 오제 제장을 각기 둘 여유가 없지 않았을까 한다. Ⅱ부에서 거론하였듯이 천지합제 공간으로 남교 정도가 굳건히 자리하였던 궤적 또한 이러한 기조를 부채질하였을 것이다.

  천·오제 제사 공간은 어디에 존재하였을까. 웅진도읍기에 의례가 성립되었으므로 그즈음의 제장부터 살펴야 하는데, 기존 천지합제 제장을 활용하였을 가능성도 충분하므로, Ⅱ부에서 언급한 교촌봉(校村峰) 석축단(石築壇) 유적을 생각해 볼 수도 있다. 다만 확신은 힘들다.

  사비도읍기의 경우 백마강, 즉 사비하 인근으로 추정하기도 하는데,[118] Ⅱ부에서 다룬 바와 같이 중국의 교사가 대체로 구릉 지대에서 이루어졌고, 천지합제 제장인 남교도 크게 다르지 않았으리라 파악되기에, 강가일 확률은

---

117) 徐永大, 2000, 위의 논문, 132쪽.
118) 徐永大, 2000, 위의 논문, 132쪽; 이병호, 2003, 앞의 논문, 44쪽; 김경화, 2017b, 앞의 논문, 85쪽.

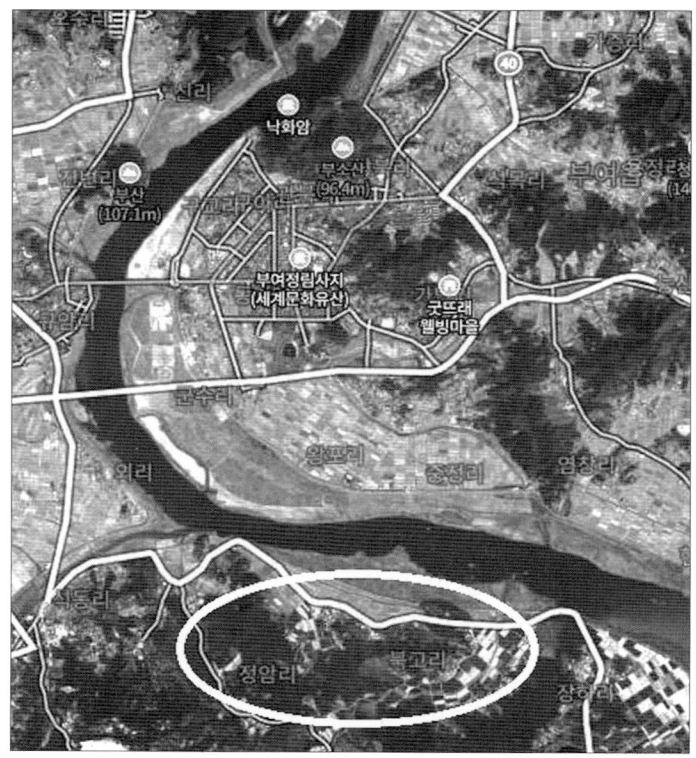

<그림 7> 부여군 장암면 정암리 · 북고리

낮지 않을까 한다. 또 능산리사지(陵山里寺址),[119] 혹은 정림사지(定林寺址) 일대에 제천의례 공간이 조성되었다고도 주장하나,[120] 이들은 각기 도성 경계의 동쪽 외곽과 성내 중앙부에 위치하는지라 재고의 여지가 있다. 천 · 오제 제사는 남쪽 교외에서 이루어진 까닭이다.

이에 오교영기제가 치러진 남교 제장으로 군수리사지(軍守里寺址)를 지목한

---

[119] 朴仲煥, 2007, 『百濟 金石文 硏究』, 전남대 박사 학위 논문, 155쪽.
[120] 李壯雄, 2016, 앞의 학위 논문, 40쪽, 50~55쪽, 57~58쪽.

설121)에 주의할 수도 있겠다. 해당 의례의 실재 여부는 미지수지만, 남교의 위치를 추정한 탓이다. 그러나 군수리사지는 도성 경계 안쪽인 궁남지(宮南池) 서쪽 가까이에 존재하므로 역시나 회의적이다.

그보다는 백마강 건너편 남쪽의 정암리(亭巖里)·북고리(北皐里) 인근을 눈여겨보아야 하지 않을까 하는데, 사비도성의 남쪽 경계 역할을 하는 것은 백마강이라 남교 지역이라 할 수 있기 때문이다〈그림 7〉참조. 이는 북위 낙양성(洛陽城)이나 동진 건강성(建康城)의 남교가 성 밖 남쪽 하천 너머에 존재하였다는 사실122)에서도 뒷받침되니, 일대의 구릉지에 의례 공간이 마련되었다고 보는 것이 어떨까 한다.

한편 앞서 언급한 것처럼 천·오제 제사에서는 제지의례도 이루어졌을 것인데, 당시 백제처럼 제천의 장으로 원구가 두어지지 않은 동진 및 남조의 경우, 주로 정월에 남교에서 제천이 실시된 뒤 같은 달 북교에서 제지가 행해지거나, 격년으로 번갈아 가며 동일 시기에 남교와 북교에서 각기 제천과 제지가 단행되었다.123) 또 이미 거론하였듯이 정현의 설을 따른 조위나 북조에서는 제지의례 공간으로 북교(지교) 외에 방택(방구)을 두었다. 이에 백제에서도 북교나 방택 제장이 조성되어 제지가 행해졌다고 상정할 수 있다. 하지만 Ⅱ부에서 밝힌 바와 같이 천지합제가 거행되던 시절 북교가 별도로 존재하였다고 보기 어려워 섣불리 단정하기 주저된다. 천·오제 제사 성립 시 기존 천지합제의 경험이 완전히 무시되지 않았으리란 점을 생각하면, 천·오제 제사 또한 천지합제처럼 남교 제장에서 제지의례가 함께 치러졌는지도 모른다. 두 가능성 모두 열어 놓아야겠으나, 원구가 부재한 데서 드러나듯 백제가 제장

---

121) 이장웅, 2010, 앞의 논문, 54쪽.
122) 姜波, 2003, 『漢唐都城禮制建築硏究』, 文物出版社, 111쪽〈그림 15〉, 171쪽〈그림 20〉; 佐川英治, 2015, 앞의 논문, 81쪽〈그림 5〉, 87~88쪽, 95쪽〈그림 11〉참조.
123) 金子修一, 2001, 앞의 책, 14쪽, 48쪽, 149~150쪽, 153쪽, 156~157쪽, 164쪽; 김일권, 2007, 앞의 책, 221쪽, 247~250쪽, 253~256쪽, 262쪽, 264~267쪽, 325쪽, 337~339쪽; 소현숙, 2020, 앞의 논문, 8~10쪽; Ⅱ부 주126·127) 참조.

증설에 미온적인 것 같기에, 후자가 실상에 가깝지 않을까 한다.

둘째, 제사한 달이다. 천·오제 제사는 사중월, 즉 2·5·8·11월에 이루어졌다(F-1-③, F-2-④, F-3-④, F-4-⑤, F-5-③, F-7-③, F-8-①). 그런데 중국 교사에서 중월(仲月)마다 정기적으로 의례가 행해진 흔적을 찾기 어려워, 사중월이라는 제사 시기가 매우 이례적임을 알 수 있다.

이를 백제의 독자적인 우주관,124) 혹은 사회·문화적 전통과 환경에 말미암은 결과라 여기기도 하지만,125) 구체적으로 어떠한 면을 가리키는지 설명되지 못하였다. 사중(四仲)이 사시(四時)와 같으며, 사시는 『예기』에 보이므로,126) 해당 문헌의 제도를 받아들인 결과라고도 보나,127) 모든 사시가 사중월은 아니므로 재고의 여지가 있다. 지나간 계절을 보내고 새로운 계절을 맞이함에 경건함을 도모하려는 조치라고도 이해하지만,128) 거기에 더욱 적합한 것은 맹월(孟月)이라 동의하기 어렵다.

오교영기제가 백제식으로 변용된 결과라 추정하기도 하는데,129) 이미 살펴본 것처럼 이 의례가 실제 존재하였는지 알 수 없어 받아들이기 곤란하다. 그 점을 차치하여도 마찬가지다. 영기제는 각 계절의 시작을 맞이하는 데 목적이 있는 의례라,130) 사중월이라는 시기는 변용의 범위를 넘어선 차이점인 까닭이다.

선진(先秦) 문헌에 순수(巡狩)가 사중월에 이루어졌다고 한 점131)에 착안한

---

124) 車勇杰, 1994, 앞의 논문, 12쪽.
125) 徐永大, 2000, 앞의 논문, 113쪽.
126) 『禮記』, 王制, "凡祭有四時 春祭曰礿 夏祭曰禘 秋祭曰嘗 冬祭曰烝"
127) 노중국, 2010, 앞의 책, 510쪽.
128) 兪起濬, 1989, 앞의 논문, 37쪽.
129) 여호규, 2005, 앞의 논문, 294~295쪽; 이장웅, 2010, 앞의 논문, 38쪽.
130) 박초롱, 2014, 앞의 논문, 23쪽; 김경화, 2017b, 앞의 논문, 80쪽.
131) 『尙書』, 虞書, 舜傳, "歲二月 東巡守 至于岱宗 柴 望秩于山川 肆覲東后 協時月正日 同律度量衡 修五禮五玉 三帛二生一死贄 如五器卒乃復 五月 南巡守 至于南岳 如岱禮 八月 西巡守 至于西岳 如初 十有一月朔 巡守至于北岳 如西禮 歸格于藝

견해도 제기되었다. 사중월의 순수는 천자의 사방 지배를 상징하였는데, 이 때 제사를 지냄으로써 백제왕이 전 국토를 통제·관할한 사실을 재확인시켰다는 논의다.[132] 『삼국사기』 백제본기에 전하는 왕의 순무(巡撫)나 행차 기사 가운데 달을 알 수 있는 것은 9건 정도인데, 이 중 7건이 사중월에 해당하는 2·5월에 벌어졌다.[133] 이때가 한 해가 시작될 무렵이나 파종이 종결될 즈음이라 그러한 일이 생긴 것이 아닌가 생각되나, 보기에 따라 순수가 사중월에 이루어진다고 인식한 결과라 추정할 수도 있겠다. 다만 지방도 아닌 도성 인근 제장에서 이루어진 천·오제 제사를 통하여 순수에 기초한 영토 지배권 현현이 가능한지 의문이라 수긍하기 힘들다. 순수와 교사의 격에 차이가 나므로, 시기가 같다고 하여 양자를 곧바로 연결짓기 어렵다는 지적[134]도 가벼이 넘길 수 없다.

한편 왕흥사(王興寺)에서 사리 봉안이 행해진 때[135]와 『고타이헤이키(後太平記)』에 기술된 북진존성(北辰尊星)의 천강(天降) 시기가 모두 2월, 곧 중춘(仲春)이라는 데 주목하여, 불교화한 국가제사가 사중월에 행해졌다는 주장[136]이 있

祖 用特"

132) 박초롱, 2014, 앞의 논문, 26쪽, 29쪽.
133) 『三國史記』 권 제23, 百濟本紀 제1, 溫祚王, "五年 冬十月 巡撫北邊 獵獲神鹿 … (十三年)夏五月 王謂臣下日 … 予昨出巡 觀漢水之南 土壤膏腴 宜都於彼 以圖久安之計 … (十四年)二月 王巡撫部落 務勸農事 … (三十八年)春二月 王巡撫 東至走壞 北至浿河 五旬而返"; 같은 책, 같은 권, 多婁王 11년 10월, "王巡撫東西兩部 貧不能自存者 給穀人二石"; 같은 책, 권 제25, 百濟本紀 제3, 毗有王 2년 2월, "王巡撫四部 賜貧乏穀有差"; 같은 책, 권 제26, 百濟本紀 제4, 武寧王 23년 2월, "王幸漢城 命佐平因友達率沙烏等 徵漢北州郡民年十五歲已上 築雙峴城"; 같은 책, 권 제27, 百濟本紀 제5, 武王 31년 2월, "重修泗沘之宮 王幸熊津城"; 같은 책, 권 제28, 百濟本紀 제6, 義慈王 2년 2월, "王巡撫州郡 慮囚 除死罪皆原之"
134) 김경화, 2017b, 앞의 논문, 80쪽.
135) 「扶餘 王興寺址 舍利函 銘文」, "丁酉年二月十五日 百濟王昌爲亡王子立刹 本舍利二枚 葬時神化爲三"
136) 李壯雄, 2016, 앞의 학위 논문, 60~65쪽.

는데, 연장선에서 천·오제 제사 또한 불교적 색채가 강한 의례라 그즈음 치러졌다고 가정할 수도 있겠다. 하지만 천·오제 제사는 유교적 교사 방식을 참조하였다고 이해되고, 위에 제시된 사례를 통하여 사중월에 주기적으로 행해졌다고 단정하기도 힘들어, 그렇게까지 볼 필요는 없을 것 같다. 『고타이헤이키』가 일본 난보쿠초 시대(南北朝時代, 1336~1392) 후반부터 센고쿠 시대(戰國時代, 1467~1573)까지를 다룬 군키모노가타리(軍記物語), 즉 창작물로,[137] 백제 당대와의 시기적 격차가 큰 작품인 점을 고려하면 더욱 그러하다.

백제의 오제가 명당에 모셔졌다는 전제 아래, 중국의 명당 내 각 방위 중앙에 자리한 태묘실(太廟室)에서 사중월에 제사가 이루어진 데 기인한 결과로 이해하기도 한다.[138] 그런데 앞서 언급하였듯이, 백제에 명당은 실재하지 않았던 것 같다. 덧붙여 후한 이래 남북조 시대의 명당 내에 태묘(실)란 공간이 늘 조성되었는지에 관한 의문은 제쳐두어도, 그곳에서의 의례가 막중한 위상을 점하였다거나, 교사 시기에 영향을 끼쳤다고 볼만한 뚜렷한 근거를 찾기도 힘들어 선뜻 수긍하기 힘들다.[139]

또 백제에 북위의 예를 적용할 수 있다는 전제 아래, 북위 도무제 천흥(天興) 2년(399)에 천지는 이지(二至, 동지·하지), 오제는 사시의 절일(節日)인 사절(四節)에 제사하였다는 기록[140]에 주목하고, 여기에 북위에서 본디 종묘 제사를 사시의 중절(中節), 즉 사중월에 치른 것이 오랑캐의 예(夷禮)에 해당한다는 『자치통감』 할주(割註)의 언급[141]을 아울러, 도무제가 제사한 '사절=사중월'이며,

---

137) 李壯雄, 2016, 위의 학위 논문, 63쪽 주106).
138) 김경화, 2017b, 앞의 논문, 82쪽.
139) 한대 이래 남북조 시대까지 명당 제사 시기는 들쭉날쭉하였다(김일권, 2007, 앞의 책, 290쪽, 337쪽 〈표 74〉, 380쪽, 388쪽 〈표 80〉; 소현숙, 2019, 앞의 논문, 33쪽 참조).
140) 『魏書』 권108之4, 志 제13, 禮4之4, 輿服之制, 輿服, "太祖天興二年 … 二至郊天地 四節祠五帝 或公卿行事 唯四月郊天 帝常親行 樂加鍾懸 以爲迎送之節焉"
141) Ⅲ부 주124).

백제의 천·오제 제사 시기 또한 북방 종족 고유의 풍속과 관련하여 이해해야 한다는 설142)도 존재한다.

그런데 선비(鮮卑) 고유의 제천은 관련 기록에서 4월에 황제가 늘 친히 행한다 한 서교(西郊)에서의 의례로, 사절의 오제 제사가 아니다.143) 논의의 초점이 잘못 맞추어진 셈이다. 이를 제외하여도 문제는 남아 있다. 오제 제사와 종묘 제사는 서로 성격이 다른 의례라 양자를 무리하게 연결한 인상을 주거니와, 도무제의 사례는 천과 오제의 제사 시기가 다른데, 백제의 천·오제 제사는 동시기에 행해져 비교 대상으로 삼기 적절치 않기 때문이다. 백제의 사중월 제사가 북방 종족의 풍속과 관련된다고 바라본 점도 빼놓을 수 없다. 백제 왕실의 북방 출자 여부나 북위 고유의 서교 제천에 관한 건은 논외로 하더라도, 천지합제에서 드러나듯 백제가 한성도읍기 이래 중국 문물을 수용하는 데 큰 거부감이 없었기에, 북방 종족의 풍속을 염두에 두고 천·오제 제사를 운영하지는 않았으리라 판단되기 때문이다. 전반적으로 무리한 추정이 아닐까 한다.

그 밖에 제후국은 호천상제를 제사할 수 없다는 정현의 논의에 착안하여, 정월의 남교 제천과 사시의 오교영기제 및 명당 제사 등을 절충하여 사중월에 제사하는 것으로 변용하였다고 상정하기도 한다.144) 그러나 백제에 오교영기제나 명당 제사가 존재하였는지 신중할 필요가 있을 뿐 아니라, 천·오제 제사 시 제천이 이루어졌기에 굳이 제후국의 제천에 부정적이던 정현의 입장에 얽매여 시기를 조정하였을 것 같지도 않아 따르기 주저된다.

이 사안의 관건은 한 해 네 차례 주기적으로 의례가 행해진 사실인데, 관련하여 한 해 네 차례 계절마다 선조와 부모의 제사가 이루어졌으며(祠祭·礿祭·

---

142) 김경화, 2017b, 앞의 논문, 81~82쪽.
143) 북위의 서교 제천은 효문제 태화(太和) 18년(494) 무렵 혁파되는데(『魏書』 권7 下, 紀 제7下, 高祖孝文帝 太和 18년 3월 庚辰, "罷西郊祭天"), 해당 의례의 대략적인 양상은 金子修一, 2001, 앞의 책, 158~161쪽, 164쪽; 김일권, 2007, 앞의 책, 223~225쪽 참조.
144) 朴淳發, 2023a, 앞의 논문, 25쪽.

嘗祭·烝祭), 이러한 빈도는 종묘에서도 마찬가지였다는 점**145)**이 주목된다. 물론 이는 조상 제사로 사당에서 치러졌기에 천·오제 제사와 다르다. 하지만 Ⅱ부에서 밝힌 바와 같이 백제 왕권은 천신 같은 지고적 존재를 혈연적으로 연결된 조상신으로 여겼고, 연장선에서 천지합제 또한 배사 없는 합제 방식으로 운영된 점, 그리고 앞서 다루었듯이 정현이 왕실과 오제 사이의 혈연적 친연 관계를 상정하였기에 그의 오제 논의를 받아들인 점을 유념할 필요가 있다. 이를 보면, 기존의 지고(신) 관념을 바탕으로 춘하추동에 조상을 제사한다는 데 착안하여, 천·오제 제사를 한 해 네 차례 거행한 것이 아닐까 한다.

다만 이때 중국 종묘의 제사 시기를 염두에 두진 않았다고 헤아려진다. Ⅲ부에서 언급한 것처럼, 해당 의례는 통상 사중월이 아닌 사맹월에 치러진 탓이다. 물론 중월에 종묘(사당) 제사가 이루어진 적이 없다고 하기는 무엇하나,**146)** 일반적이지 않아 굳이 그러한 사례를 참조하여 사중월이 선택되었을 확률은 낮다. 다른 측면에의 접근이 요구된다.

사중월은 각 계절의 중간에 해당하는 시기다. 춘하추동의 기운이 절정에 달한 시점이라 하겠다. 그런 면에서 보자면 왕권은 지고적 존재를 조상신으로 여기는 관념 아래 계절마다 제사를 거행하되, 각 계절의 초입인 사맹월보다는 춘하추동 각각의 기세가 가장 왕성한 달, 곧 사중월을 선택하여 제사의 의미를 더욱 고양하였던 것이 아닐까 한다. 백제 고유의 지고(신) 관념과 계절 인식이 빚어낸 결과라 하겠다.

셋째, 제사 빈도다. 천·오제 제사가 행해지던 무렵 중국에서는 교사가 매해 치러지지 않았다. 동진 이래 남조에서는 2년에 한 번 남·북교에 제사하거

---

145) 『春秋繁露』, 四祭, "古者歲四祭 四祭者 因四時之所生熟 而祭其先祖父母也 故春曰祠 夏曰礿 秋曰嘗 冬曰烝 … 祠者 以正月始食韭也 礿者 以四月食麥也 嘗者 以七月嘗黍稷也 蒸者 以十月進初稻也"; 같은 책, 祭義, "宗廟上四時之所成 受賜而薦之宗廟 敬之至也 于祭之而宜矣 … 一年之中 天賜四至 至則上之 此宗廟所以歲四祭也"

146) Ⅲ부 주123·126·127).

나, 해를 번갈아 가며 남·북교 제사가 이루어지는 이른바 '2년1교(二年一郊)' 방식이 세워져 친제로 실시되는 관행이 굳어져 갔음을 Ⅱ부에서 살펴보았는데, 북제에서 원구·방택 제사는 3년에 한 번, 남·북교 제사는 1년에 한 번 행해졌고,147) 수의 경우 남조와 마찬가지로 2년에 한 번 거행되었다.148)

반면 천·오제 제사는 한 해 네 차례나 치러졌으니, 이를테면 '1년4교(一年四郊)' 방식이다. 위에서 밝혔듯이, 물론 이는 기본적으로 조상 제사를 사시에 거행한다는 데 기인하였으므로, 불가피한 방침이었는지도 모르겠다. 다만 관련 기록에 왕이 주재하였다고 명기되어(F-1-③, F-2-④, F-3-④, F-5-③, F-7-③, F-8-①), 달리 생각할 여지를 준다. 이 경우 실제로는 왕이 친제하지 않고 유사섭사(有司攝事)처럼 다른 이가 대신하는 사례도 상당하였겠으나, 원칙적으로 주재자가 왕인 이상 의례의 전반적인 과정이 그에 상응한 형태로 진행되었으리라 예상되는데, 왕권이 주관하는 막중한 위상의 제사가 반복적으로, 그것도 교외를 오가며 행해지려면 막대한 비용이 들었을 것이다. 아무리 간소화한들, 이처럼 잦은 제사는 무거운 경제적 부담을 초래하였으리라 헤아려진다.

사실 왕이 모든 천·오제 제사를 주재하지 않으면, 이 문제는 어느 정도 해소될 일이다. 왕이 주도하지 않음으로써 의례의 무게감이 덜어져, 경비도 경감될 것이기 때문이다. 하지만 현실은 그렇지 않았다. 이유는 무엇일까. 당시 왕권은 남천 이후 연고권이 약한 지역에서 새롭게 출발해야 하였고, Ⅱ부에서 언급한 것처럼 웅진 천도 초기 정국 동요도 심하였다. 무령왕 집권 이후 상황이 어느 정도 나아졌다고 볼 수도 있으나, 앞서 거론하였듯이 당시 내외 여건은 녹록지 않았으며, 그 뒤에도 그러한 양상에 근본적인 변화가 왔던 것 같지 않다.

---

147) 『隋書』 권6, 志 제1, 禮儀1, 南北郊, "後齊制 圓丘方澤 並三年一祭 謂之禘祀 … 其南北郊則歲一祀 皆以正月上辛"

148) 金子修一, 2001, 앞의 책, 17쪽.
북송·남송에서는 3년에 한 번 남교나 명당에 친제하였다(金子修一, 2001, 위의 책, 22쪽, 70쪽, 77쪽, 189~190쪽).

이러한 상황 속에서 국가제사의 역할도 커졌으리라 여겨진다. 국가제사는 기본적으로 왕권의례였기에, 그것의 시행은 왕권의 구심력을 확보해 주었기 때문이다. 비용 문제를 감내하면서 잦은 빈도의 천·오제 제사를 포기하지 못한 이유가 여기에 있지 않을까 한다. 즉 백제 왕권은 비연고 지역에서 순조로이 국세를 회복하고자 자기 권력의 정당성과 지엄함을 부각할 필요가 있었으며, 그 결과 왕이 주재하는 잦은 제사를 통하여 그러한 목적을 이루고자 하였다고 파악된다.[149] 당 후반기 사회적 혼란이 가중되었음에도 오히려 황제의 교사 친제가 중시되고 제도적으로 정비된 사실[150]은 이 사안을 바라보는 데 일정한 참고가 된다.

넷째, 여름·겨울 제사의 성대함이다. 천·오제 제사 시 여름(仲夏)과 겨울(仲冬)에는 북과 나발(鼓角)을 쓰고 노래와 춤(歌舞)을 바쳤는데, 봄(仲春)과 가을(仲秋)에는 노래만 올려졌다(F-4-⑤). 중하와 중동, 곧 5월과 11월 제사가 더욱 성대히 치러졌음을 알 수 있으니, 이때를 중춘(2월)과 중추(8월)보다 중요히 여긴 까닭일 것이다. 이처럼 최고의 국가제사라 할 의례가 군주의 주재 아래 매년 여러 차례 이루어진 것도 모자라, 그 가운데 일부는 더욱 신경을 써 제사한 흔적을 당시 중국에서 찾기는 어렵다.

그러한 현상의 원인에 대하여 이유를 알 수 없다거나,[151] 백제의 사회·문화적 전통과 환경에 기인한 결과,[152] 혹은 백제 나름의 변용과 관련되었으리라 짐작하는 데 그치는 등[153] 구체적인 언급이 이루어지지 못한 것은 그만큼 이례적이기 때문이다. 물론 실상에 다가가려는 노력도 있었다. 동지와 하

---

149) 비슷한 견해(김기흥, 2004, 앞의 논문, 207쪽)가 존재하나, 매우 단편적인 언급이다.
150) 金子修一, 2001, 앞의 책, 21~22쪽, 65~72쪽, 77~78쪽, 165~166쪽, 185~189쪽 참조.
151) 노중국, 2010, 앞의 책, 510쪽.
152) 徐永大, 2000, 앞의 논문, 113~114쪽.
153) 朴淳發, 2023, 앞의 논문, 25쪽.

지, 곧 이지 제사를 중시하던 전한 말 이래 중국 교사와의 연관성을 상정한 논의[154]가 대표적이다. 조위는 물론이요, 북주를 제외한 북조 및 수·당의 경우, 주로 동지에는 원구에서, 하지에는 방택(方丘)에서 각기 하늘과 땅의 지고적 신격을 모셨는데,[155] 하지와 동지가 각기 중하와 중동에 속하므로,[156] 일리가 없지 않다.

다만 백제에서 원구나 방택의 존재를 확신하기 어려우므로 선뜻 수긍하기 힘들다.[157] 그 점을 제쳐두어도 마찬가지다. 중국 교사 체계에서 황제 주도로 해마다 여러 번 거행되면서도, 다시 그 안에 차등을 둔 의례가 부재한 점을 해명하기 쉽지 않은 탓이다. 특히 여름과 겨울의 천·오제 제사 시 북치고 나발을 불며 춤추는 시끌벅적한 행위가 더해진 사실은 해당 시기의 의례가 성대히 치러진 원인을 중국 교사의 영향으로 단정하기 주저하게 한다. 무언가 유교적 제례와 결을 달리하는 재래의 습속에 기인한 행동 같기 때문이다.

천·오제 제사가 거창하게 행해진 시기는 5월과 11월이다. 그런데 대체로 5월은 파종이 끝난 때이고, 11월은 수확이 마무리된 때로, 기층 사회에서 이 즈음 농경의례가 행해진 사실은 한(韓)의 5월 파종제와 10월 수확제[158]에서

---

154) 여호규, 2005, 앞의 논문, 295쪽; 이장웅, 2010, 앞의 논문, 38쪽; 박초롱, 2014, 앞의 논문, 30쪽 주58).

155) 金子修一, 2001, 앞의 책, 14쪽, 17~18쪽, 47~49쪽, 53~55쪽, 161쪽, 163~164쪽; Howard J. Wechsler(임대희 옮김), 2005, 앞의 책, 254~258쪽, 262쪽, 358쪽; 김일권, 2007, 앞의 책, 202~204쪽, 223쪽 〈표 38〉, 227~228쪽, 272쪽 〈표 52〉, 274~277쪽, 285~287쪽, 289쪽 〈표 58〉, 300~304쪽, 306쪽 〈표 67〉, 311쪽 〈표 68〉, 319~321쪽, 325쪽, 337~338쪽; 소현숙, 2020, 앞의 논문, 8쪽, 10~12쪽 참조.

156) 중하·중동 제사의 구체적인 시기를 동지와 하지로 보는 설(김경화, 2017b, 앞의 논문, 81쪽 주25))이 제기된 바 있으나, 상세한 설명이 뒤따르지 않았다.

157) 원구가 부재하였음에도 남교에서의 동지 제천이 부상한 서진과 양의 사례(II부 주 215·216))를 눈여겨볼 수도 있겠지만, 이때 북교에서 하지 제지가 이루어졌는지 알 수 없어 비교 대상으로 삼기 곤란하다.

158) I부 주106)의 『三國志』 魏書 韓條.

엿볼 수 있다. 따라서 이를 참조하여 천·오제 제사 또한 중하와 중동에 더욱 무게감 있게 실시된 것이 아닐까 한다. 다시 말해 여름과 겨울의 재지 토착 의례와 연관된 행보일 가능성이 상당하다. 그 점은 한의 파종제·수확제에서 노래하고 춤추는 모습이 5·11월 천·오제 제사 시의 행태와 어느 정도 관련된 것처럼 다가오는 데서도 뒷받침된다.

백제 왕권은 남천 이후 비연고 지역에서 중흥의 기틀을 세워야 하였다. 따라서 해당 토착 지배 집단과의 연계가 불가피하였을 터이다. 그런데 한성 함락 직전까지도 이 일대는 국가 중심 지역이 아니었던 까닭에 백제 왕실의 근거지인 한수 유역과 달리 중국 문물의 영향이 상대적으로 덜하였고, 반대로 고유의 습속이 비교적 강하게 남아 있었을 것이다. 왕권으로서는 재지 사회와의 연대를 통하여 국세를 진작시켜야 하였기에, 이러한 측면을 일정 부분 고려할 수밖에 없었으리라 파악되는데, 그 결과 재래의 파종제와 수확제가 이루어지던 여름·겨울에 천·오제 제사를 성대히 치르며, 의례 방면에서 나름의 접점을 모색하였다고 보인다.[159]

이상과 같이 천·오제 제사는 구체적인 운영 양상에서 중국 교사와 다른 모습이 나타난다. 우선 비용 문제와 천지합제가 남교 제장에서 행해진 이력으로 말미암아 정현의 오제 관념을 참조하여 의례가 성립되었음에도, 원구가 따로 두어지지 않은 채 오제는 남교, 곧 정암리·북고리 일대의 구릉지에서 천과 비교적 대등하게 모셔졌다. 또 왕권은 지고적 존재를 조상신으로 보는 관념을 바탕으로, 사시에 조상을 제사한다는 데 착안하여, 각 계절의 기운

---

159) 이 경우 한(韓)에서 수확제가 10월에 실시되었고, 겨울의 천·오제 제사 시기는 11월인 점을 문제 삼을 수도 있으나, 천·오제 제사를 사중월에 행한다는 원칙 아래서 재래의 습속을 반영하고자 한 결과로 이해할 수 있지 않을까 한다. 덧붙여 봄과 가을의 천·오제 제사 시 노래가 올려졌는데(F-4-⑤), 유교적 방식에 근거하였다고 볼 수도 있겠으나, 여름과 겨울의 천·오제 제사에 부수된 행위는 여기에 북·나발 사용과 춤이 더해진 것이기에, 기본값이라 할 노래하는 행위 자체도 재지 풍속의 영향일 확률을 배제할 수 없다.

이 절정에 달했다고 여긴 사중월에 의례를 행하였다. 덧붙여 왕권의 정당성과 지엄함을 부각하고자, 경제적 부담을 감수하면서도 왕의 주재로 한 해 네 차례나 제사가 이루어졌으며, 비연고 지역에서 재지 사회와 연대하여 중흥을 꾀하려던 결과, 재래의 파종제나 수확제가 행해진 여름·겨울에 더욱 성대히 의례를 치렀다. 천·오제 제사는 당면한 현실과 처지에 맞추어 시행되었다 하겠다.

결론

백제의 국가제사로는 동명묘(東明廟) 제사와 천지합제(天地合祭), 그리고 구태묘(仇台廟) 제사와 천·오제(五帝) 제사를 거론할 수 있다. 지금까지 논의한 바를 시간의 흐름에 따라 정리하면 다음과 같다.

한성도읍기의 대표적 국가제사는 동명묘 제사와 천지합제다. 다만 이러한 의례가 초기부터 국가제사로 치러진 것은 아니다. 당시는 집권력의 한계로 왕권의 주도 아래 거국적인 제사가 이루어지기 힘들었기 때문이다. 시조 동명의 장지와 연관된 공간인 동명묘에서 행해진 제사는 왕실 족조(族祖) 의례의 성격이 강하였고, 수확제나 기풍제(祈豊祭) 같은 재래의 토착 의례 또한 파급력이 제한적이었다.

이러한 양상이 변화한 것은 3세기 전반 고이왕 시기 이후다. 그즈음 왕권 제고와 내정 동력 확보를 목적으로 중국의 유교적 천지 제사인 교사(郊祀) 양식을 참조하여 천지합제가 성립되었고, 동명묘 제사 역시 늦어도 책계왕 시기(286~298)에는 국가적 시조에 대한 의례가 되었다. 동명묘 제사는 즉위의례로 치러지기도 하였는데, 왕권은 이를 통하여 시조와 자신이 맞닿은 존재임을 드러내며 원활한 집권을 도모하였다. 당시는 종묘도 존재하였다. 그러나 무덤 중시 풍조 속에 무덤에서 지내는 제사, 곧 묘제(墓祭)의 무게감이 컸던 결과, 동명묘 제사의 위상이 강고하여 즉위의례도 그곳에서 이루어졌다.

한편 천지합제는 교사의 영향을 받았지만, 재래의 사고에 토대한 모습도 있었으니, 지고적 존재와 시조의 혈연적 관련성을 강조하는 관념 아래 천지신을 조상신으로 여긴 까닭에 합제(合祭)가 기본 방침이었고 배사(配祀)가 행해지지 않았으며, 농경에 관심이 컸기에 풍요를 기원하고자 정월 제사가 중시되었다. 천지합제는 본디 주로 방계로 즉위한 군주의 치세 도중 특별한 목적으로 행해졌으나, 4세기 후반 근초고왕 시기 동진의 교사 경향에 발맞추어 입지가 강화되어 동명묘 제사와 연동한 즉위의례로 치러졌다. 물론 이때도 동명묘 제사의 존재감을 넘어서지 못하였지만, 그에 버금가는 국가제사로 뿌리내리게 된 데 일정한 의의가 있다.

그러한 흐름은 대략 5세기 중·후반 이후 다시금 변모한다. 불교 전파와 관련된 내세관과 영혼관의 변화, 유교 문화에 대한 이해 증진, 고구려의 압박과 한성 함락(475)으로 대표되는 대외적 위협의 지속, 특정 가계의 왕위 계승에 따른 혈연적 계보 관념의 고양으로 무덤 중시 풍조가 퇴조한 결과, 묘제의 존재감이 약해지고 종묘로의 관심이 증대되었으며, 결국 동명묘 제사를 대신하여 종묘, 즉 구태묘 제사가 부상하였다. 이를 반영한 것이 건방지신(建邦之神) 전승이다.

천지합제도 다르지 않았으니, 남천(南遷, 475) 이후 국정 혼란으로 의례 시행이 여의치 않았던 탓에 위상이 동요하였다. 이에 새로운 천지 제사의 필요성이 커졌는데, 마침 무령왕 때 남조 양과의 교섭 과정에서 교사나 정현(鄭玄, 127~200) 등의 예학(禮學) 논의에 관한 정보를 얻게 되었다. 당시 남조에서는 오제를 천신으로 보지 않는 왕숙(王肅, 195~256)의 설에 기초하여 교사 체계가 운영되었다. 하지만 백제 왕권은 오제와 왕실 사이의 혈연적 친연 관계를 상정한 정현의 논의가 천신을 조상신으로 여기던 자신들의 기존 관념에 상응한다고 여겨, 520년대 초·중반 이를 염두에 둔 새로운 교사 방식의 의례인 천·오제 제사를 성립시켜 천지합제를 갈음하였다.

이로써 백제 국가제사의 두 기둥은 구태묘(종묘) 제사와 천·오제 제사가 되었는데, 양자 가운데서는 행행(行幸)을 수반하여 선전 효과가 상당하던 후자가 상대적으로 중시되었다. 당시 구태묘는 왕궁 가까운 곳에 자리하였고, 구태, 곧 시조 동명 외에 현 군주의 근조(近祖)가 세대를 기준으로 안치됨과 아울러, 온조왕과 고이왕 같은 군주도 모셔졌으며, 백제에서 존중되던 절기에 맞추어 제사가 이루어졌다.

천·오제 제사의 경우, 구체적인 운영 과정에서 당면한 현실과 처지에 맞춘 부분도 나타났는데, 비용 문제와 천지합제가 남교(南郊) 제장에서 행해진 이력으로 인하여 오제는 남교에서 천과 대등하게 모셔졌고, 지고적 존재를 조상신으로 보는 관념 아래 각 계절의 기운이 절정에 달하였다고 여긴 사중월(四仲月)에 제사가 이루어졌으며, 왕권의 정당성과 지엄함을 부각하고자 제사 빈도가 잦아졌고, 비연고 지역에서 재지 사회와의 연대가 필요하였기에, 재래의 토착 의례가 행해지던 여름과 겨울에 더욱 성대히 의례가 실시되었다.

이를 볼 때, 추이 면에서 전기가 되는 시기는 3세기 전반 이후와 5세기 중·후반~6세기 초 이후다. 전자의 경우, 왕권의 구심력이 강화되면서 기존의 동명묘 제사와 새롭게 마련된 천지합제가 국가제사로 자리매김하였다. 후자의 경우, 동명묘 제사의 비중이 경감되고 구태묘(종묘) 제사가 부상하였으며, 입지가 흔들리던 천지합제를 대신하여 천·오제 제사가 대두하였다. 그 점은 3세기를 거쳐 집권력이 강화되고, 한성도읍기 말부터 남천 이후까지 이어진 우여곡절 속에서도 여러 변혁이 시도된 일[1]과 맞물리는 경향을 보이는데, 국가제사가 정치사적 흐름과 떼려야 뗄 수 없는 관계라는 점을 고려하면 당연한 결과이다.

그렇다면 백제 국가제사 전반을 아우르는 특징은 무엇일까. 이는 크게 두 가지로 나뉜다. 하나는 고구려·신라 등 한국 고대의 다른 국가와 유사한 사고 관념 아래 국가제사가 운영되었다는 사실이다. 왕권이나 집권력 확보 및 정국 상황과 같은 부분이 고려되었다는 점은 일반론에 가까운 사안이라 논외

---

[1] 노중국, 2018, 『백제 정치사』, 일조각, 122~175쪽, 279~353쪽 참조.

로 하여도, 고구려나 신라의 경우 지고적 존재를 조상신으로 여겼으며, 그에 따라 시조 제사를 제천으로 받아들였는데,[2] 백제 또한 그러한 사고의 영향으로 천지합제 시 합제 방식이 나타나거나 배사가 이루어지지 않았으며, 천·오제 제사 시 정현의 오제 논의를 염두에 둠과 아울러, 사시 제사가 행해졌다.

덧붙여 고구려·신라에서는 애초 무덤 중시 풍조 속에서 시조 제장으로 시조묘(始祖廟)가 중시되었으나, 훗날 그러한 기조가 바뀜에 따라 무게 중심이 종묘나 신궁(神宮) 같은 다른 공간으로 옮겨졌는데,[3] 백제도 마찬가지였으니, 본디 동명묘(시조묘) 제사의 위상이 강고하였으나, 후대에 이르러 종묘(구태묘) 제사가 부상하였다. 구체적인 사안이나 시기에 차이가 있겠으나, 기본적으로 다르지 않은 흐름이다. 백제가 고구려·신라를 비롯한 한국 고대 정치 공동체와 동떨어져 존재하지 않은 이상 이는 자연스러운 현상으로, 그렇기에 백제 국가제사의 이해를 통하여 고구려·신라 국가제사에 다가가는 것도, 반대 경우도 가능할 터이다.

다른 하나는 한국 고대 다른 국가보다 적극적으로 외래 요소를 받아들여 국가제사를 마련하였다는 사실이다. 이는 천지합제와 천·오제 제사가 기본적으로 교사 양식을 참조한 데서 잘 드러난다. 그런데 고구려와 신라 등 한국 고대 국가 대개는 중국과의 문물 교류에 긍정적이었음에도, 백제처럼 교사와 결이 통하는 의례를 거국적으로 시행한다거나, 오제처럼 중국의 천 관념에 기인한 존재를 제사 체계 안에 수용한 흔적이 뚜렷하지 않다. 물론 그 파장이 본질적인 데까지 이르지는 않았다. 백제도 구체적인 운영에서 재래의 사고나 관념에 뿌리를 둔 부분이 상당한 까닭이다. 다만 피상적일지라도 중국 문물의 영향이 상대적으로 짙었다는 점은 부인하기 힘들다. 이는 백제 왕권이 고구려나 신라보다 그러한 측면에 꽤 주의를 기울였음을 의미하는데, 백제가

---

2) Ⅱ부 주212).
3) 강진원, 2018, 「고대 국가제사의 특징 -시조묘 제사와 제천의례-」 『한국사, 한 걸음 더』, 푸른역사, 408~412쪽 참조.

겪은 역사 전개 과정에 기인한 결과가 아닐까 한다.

백제는 고구려·신라와 다소 다른 환경에서 역사의 첫걸음을 뗐다. 삼한의 소국으로 출발하였다는 데서 신라와 공통분모도 있으나 신라, 곧 사로국이 한군현과 지리적으로 격절한 곳에 자리하였다면, 백제는 낙랑·대방군과 상대적으로 가까운 한강 유역에서 움텄다. 필연적으로 중국 문물의 파동으로부터 자유롭기 힘든 여건이었다.

물론 고구려의 사례를 들어 달리 생각할 수도 있겠다. 현도군과 맞닿은 상태에서 성장하며 빈번히 중국 문물을 접하였으나, 중국의 천 관념을 제천의 례에 적극적으로 활용하기보다 본연의 색깔을 유지하였기 때문이다.[4] 하지만 고구려는 초창기부터 군현 세력과 충돌하는 등 대외적 측면에서 불편한 관계였던 적이 상당하였던 반면, 백제는 3세기 중엽 기리영(崎離營) 전투 이전까지 군현과 크게 충돌한 일이 없었기에 사정이 다르다.[5] 따라서 백제의 경우 초창기부터 중국 문물에 대한 선호 현상이 사회적으로 뿌리내리기 쉬운 형편이었으리라 헤아려진다.

백제는 신라처럼 군현 세력과 접촉이 어려운 여건도 아니었고, 고구려같이 처음부터 그들과 갈등이 잦지도 않았다. 따라서 국가제사를 꾸려 갈 때도 중국 문물을 참작하는 데 거리낌이 적었다. 이후의 시대적 정황 역시 그러한 기조를 유지하는 버팀목이 되었다. 4세기 후반 이후 고구려와의 관계가 불편해지고, 남천이란 상황에 맞닥뜨리면서 본보기로 삼을 사례가 중국 외에 달리

---

4) 강진원, 2021, 『고구려 국가제사 연구』, 서경문화사, 84~93쪽 참조.
5) 기리영 전투에 백제가 주도적인 역할을 하지 않았을지도 모른다. 『삼국사기』 백제본기의 관련 기록에서 변경 주민(邊民)을 빼앗았다 돌려주었다고 한 데 불과한 탓이다(Ⅱ부 주112). 그러나 책계왕과 분서왕이 군현 세력과의 상쟁 속에서 죽었다고 전하므로(『三國史記』 권 제24, 百濟本紀 제2, 責稽王 13년 9월, "漢與貊人來侵 王出禦 爲敵兵所害薨"; 같은 책, 같은 권, 汾西王 7년 10월, "王爲樂浪大守所遣刺客賊害薨"), 3세기 중엽~4세기 초 일정한 충돌이 있었던 것은 사실로 보아도 좋지 않을까 한다.

없었을 것이기 때문이다. 특히 동진 및 남조는 근거지를 잃고 남하하여 권토중래를 꿈꾸었다는 데서 백제의 처지와 유사하였는데, 그에 근거한 동질감은 외래 사조를 받아들일 때 윤활유로 작용하였으리라 파악된다.

요컨대 백제는 한국 고대 다른 국가 공동체와 유사한 사고의 토대 위에서 국가제사를 운영하였으되, 외래적 요소를 반영할 때는 상대적으로 적극적인 모습을 보였으니, 이는 백제가 경험한 역사적 궤적에 기인한다. 그러한 이해가 더욱 타당성을 얻기 위해서는 백제와 시·공간적으로 인접한 신라의 국가제사에 관한 검토도 필요하다. 이는 추후의 과제로 삼겠다.

보론

『삼국사기』 제사지 백제조의 전거 자료와 기술

1. 머리말

　『삼국사기』 잡지(雜志)는 한국 고대 삼국의 문물제도를 여러 항목으로 나누어 체계적으로 기술하였기에, 사료적 가치가 상당하다. 물론 제사지 고구려·백제조의 경우 찬자가 밝혔듯이 제사 의례(祀禮)가 불명하여,[1] 중국 문헌이나 『고기』와 같은 독자 전승 기록을 전하였을 따름이라 달리 생각할 여지도 있다. 다만 관련 기술을 매개로 전거 자료나 찬자의 기술 문제에 다가갈 수 있고, 이는 한국 고대 국가제사 연구 및 『삼국사기』 찬술 기준의 이해에 보탬이 될 터라, 가벼이 넘길 수 없는 무게감을 지닌다.

　『삼국사기』 제사지 백제조는 크게 중국 문헌인 『책부원구』의 기록을 옮겨 실은 부분과 그에 얽힌 할주(割註), 그리고 독자 전승 기록인 『고기』를 옮겨 적은 부분으로 나뉜다. 그간에는 주로 전거 자료의 실상에 관한 접근이 이루어졌는데,[2] 찬자의 기술 태도까지 포함하여 조금 더 구체적으로 다룰 필요가

---

1) 서론 주2).
2) 李康來, 1996, 『三國史記 典據論』, 民族社, 132~135쪽; 채미하, 2008, 『신라 국가제사와 왕권』, 혜안, 50쪽; 전덕재, 2021, 「三國史記 잡지·열전의 원전과 편찬」,

있다. 이 글에서는 그러한 면에 주목하여 제사지 백제조를 검토해 보겠다.

2. 중국 문헌의 선정 기준과 기술 태도

『삼국사기』 제사지 백제조의 본문 전반부는 『책부원구』를 활용하여 천·오제(五帝) 제사와 구태묘(仇台廟) 제사를 언급하였는데, 해당 문헌의 원 기록과 제사지 기사를 비교하면 〈표 3〉과 같다.

<표 3> 『삼국사기』 제사지 백제조 본문의 중국 문헌 활용 부분과 원 기록

제사 유형	제사지 백제조	『책부원구』 기록
천·오제 제사, 구태묘 제사	『책부원구』에 이른다. "백제는 매 사중지월(四仲之月)에 왕이 하늘 및 오제의 신에 제사하고, 국성(國城)에 그 시조 구태묘를 세워 한 해 네 차례 거기서 제사한다"3)	매 사중지월에 왕이 하늘 및 오제의 신에 제사하고, 국성에 그 시조 구태묘를 세워 한 해 네 차례 거기서 제사한다(F-8-①).

〈표 3〉에서 드러나듯, 제사지 백제조 기사와 『책부원구』 기록 사이에는 차이점이 하나 있다. 제사지에서 『책부원구』 기록을 인용하며 "백제"를 덧붙인 것인데, 해당 기술이 백제에 관한 것임을 밝히려는 의도로 여겨진다. 이를 제외하면 다른 부분은 일치하므로, 제사지 찬자는 원 기록을 충실히 옮겨 실었다 하겠다. 그러한 면모는 제사지 고구려조에서도 확인된다.4)

그런데 III부에서 살펴보았듯이, 천·오제 제사와 구태묘 제사를 다룬 중국 문헌은 이외에도 여럿일뿐더러, 『주서』에 실린 바(F-1-③)가 큰 변화 없이 후대까지 이어졌다. 더욱이 『책부원구』의 관련 기록(F-8-①)은 『수서』의 그것(F-2-

---

주류성, 69~77쪽; 鄭求福, 1995, 「三國史記의 原典 資料」『三國史記의 原典 檢討』, 韓國精神文化研究院, 6쪽.

3) 『三國史記』 권 제32, 雜志 제1, 祭祀, 百濟, "冊府元龜云 百濟每以四仲之月 王祭天 及五帝之神 立其始祖仇台廟於國城 歲四祠之"

4) 강진원, 2021, 『고구려 국가제사 연구』, 서경문화사, 278쪽.

④과 정확히 같다. 내용에 차이가 없으므로, 문헌의 편찬 시기가 이른 『주서』나 『수서』 등의 기사를 인용하여도 될 터이다. 그러함에도 『책부원구』가 전거로 활용되었기에, 찬자가 중국 문헌을 다룸에 어떠한 방침이 존재하였음을 알 수 있다.

이와 관련하여 주목되는 점은 『삼국사기』 편찬 시점에서 볼 때, 천·오제 제사와 구태묘 제사를 함께 언급한 중국 문헌 가운데 『책부원구』가 가장 늦게 만들어졌다는 사실이다. 제사지 고구려조의 경우 중국 문헌에 기술된 의례를 언급할 때 전하는 내용이 비슷하면, 상대적으로 편찬 시기가 늦은 쪽의 기록이 선택되었다. 역사학적 방법론이 다듬어지지 못하였던 시기라 늦게 성립된 문헌이 한 번 더 검토와 수정을 거친 사실을 담았다고 판단한 결과이다.5) 물론 Ⅲ부에 다룬 바와 같이, 천·오제 제사 및 구태묘 제사의 경우 『주서』 이래 『책부원구』까지 같은 사실을 전하기에 고구려조와 약간의 차이도 존재하나, 고구려조와 백제조의 찬자가 다르지 않으므로 동일 범주에서 바라보면 어떨까 한다. 즉 찬자는 제사지 찬술 당시로부터 가장 가까운 시기에 편찬된 『책부원구』의 기록을 최종적으로 정리된 기술이라 여겨 존중한 까닭에, 이를 전거로 삼았다고 파악된다.

한편 제사지 백제조에는 『책부원구』 기록을 빌려 천·오제 제사와 구태묘 제사를 다룬 뒤, 백제 시조에 관한 찬자의 생각을 담은 할주가 이어지는데, 이는 다음과 같다.

> J. 『해동고기』를 살피면 혹은 시조가 동명이라 이르고, 혹은 시조가 우태(優台)라 이른다. 『북사』 및 『수서』에는 다 동명의 후손으로 구태가 있어 대방(帶方)에 나라를 세웠다고 이르는데, 이는 시조가 구태라 이름이다. 그러나 동명이 시조가 됨은 사적이 명백하니, 그 나머지는 믿을 수 없다.6)

---

5) 강진원, 2021, 위의 책, 278~281쪽.
6) 『三國史記』 권 제32, 雜志 제1, 祭祀, 百濟, "[按海東古記 或云 始祖東明 或云 始祖

찬자는 할주에서 구태가 나라를 세웠다는 『북사』와 『수서』의 전승을 전하며, 시조를 구태라 한 입장이라 하였다. Ⅲ부에서 검토하였듯이 동명이 구태의 선대란 것은 가공의 산물이지만, 이를 당시에 인지하기 쉽지 않았을 터라 그 점을 문제 삼을 필요는 없다.

눈여겨볼 사실은 구태 전승이 다루어진 간판 문헌으로 『북사』와 『수서』를 언급한 것이다. 구태에 관한 기록이 다양한 문헌에 남아 있음은 Ⅲ부에서 확인한 바이며, 『북사』와 『수서』는 이들 가운데 편찬 시기가 이른 편에 속한다. 그런데 위에서 살펴본 것처럼 제사지 찬자는 늦게 만들어진 문헌을 상대적으로 존중하였을뿐더러, 제사지에 언급된 구태 전승은 『북사』 및 『수서』의 그것(F-2-③, F-3-③)과 완전히 일치하지도 않는다. 따라서 찬자가 『북사』와 『수서』를 콕 집어 거론할 필요가 딱히 없음에도 그리하였음을 알 수 있다. 여기에는 특정한 이유가 존재한다고 보아야 하는데, 구태 전승을 담은 여러 문헌 가운데 구태의 선대와 품성, 대방(고지)에서의 건국 및 공손탁(公孫度)과의 통혼, 후대의 상황 등 가장 풍부한 내용을 한곳에 일목요연하게 실은 것이 『북사』와 『수서』라는 점이 주목된다. 할주의 초점은 백제의 시조에 관한 찬자의 견해를 밝히는 데 두어졌다. 그러므로 시조를 구태라 한 입장을 거론할 때 구태 전승을 다룬 문헌 중 대표 격을 제시할 필요가 있던 결과, 가장 면밀하게 관련 사안이 언급된 『북사』와 『수서』를 내세운 것이 아닐까 한다.

3. 독자 전승 기록의 실체와 기술 방식

『삼국사기』 제사지 백제조의 본문 후반부는 『고기』를 활용하여 천지합제(天地合祭)와 동명묘(東明廟) 제사를 언급하였는데, 백제본기에도 이들 의례에 관한 기술이 존재한다. 따라서 양자를 비교할 필요가 있다. 이는 〈표 4〉와 같다.

> 優台 北史及隋書皆云 東明之後 有仇台 立國於帶方 此云 始祖仇台 然東明爲始祖 事迹明白 其餘不可信也]"

<표 4> 『삼국사기』제사지 백제조 본문의 독자 전승 기록과 백제본기 관련 기록

제사 유형	제사지 백제조	백제본기
천지 합제	『고기』에 이른다. "온조왕 20년 2월에 단을 마련하여 천지에 제사하였다. 38년 10월, 다루왕 2년 2월, 고이왕 5년(238) 정월·10년(243) 정월·14년(247) 정월, 근초고왕 2년(347) 정월, 아신왕 2년(393) 정월, 전지왕 2년(406) 정월, 모대왕(동성왕) 11년(489) 10월에 모두 위와 같이 행하였다."(D-10)	(온조왕) 20년 2월, 왕이 대단(大壇)을 마련하고 친히 천지에 제사하니, 기이한 새(異鳥) 5마리가 날아들었다(D-1).
		(온조왕) 38년 10월, 왕이 대단을 쌓고 천지에 제사하였다(D-2).
		(다루왕) 2년 2월, 남단(南壇)에서 천지에 제사하였다(D-3).
		(고이왕) 5년 정월, 천지에 제사함에 고취(鼓吹)를 썼다(D-4).
		(고이왕) 10년 정월, 대단을 마련하고 천지산천에 제사하였다(D-5).
		(고이왕) 14년 정월, 남단에서 천지에 제사하였다(D-6).
		(비류왕) 10년(313) 정월, 남교(南郊)에서 천지에 제사하였는데, 왕이 친히 희생을 베었다(D-7).
		(근초고왕) 2년 정월, 천신지기(天神地祇)에 제사하고, 진정(眞淨)을 조정좌평(朝廷佐平)으로 삼았다. 진정은 왕후의 친척으로 성품이 사납고 고약하였으며, 일에 임하면 까다롭게 세세히 따지고 권세를 믿어 제멋대로 하니, 나라 사람들이 그를 미워하였다(D-8).
		(아신왕) 2년 정월, 동명묘에 배알하고, 또 남단에서 천지에 제사하였으며, 진무(眞武)를 좌장(左將)으로 삼아 군사에 관한 일(兵馬事)을 맡겼다(A-7).
		(전지왕) 2년 정월, 왕이 동명묘에 배알하고, 남단에서 천지에 제사하였으며, 크게 사면하였다(A-8).
		(동성왕) 11년 10월, 왕이 단을 마련하여 천지에 제사하였다(D-9).
동명묘 제사	"다루왕 2년 정월에 시조 동명묘에 배알하였다. 책계왕 2년(287) 정월, 분서왕 2년(299) 정월, 계왕 2년(345) 4월, 아신왕 2년(393) 정월, 전지왕 2년(406) 정월에 모두 위와 같이 행하였다."(A-9)	(온조왕) 원년 5월, 동명왕묘를 세웠다(A-1).
		(다루왕) 2년 정월, 시조 동명묘에 배알하였다(A-2).
		(구수왕) 14년 4월, 크게 가물어 왕이 동명묘에 빌었더니 곧 비가 왔다(A-3).
		(책계왕) 2년 정월, 동명묘에 배알하였다(A-4).
		(분서왕) 2년 정월, 동명묘에 배알하였다(A-5).
		(비류왕) 9년(312) 4월, 동명묘에 배알하고, 해구(解仇)를 병관좌평(兵官佐平)으로 삼았다(A-6).
		(아신왕) 2년 정월, 동명묘에 배알하고, 또 남단에서 천지에 제사하였으며, 진무를 좌장으로 삼아 군사에 관한 일을 맡겼다(A-7).
		(전지왕) 2년 정월, 왕이 동명묘에 배알하고, 남단에서 천지에 제사하였으며, 크게 사면하였다(A-8).

〈표 4〉에서 나타나듯, 제사지 백제조와 백제본기 사이에 큰 차이가 있다고 하기는 어렵지만, 양자가 꼭 일치하지도 않는다. 천지합제의 경우, 백제본기에 실린 비류왕의 사례(D-7)가 제사지 백제조에 전하지 않는다. 동명묘 제사도 마찬가지로 백제본기에 실린 구수왕·비류왕의 사례(A-3·6)가 전하지 않으나, 제사지에는 백제본기에 없는 계왕의 행적을 언급하였다.

제사지 백제조가 전거로 삼은 『고기』의 경우, 『해동고기』·『삼한고기』·『본국고기』와 같은 문헌으로 『구삼국사』를 가리킨다고 보기도 하고,[7] 다양한 국내 원전을 의미하는 보통 명사라고도 이해한다.[8] 어떻게 보든 백제본기와 다른 면모가 엿보이는 점은 부인하기 어렵다. 제사를 치른 군주는 양자가 일치하되 시행 연차에 1년 정도의 차이가 있다면, 칭원법(稱元法)의 차이에 따른 결과로 여길 수도 있겠으나, 아예 시행 군주 자체에 어긋남이 있다는 점은 가벼이 넘길 수 없다. 그러므로 백제본기의 전거 자료와 제사지 백제조의 그것이 같다는 견해[9]는 수긍하기 힘들며, 각기 별도의 전승 자료에 기인하여 기술되었다고 보는 편[10]이 타당하다.

제사지 백제조의 전거 자료인 『고기』의 경우, 제사에 관한 내용이 정리된 자료일 가능성도 있고, 역사 전반을 다룬 기록물일지도 모른다.[11] 다만 천지합제와 동명묘 제사 모두 『고기』에 전하는 시행 사례가 백제본기의 그것보다 적음에도 전거가 된 점을 생각하면 선뜻 동의하기 어렵다. 찬자 관점에서 볼

---

7) 鄭求福, 1995, 앞의 논문, 16~17쪽; 정구복, 2006, 「『삼국사기』의 원전 자료와 사료비판」『韓國古代史硏究』 42, 7~8쪽.
8) 李文基, 2006, 「『三國史記』雜志의 構成과 典據資料」『韓國古代史硏究』 43, 231~232쪽.
   할주에서 언급된 『해동고기』역시 단일 자료가 아니라 보기도 한다(李康來, 1996, 앞의 책, 134쪽; 李文基, 2006, 위의 논문, 231~232쪽).
9) 채미하, 2008, 앞의 책, 50쪽; 鄭求福, 1995, 앞의 논문, 6쪽.
10) 전덕재, 2021, 앞의 책, 75쪽.
11) 전덕재, 2021, 위의 책, 76~77쪽.

때 더욱 풍부한 사례가 담긴 자료를 선택하는 것이 상식적이다. 그렇지 않았던 데는 어떠한 까닭이 있었을 터인데, 『고기』에 제사 관련 사안이 한데 묶여 있었기 때문이 아닐까 한다.

그 면에서 8세기 신라의 김대문(金大問)이 쓴 『한산기』[12]가 관심을 끄니, 이는 한산주 지역을 배경으로 한 지리서로 추정된다.[13] 제사지 백제조에 인용된 『고기』가 천지합제와 동명묘 제사처럼 한성도읍기에 성립된 국가제사를 다루었다는 데서 보자면, 『한산기』에서 한수 유역의 특정 지역, 이를테면 한성과 같은 곳을 다룬 항목에 관련 기술이 정리된 형태로 존재하였는지도 모른다. 어떻든 간에 『고기』는 역사 전반을 다룬 연대기적 문헌이라기보다는, 특정 사안을 다룬 자료일 확률이 높지 않을까 한다.

그런데 백제본기에 동명(왕)묘의 건립(A-1) 사실이 기술된 반면, 『고기』에는 그러한 기록이 없다. 원래 부재하였다고 짐작할 수도 있으나, 어떠한 의례를 언급할 때 첫 단추에 해당하는 제장의 건립에 관한 사안이 빠졌다고 하기는 석연치 않다. 오히려 그러한 기록은 오래도록 남고, 구체적인 시행 사례가 탈락하는 것이 자연스럽기 때문이다. 따라서 『고기』에도 동명묘 건립에 관한 기록이 있었으나, 제사지 찬술 시 배제되었을 가능성이 상정된다. 정확한 이유는 파악하기 어렵지만, 찬자가 백제 시조 동명을 고구려 시조 주몽(동명성왕)과 동일시하여, 백제의 동명묘 건립 기록을 빠뜨리지는 않았을 것이다. 양국의 동명을 같은 인물로 인식하였다면, 백제 왕실 또한 고구려 주몽의 후손이 되는데, 자손이 선대의 사당을 세운 일을 제외할 이유는 딱히 없기 때문이다.

그보다는 부여 시조가 동명이라는 사실을 눈여겨볼 필요가 있다. 제사지에 인용된 『후한서』[14] 및 『양서』[15]나 『수서』(F-2-②) · 『북사』(F-3-②)에는 동명이

---

12) 『三國史記』 권 제46, 列傳 제6, 金大問, "作傳記若干卷 其高僧傳花郞世記樂本漢山記猶存"
13) 李基白, 1978, 「金大問과 그의 史學」 『歷史學報』 77, 7쪽.
14) Ⅲ부 주65)의 『後漢書』 東夷傳 夫餘條.
15) Ⅲ부 주72).

부여의 군주로 나온다. 이를 찬자가 몰랐을 리 없는데, 어쩌면 『고기』에 실린 동명묘 건립 기록은 주신(主神)인 동명이 백제 시조인지 명확히 언급되지 않았기에, 찬자는 부여왕 동명이 모셔진 곳일 수도 있다고 여겨 제사지에 넣기를 저어한 것이 아닐까 한다. 그렇게 보면 『고기』의 동명묘 제사 기록이 제사지에 실린 이유도 가늠되니, "시조 동명묘"란 표현으로 인하여 백제 시조를 대상으로 한 구조물임이 명백하다고 판단한 결과로 이해된다.

한편 할주에는 『해동고기』에 백제 시조가 동명이나 우태로 언급되었음을 전하므로(J), 해당 자료의 실상도 되짚어야 한다. 이를 『삼국사기』의 기본 전거 문헌인 『구삼국사』라고도 짐작하나,16) 백제본기 할주에 우태는 시조가 아니라 비류의 부친으로 나올 뿐이기에,17) 『해동고기』는 『구삼국사』와 다른 자료로 여겨진다.18) 『해동고기』가 제사지 백제조에 인용된 『고기』와 같은 자료일 가능성도 제기되지만,19) 제사지 백제조의 분량이 짧은 점을 고려할 때, 같은 자료라면 굳이 표현을 달리하여 혼선을 초래하지는 않았을 것이다. 별개 기록으로 보는 편이 어떨까 한다.

4. 맺음말

지금까지 살펴본 바를 정리하면 다음과 같다.

『삼국사기』 제사지 백제조 본문 전반부는 『책부원구』의 천·오제 제사 및 구태묘 제사 기록을 옮겨 실은 것으로, 찬자가 상대적으로 늦게 편찬된 문헌의 그것을 더욱 존중한 결과이다. 제사지 백제조 본문 후반부는 『고기』의 천지합제 및 동명묘 제사 기록을 옮겨 적은 것인데, 『고기』는 특정 사안을 다룬

---

16) 鄭求福, 1995, 앞의 논문, 16~17쪽.
17) Ⅲ부 주23).
18) 전덕재, 2021, 앞의 책, 71~72쪽.
19) 전덕재, 2021, 위의 책, 77쪽 주39).

자료로 백제본기의 전거 자료와 실체가 다르며, 본디 동명(왕)묘 건립 전승도 함께하였으나, 찬자가 이를 배제하였다. 또 제사지 백제조의 전반부와 후반부 사이에 자리한 할주에는 백제 시조가 동명임을 밝히며 『해동고기』와 『북사』·『수서』가 언급되었는데, 『해동고기』는 『구삼국사』나 제사지 백제조의 『고기』와 별개 기록이고, 『북사』와 『수서』는 구태 관련 기술이 가장 면밀하였기에 찬자에게 선택되었다.

    제사지 백제조 검토는 백제 국가제사의 온전한 이해를 위해 필요한 사안이다. 따라서 소략한 기록이지만 논의가 이어져야 한다.

참고 문헌

1. 사료

1) 문헌

『三國史記』,『三國遺事』,『高麗史』

『尙書』,『禮記』,『史記』,『春秋繁露』,『漢書』,『論衡』,『孔子家語』,『廣雅』,『三國志』,『後漢書』,
『宋書』,『南齊書』,『魏書』,『梁書』,『陳書』,『北齊書』,『周書』,『隋書』,『晉書』,『南史』,『北史』,
『翰苑』,『通典』,『舊唐書』,『唐會要』,『太平寰宇記』,『太平御覽』,『冊府元龜』,『續通典』,『新唐書』,
『資治通鑑』

『日本書紀』,『續日本紀』,『新撰姓氏錄』

2) 금석문·묵서

「廣開土王碑文」,「梁職貢圖」,「武寧王 墓誌」,「武寧王陵 買地卷」,「扶餘 王興寺址 舍利函 銘文」,
「扶餘隆 墓誌銘」

2. 저서 및 박사 학위 논문

1) 국문

姜元杓, 2016,『百濟 喪葬儀禮 硏究 -古墳 埋葬프로세스를 中心으로-』, 고려대 박사 학위 논문.

강진원, 2021, 『고구려 국가제사 연구』, 서경문화사.
길기태, 2006, 『백제 사비시대의 불교신앙 연구』, 서경.
金敬華, 2016, 『백제의 국가제사 연구 -천지제사와 조상제사를 중심으로-』, 인하대 박사 학위 논문.
金杜珍, 1999, 『韓國古代의 建國神話와 祭儀』, 一潮閣.
金聖昊, 1982, 『沸流百濟와 日本의 國家起原』, 知文社.
金瑛河, 2002, 『韓國古代社會의 軍事와 政治』, 高麗大學校 民族文化研究院.
金容天, 2007, 『전한후기 예제담론』, 선인.
김일권, 2007, 『동양 천문사상, 인간의 역사』, 예문서원.
金周成, 1990, 『百濟 泗沘時代 政治史 研究』, 전남대 박사 학위 논문.
金哲埈, 1990, 『韓國古代社會研究』, 서울大學校出版部.
김화경, 2019, 『한국 왕권신화의 전개』, 지식산업사.
羅喜羅, 1999, 『新羅의 國家 및 王室 祖上祭祀 研究』, 서울대 박사 학위 논문.
나희라, 2003, 『신라의 국가제사』, 지식산업사.
나희라, 2008, 『고대 한국인의 생사관』, 지식산업사.
노중국, 2010, 『백제사회사상사』, 지식산업사.
노중국, 2018, 『백제 정치사』, 일조각.
노중국, 2022, 『백제의 정치제도와 운영』, 일조각.
노태돈, 1999, 『고구려사 연구』, 사계절.
노태돈, 2014, 『한국고대사』, 경세원.
동북아역사재단 한국고중세사연구소, 2018, 『역주 한원』, 동북아역사재단.
Michael Loewe(이성규 옮김), 1987, 『古代 中國人의 生死觀』, 지식산업사.
문동석, 2007, 『백제 지배세력 연구』, 혜안.
미조구치 유조(溝口雄三)·마루야마 마쓰유카(丸山松幸)·이케다 도모히사(池田知久) 엮음(김석근·김용천·박규태 옮김), 2011, 『중국 사상 문화 사전』, 책과함께.
박순발, 2010, 『백제의 도성』, 충남대학교출판부.
朴承範, 2002, 『三國의 國家祭儀 研究』, 단국대 박사 학위 논문.
朴仲煥, 2007, 『百濟 金石文 研究』, 전남대 박사 학위 논문.
서대석, 2002, 『한국신화의 연구』, 집문당.
서울大學校博物館·서울大學校考古學科, 1975, 『石村洞 積石塚 發掘調查報告』, 서울大學校博物館.

楊寬(장인성·임대희 옮김), 2005,『중국 역대 陵寢 제도』, 서경.
양기석, 2013,『백제 정치사의 전개과정』, 서경문화사.
연민수, 2021,『일본고대국가와 도래계 씨족』, 학연문화사.
Wu Hung(김병준 옮김), 2001,『순간과 영원 -중국고대의 미술과 건축-』, 아카넷.
俞元載, 1993,『中國正史 百濟傳 硏究』, 學硏文化社.
尹張燮, 1999,『中國의 建築』, 서울大學校出版部.
李康來, 1996,『三國史記 典據論』, 民族社.
李基東, 1996,『百濟史硏究』, 一潮閣.
李基白, 1996,『韓國古代政治社會史硏究』, 一潮閣.
李南奭, 2014,『漢城時代 百濟의 古墳文化』, 서경문화사.
이도학, 2010,『백제 한성·웅진성 시대 연구』, 일지사.
李丙燾, 1976,『韓國古代史硏究』, 博英社.
이병도 역주, 1996,『삼국사기 (하)』, 을유문화사.
이병호, 2014,『백제 불교 사원의 성립과 전개』, 사회평론아카데미.
이선복·양시은·조가영·김준규, 2013,『석촌동고분군 I』, 서울대학교박물관.
李壯雄, 2016,『百濟 泗沘期 國家祭祀와 佛敎寺院』, 고려대 박사 학위 논문.
李鍾泰, 1996,『三國時代의「始祖」認識과 그 變遷』, 국민대 박사 학위 논문.
林英宰, 2022,『百濟王陵의 變遷과 東亞細亞 陵園과의 比較 硏究』, 경북대 박사 학위 논문.
張光直(李澈 옮김), 1990,『신화·미술·제사』, 東文選.
전덕재, 2009,『신라 왕경의 역사』, 새문사.
전덕재, 2021,『三國史記 잡지·열전의 원전과 편찬』, 주류성.
鄭璟喜, 1990,『韓國古代社會文化硏究 -靑銅器社會에서 三國時代까지-』, 一志社.
정호섭, 2011,『고구려 고분의 조영과 제의』, 서경문화사.
조경철, 2015,『백제불교사 연구』, 지식산업사.
조영광, 2023,『고구려 초기 사회 연구』, 전남대학교출판문화원.
조우연, 2019,『天帝之子 -고구려의 왕권전승과 국가제사-』, 민속원.
주보돈, 2020,『신라 왕경의 이해』, 주류성.
채미하, 2008,『신라 국가제사와 왕권』, 혜안.
채미하, 2015,『신라의 오례와 왕권』, 혜안.
채미하, 2018,『한국 고대 국가제의와 정치』, 혜안.
千寬宇, 1989,『古朝鮮史·三韓史硏究』, 一潮閣.

최광식, 1994,『고대한국의 국가와 제사』, 한길사.

최광식, 2006,『백제의 신화와 제의』, 주류성.

최광식, 2007,『한국 고대의 토착신앙과 불교』, 고려대학교출판부.

Ted C. Lewellen(한경구·임봉길 옮김), 1998,『정치인류학』, 一潮閣.

Howard J. Wechsler(임대희 옮김), 2005,『비단같고 주옥같은 정치 -의례와 상징으로 본 唐代 정치사』, 고즈윈.

黃善明, 1982,『宗敎學槪論』, 종로서적.

黃曉芬(김용성 옮김), 2006,『한대의 무덤과 그 제사의 기원』, 학연문화사.

2) 중문

罗宗真, 2001,『魏晋南北朝考古』, 文物出版社.

3) 일문

金子修一, 2001,『古代中國と皇帝祭祀』, 汲古書院.

來村多加史, 2001,『唐代皇帝陵の研究』, 学生社.

渡辺信一郎, 2003,『中國古代の王權と天下秩序 -日中比較史の視點から-』, 校倉書房.

Meyer Fortes(田中真砂子 옮김), 1980,『祖先崇拜の論理』, ぺりかん社.

小島毅, 2004,『東アジアの儒教と礼』, 山川出版社.

松前健, 1998,『日本神話と海外』, おとふう.

劉慶柱·李毓芳(來村多加史 옮김), 1991,『前漢皇帝陵の研究』, 学生社.

井上秀雄, 1978,『古代朝鮮史序說 -王者と宗教-』, 寧樂社.

井上秀雄, 1993,『古代東アジアの文化交流』, 溪水社.

諸戶素純, 1972,『祖先崇拜の宗敎學的硏究』, 山喜房佛書林.

池田末利, 1981,『中國古代宗敎史硏究 -制度と思想-』, 東海大学出版会.

3. 일반 논문 및 석사 학위 논문

1) 국문

關晃(洪淳昶 옮김), 1978,「'建邦의 神'에 대하여」,『韓日關係研究所紀要』8.

姜辰垣, 2007, 「高句麗 始祖廟 祭祀 硏究 -親祀制의 成立과 變遷을 중심으로-」, 서울대 석사학위 논문.
강진원, 2013, 「고구려 陵園制의 정비와 그 배경」『東北亞歷史論叢』39.
강진원, 2017, 「「集安高句麗碑文」 건국신화의 성립과 변천」『史林』61.
강진원, 2018, 「고대 국가제사의 특징 -시조묘 제사와 제천의례-」『한국사, 한 걸음 더』, 푸른역사.
강진원, 2020, 「신라 중대 宗廟制 운영과 五廟 始定」『歷史學報』245.
강현숙, 2009, 「고구려 왕릉 복원 시도 -천추총, 태왕릉, 장군총을 중심으로-」『고구려 왕릉 연구』, 동북아역사재단.
權五榮, 2000, 「고대 한국의 喪葬儀禮」『韓國古代史硏究』20.
권오영, 2001, 「백제 전기 기와에 대한 신지견 -화성 화산고분군 채집 기와를 중심으로-」『百濟硏究』33.
권오영, 2002, 「喪葬制를 중심으로 한 武寧王陵과 南朝墓의 비교」『百濟文化』31.
權五榮, 2004, 「物資・技術・思想의 흐름을 통해 본 百濟와 樂浪의 교섭」『漢城期 百濟의 물류시스템과 對外交涉』, 학연문화사.
권오영, 2011, 「喪葬制와 墓制」『동아시아의 고분문화』, 서경문화사.
具聖姬, 2001, 「漢代 喪葬禮俗에 표현된 靈魂觀과 鬼神觀」『東國史學』35・36.
具聖姬, 2004, 「漢代의 靈魂不滅觀」『中國史硏究』28.
구중희, 1998, 「백제인의 토착 신앙 연구」『百濟文化』27.
김경화, 2015a, 「한성기 백제의 천지제사」『사학연구』119.
김경화, 2015b, 「백제 한성도읍기의 동명묘 배알」『鄕土서울』91.
김경화, 2017a, 「백제 구태묘 제사의 내용과 의미」『韓國古代史硏究』85.
김경화, 2017b, 「백제의 天 및 五帝 제사의 내용과 의미」『百濟學報』21.
金起燮, 1998, 「彌鄒忽의 位置에 대하여」『韓國古代史硏究』13.
金基雄, 1991, 「古墳에서 엿볼 수 있는 新羅의 葬送儀禮」『新羅文化祭學術發表論文集』5.
김기흥, 2004, 「백제의 정체성(正體性)에 관한 일 연구」『역사와 현실』54.
金吉植, 2008, 「百濟 始祖 仇台廟와 陵山里寺址 -仇台廟에서 廟寺로-」『韓國考古學報』69.
김나경, 2020, 「新羅 五廟制 受容의 意味」『韓國古代史硏究』97.
김두진, 2005, 「백제의 건국신화를 통해 본 조상숭배신앙」『鄕土서울』65.
金炳坤, 2002, 「三國時代 中央集權的 王權의 登場에 따른 支配理念의 採擇」『韓國史硏究』117.

김병곤, 2007, 「中國 史書에 나타난 百濟 始祖觀과 始國者 仇台」 『韓國古代史硏究』 46.
金炳坤, 2008, 「記錄에 나타난 百濟 始祖 및 建國者의 史的 位相과 實態」 『百濟研究』 47.
김병곤, 2009, 「古代 三國의 始祖觀 成立과 變遷」 『역사민속학』 29.
金羨珉, 2015, 「魏晉南朝의 郊祀 主神 논쟁과 鄭玄 이해」 『中國史硏究』 97.
김성한, 2014, 「百濟의 건국과 仇台」 『歷史學硏究』 56.
김수미, 2015, 「백제 멸망 이후 馬韓 인식의 변화 양상」 『韓國古代史硏究』 77.
김수미, 2017, 「백제 시조 전승의 양상과 변화 원인」 『歷史學硏究』 66.
김수태, 2004, 「漢城 百濟의 성장과 樂浪·帶方郡」 『百濟研究』 39.
김수태, 2022, 「웅진시대 백제의 국가제사」 『역사와 역사교육』 44.
김영미, 2000, 「불교의 수용과 신라인의 죽음관의 변화」 『韓國古代史硏究』 20.
김용성, 2014, 「백제 후기 능묘와 능원의 특성」 『文化財』 47-2.
金智淑, 2004, 「唐代 南郊祀의 皇帝 親祀와 그 정치적 효과」 『中國古代史硏究』 12.
金昌錫, 2004, 「한성기 백제의 국가제사 체계와 변화 양상 -풍납토성 경당지구 44호, 9호 유구의 성격 검토를 중심으로-」 『서울학연구』 22.
金昌錫, 2005, 「한성기 백제의 유교문화와 그 성립 과정」 『鄕土서울』 65.
金昌錫, 2007, 「신라 始祖廟의 성립과 그 祭祀의 성격」 『역사문화연구』 26.
김택민, 2013, 「중국 고대 守陵 제도와 율령 -고구려 守墓人 제도의 이해를 위한 참고자료-」 『史叢』 78.
金漢信, 2004, 「唐代의 郊祀制度 -제도의 확립과 쇠퇴를 중심으로-」 『中國古代史硏究』 11.
김화경, 2012, 「백제 건국신화의 연구 -일본의 도모신화를 중심으로 한 고찰-」 『韓民族語文學』 60.
나용재, 2022, 「近肖古王 24년 황색 깃발 사용에 대한 검토」 『東洋學』 87.
나희라, 2004, 「7~8세기 唐, 新羅, 日本의 國家祭祀體系 비교」 『韓國古代史硏究』 33.
盧明鎬, 1981, 「百濟의 東明神話와 東明廟 -東明神話의 再生成 現象과 관련하여-」 『歷史學硏究』 10.
盧仁淑, 2001, 「中國에서의 喪禮文化의 展開」 『儒敎思想硏究』 15.
문동석, 2021, 「백제 전지왕의 연호 제정과 종묘」 『白山學報』 121.
문안식, 2004, 「백제의 시조전승에 반영된 왕실교대와 성장과정 추론」 『東國史學』 40.
박미라, 1997, 「中國 郊祀儀禮에 나타난 天神의 性格과 構造 研究」 『宗敎學硏究』 16.
박미라, 2000, 「중국 제천의례(祭天儀禮)에 있어서 時間-空間의 象徵的 構造 연구」 『道敎文化研究』 14.

박미라, 2006a, 「儒敎 祭地儀禮의 역사와 구조 -제천의례와의 관계를 중심으로-」, 『溫知論叢』 14.
박미라, 2006b, 「중국 祭地儀禮에 나타난 地神의 이중적 성격」, 『道敎文化硏究』 25.
박미라, 2009, 「한국 地神제사의 역사와 구조 -중국에 가려진 地神의 정체성-」, 『溫知論叢』 23.
박미라, 2010, 「삼국·고려시대의 제천의례와 문제」, 『仙道文化』 8.
박순발, 2005, 「泗沘都城의 景觀에 對하여」, 『古代 都市와 王權』, 서경.
朴淳發, 2012, 「高句麗의 都城과 墓域」, 『韓國古代史探究』 12.
朴淳發, 2023a, 「백제 도성 제의(祭儀)의 전개와 그 배경」, 『百濟學報』 45.
朴淳發, 2023b, 「백제 한성기 제의 건축 시론」, 『百濟硏究』 78.
朴承範, 2000, 「百濟의 始祖傳承과 始祖廟儀禮」, 『東洋古典硏究』 13.
朴承範, 2003, 「漢城時代 百濟의 國家祭祀」, 『先史와 古代』 19.
박진숙, 2004, 「長壽王代 高句麗의 對北魏外交와 百濟」, 『韓國古代史硏究』 36.
朴燦圭, 2003, 「百濟의 始祖 傳承과 出自」, 『先史와 古代』 19.
박찬우, 2017, 「백제 동성왕대 대남제 외교전략 -『남제서』 백제전의 표문을 중심으로-」, 『韓國古代史硏究』 85.
박초롱, 2014, 「백제 사비시기(泗沘時期) 오제(五帝) 제사 시행과 그 의미」, 『韓國思想史學』 47.
박초롱, 2023, 「백제 웅진기 상장의례와 殯」, 『百濟學報』 43.
朴漢濟, 2008, 「魏晉南北朝時代 墓葬習俗의 變化와 墓誌銘의 流行」, 『東洋史學硏究』 104.
朴賢淑, 1999, 「三國時代 祖上神 觀念의 形成과 그 特徵」, 『史學硏究』 58·59.
朴賢淑, 2005, 「백제 建國神話의 형성과정과 그 의미」, 『韓國古代史硏究』 39.
배재영, 2009, 「백제의 부여 인식」, 『百濟文化』 41.
邊太燮, 1958, 「韓國古代의 繼世思想과 祖上崇拜信仰」, 『歷史敎育』 3.
徐永大, 1997, 「韓國古代의 宗敎職能者」, 『韓國古代史硏究』 12.
徐永大, 2000, 「百濟의 五帝信仰과 그 意味」, 『韓國古代史硏究』 20.
徐永大, 2003, 「高句麗의 國家祭祀 -東盟을 중심으로-」, 『韓國史硏究』 120.
서영대, 2007, 「백제의 천신숭배」, 『百濟의 祭儀와 宗敎』, 충청남도역사문화연구원.
徐程錫, 1995, 「宋山里 方壇階段形 積石遺構에 대한 檢討」, 『百濟文化』 24.
서정석, 2021, 「백제 사비도성의 왕궁과 5부·5항」, 『韓國古代史探究』 37.
서현주, 2020, 「능산리고분군과 백제 사비기 능묘, 능원」, 『百濟學報』 33.
石田一良(洪淳昶 옮김), 1978, 「建邦의 神 -上古日本人의 世界像과 政治理念-」, 『韓日關係硏究所紀要』 8.

成周鐸·車勇杰, 1981,「百濟儀式考 -祭儀·田獵·巡撫·閱兵·習射儀式에 關한 檢討-」『百濟研究』12.

소현숙, 2019,「중국 남북조시대 국가 제례와 제례 공간」『고대 동아세아 王宮과 儀禮』.

소현숙, 2020,「中國 南北朝時代 國家祭禮와 祭儀空間」『百濟文化』62.

宋基豪, 1992,「扶餘隆 墓誌銘」『譯註 韓國古代金石文Ⅰ -고구려·백제·낙랑 편-』, 駕洛國史蹟開發研究院.

신용민, 2008,「中國 古代 帝陵과 三國時代 大形古墳 비교 검토」『石堂論叢』40.

梁起錫, 1995,「百濟 扶餘隆 墓誌銘에 대한 檢討」『國史館論叢』62.

양시은, 2013,「桓仁 및 集安 都邑期 高句麗 城과 防禦體系 硏究」『嶺南學』24.

梁銀景, 2013,「陵寢制度를 통해 본 高句麗, 百濟 陵寺의 性格과 特徵」『高句麗渤海硏究』47.

梁正錫, 2002,「新羅 宮闕構造에 대한 試論 -東西堂制의 採用問題를 중심으로-」『韓國史研究』119.

여호규, 2005,「國家祭祀를 통해본 百濟 都城制의 전개과정」『古代 都市와 王權』, 서경.

여호규, 2017,「백제 熊津 都城의 왕궁 위치와 조영과정」『梨花史學研究』55.

여호규, 2022,「『括地志』에 나타난 백제 泗沘 都城의 공간구조와 扶蘇山城의 성격」『百濟文化』67.

兪起濬, 1989,「百濟社會의 固有信仰考」『忠南史學』4.

兪元載, 1994,「泗沘時代의 三山崇拜」『百濟의 宗敎와 思想』, 충청남도.

尹善泰, 2001,「馬韓의 辰王과 臣濆沽國 -嶺西濊 지역의 歷史的 推移와 관련하여-」『百濟研究』34.

尹龍九, 2004,「仇台의 백제건국기사에 대한 재검토」『百濟研究』39.

이근우, 2002,「桓武天皇 母系는 武寧王의 후손인가」『韓國古代史研究』26.

李基白, 1978,「金大問과 그의 史學」『歷史學報』77.

李基白, 1997,「韓國 古代의 祝祭와 裁判」『歷史學報』154.

이남석·이현숙, 2016,「百濟 喪葬儀禮의 研究 -錦江流域 상장의례 遺蹟의 意味-」『百濟文化』54.

李道學, 2005,「高句麗와 百濟의 出系 認識 檢討」『高句麗研究』20.

李梅田(金柚娅 옮김), 2010,「厚葬에서 薄葬까지 -漢~唐시대 喪葬유형의 전환-」『東亞文化』8.

李文基, 2006,「『三國史記』雜志의 構成과 典據資料」『韓國古代史研究』43.

이병호, 2003,「百濟 泗沘都城의 構造와 運營」『한국의 도성 -都城 造營의 傳統-』, 서울시립대학교 부설 서울학연구소.

李炳鎬, 2008, 「扶餘 陵山里寺址 伽藍中心部의 變遷 過程」 『韓國史研究』 143.
이병호, 2018, 「웅진·사비기 백제 왕실의 조상 제사 변천」 『先史와 古代』 55.
이승호, 2011, 「「광개토왕비문」에 보이는 천제지자(天帝之子) 관념 형성의 사적(史的) 배경」 『역사와 현실』 81.
이장웅, 2010, 「百濟 泗沘期 五帝 祭祀와 陵山里寺址」 『百濟文化』 42.
이장웅, 2016, 「百濟 始祖 仇台·沸流 傳承의 성립과 高句麗·公孫氏 관계」 『百濟文化』 55.
이장웅, 2017, 「백제 웅진기 '建邦之神' 제사와 聖王代 유교식 天 관념」 『韓國古代史探究』 26.
이장웅, 2019, 「백제 武寧王과 王妃의 喪葬禮 -殯과 假埋葬을 중심으로-」 『韓國古代史探究』 33.
李鍾泰, 1998, 「百濟 始祖仇台廟의 成立과 繼承」 『韓國古代史研究』 13.
이창호, 2018, 「공주 송산리고분군 제단복원을 위한 발굴조사 성과」 『백제시대 제의시설 발굴성과와 비교검토』.
이현숙, 2018, 「공주 교촌리 백제 석축단시설의 조사성과」 『백제시대 제의시설 발굴성과와 비교검토』.
이현숙, 2019, 「公州 校村里 百濟時代 塼室墓와 石築壇施設」 『百濟學報』 27.
이현숙, 2024, 「백제 웅진기 왕릉의 입지와 공간변화」 『百濟文化』 70.
李亨求, 1982, 「高句麗의 享堂制度研究」 『東方學志』 32.
林紀昭(朴秉濠 옮김), 1990, 「日本에서의 律令研究와 나의 問題關心」 『法史學研究』 11.
林起煥, 1998a, 「百濟 始祖傳承의 형성과 변천에 관한 고찰」 『百濟研究』 28.
林起煥, 1998b, 「4~6세기 中國史書에 나타난 韓國古代史像」 『韓國古代史研究』 14.
임기환, 2006, 「고구려본기 전거 자료의 계통과 성격」 『韓國古代史研究』 42.
林永珍, 2007, 「百濟式積石塚의 發生 背景과 意味」 『韓國上古史學報』 57.
林永珍, 2013, 「公州 松山里 D地區 積石遺構의 性格」 『百濟文化』 48.
장미애, 2023, 「東城王代 정치상황과 苩加의 난」 『韓國古代史研究』 111.
장수남, 2022, 「백제 웅진시기 한강유역 의미」 『韓國古代史探究』 42.
장혜경, 2008, 「漢城時期 百濟王의 卽位儀禮」, 성균관대 석사 학위 논문.
전덕재, 2010, 「新羅 上代 王宮의 變化와 宗廟」 『新羅文化』 36.
전덕재, 2023, 「신라는 삼국을 통일하려고 하였을까」 『신라는 정말 삼국을 통일했을까 -'삼국통일'을 둘러싼 해석과 논쟁-』, 역사비평사.
全榮來, 1998, 「百濟의 興起와 帶方故地」 『百濟研究』 28.
田中俊明, 1990, 「王都로서의 泗沘城에 대한 豫備的 考察」 『百濟研究』 21.
鄭求福, 1995, 「三國史記의 原典 資料」 『三國史記의 原典 檢討』, 韓國精神文化研究院.

정구복, 2006, 「『삼국사기』의 원전 자료와 사료비판」 『韓國古代史研究』 42.
정구복, 2007, 「백제의 문화와 유교문화와의 친연성」 『百濟의 祭儀와 宗敎』, 충청남도역사문화연구원.
정재윤, 2008a, 「백제의 부여 계승의식과 그 의미」 『부여사와 그 주변』, 동북아역사재단.
정재윤, 2008b, 「구태 시조설의 성립 배경과 그 의미」 『韓國古代史研究』 51.
정지은, 2023, 「4세기 백제의 건국신화 정립과 부여씨」 『東國史學』 77.
鄭治泳, 2010, 「百濟 漢城의 瓦當과 瓦葺景觀」 『湖西考古學』 23.
조가영, 2012, 「석촌동 고분군의 축조 양상 검토 -고분 분포를 중심으로-」 『韓國上古史學報』 75.
趙景徹, 2000, 「百濟 聖王代 儒佛政治理念 -陸詡와 謙益을 중심으로-」 『韓國思想史學』 15.
趙由典, 1991, 「宋山里 方壇階段形무덤에 대하여」 『百濟文化』 21.
조윤재, 2011, 「中國 魏晉南北朝의 墓葬과 喪葬儀禮」 『동아시아의 고분문화』, 서경문화사.
車勇杰, 1978, 「百濟의 祭天祀地와 政治體制의 變化」 『韓國學報』 11.
車勇杰, 1994, 「百濟의 崇天思想」 『百濟의 宗敎와 思想』, 忠淸南道.
채미하, 2019, 「백제 웅진시기 조상제사와 壇」 『韓國古代史探究』 33.
채민석, 2017, 「「扶餘隆 墓誌銘」 관련 연구 성과 검토」 『韓國古代史探究』 25.
최범호, 1997, 「백제 건국문제의 재검토 -건국시조와 건국지를 중심으로-」 『全北史學』 19·20.
허명화, 2007, 「漢代의 祖先祭祀」 『CHINA 연구』 2.
허의행·이창호, 2020, 「공주 송산리 고분군의 지형 환경과 입지적 특징 -백제 왕릉 입지와의 비교를 통한 검토-」 『古文化』 96.
洪廷妸, 2003, 「魏晉南北朝時代 '凶門柏歷'에 대하여」 『魏晉隋唐史研究』 10.

2) 중문

王民信, 1986, 「百濟始祖「仇台」考」 『百濟硏究』 17.
井中伟, 2002, 「我国史前祭祀遗迹初探」 『北方文物』 2002-2.

3) 일문

金子修一, 1978, 「中国古代における皇帝祭祀の一考察」 『史学雑誌』 87-2.
金子修一, 1979, 「魏晉より隋唐に至る郊祀·宗廟の制度について」 『史学雑誌』 88-10.

吉岡完祐, 1983, 「中國郊祀の周辺諸国への伝播 -郊祀の發生から香春新羅神の渡來まで-」 『朝鮮学報』108.

金在鵬, 1976, 「百済仇台考」『朝鮮学報』78.

寺沢薫, 2003, 「首長霊観念の創出と前方後円墳祭祀の本質 -日本的王権の原像-」『古代王権の誕生Ⅰ -東アジア編-』, 角川書店.

神崎勝, 1995, 「夫餘・高句麗の建国伝承と百済王家の始祖伝承」『日本古代の伝承と東アジア』, 吉川弘文館.

林陸朗, 1974, 「朝鮮の郊祀円丘」『古代文化』26-1.

佐川英治, 2012, 「漢代の郊祀と都城の空間」『東アジアの王権と宗教』, 勉誠出版.

佐川英治, 2015, 「中国中古の都城設計と天の祭祀」『中國古中世史研究』35.

八木充, 1982, 「日本の卽位儀礼」『東アジア世界における日本古代史講座9 -東アジアにおける儀礼と国家-』, 学生社.

河內春人, 2000, 「日本古代における昊天祭祀の再檢討」『古代文化』52-1.

4. 기사

"칭기즈칸 사당 유적 발견", 〈중앙일보〉, 2004. 10. 6.

찾아보기

ㄱ

감생제(感生帝) 198, 212, 215~216, 218, 222
개로왕(시기) 23, 72, 77~78, 157, 162, 164, 172, 182, 184~185, 189, 210
개원례(開元禮) 215, 223
건방지신(建邦之神) 38, 45, 125, 174~178, 182, 184, 241
경당지구 14, 17, 49, 53, 73, 75, 163
계세사상(繼世思想) 80, 82, 85
계왕 29, 40, 58~60, 62, 64~65, 88, 106~107, 118~119, 193, 250~251
『고기』 40, 87, 246, 249~254
고이왕(시기) 20~23, 26~31, 37, 39, 42, 57~59, 61, 64~65, 70, 72, 86~88, 94~99, 101~103, 105~108, 110, 117, 121, 124, 127, 130, 136~137, 146, 148~149, 158, 173, 176, 178, 191, 193, 240, 242, 250

고취(鼓吹) 31, 87, 97~99, 101, 105, 108, 250
공손씨(정권) 30, 101, 102, 148, 158~159
공손탁(公孫度) 100~101, 143~145, 148, 151, 155, 158~160, 249
관북리(官北里) 24, 167
교사(郊祀) 23, 25, 31, 33~34, 37, 86, 88, 90~92, 94~95, 97~101, 103~105, 108, 112~117, 119~122, 133~134, 136~138, 140, 170, 180, 190~191, 197, 200~201, 203, 206, 209~212, 215~216, 220, 222, 226~227, 230~232, 234, 236~238, 240~241, 243
교촌봉(校村峰) 29, 131~132, 227
구수왕 39, 58~61, 64~65, 70, 106, 146, 148~149, 158, 193, 250~251
구태 12, 20~24, 38, 45, 142~152, 155, 157~161, 164~165, 171, 179~180, 218, 242, 248~249, 254

구태묘(仇台廟) 20~24, 38, 45, 56, 143~145,
　　161~168, 170~171, 173, 177~179,
　　189, 194, 220~221, 242
구태묘 제사 12, 20~24, 37~38, 56, 125,
　　142, 145~146, 150, 152, 167~170,
　　174, 177~180, 189, 194~195, 213,
　　219~222, 242~243, 247~248, 253
국가제사 11~13, 16, 25, 35~37, 55~58,
　　68, 72, 76, 95~96, 99, 112, 116, 122,
　　125, 127, 130, 134, 145, 148, 150,
　　177~179, 189, 195, 202, 208, 213,
　　215, 219, 221, 231, 236, 240~246, 253
국모묘(國母廟) 제사 12, 18~20, 37, 64
근초고왕(시기) 15, 23, 25, 27~31, 57~58,
　　64~65, 67, 70, 87, 95, 106~107,
　　111~112, 117~123, 127, 149, 162,
　　193, 210, 241, 250
기리영(岐離營) 전투 102, 110~111, 244
기풍제(祈豊祭) 13, 15, 17, 27, 29, 93~94,
　　138, 240
『길례의주(吉禮儀注)』 208~210, 212

ㄴ

남교(南郊) 27~29, 33~35, 60, 87~91, 95,
　　97, 99, 103~105, 125, 127, 131,
　　134, 136~140, 183, 206, 212~213,
　　220, 222~224, 226~229, 233, 235,
　　237~238, 242, 250
남단(南壇) 27~28, 40, 53, 60~61, 86~89, 95,
　　105, 131, 250
남당(南堂) 32, 35, 173, 223~224
남부여(南扶餘) 24, 46, 156, 179

남조 23, 25, 33~34, 115~117, 137, 190,
　　199, 204~206, 211~212, 215, 222,
　　224, 226, 229, 234~235, 241, 245
남천(南遷) 14~17, 20~21, 24, 28~29, 31,
　　33, 38, 102, 121, 124, 126~127,
　　129~130, 133, 136, 161~162, 176,
　　179, 181~182, 184~186, 188, 193,
　　208, 214, 218~219, 221~222, 235,
　　238, 241, 244
능산리(陵山里) 고분군 161, 186~189
능산리사지(陵山里寺址) 23, 34, 167, 228
능원(제) 50, 76, 78~79, 81, 83~85, 185~188,
　　191~192, 194

ㄷ

다루(왕) 14, 27, 39~40, 49, 59, 60~61, 70,
　　86~87, 90~91, 94~95, 106~107, 110,
　　250
대단(大壇) 27, 86~89, 95, 98, 104~105, 131,
　　250
대방(군) 47, 60, 98~99, 101, 142~145, 149,
　　159, 244, 248~249
도모(전승) 43~48, 135, 153~155, 165~166,
　　176, 181, 217~219
동명 12~17, 19, 21, 24, 29~30, 37, 40~42,
　　45~50, 52~53, 55, 68, 72, 75, 125,
　　135, 142~145, 152~161, 165~166,
　　171, 173, 175~181, 185, 214,
　　217~218, 240, 242, 248~249, 252~254
동명묘(東明廟) 12~22, 37, 39~42, 48~50,
　　52~62, 68, 73, 75, 85, 111, 122, 153,
　　163, 173, 179, 181~185, 189, 240,

250, 252~254
동명묘 제사 12~17, 21~24, 27~30, 37~39, 41, 45, 48, 55~64, 68~72, 75~76, 78~79, 85~86, 88, 96, 101, 107~108, 111~112, 117~119, 121~124, 127, 162, 171, 176~182, 185, 189~190, 194, 240~243, 249~253
동성왕(시기) 16, 21~22, 25~30, 71~72, 87~88, 106, 123~130, 132~133, 162, 164, 172~173, 180, 204, 210, 250
동진 60, 63, 104, 114~117, 119~123, 212, 223, 226, 229, 234, 241, 245

ㅁ

마한 26, 32, 93, 109~110, 124, 142~143, 145, 173, 176, 203
명당(明堂) 35, 205~206, 223~224, 232~233, 235
몽촌토성(夢村土城) 53, 103, 105
묘제(墓祭) 17, 75~76, 78~80, 85, 178, 181, 184~185, 188~194, 240~241
무덤 중시 풍조 72, 76, 78, 85, 122, 185, 188~194, 240~241, 243
무령왕(시기) 43, 71, 153, 172~173, 180, 208~212, 235

ㅂ

박장(薄葬) 78, 185, 187~188, 191~192, 194
방구(方丘) 138, 140, 201, 212, 229, 237
방택(方澤) 138~140, 201, 212, 229, 235, 237

배사(配祀) 16, 29~30, 90, 125, 138~141, 217, 234, 241, 243
부소산성(扶蘇山城) 21~22, 167
북교(北郊) 28, 33~34, 53, 89~92, 104~105, 125, 138~140, 199, 201, 212, 229, 234~235, 237
북단(北壇) 28, 89
『북사』 20, 31, 47, 155~156, 158, 160, 248~249, 252, 254
분서왕 29, 40, 59~61, 64~65, 88, 106, 193, 244, 250
분제(分祭) 134~136
불천지주(不遷之主) 163, 173~174, 178
비류(전승) 18, 147~148, 150~151, 153, 165
비류왕(시기) 28~29, 40, 58~62, 64~65, 71, 87~88, 95, 106~108, 111, 148, 193, 250~251
비유왕(릉) 71, 77~78, 85, 154, 185~186, 189

ㅅ

사맹월(四孟月) 23, 167~170, 225, 234
사반(왕) 64~65, 106, 108, 193
사비 천도 21~22, 32~34, 162~163, 204, 207
사중월(四仲月) 23~24, 31~35, 106, 144, 146, 168~170, 225, 230~234, 238~239, 242
삼근(왕) 71, 126, 172, 180
석촌동(고분군) 54~55, 76, 79, 83, 182, 184, 186
성왕(시기) 21~24, 34~35, 38, 133, 145, 156,

175~176, 179, 195, 204, 207~208,
211~212, 219
세차론(世次論) 171, 173
송산리(松山里) 고분군 125, 131, 161,
182~189
『수서』 20, 31, 142, 155~156, 158, 160,
247~249, 252, 254
수확제 25, 28~29, 92~94, 96, 202, 237~240
순수(巡狩) 34, 230~231
시조묘(제사) 15, 20~24, 40, 42, 48, 52~54,
56~57, 68~69, 76, 93~94, 161, 163,
189, 221, 243
신궁(神宮) 40, 174, 243

ㅇ

아신왕(시기) 25, 27, 30, 40, 59~63, 65, 71,
87, 107, 111~112, 121, 123~124, 250
예축제(豫祝祭) 13, 16, 25, 93, 138
오교영기제(五郊迎氣祭) 34, 224~225, 228,
230, 233
오제 31~35, 142~145, 195~207, 210~218,
222~227, 232~234, 238, 241~243, 247
온조(왕) 13~14, 17~19, 21~22, 24, 27, 30,
39, 48~49, 55, 60, 70, 86~87, 90~91,
94~95, 107~109, 130, 146~147,
151~153, 173, 176, 178~179, 242, 250
왕망(王莽) 90~91, 97, 99, 104, 134, 136,
138, 197~198
왕숙(王肅) 137, 197~201, 204~205,
211~213, 215~218, 222, 226, 241
우태(優台) 22, 26, 147~148, 150~151,
164~166, 248, 253

우태묘 165, 167, 177
원구(圓丘·圜丘) 136~140, 212~213,
222~224, 226~227, 229, 235, 237~238
위구태(尉仇台) 21, 24, 144~145, 147,
151~152, 159~161, 164
위차론(位次論) 171
육천설(六天說) 34, 198
육체혼(肉體魂) 관념 85
육후(陸詡) 207
2년1교(二年一郊) 115, 117, 235
일천설(一天說) 199, 215~216

ㅈ

자유혼(自由魂) 관념 85, 190~191, 194
전생사상(轉生思想) 190~191, 194
전지왕(시기) 16~17, 22, 25, 27, 30, 40, 42,
59~61, 63, 71, 87, 107, 111, 121,
123~124, 162~163, 176, 178, 180, 250
정관례(貞觀禮) 215
정암리(亭巖里)·북고리(北皐里) 228~229,
238
정지산(艇止山) 유적 30, 131
정현(鄭玄) 34, 137, 166, 197~201, 204~207,
209, 211~213, 215, 218, 222,
226~227, 229, 233~234, 238, 241, 243
제사지 11~12, 25, 39, 42, 48, 60, 86~87,
153, 246~254
제지(의례) 26, 33, 53, 89~91, 104~105, 115,
135, 139~140, 196~197, 201~203,
212, 229, 237
조상신 14, 30, 35, 61, 69, 125, 135~136,
140~141, 163, 170, 175, 217, 222,

234, 238, 241~243
족조(族祖) 15, 56~57, 72, 240
종묘(제사) 14~15, 17, 19~24, 41, 49~50, 52, 72~75, 78, 85, 100, 161~171, 173~174, 177, 188~194, 220~221, 232~234, 240~243
주몽 18, 20, 44~48, 150, 152~153, 156, 166, 170, 175, 182, 252
『주서』 20, 31, 142, 155, 157, 200, 220, 247~248
즉위의례 13~17, 25, 27~31, 37, 55, 58~59, 62~64, 72, 75~76, 78~79, 85, 88, 96, 105~113, 116~119, 121~125, 127, 130, 133, 180, 185, 189, 220, 240~241
진사왕(시기) 60, 62, 65, 71

ㅊ

책계왕(시기) 29, 39~40, 42, 57~61, 64~65, 72, 88, 106, 159, 193, 240, 244, 250~251
『책부원구』 246~248, 253
천 관념 29, 35, 218~220, 243~244
천신지기(天神地祇) 29, 87, 121, 210, 250
천・오제(五帝) 제사 12, 23~24, 31~35, 37~38, 106, 125, 132~133, 142, 146, 168~170, 178, 180, 195, 197~198, 205, 207~208, 210~212, 215, 217, 219~223, 225~243, 247~248, 253
천지합제(天地合祭) 12, 16, 25~33, 37, 53, 57, 61, 70~71, 86~92, 94~99, 101~103, 105~113, 116~119, 121~127, 129~134, 136~138,

140~141, 180, 182~183, 191, 197, 202~204, 208, 210~211, 214, 217, 220, 222, 226~227, 229, 233~234, 238, 240~243, 249~253

ㅌ

태묘(太廟) 35, 41, 165, 232
태조 21, 24, 44, 53, 140, 146, 165~166

ㅍ

파종제 13, 16, 64, 93, 237~239
풍납토성(風納土城) 14, 17, 53, 73, 103, 163

ㅎ

합제(合祭) 29, 90, 124, 134~136, 141, 217, 219, 234, 241, 243
행행(行幸) 220~222, 242
현경례(顯慶禮) 215, 223
호천상제(昊天上帝) 31, 34, 198~199, 201, 206, 212, 214~216, 222~223, 226, 233
후장(厚葬) 76, 78, 80, 85, 185~187, 190
후한 34, 75, 90~92, 97, 99~100, 104, 113, 131, 137, 143~145, 151, 166~167, 173, 193, 198, 232

부기(附記)

이 저서에 실린 글 대개는 기존에 학술지에 실은 연구 성과를 대폭 수정·보완하여 재정리한 것이다. 바뀐 부분을 일일이 언급하지 못하였다. 그간에 나온 논문과 책의 내용 사이에 차이가 나는 경우, 현재 글쓴이의 견해는 후자임을 밝힌다. 아울러 처음 논문으로 나왔을 때의 서지 사항을 저서의 목차에 따라 아래에 적어 둔다.

서론 : 2024, 「백제 국가제사 연구의 동향 및 과제」 『北岳史論』 20.
Ⅰ부 : 2015, 「백제 한성도읍기 동명묘(東明廟)의 실체와 제사」 『서울학연구』 61.
Ⅱ부 : 2016, 「백제 天地合祭의 추이와 특징」 『서울과 역사』 92.
　　　2017, 「백제 웅진·사비도읍기 天地祭祀의 전개와 특징」 『사학연구』 127의 Ⅰ장.
Ⅲ부 : 2019, 「백제 仇台廟의 성격과 부상 배경」 『동서인문학』 56.
Ⅳ부 : 2017, 「백제 웅진·사비도읍기 天地祭祀의 전개와 특징」 『사학연구』 127의 Ⅱ·Ⅲ장.
보론 : 새 글.

・강진원・

서울에서 나고 자랐다.
성균관대학교 사학과에서 학사 학위를, 서울대학교 국사학과에서 석·박사 학위를 받았다. 서울대학교·충남대학교·한밭대학교·명지전문대에서 강의하였고, 경기대학교 교양학부 및 서원대학교 역사교육과 교수를 거쳐 현재 숙명여자대학교 역사문화학과 교수로 재직 중이다. '젊은역사학자모임'과 '만인만색 연구자 네트워크'의 일원으로 활동하며 학계와 시민 사이의 거리를 좁히고자 하였고, 중등 역사 교과서를 집필하였으며, 고구려발해학회 총무 이사를 역임하였고, 한국고대사학회 평의원이다.
사회 현상과 문화 및 의례를 통하여 나타나는 당시의 실상에 관심이 많고, 인간에 대한 시선을 넓혀 가는 온전한 사람으로 거듭나고 싶다.

백제 국가제사 연구 百濟 國家祭祀 硏究

초판발행일	2025년 6월 13일
지은이	강진원
발행인	김선경
책임편집	김소라
발행처	서경문화사
	주소 : 서울시 종로구 이화장길 70-14(204호)
	전화 : 743-8203, 8205 / 팩스 : 743-8210
	메일 : sk7438203@naver.com
신고번호	제1994-000041호
ISBN	978-89-6062-263-0 93910

ⓒ 강진원·서경문화사, 2025

※ 파본은 구입처에서 교환하여 드립니다.

정가 26,000원